박윤식 목사 유고집

하나님의 구속사적 경륜으로 본 아브라함의 신앙 노정

하나님 나라의 완성
10대 허락과 10대 명령

Rev. Abraham Park's Posthumous Collection

Abraham's Journey of Faith
in Light of God's Administration
of the History of Redemption

THE CONSUMMATION OF THE KINGDOM OF GOD:
THE TEN BESTOWALS AND TEN COMMANDS

Huisun
Seoul, Korea

구속사로 본 구약신학

민영진 박사

예루살렘 히브리대학교 (Ph.D.)
(전) 감리교신학대학교 교수, 대한성서공회 총무
(전) 세계성서공회 이사, 아태지역이사회 의장
(전) 침례신학대학교 특임교수
대한기독교서회 100주년 기념성서주석 「출애굽기」, 「룻기」, 「전도서」, 「아가」 저자

박윤식 목사의 (이하 저자) 「구속사 시리즈」 제1-10권의 키워드는 15개 정도가 된다. 이 낱말이나 용어의 개념과 뜻, 그리고 그 쓰임을 이해하게 되면, 독자들은 이 방대한 시리즈 안의 잠겨 있는 문들을 다 열 수 있을 것이다. 이미 이 시리즈를 정독한 독자들이라면 누구나 다 이해할 수 있도록 저자 자신이 이런 주요 용어들을 필요한 곳에서 적절히 잘 설명한 것을 포착하였을 것이다.

구속사, 하나님의 경륜, 족보, 하나님과 맺은 언약, 하나님의 섭리, 하나님의 약속, 대제사장, 십계명, 성막, 법궤, 하나님의 허락, 하나님의 명령, 하나님의 나라, 하나님의 사랑 혹은 하나님의 은혜, 이상 15개가 이 시리즈의 열쇠 말들이다. 주요 등장인물은 단연 아브라함이다. 특히 「구속사 시리즈」 제10권은 그 제목 앞에 "하나님의 구속사적 경륜으로 본 아브라함의 신앙 노정"이라는 말이 붙을 정도로 아브라함이 주인공으로 등장한다. 구속사의 출발은 아브라함이고 종점은 예수 그리스도이지만, 예수 그리스도는 구속사의 종점이기 이전에 구속사의 중심이다. 아브라함과 예수 그리스도 사이에 한 인물이 더 있다. 다윗이다. 기독교의 복음은 "아브라함과 다윗의 자손 예수 그리스도의 세계(世系)"(마 1:1)라는 말로 시작된다. "다윗"은 「구속사 시리즈」 3권에서 충분히 다루어졌다. 「구속사 시리즈」에서 다루어진 분량으로 볼 때 으뜸가는 인물은 모세다. 구속사 시리즈 6권 「영원한 대제사장」의 일부, 7권 「십계명」 전체, 8권 「횃불 언약의 성취」 대부분, 9권 「성막과 언약궤」 전체에서 모세가 중심인물이다. 그러나 모세는 "아브라함과 다윗의 자손 예수 그리스도" 계보에서는 비켜 서 있다.

「구속사 시리즈」 제 10권에서 평자는 다음 대여섯 가지 특징에 주목한다.

1) 저자는 하나님의 "허락"과 "하나님 나라"의 도래를 결합하여 구속사의 완성을 예견하고 있다. 하나님께서 베푸시는 "허락"은 하나님께서 아브라함에게 베푸신 것이고, 예수께서 선포하신 하나님 나라의 도래는 팔레스타인의 유대인들을 대상으로 말씀하신 것이다. 저자는 구속사의 완성이 이 둘의 결합에서 이룩된다고 보고 있

다. 구속사에서는 하나님의 허락과 하나님의 통치가 서로 만난다. 저자가 구약의 10대 허락과 신약의 8가지 복을 서로 결합한 것은 지금까지 그 누구도 생각해 내지 못했던 전인미답(前人未踏)의 구속사적 통찰력이 아닐 수 없다.

2) **인간이 하나님의 이러한 허락을 누릴 수 있도록 한 원초적 동기는 하나님의 변함없는 사랑, 곧 은혜(hesed)라는 점이 강조되어 있다.** 땅 위의 모든 민족이 하나님께서 주시는 복을 받게 하시려고 하나님께서 주도권을 가지시고, 솔선(率先)하여, 7대 언약과 10대 명령을 내리셨다는 것이다. 이런 언약과 명령의 기초도 바로 하나님 자신의 변함없는 사랑, 곧 은혜라는 것이다. 저자는 오직 믿음을 내세우면서도 먼저는 오직 사랑에 근거한 은혜임을 강조하고 있는 철저한 개혁주의자요 오직 성경주의자이다.

3) **"허락"과 "명령"과 "신앙"의 관계 설정은 이 책의 공헌 중에서도 더욱 돋보인다.** "큰 나라" "큰 이름", "큰 땅", "큰 자손", "큰 장수(長壽)", "큰 승리", "메시아 [큰 왕]", "큰 의(義)", "큰 상급" "큰 복"이 아브라함과 그의 후손에게 주어진 "허락"이다. 하나님이 베푸신 이 "허락"은 인간의 "신앙"에서 비롯되는 것이 아니라는 통찰이 괄목할 만하다. 그렇다면, 하나님의 이런 열 가지 허락이 인간의 행위에서 비롯된 것인가? 그것도 아니다. 저자는 인간의 신앙이 하나님의 허락을 받아 낸 것이 아님을 강조한다. 오히려, 하나님의

허락이 먼저 있었고, 그 허락을 믿는 것이 신앙이라고 주장한다(시리즈 10권, 115쪽). 이것은 '하나님의 사랑과 은혜가 구속사를 이루어 가는 것이지, 아브라함의 신앙이나 혹은 율법에 따른 행위가 구속사를 이루는 것이 아니'라고 하는 주장(시리즈 제10권, 53쪽)과도 맥을 같이 하는 진술이다.

4) **구속사 서술의 기본적이고 원초적인 자료는 신구약 성경이다.** 성경은 구속사를 이해할 수 있는 원초적 자료다. 저자는, 하나님의 은혜에서 발원하고, 시대와 장소에 따라 재확인되고 반복되는 하나님의 언약이 바로 구속사의 핵심이라고, 그리고 이 구속사가 광범위하게 기록된 것이 바로 성경이라고, 구속사의 각 시대를 연결하는 고리가 언약이라고, 언약은 구속사를 이루는 중요한 방편이라고, 이런 사실이 성경에 그대로 기록되어 있다고, 그래서 성경이 구속사 연구의 기본적이고 원초적인 자료라고 말한다(시리즈 제10권, 75쪽). 그가 '오직 성경'이라는 신앙에 도달한 것은 성경을 대략 1,800번이나 정독한 각고의 연구의 산물인 것이다.

5) **저자의 구속사 서술 방법론은 모세에게서 배운 온고지신(溫故知新)이다.** 「구속사 시리즈」 제1-10권을 통틀어 저자의 일관된 주요 관심사는 구속사다. 「구속사 시리즈」 제1-10권에 공통된 요소 중 하나는 각 권 책 표지에 적힌 "옛날을 기억하라 역대의 연대를 생각하라 네 아비에게 물으라 그가 네게 설명할 것이요 네 어른들

에게 물으라 그들이 네게 이르리로다"(신 32:7) 모세의 말이다. 저자 자신이 이 본문을 주석하고 내용을 집중적으로 고찰한 것이 바로 「구속사 시리즈」제6권 제1장이다(27-48쪽). 이 본문에서 저자는 구속사 연구에서 족보나 연대기나 인물의 이름들이나 이스라엘 민족사 연구가 왜 중요한지를 배운 것 같다. "옛날을 기억하는 것", 이것은 곧 과거 역사를 기억하고 잊지 말라는 말이다. 그런데 모세가 여기에서 강조하는 것은 인간의 역사가 아니라 하나님께서 하신 일, 하나님께서 인간에게 베푸신 은혜의 역사다. "역대의 연대를 생각하는 것", 이것은 곧 "조상 대대로 내려온 많은 세대의 역사를 이해하는(히브리어 בִּין '빈', 'Bîn') 것"이다. 아득한 과거에서부터 지금까지의 역사를 어떻게 이해한다는 말인가? 아버지 세대에게 물어보면 설명해 줄 것이란다. 노인들/어른들에게 물어보면 말해 줄 것이란다. 모세는 이스라엘의 신앙 전승을 간직하고 있고, 전승시키고 있는 이들을 생각했던 것 같다. 저자는 아버지들과 어른들의 말을 기본 자료인 성경전서에서 듣고 있다.

이 시리즈의 활용

"너희 마음에 그리스도를 주로 삼아 거룩하게 하고 너희 속에 있는 소망에 관한 이유를 묻는 자에게는 대답할 것을 항상 예비하되 온유와 두려움으로 하고" (벧전 3:15). 이것은, 기독교 성도들이 예수 그리스도를 마음에 모시고 그분을 주님으로 섬길 때 세상 사람들은 기독교인이 지닌 희망에 대해서 물어 올 것이고, 그럴 때마다 성도는 그 질문에 답변할 수 있도록 늘 준비하고 있으라고 하는 사도 베드로의 권면이다. 저자가 우리에게 남긴 「구속사 시리즈」는 우리가 지닌 이 희망에 대해 물어 오는 이들에게 우리가 대답할 준비를 하도록 돕는, 이 시대 최고의 성경적이요 이 시대 최고의 결정적인 구속사의 작품이다.

(前) 감리교신학대학교 교수, 대한성서공회 총무
(前) 세계성서공회 아태지역이사회 의장
(前) 침례신학대학교 특임교수

민 영 진 박사

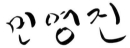

| 저자 서문
AUTHOR'S FOREWORD

박윤식 목사 |

창세기를 읽는 사람은 누구나 그 안에서 인류의 3대 조상을 발견할 수 있을 것입니다.

첫째는 성경의 첫 관문을 장식하는 인류의 첫 조상 아담이요, 둘째는 홍수 심판 후 새 시대의 첫 조상이 되는 노아요, 셋째는 하나님이 택하신 이스라엘 백성의 첫 조상이면서 모든 믿는 사람의 조상(롬 4:16)인 아브라함입니다. 이 가운데 창세기의 대부분은 아브라함의 역사를 중점적으로 전하고 있음을 보게 됩니다. 또한 신약에서는 메시아가 오시는 첫 관문을 '아담의 자손'이 아니라 "아브라함과 다윗의 자손"으로 소개하고 있습니다(마 1:1). 그러므로 아브라함은 전 인류를 구원하려 하시는 하나님의 구속사에 있어서 대단히 중요한 인물이 아닐 수 없습니다(눅 3:34, 갈 3:16, 히 2:16). 실로 아브라함을 모르는 자는 신약성경의 맨 처음도 모르는 사람이요, 아브라함을 모르고 축복을 받으려는 자는 하나님의 축복의 원리를 모르는 어리석은 사람입니다.

인류 구원을 위해 아브라함을 부르시게 된 배경은, 인간이 점점 하나님께 도전하고 하나님으로부터 멀어져 끝없는 불신과 패역이 거듭될 때였습니다. 죄악의 어둠이 가장 급속도로 번져 갈 때 마치

여명처럼, 하나님께서는 메소보다미아 지방에서 우상을 섬기던 데라의 아들 아브라함 한 사람을 갈대아 우르에서 부르셨습니다(창 15:7, 수 24:2-3, 느 9:7, 행 7:2-4). 참으로 하나님의 구속 역사는, 바벨탑 사건 이후 절망적인 상황과 길고 긴 어둠의 터널을 지나 마침내 아브라함 한 사람을 찾아 메시아를 보내시기 위한 출발점을 삼고 구원의 서광을 힘있게 비추었습니다.

하나님께서는 여자의 후손(창 3:15)을 통해 인류를 구속하시겠다는 약속대로 구속 의지를 굽히지 않으시고, 그 처음 언약에 신실하시고 미쁘심이 한이 없으셨던 것입니다(롬 3:3, 고전 1:9, 고후 1:18, 살전 5:24, 딤후 2:13, 히 10:23).

하나님께서 아브라함을 택하시고 가장 처음 하신 명령은, 죄악의 온상으로 변해 버린 갈대아 우르를 '떠나라'는 것이었습니다(행 7:2-3). 아브라함은 이 말씀을 좇아, 정든 고향 땅 갈대아 우르를 떠났고(히 11:8), 아버지와 함께 이주하여 잠시 풍요를 누리던 하란도 마침내 떠났습니다(창 12:1-4, 행 7:4). 그리고 신앙의 순례자의 길을 결단하고, 한 걸음 한 걸음 가나안을 향해 걷기 시작했습니다.

본토 친척 아비 집과의 완전한 분리 속에 출발하여 말씀만을 믿고 순종하면서 좇아 갔던 아브라함에게, 하나님께서는 놀라운 축복들을 약속하셨습니다. 하나님께서는 아브라함 75세 이후 100년 동안 하나님 나라의 건설을 위한 10대 허락을 축복으로 주셨습니다. 그와 아울러 구속사의 대사명을 위한 영적 축복을 주시기 위해 10대 명령을 내리셨습니다. 아브라함은 '온전한 순종', '절대 순종'으로, 빠짐없이 그 모든 축복을 받아 누렸고, 늙기까지 범사에 형통하였습니다(창 24:1, 35). 참으로 이 10대 허락과 10대 명령은, 아브라함이 혈혈단신으로 있을 때에, 하나님께서 아브라함을 부르사 시작하시고 진행하시고 마침내 큰 복을 주신 장엄한 구속사였습니다. 그것은 가나안이라는 찾아 두셨던 땅(겔 20:6)에, 하나님의 백성을 번성케 하여 하나님께서 주권적으로 통치하시는 나라를 세우시는 하나님 나라 건설의 섭리였습니다.

이사야 51:2에서는 아브라함에 대하여 "너희 조상 아브라함과 너희를 생산한 사라를 생각하여 보라 아브라함이 혈혈단신으로 있을 때에 내가 부르고 그에게 복을 주어 창성케 하였느니라"라고 말씀하고 있습니다. 하나님께서 혈혈단신이었던 아브라함과 사라로부터 거대한 이스라엘 민족을 이루신 큰 역사를 생각하라는 것입니다. 구체적으로는 하나님께서 아브라함에게 주신 10대 허락과 10대 명령을 생각하라는 것입니다. 더불어 이 음성은, 오늘날 예수님을 믿고 신령한 아브라함의 자손 된 우리들에게도 지속적으로 유효합니다. 아브라함에게 허락해 주신 거대한 하나님 나라의 복이 아브라함 당대에 끝난 것이 아니라, 예수 그리스도 안에서 여전히 계승되고 있기 때문입니다(갈 3:6-9, 29).

하나님께서는 세상에서 손가락질 받는 죄인들도 아브라함의 자손으로 만드셨습니다(눅 19:9). 이방인들 가운데 많은 사람들이 아브라함과 함께 천국에 앉을 것이라고 말씀하셨습니다(마 8:11, 눅 13:28-29). 사도 바울도 아브라함은 결코 표면적인 유대인의 조상이 아니라 예수님을 온전히 믿는 이면적인 참유대인의 조상이라고 선포하였습니다(롬 2:28-29, 4:11-12, 16, 23-24). 또한 갈라디아서 3:16을 볼 때, 사도 바울은 아브라함의 자손이 오직 예수님 한 분이라고 했고, 그래서 우리가 예수님께 속해야만 아브라함의 자손이 될 수 있다고 선포하였습니다(갈 3:7, 9, 29). 이렇게 하나님께서는 아브라함의 혈통적 자손을 초월하여(마 3:9, 눅 3:8) 예수 그리스도로 말미암은 아브라함의 자손과 새 언약을 세우시고, 하나님의 나라를 건설하셨던 것입니다.

아브라함은 하나님께서 크신 축복, 10대 허락과 10대 명령을 주셨을 때 큰 믿음과 큰 기쁨과 큰 순종으로 그 축복을 받아 누리면서, 예수 그리스도가 이 땅에 오실 믿음의 대로를 활짝 열고 하나님의 나라를 확장시켜 나갔습니다. 특별히 아브라함이 받은 10대 허락은, 신약에서 예수님이 선포하신 산상수훈의 '팔 복'을 통해 다시 우리에게 축복의 노다지로 주어졌습니다(마 5:1-12).

하나님의 언약에 근거한 구속사의 섭리는 전 우주에 거대한 강물처럼 흘러 넘치고 있습니다. 주님의 재림의 날이 모든 믿는 자의 소망이 되고 있는 지금, 구속사의 마지막 바통은 마침내 오늘날 예수 그리스도의 모든 성도에게 주어졌습니다. 10대 허락과 10대 명령은, 예수 그리스도 안에서 아브라함과 같이 절대 순종의 본을 따라가는 성도들에게만 주시기로 작정된 최고의 분복입니다. 천지는 없어져도 하나님의 말씀은 일점일획도 땅에 떨어지지 않고, 이 세대가 지나가기 전에 반드시 이루어집니다(마 5:18, 24:34-35).

그러므로 죄악의 먹구름, 칠흑 같은 어두움이 가득한 말세지말에 '아브라함에게 주신 10대 허락과 10대 명령'에 관하여 깊이 연구하고 상고하여 보는 일은 참으로 복된 일이 아닐 수 없습니다. 저는 비록 한평생을 마감해야 할 시간이 다가오는 시점에 있지만 용기를 내어, 목회 초기부터 강단에서 선포하며 성도들과 함께 받았던 하나님의 은혜를 마무리하게 되었습니다.

주님께서 크신 영광 중에 재림하셔서 거대한 구속사를 완성하시는 날이 도래할 때까지, 날마다 아브라함처럼 하나님 나라 건설을 위해서 생명 바쳐 충성하는 가운데, 우리 모두 아브라함의 참자손들로서 마지막 나팔에 홀연히 변화하여 아버지의 나라에서 영원토록 해와 같이 빛나기를 간절히 고대하고 소망해 봅니다(마 13:43, 고전 15:51-53).

2008년 12월*
낙원 동산 기도 밀실에서
예수 그리스도의 종 **박 윤 식**

朴 潤 植
Younsikpork

* 본 서는 이미 2008년 12월에 저자가 원고를 마무리해 놓고 미처 출간하지 못했던 것으로, 2014년 12월 17일 저자가 천국에 입성한 후에 남겨진 엄청난 분량의 유작(遺作)들 중의 하나입니다.

제 1 장

창세기의 구조와
아브라함의 일생 노정

The Structure of Genesis and Abraham's Life Journey

창세기의 구조와
아브라함의 일생 노정
THE STRUCTURE OF GENESIS AND ABRAHAM'S LIFE JOURNEY

성경은 완전 무오한 하나님의 말씀입니다. 디모데후서 3:16에서 "모든 성경은 하나님의 감동으로 된 것"이라고 명백하게 선언하고 있습니다. 성경은 하나님의 특별 계시로, 66권으로 이루어져 있습니다. 특별히 창세기는 성경의 첫 번째 책으로서 인류의 시작과 근원을 밝혀 주는 책입니다.

창세기는 모세가 기록한 모세오경(창세기, 출애굽기, 레위기, 민수기, 신명기)의 첫 번째 책입니다. 성경의 여러 군데에서는 모세가 창세기의 저자임을 직간접적으로 증거하고 있습니다(출 17:14, 24:4, 민 33:2, 신 31:9, 24, 왕상 2:3, 마 8:4, 막 12:26, 눅 24:44, 요 7:19). 하나님께서는 광야에서 이스라엘 백성을 하나님 나라의 백성으로 세우시고, 그들의 정체성과 근원을 가르쳐 주시기 위하여 창세기를 주셨던 것입니다.

창세기의 역사는 하나님께서 온 우주 만물을 창조하신 태초로 거슬러 올라갑니다(창 1:1). 인물로 볼 때 아담부터 요셉까지 약 2,300여 년의 방대한 구속사를 기술하고 있습니다. 그 중 아담과 노아를 지나서 하나님의 새로운 구속사를 여는 인물이 아브라함입니다.

I
창세기의 구조
THE STRUCTURE OF GENESIS

1. 내용적 구조
Content Structure

창세기는 내용을 볼 때, 크게 창세기 1-11장과 창세기 12-50장으로 분류할 수 있습니다.

첫째, 창세기 1-11장은 '원(原) 역사'를 다루고 있습니다.

천지 창조와 아담의 창조와 타락, 가인과 아벨의 역사, 아담의 족보, 노아의 사적과 홍수 심판, 홍수 후 셈과 함과 야벳의 후예, 바벨탑 사건을 다루고 있습니다.

우리는 원 역사를 통하여 우주 만물과 인간의 역사를 주관하시는 분은 절대자 하나님이심을 깨닫게 됩니다.

여기서 우리는 인간이 하나님께 범한 중대한 두 가지의 죄를 찾아볼 수 있습니다. 먼저 아담과 하와는 "선악을 알게 하는 나무의 실과는 먹지 말라"(창 2:17) 하신 하나님의 행위 언약을 범하고 말았습니다. 이 언약이 깨어져서 아담과 하와는 에덴동산에서 추방되었고(창 3:23-24), 결국 하나님께서는 노아 시대에 홍수를 통하여 인류를 심판하시고 노아를 통해 새로운 구속의 역사를 시작하셨습니다.

그러나 방주에서 나온 노아의 자손들은 바벨탑을 쌓음으로 또다시 하나님께 크게 범죄하였습니다(창 11:1-9).

이처럼 인간들은 원 역사에서 중대한 두 번의 죄를 범하였습니다. 그러나 하나님께서는 구속사를 포기하지 않으시고, 창세기 11장 마지막을 볼 때 아브라함을 택정하시고 갈대아 우르에서 불러내시어 새로운 구속사를 진행하셨습니다. 인간의 범죄가 아무리 크다고 할지라도 하나님의 은혜는 그 범죄를 덮고도 넉넉히 남음이 있는, 측량할 수 없는 엄청난 은혜인 것입니다. 그래서 로마서 5:20 하반절에서는 "그러나 죄가 더한 곳에 은혜가 더욱 넘쳤나니"라고 말씀하고 있습니다.

창세기 제1부(1-11장)는 태초의 하나님의 창조로부터 시작해서 아브라함이 하란에서 75세에 부르심을 받기 직전까지 실로 방대한 역사를 기록하고 있습니다. 인물로 따져 볼 때, 아담이 지음을 받은 주전 4114년으로부터 아브라함 75세인 주전 2091년까지 대략 2,023년에 이르는 구속사가 기록되어 있습니다.

창세기 제1부는 태초부터 아브라함의 부르심까지 그 사이에 일어났던 모든 역사를 기록하고 있는 것이 아니라, 하나님의 구속사 가운데 우리가 반드시 알아야 되는 가장 핵심적인 내용을 압축하여 기록하고 있습니다. 하나님께서는 인간의 범죄와 실패에도 불구하고 그것을 회복시키시기 위하여 '여자의 후손'으로 예수 그리스도께서 오실 것을 미리 보여 주셨습니다(창 3:15).

둘째, 창세기 12-50장은 '족장들의 역사'를 다루고 있습니다.

창세기의 제1부가 '원 역사'라면, 창세기의 제2부는 아브라함과 이삭과 야곱과 요셉, 4대 족장들의 역사를 기술하고 있습니다. 아브라함과 이삭과 야곱은 15년을 함께 살았습니다(히 11:9). 또한 요셉은 야곱과 57년을 동시대에 살았습니다. 이렇게 각 족장들이 함께 동시대를 살았으므로 창세기 12-50장 내용을 명확히 구분하기는 어렵지만, 대략 다음과 같이 구분할 수 있습니다.

아브라함에 대한 기록은 창세기 12:1-25:11까지로 구분됩니다. 이것은 아브라함이 하란에서 하나님의 부르심을 받을 때부터 아브라함이 175세가 되어 죽어서 장사될 때까지의 구속사입니다.

이삭에 대한 기록은 창세기 25:12-27:46까지로 구분됩니다. 이것은 이삭의 형인 이스마엘의 족보(창 25:12-18)에 이어 창세기 25:19의 이삭의 족보로 시작됩니다. 그리고 이삭이 나이가 많아 눈이 어두울 때 차자 야곱에게 축복하므로, 에서가 야곱을 죽이려 하자 리브가가 야곱을 라반에게 보내는 장면으로 끝이 납니다(창 27:41-46).

야곱에 대한 기록은 창세기 28:1-36:43까지로 구분됩니다. 이것은 야곱이 이삭의 축복을 받고 밧단 아람으로 떠나는 장면으로 시작됩니다(창 28:1-5). 그리고 야곱과 에서가 이삭을 장사 지내고(창 35:27-29), 에서의 족보가 창세기 36장에 기술됨으로 끝이 납니다.

요셉에 대한 기록은 창세기 37:1-50:26까지로 구분됩니다. 이것은 요셉이 17세의 소년으로 양을 치는 이야기(창 37:1-2)와 두 가지 꿈을 꾸는 이야기(창 37:5-11)로 시작됩니다. 그리고 요셉이 110세에 죽고 애굽에서 입관되는 것으로 끝이 납니다(창 50:26).

이상에서 살펴본 창세기 제2부(창 12-50장)는, 아브라함이 하란에서 하나님께 부르심을 받을 때부터 시작하여 요셉이 110세에 애굽에서 죽음으로 끝이 납니다. 이것을 연대로 살펴보면, 아브라함 나이 75세인(창 12:4) 주전 2091년부터 요셉이 110세로 죽은 주전

1806년까지 약 285년의 역사를 기록하고 있습니다.

　창세기의 제2부(창 12-50장)는 구속사적으로 볼 때, 하나님의 나라가 아브라함 한 사람으로 시작되어 본격적으로 건설되고 확장되어 감을 나타냅니다. 아브라함 한 사람은 이제 야곱을 포함한 70명의 가족을 이루어 히브리 민족으로 확대일로를 걷게 되었습니다. 또한 아브라함의 후손들은 비록 가나안을 떠났지만, 하나님께서 그들을 출애굽 시켜 다시 가나안 땅으로 인도하실 때까지 그 땅은 하나님의 땅으로 준비되고 있었던 것입니다. 아브라함에게 나타내신 하나님의 주권은 변함없이 이삭과 야곱과 요셉을 통해 나타나고 있었으며, 결국 하나님의 나라는 아브라함과 이삭과 야곱과 요셉이라는 족장들을 거치면서 점점 선명하고 분명하게 건설되고 확장되어 갔던 것입니다.

2. 톨도트(תּוֹלְדֹת)의 구조
Toledoth Structure

　'톨도트'는 '기원, 시작'이란 뜻으로, '낳다'라는 히브리어 동사 '얄라드'(יָלַד)에서 파생된 단어입니다. 창세기에는 열 개의 톨도트가 나타나며, 대부분 '족보'를 뜻하는 '후예'나 '계보'의 뜻으로, 혹은 사람의 출생부터 일생을 짧게 기록한 '약전'이나, 우주의 생성과 기원과 역사를 가리키는 '대략' 등의 뜻으로 사용되어 창세기의 전체 내용의 뼈대를 형성하고 있습니다. 창세기에는 열 개의 족보가 나타나고 있습니다.

창세기의 톨도트(תוֹלְדוֹת) 구조

1   하늘과 땅의 족보(창 1:1-2:4, 2:4-4:26)

창세기 2:4 "천지의 창조된 **대략**(תוֹלְדוֹת, 톨도트)이 이러하니라"

2   아담의 가족 족보(창 5:1-6:8)

창세기 5:1 "아담 자손의 **계보**(תוֹלְדוֹת, 톨도트)가 이러하니라"

3   노아의 가족 족보(창 6:9-9:29)

창세기 6:9 "노아의 **사적**(תוֹלְדוֹת, 톨도트)은 이러하니라"

4   노아의 자손들의 족보(창 10:1-11:9)

창세기 10:1 "노아의 아들 셈과 함과 야벳의 **후예**(תוֹלְדוֹת, 톨도트)는 이러하니라"

5   셈의 족보(창 11:10-26)

창세기 11:10 "셈의 **후예**(תוֹלְדוֹת, 톨도트)는 이러하니라"

6   데라(아브라함)의 족보(창 11:27-25:11)

창세기 11:27 "데라의 **후예**(תוֹלְדוֹת, 톨도트)는 이러하니라"

7   이스마엘의 족보(창 25:12-18)

창세기 25:12 "아브라함에게 낳은 아들 이스마엘의 **후예**(תוֹלְדוֹת, 톨도트)는 이러하고"

8   이삭의 족보(창 25:19-35:29)

창세기 25:19 "아브라함의 아들 이삭의 **후예**(תוֹלְדוֹת, 톨도트)는 이러하니라"

9   에서의 족보(창 36:1-37:1)

창세기 36:1 "에서 곧 에돔의 **대략**(תוֹלְדוֹת, 톨도트)이 이러하니라"

10   야곱의 족보(창 37:2-50:26)

창세기 37:2 "야곱의 **약전**(תוֹלְדוֹת, 톨도트)이 이러하니라"

창세기에 나오는 열 개의 족보는 몇 가지 특징을 가지고 있습니다.

첫째, 족보를 시작할 때, '톨도트'(תּוֹלְדוֹת)라는 단어로
    시작합니다.

두 번째부터 열 번째 족보까지는 족보를 시작할 때 '톨도트'로 시작합니다. 그런데 첫 번째 족보만 '톨도트'라는 단어가 족보의 중간에 나옵니다. 창세기 1:1부터 4:26까지는 중간에 창세기 2:4의 톨도트로 연결됩니다.[1]

한글 개역성경은 창세기 2:4을 "여호와 하나님이 천지를 창조하신 때에 천지의 창조된 대략이 이러하니라"라고 말씀하고 있습니다. 그러나 창세기 2:4을 히브리어 원문으로 볼 때, 앞부분과 뒷부분의 순서가 한글 개역성경의 순서와 바뀌어 나타납니다.

창조하신　　지를　　천　　대략이　이러하니라
אֵלֶּה תוֹלְדוֹת הַשָּׁמַיִם וְהָאָרֶץ בְּהִבָּרְאָם

천을　　지　하나님이 여호와 창조하신 때에
בְּיוֹם עֲשׂוֹת יְהוָה אֱלֹהִים אֶרֶץ וְשָׁמָיִם:

여기서 하나님께서는 천지의 창조(창 1:1-2:3)도 일종의 '족보'임을 명백히 밝히셨고, 이어서 아담을 지으신 사건과 에덴동산의 역사를 기록하심으로 역사도 일종의 '족보'임을 나타내고 있습니다.[2] 결국 창세기 1:1-4:26까지에 나타난 사건들이 족보이고, 하나님의 구속사 전체의 정제된 압축임을 나타내고 있습니다.

둘째, **열 개의 족보의 중심은 아브라함입니다.**

열 개의 족보를 볼 때, 첫 번째부터 다섯 번째까지는 창세기 제1부(창 1-11장)의 역사를 기록하고 있으며, 여섯 번째부터 열 번째까지는 창세기 제2부(창 12-50장)의 역사를 기록하고 있습니다. 원(原) 역사(창 1-11장)인 첫 번째부터 다섯 번째까지의 족보는 아브라함의 등장으로 마무리가 됩니다. 그리고 여섯 번째 족보는 데라의 족보로서 아브라함의 이야기가 시작되는데, 이것은 아브라함이 창세기의 중심인물이라는 것을 말해 줍니다.

하나님께서는 땅의 모든 족속이 복을 받게 하시려고 먼저 복의 통로가 될 하나님의 백성을 형성하셔야 했습니다. 그 백성의 조상으로 아브라함 한 사람을 부르시고 믿음의 족장들의 역사(창 12-50장, 6-10번째의 족보)를 통해 구속사를 새롭게 시작하신 것입니다.

첫 사람 아담의 범죄와 타락, 노아 때의 홍수 심판이라는 두 번에 걸친 인류의 큰 범죄와 실패 가운데 하나님께서는 아브라함을 선택하여 부르심으로, 이제 새로운 구속사를 시작하고 계심을 명백하게 나타내셨습니다. 아브라함 한 사람의 선택은 약속하신 '여자의 후손'(창 3:15)이 오시는 첫 번째 관문을 여는 사건입니다. 그래서 신약성경을 시작하는 마태복음 1:1에서 "아브라함과 다윗의 자손 예수 그리스도의 세계라"라고 말씀하고 있습니다.

II
아브라함의 일생 노정
ABRAHAM'S LIFE JOURNEY

아브라함에 대한 기록은 창세기 12:1-25:11까지로 구분됩니다. 이 것은 아브라함이 75세에 하란에서 부르심을 받을 때부터(창 12:4) 175세가 되어 죽을 때까지(창 25:7) 약 100년의 구속사입니다. 아브 라함이 태어날 때부터 75세까지의 역사는 창세기 11:26-31과 사도 행전 7:2-4에 간략하게 기록되어 있습니다.

아브라함의 일생 노정은 크게 열 군데 장소를 통해 요약됩니다. 아브라함이 일생 동안 거주하였던 장소를 중심으로 일어난 사건들 을 연대별로 정리하였습니다. 그동안 졸저 '창세기의 족보'(「구속사 시리즈」 제1권)와 '잊어버렸던 만남'(「구속사 시리즈」 제2권)에서 아브 라함의 사적에 대하여 살펴보았지만, 이번에는 이것들을 종합하여 장소별로 연대별로 아브라함의 일생 노정을 정리해 보았습니다.

1. 첫 번째 장소 – 우르(אור)
The First Place - Ur
아브라함 출생, 주전 2166년

아브라함은 주전 2166년에 갈대아 우르에서 태어났습니다. 창 세기 11:26에서 "데라는 칠십 세에 아브람과 나홀과 하란을 낳았더라"라고 하신 말씀대로, 아브라함은 데라가 70세에 낳은 아들입니다.[3] 이 문장은 데라가 몇 살에 나홀과 하란을 낳았는지에 대하여 무관심으로 침묵하고 있으며, 오직 아브라함이 데라 70세에 태어났음을 강조하여 기록하고 있습니다. 그 이유는 아브라함이 영적인 장자로서 앞으로 구속사의 주역이 되어 하나님께 쓰임 받기 때문입니다. 데라의 아들 중 하란은 데라보다 먼저 갈대아 우르에서 죽었는데(창 11:28), 롯은 하란의 아들이었습니다(창 11:27).

아브라함이 태어난 갈대아 우르는 메소보다미아 지역에서도 가장 비옥한 땅 중에 하나로, 물질문명이 발달한 곳이었습니다. 사도행전 7:2에서 "아브라함이 하란에 있기 전 메소보다미아에 있을 때에 영광의 하나님이 그에게 보여"라고 말씀하고 있습니다. 창세기 15:7에서도 "나는 이 땅을 네게 주어 업을 삼게 하려고 너를 갈대아 우르에서 이끌어낸 여호와로라"라고 말씀하고 있습니다. 이 두 구절은 아브라함이 본래 살던 땅이 갈대아 우르임을 말씀하고 있습니다.

창세기 11:31에서 "데라가 그 아들 아브람과 하란의 아들 그 손자 롯과 그 자부 아브람의 아내 사래를 데리고 갈대아 우르에서 떠나 가나안 땅으로 가고자 하더니 하란에 이르러 거기 거하였으며"라고 말씀하고 있습니다. 이 구절도 아브라함이 가나안 땅으로 가기 위하여 갈대아 우르를 떠났으며, 하란은 그 중간에 머물렀던 곳임을 알려 줍니다.

갈대아 우르에서 아브라함의 아버지 데라는 우상을 숭배하고 있었습니다. 여호수아 24:2에서 "옛적에 너희 조상들 곧 아브라함의 아비, 나홀의 아비 데라가 강 저편에 거하여 다른 신들을 섬겼으나"라고 말씀하고 있으며, 여호수아 24:15에서도 "너희 열조가 강 저편에서 섬기던 신"이라고 말씀하고 있습니다.

　아브라함도 갈대아 우르에 계속 머물러 있었다면 아버지 데라를 따라서 우상숭배하는 집안에 살아야 했을 것입니다. 그러나 하나님께서는 아브라함을 통해 구속사를 이루시기 위하여, 데라와 아브라함을 우상숭배하는 곳에서 강권적으로 불러내셨던 것입니다. 이때 데라의 아들 나홀은 아브라함과 함께 떠나지 못했습니다(창 11:31).

2. 두 번째 장소 – 하란(חָרָן)
The Second Place - Haran

아브라함 75세, 주전 2091년까지 거주

　아브라함이 갈대아 우르에 거주할 때, 하나님께서 아브라함을 제1차로 부르셔 하란으로 옮기셨습니다(행 7:2-3). 이때 하나님께서는 "네 고향과 친척을 떠나 내가 네게 보일 땅으로 가라"라고 명령하셨습니다(행 7:3).

　하란은 밧단 아람 지역에 위치하였으며, 니느웨에서 알레포를 지나 길리기아와 아나톨리아로 향하는 주요 도로에 위치하고 있었습니다. 당시에는 알레포 지역을 중심으로 하란까지 이르는 넓은 지역에, 아브라함의 조상 에벨이 세운 에블라 왕국의 영향력이 미치고 있었습니다.[4] 아마도 아브라함은 하란에서, 바벨탑 사건 때에 우르를 떠났던 믿음의 조상들을 통하여, 노아 홍수 시대 전후 역사와 바벨탑 사건과 같은 중대한 구속사의 사건들에 대하여 여러 가지 형태로 신앙 교육을 받았을 것입니다. 하나님께서는 노아를 통해 이어진 신앙을 전수시키기 위하여 아브라함을 하란으로 옮기신 것입니다. 참고로, 창세기 11장에 나오는 족보들을 연대기적으로 계산할 때, 노

아와 아브라함은 58년간 동시대에 살았음을 확인할 수 있습니다.[5]

하나님께서 원하시는 신앙 교육이 끝난 후에, 하나님께서는 아브라함을 가나안으로 옮기려고 하셨을 것입니다. 그러나 아브라함의 육신의 아버지 데라는 가나안에 가는 것을 싫어하였습니다. 데라는 히브리어 '테라흐'(תֶּרַח)로, '체류하다, 지체하다'라는 뜻입니다. 데라는 그 이름의 뜻대로, 가나안에 가지 않고 하란에 체류하면서 하나님의 뜻을 지체시켰던 것입니다.

결국 하나님께서는, 데라를 하란에 그대로 두고 아브라함 혼자라도 가나안으로 가도록 명령하십니다. 창세기 12:1에서 "여호와께서 아브람에게 이르시되 너는 너의 본토 친척 아비 집을 떠나 내가 네게 지시할 땅으로 가라"라고 명령하셨습니다. 이 말씀대로 아브라함은 아버지 데라를 두고 혼자서 가나안으로 떠납니다. 이때가 아브라함 나이 75세라고 창세기 12:4에서 분명하게 말씀하고 있습니다.

데라가 아브라함을 70세에 낳았기 때문에(창 11:26), 아브라함이 하란을 떠날 때 데라의 나이는 145세였습니다. 창세기 11:32에서 "데라는 이백오 세를 향수하고 하란에서 죽었더라"라고 말씀하고 있습니다. 그러므로 데라는 자기 나이 145세에 아브라함이 가나안으로 떠난 후, 혼자서 하란에 60년을 더 살다가 205세에 하란에서 죽었던 것입니다. 성경은 아브라함이 구속사의 주역으로 쓰임 받기 위해서는 육신의 아버지 데라와도 분리되어야 함을 확실히 증거하고 있습니다. 아브라함은 아버지 데라에 대한 정(情)을 끊고 하나님의 말씀에 순종하여 떠났기 때문에, 믿음의 조상으로 쓰임 받을 수 있었습니다(참고-갈 5:24). 창세기 12:4에서 "이에 아브람이 여호와의 말씀을 좇아 갔고"라고 말씀하고 있습니다. 말씀에 철저하게 순종하는 자가 구속사의 주역이 되는 것입니다.

3. 세 번째 장소 – 세겜(שְׁכֶם)
The Third Place - Shechem
아브라함 75세, 주전 2091년

하나님께서는 아브라함에게 가나안으로 들어가라고 명령하신 후에, 아브라함이 하란에서 가나안에 도착하기까지 약 610km의 머나먼 길을 가는 동안 한 번도 나타나지 않으셨습니다. 아브라함은 가나안 땅을 통과하면서 너무나도 고독하고 막막했을 것입니다. 그런데 아브라함이 세겜 땅 모레 상수리나무에 이르렀을 때에 하나님께서 아브라함에게 나타나셨습니다. 창세기 12:6-7 상반절에서 "아브람이 그 땅을 통과하여 세겜 땅 모레 상수리나무에 이르니 그때에 가나안 사람이 그 땅에 거하였더라 ⁷ 여호와께서 아브람에게 나타나"라고 말씀하고 있습니다.

아브라함에게 나타나신 하나님께서는 "내가 이 땅을 네 자손에게 주리라"(창 12:7)라고 약속하셨습니다. '이 땅'은 일차적으로 세겜 땅을 가리킵니다. 이때부터 세겜 땅은 가나안 전체를 대표하는 땅이 되었습니다. 왜냐하면 세겜은, 아브라함이 가나안에 들어왔을 때 하나님께서 처음으로 나타나셔서 땅을 약속하신 곳이기 때문입니다.

아브라함은 자기에게 나타나신 여호와를 위하여 세겜에 단을 쌓았습니다. 창세기 12:7 하반절의 "자기에게 나타나신 여호와를 위하여 그곳에 단을 쌓고"라는 문장은 히브리어 '바이벤'(וַיִּבֶן)으로 시작됩니다. 이것은 와우계속법 미완료형으로 연결되어 '그리고 그는

(즉시) 쌓았다'는 의미입니다. 아브라함은 '이 땅'에 대한 약속을 받고 즉시 단을 쌓았던 것입니다. 그러므로 단을 쌓은 행위는 세겜을 포함한 가나안 땅이 하나님께서 약속하신 하나님 나라의 영토임을 확증하는 행위입니다. 아브라함은 하나님께서 허락하신 땅에 대한 약속을 확실히 믿고, 즉시 단을 쌓음으로 그것을 확증하였습니다.

4. 네 번째 장소 – 벧엘과 아이 사이
(בֵּין בֵּית־אֵל וּבֵין הָעָי)
The Fourth Place - Between Bethel and Ai
아브라함 75세, 주전 2091년

아브라함은 세겜에서 가나안 땅에 대한 약속을 받고 단을 쌓은 후 벧엘 동편 산으로 옮겨 장막을 쳤습니다(창 12:8上). 그 장소의 서쪽은 벧엘이요 동쪽은 아이였습니다. 그는 거기서도 여호와를 위하여 단을 쌓았습니다(창 12:8下). 그런데 여기서는 "여호와의 이름을 부르더니"라는 표현이 추가되어 있음을 알 수 있습니다. 이것은 창세기 4:26의 '에노스' 때에 있었던 "여호와의 이름을 불렀더라"와 같은 표현입니다. 여기 '부르더니'는 히브리어 '카라'(קָרָא)로, '선포하다, 크게 외치다'라는 뜻입니다. 이것은 여호와께 대한 참예배가 확립되었음을 의미합니다. 그런데 창세기 13:3-4에서는 아브라함이 처음으로 단을 쌓은 곳이 벧엘과 아이 사이라고 말씀하고 있습니다. 가나안에 들어와 처음으로 단을 쌓은 곳은 세겜인데(창 12:6-7), 왜 창세기 13:3-4에서는 벧엘과 아이 사이라고 말씀하고 있습니까? 그 이유는, 세겜은 하나님께서 나타나신 것을 기념하며 단을 쌓았던 곳이고 벧엘과 아이 사이에서는 하나님께 공식적으로 예배를 드리기 위하여 처음으로 단을 쌓았기 때문입니다.

5. 다섯 번째 장소 – 애굽(מִצְרַיִם)
The Fifth Place - Egypt
아브라함 76세, 주전 2090년(추정)

아브라함은 벧엘과 아이 사이에서 점점 남방으로 옮겨 갔습니다. 창세기 12:9에서 "점점 남방으로 옮겨 갔더라"라고 말씀하고 있습니다. 이후에 아브라함은 기근이 심해지자 애굽으로 내려가게 되었습니다. 창세기 12:10에서 "그 땅에 기근이 있으므로 아브람이 애굽에 우거하려 하여 그리로 내려갔으니 이는 그 땅에 기근이 심하였음이라"라고 말씀하고 있습니다.

창세기 12:9과 10절이 히브리어에서 와우계속법 미완료형으로 연결되어 있고,[6] 아브라함이 거주했던 벧엘과 아이 사이로부터 애굽까지는 약 407km의 머나먼 거리임을 고려할 때, 아마도 아브라함은 76세인 주전 2090년 즈음에 애굽에 내려갔을 것입니다. 아브라함이 거했던 남방 지역은 연평균 강우량이 250-300mm에 불과하여, 우기에 내리는 극소량의 비와 이슬에 의지하여 목축업을 해야 하는 곳입니다. 팔레스타인 지역의 우기가 10월에서 3월까지임을 감안할 때, 75세에 가나안 땅에 들어온 아브라함은 우기에도 비가 전혀 오지 않음을 확인하고 건기를 지내기 위해 짐승떼를 이끌고 다음 해인 76세에 애굽으로 내려갔을 것입니다. 아브라함이 당시 애굽 왕 바로가 살던 궁까지 간 것을 볼 때(창 12:15), 아브라함은 바로의 거주지였던 온(헬리오폴리스)까지 갔을 것입니다.

아브라함은 애굽에 가까이 이르렀을 때 자신의 목숨을 부지하기 위하여 사라에게 '나는 아브라함의 누이'라고 말하게 하였습니다(창 12:12-13). 실제로 아브라함이 애굽에 이르렀을 때 바로가 사라를 애굽 궁으로 불러들이고, 아브라함에게는 양과 소와 노비와 암수 나귀와 약대를 주었습니다(창 12:15-16). 그러나 하나님께서 사라의 연고로 바로와 그 집에 큰 재앙을 내리시어(창 12:17) 바로의 손에서 사라를 건져 주셨습니다(창 12:18-20).

　여기서 아브라함이 범한 두 가지 중대한 죄를 발견할 수 있습니다.

　첫째, 아브라함은 '아내는 살리고 나는 죽일지 모른다'라는 생각이 들 때 인간적인 방책을 꾸미지 말고 먼저 하나님께 기도하고 하나님을 의지해야 했습니다. 어떤 일을 앞두고 먼저 하나님께 묻지 않고 하나님을 의지하지 않는 것은 큰 죄입니다.

　둘째, 아브라함은 하나님의 언약을 믿지 못하였습니다. 하나님께서 아브라함을 하란에서 가나안으로 부르실 때 "내가 너로 큰 민족을 이루고"라고 약속하셨습니다(창 12:2). 만약 아브라함이 죽는다면 큰 민족이 이루어질 수 없습니다. 그러므로 하나님께서 언약을 이루시기 위하여 반드시 자신을 지켜 주신다는 확고한 믿음이 있어야 했습니다. 그러나 아브라함은 하나님의 언약을 확고하게 믿지 못하였던 것입니다.

　아브라함의 범죄에도 불구하고, 하나님께서는 바로와 그 집에 큰 재앙을 내리심으로 아브라함과 사라를 보호해 주셨습니다(창 12:17). 그것은 전적으로 하나님의 은혜였고, 하나님의 언약에 근거하여 행하신 일입니다. 이처럼 인간의 불신에도 불구하고 구속사는 하나님의 언약에 근거하여 앞으로 전진하며 반드시 성취되는 것입니다.

아브라함이 애굽에 들어가서 어려움을 당하였으나 하나님의 은혜로 다시 가나안에 돌아온 사건은, 장차 야곱이 가족 70명을 이끌고 애굽에 들어가서 그 자손이 풀무불 같은 어려움을 당해도 하나님의 은혜로 다시 가나안에 돌아올 것을 보여 주는 전조(前兆)입니다.

6. 여섯 번째 장소 – 벧엘과 아이 사이
(בֵּין בֵּית־אֵל וּבֵין הָעָי)
The Sixth Place - Between Bethel and Ai
아브라함 76-83세, 주전 2090-2083년

아브라함은 애굽에서 다시 남방으로 올라와 거기서 잠시 머무르다가 다시 발행하여(창 13:1-3) 벧엘에 이르렀고 벧엘과 아이 사이, 과거에 장막을 쳤던 장소로 돌아왔습니다(창 13:3-4). 만약 아브라함이 애굽에서 바로 돌아왔다면, 그때도 아브라함 76세인 주전 2090년으로 추정할 수 있습니다. 하나님께서는 아브라함이 애굽에서 돌아올 때 "육축과 은금이 풍부"하게 하셨습니다(창 13:2).

창세기 13:4에 "그가 처음으로 단을 쌓은 곳이라 그가 거기서 여호와의 이름을 불렀더라"라고 말씀하고 있습니다. 여기서 "처음으로 단을 쌓은 곳"이라는 표현이 강조되고 있습니다. 이것은 아브라함이 불신 속에서 하나님의 언약을 확실히 믿지 못하고 애굽으로 내려갔지만 그 삶을 청산하고 가나안으로 돌아옴으로써, 다시 언약을 신뢰하는 본래의 믿음을 회복하였음을 나타내고 있습니다.

여기서 아브라함은 조카 롯과 함께 상당히 오랫동안 거주하였습니다. 창세기 13:6-7에서는 아브라함이 벧엘과 아이 사이 장막 쳤던 곳에 거주한 것을 히브리어 '야샤브'(יָשַׁב)라는 단어로 표현하였습니다. '야샤브'는 '앉다, 거주하다, 머무르다, 살다'라는 뜻인데, 이는 한 곳에 일정 기간 동안 정착해서 사는 것을 의미합니다.

아브라함은 가나안에 들어온 이래 한 곳에 오랫동안 정착하지 못하고 계속 이주하는 삶을 살았습니다. 이것을 대변해 주는 단어가 히브리어 '구르'(גור)입니다. 이 단어는 기본적으로 '친족이 아닌 사람들 사이에서 손님으로 살다'라는 뜻을 가집니다. 아브라함은 기근을 피해 애굽으로 내려갈 때 잠시 머무르다가 돌아오려고 생각하였습니다. 그래서 창세기 12:10에서 "그 땅에 기근이 있으므로 아브람이 애굽에 우거하려 하여 그리로 내려갔으니 이는 그 땅에 기근이 심하였음이라"라고 말씀하고 있는데, 여기 '우거하려'가 히브리어로 '구르'입니다. 창세기 13:6-7에서 아브라함이 가나안 땅에 들어온 후에 처음으로 '야샤브'가 사용되었습니다. 이것은 아브라함이 애굽에서 돌아온 후에 벧엘과 아이 사이에서 일정 기간 동안 정착해서 살았다는 것을 의미합니다.

아브라함과 롯은 오랫동안 같이 살면서 서로의 소유가 많아져서 도저히 동거할 수 없게 되었습니다(창 13:6). 심지어는 아브라함의 가축의 목자와 롯의 가축의 목자가 서로 다툴 지경이었습니다(창 13:7). 이에 아브라함은 롯에게 "네 앞에 온 땅이 있지 아니하냐 나를 떠나라 네가 좌하면 나는 우하고 네가 우하면 나는 좌하리라"라고 말하였습니다(창 13:9). 아브라함은 조카 롯에게 선택의 우선권을 주어 양보하는 넓은 아량을 보여 주었습니다.

롯은 벧엘의 높은 고지에서 주변을 바라보고서 요단 온 들을 택하였으며 결국에는 소돔까지 내려갔습니다(창 13:10-12). 창세기 13:12에서 "아브람은 가나안 땅에 거하였고 롯은 평지 성읍들에 머무르며 그 장막을 옮겨 소돔까지 이르렀더라"라고 말씀하고 있습니다.

7. 일곱 번째 장소 - 헤브론(חֶבְרוֹן)
The Seventh Place - Hebron
아브라함 83-99세, 주전 2083-2067년

창세기 13:14은 접속사 '바브'(ו)로 시작되어 새로운 단락을 시작하고 있습니다. 롯이 아브라함을 떠난 후에, 하나님께서는 아브라함과 언약을 체결하시고 가나안 땅과 자손을 약속해 주셨습니다(창 13:14-17). 이 약속을 받은 후에 아브라함은 장막을 헤브론으로 옮겨서 마므레 상수리 수풀에 이르러 거하며 거기서 여호와를 위하여 단을 쌓았습니다(창 13:18). 그리고 아브라함은 그랄에 우거(창 20장)하기 전까지 헤브론에 살았습니다. 이 기간에 아브라함의 생애에서 일어났던 중요한 사건들의 연대는 아브라함이 86세에 이스마엘을 낳은 때를 기준하여 계산할 수 있습니다.

① 아브라함 83-84세(주전 2083-2082년)
  동방 4개국 동맹군과의 전쟁과 롯 구출(창 14장)

아브라함이 헤브론에 거하기 시작한 것은 그의 나이 83세로, 주전 2083년경으로 추정됩니다. 창세기 13장에 이어지는 창세기 14:1은 '당시에'로 시작하는데, 이것은 창세기 13장의 마지막 부분과 창세기 14장의 사건들이 비슷한 시기에 일어났음을 나타냅니다. 창세기 14장의 사건들은 아브라함 83-84세(주전 2083-2082년) 즈음에 일어난 것입니다.

창세기 14장은, 동방 4개 동맹국(시날 왕 아므라벨, 엘라살 왕 아리옥, 엘람 왕 그돌라오멜, 고임 왕 디달)이 가나안 5개국(소돔 왕 베라, 고모라 왕 비르사, 아드마 왕 시납, 스보임 왕 세메벨, 소알 왕 벨라)을 침략하여 점령한 사건을 기록하고 있습니다(창 14:1-2).

동방의 네 왕들은 전쟁에서 승리하고 소돔과 고모라의 모든 재물과 양식을 빼앗아 가고, 소돔에 거하는 아브라함의 조카 롯도 사로잡아 갔습니다(창 14:11-12).

아브라함은 조카 롯이 사로잡혔음을 듣고, 집에서 길리고 연습한 자 318명을 거느리고 다메섹 좌편 호바까지 쫓아가서, 모든 빼앗겼던 재물과 조카 롯과 부녀와 인민을 다 찾아왔습니다(창 14:14-16). 아브라함은 헤브론에서 단까지 약 191km(창 14:14), 단에서 다메섹까지 약 75km, 다메섹에서 그 북쪽(שִׂמֹאול, 세몰) 호바까지 약 80km(창 14:15), 총 약 346km를 쫓아가서 롯을 구해 온 것입니다.[7] 조카를 구하기 위하여 실로 먼 곳까지 생명을 바쳐 전쟁에 임한 아브라함을 통해서 '이웃을 내 몸같이 사랑하라'(마 22:39)는 십자가의 사랑을 절감할 수 있습니다.

아브라함은 전쟁에서 돌아오는 길에 살렘 왕 멜기세덱을 만났습니다(창 14:17-18). 멜기세덱은 아브라함을 축복하였고(창 14:19), 아브라함은 그 얻은 것에서 십분의 일을 멜기세덱에게 주었습니다(창 14:20).

동방 4개국 동맹군과 사해 연안 가나안 5개국 연합군의 전쟁은 굉장히 규모가 큰 전쟁이었으며, 이 전쟁을 통하여 동방 4개국 동맹군이 가나안 6개 족속(르바, 수스, 엠, 호리, 아말렉, 아모리)까지 친 것을 감안할 때(창 14:5-7), 이 전쟁은 상당한 기간 동안 진행되었을 것입니다. 거기다가 아브라함이 롯을 구하기 위하여 약 346km 이상을 왕복한 것을 감안할 때, 아마도 아브라함 83세(주전 2083년)에 시작된 전쟁은 해를 넘기고 아브라함 84세(주전 2082년)에 끝나게 되었을 것입니다. 신학자 라이트풋(John Lightfoot)은 창세기 14장의 사건을 아브라함 84세에 일어난 사건으로 보았습니다.[8]

② 아브라함 84세(주전 2082년) - 횃불 언약 체결(창 15장)

창세기 15장은 하나님께서 아브라함과 횃불 언약을 체결하신 것에 대한 기록입니다. 창세기 15:1은 '이후에'로 시작하고 있습니다. 이 표현은 히브리어 '아하르 하데바림 하엘레'(אַחַר הַדְּבָרִים הָאֵלֶּה)로, 직역하면 '그 이것들 그 사건들 후에'라는 뜻입니다. 그러므로 창세기 14장 사건에 이어서 바로 창세기 15장 사건이 이어지는 것입니다. 창세기 14장 마지막 사건들이 아브라함 84세(주전 2082년)에 일어났다면, 창세기 15장 횃불 언약 체결 역시 아브라함 84세(주전 2082년)에 있었을 것입니다.

창세기 15:1을 볼 때, 하나님께서는 아브라함에게 "아브람아 두려워 말라 나는 너의 방패요 너의 지극히 큰 상급이니라"라고 말씀하셨습니다.

아브라함은 318명의 사병을 거느리고 동방 4개국 동맹군과의 전쟁에서 승리하고 롯을 구하였지만, 막강한 동방 4개국의 재침공을 여전히 두려워하고 있었습니다. 그래서 하나님께서는 아브라함에게 두려워하지 말라고 하셨습니다. 그러나 이보다 더 근본적인 이유는, 아브라함 속에 아직 하나님의 언약을 이룰 후사가 없다는 두려움이 있었기 때문입니다. 아브라함은 하나님께 "나는 무자하오니", 또 "주께서 내게 씨를 아니 주셨으니"라고 하였고(창 15:2-3), 심지어 아브라함은 '다메섹 엘리에셀'을 후사로 생각할 정도였습니다(창 15:2-3). 이에 하나님께서는 분명하게 "그 사람은 너의 후사가 아니라 네 몸에서 날 자가 네 후사가 되리라"라고 말씀하셨습니다(창 15:4).

이어서 하나님께서는 아브라함을 이끌고 밖으로 나가서서 "하늘을 우러러 뭇별을 셀 수 있나 보라 또 그에게 이르시되 네 자손이 이와 같으리라"라고 말씀하셨습니다(창 15:5).

그리고 하나님께서는 아브라함과 횃불 언약을 체결하셨는데(창 15:7-21), 창세기 15:1-6이 자손에 대한 약속이고, 창세기 15:7-21은 땅에 대한 약속입니다.

③ 아브라함 85세(주전 2081년) – 아브라함이 하갈을 취함

횃불 언약이 체결(창 15장)된 다음에 아브라함은 하갈을 취합니다. 아브라함의 아내 사라는 "여호와께서 나의 생산을 허락지 아니하셨으니 원컨대 나의 여종과 동침하라 내가 혹 그로 말미암아 자녀를 얻을까 하노라"라고 아브라함에게 말하였으며 아브라함은 아내의 말을 듣고 하갈과 동침하였습니다(창 16:2).

이때가 "아브람이 가나안 땅에 거한 지 십 년 후이었더라"라고 말씀하고 있습니다(창 16:3). 여기 '후이었더라'라는 표현은 히브리어 '미케츠'(מִקֵּץ)로, 전치사 '민'(מִן)과 '극단'을 뜻하는 '케츠'(קֵץ)가 합성된 말이고, '…의 끝이 막 지났음'을 의미합니다.

아브라함은 75세에 가나안에 들어왔습니다(창 12:4). 그러므로 아브라함이 가나안에 거한 지 10년째는 아브라함 나이 84세이고, 아브라함은 84세가 막 지나고 85세가 되어서 하갈을 취하였던 것입니다. 창세기 16:4에서 "아브람이 하갈과 동침하였더니"라고 말씀하고 있는데, 여기 '동침하였더니'는 히브리어 '보'(בּוֹא)입니다. 이 단어는 '들어가다, 들어오다'를 의미하는 일상적인 단어로, 아브라함이 한두 번 하갈과 동침한 것이 아니라 아예 하갈과 같이 한 집에서 생활하였음을 의미합니다. 그리고 마침내 하갈은 잉태를 하였습니다. 이때가 아브라함 나이 85세였습니다. 그래서 하갈은 아브라함 86세에 이스마엘을 낳았던 것입니다(창 16:16).

④ 아브라함 86세(주전 2080년) – 하갈이 이스마엘을 낳음

아브라함 85세에 하갈이 잉태하자 하갈은 여주인인 사라를 멸시하였습니다(창 16:4). 이에 사라는 하갈을 학대하였으며 결국 하갈은 사라를 피하여 도망갔습니다(창 16:6). 하갈이 도망간 '술 길'은 헤브론과 브엘세바에서 남서쪽으로 내려가며 애굽으로 향하는 대상로입니다.

그런데 도망친 하갈에게 여호와의 사자가 나타났습니다. 여호와의 사자는 "네 여주인에게로 돌아가서 그 수하에 복종하라"라고 명령하시고, 이어 "내가 네 자손으로 크게 번성하여 그 수가 많아 셀 수 없게 하리라"라고 축복해 주셨습니다(창 16:9-10). 그리고 "네가 잉태하였은즉 아들을 낳으리니 그 이름을 이스마엘이라 하라 이는 여호와께서 네 고통을 들으셨음이니라"라고 말씀해 주었습니다(창 16:11).

우리는 여기서 여종에 불과한 보잘것없는 여자, 주인에게 학대 받아 도망친 여자에게도 나타나셔서 위로해 주시는 참으로 자비로우신 하나님의 모습을 발견할 수 있습니다. 하갈은 자기에게 나타나시고 위로해 주신 하나님을 "감찰하시는 하나님"이라고 불렀습니다(창 16:13). "감찰하시는 하나님"은 히브리어 '엘 로이'(אֵל רֳאִי)로, 하나님께서 인생들의 모든 것을 지켜보시고 보호해 주시고 돌보아 주시는 분이심을 나타냅니다. 그래서 하갈은 하나님을 만난 샘(창 16:7)을 가리켜 '브엘 라해로이'(בְּאֵר לַחַי רֹאִי)라고 불렀습니다(창 16:14). 이것은 '나를 감찰하시는 생존자의 우물'이란 뜻입니다.

하갈은 다시 아브라함의 집으로 돌아갔으며, 아브라함 나이 86세에 이스마엘을 낳았습니다. 창세기 16:15-16에서 "하갈이 아브람의 아들을 낳으매 아브람이 하갈의 낳은 그 아들을 이름하여 이스마엘이라 하였더라 하갈이 아브람에게 이스마엘을 낳을 때에 아브람이 팔십륙 세이었더라"라고 말씀하고 있습니다.

만약 아브라함이 하나님의 약속을 끝까지 믿고 하갈을 취하지 않았다면 이스마엘과 그 후손들은 태어나지도 않았을 것이며, 이스마엘의 후손들에 의해서 자행되는 온갖 전쟁과 테러와 분쟁들도 인류 역사 속에 일어나지 않았을 것입니다.

⑤ 아브라함 99세(주전 2067년) – 개명(改名)과 할례 언약

아브라함 86세에 이스마엘이 태어난 다음부터 아브라함 99세 때 할례 언약이 체결되기까지에 대해 성경은 침묵하고 있습니다. 이것은 아브라함이 하나님의 약속을 믿지 못하고 인간적인 방법으로 이스마엘을 얻은 것에 대한 하나님의 마음을 나타낸 것입니다. 아브라함 99세에 나타나신 하나님께서는 아브라함에게 "나는 전능한 하나님이라 너는 내 앞에서 행하여 완전하라"라고 말씀하셨습니다(창 17:1). 여기 "나는 전능한 하나님이라"라는 말씀은, 히브리어로 '아니엘 샤다이'(אֲנִי־אֵל שַׁדַּי)입니다. 하나님께서 아브라함에게 '전능한 하나님'이라고 말씀하신 이유는, 아브라함이 나이 99세가 되어서 도저히 자기 힘으로 아이를 낳을 수 없다고 생각하고 있지만, 전능하신 하나님께서는 반드시 약속을 이루실 것임을 나타내신 것입니다.

창세기 17장의 순서를 볼 때, 하나님께서는 먼저 아브람(אַבְרָם, 고귀한 아버지)을 아브라함(אַבְרָהָם, 열국의 아버지)으로 개명해 주셨고(창 17:5), 이어서 할례 언약 체결을 명령하셨으며(창 17:9-14), 다음으로 사래(שָׂרַי, 여주인)를 사라(שָׂרָה, 열국의 어미)로 개명해 주셨습니다(창 17:15).

하나님께서는 아브라함과 사라를 개명해 주시고, 이들을 개인적인 아비나 어미가 아니라 열국의 아비와 열국의 어미로 만들어 주셨습니다. 이것은 구속사적으로 예수 그리스도께서 이들의 후손으로 오시고 예수 그리스도를 믿는 수많은 성도들이 생김으로써, 그들이 구속사적으로 아브라함과 사라의 영적 자손이 될 것을 예시한 것입니다(갈 3:7, 29, 4:26, 31).

그러나 이러한 하나님의 개명에도 불구하고, 아브라함은 앞으로 자신의 나이 100세, 사라의 나이 90세에 자식이 태어나는 것을 믿지 못하고 엎드려 웃으며 "이스마엘이나 하나님 앞에 살기를 원하나이다"라고 말하였습니다(창 17:18). 참으로 변함없는 하나님의 약속에도 불구하고 전능하신 하나님을 믿지 못하는 인간의 어리석은 모습입니다.

이에 하나님께서는 앞으로 아브라함과 사라를 통하여 태어날 자식의 이름이 '이삭'(웃음)이라고 정확하게 알려 주셨습니다. 창세기 17:19에서 "하나님이 가라사대 아니라 네 아내 사라가 정녕 네게 아들을 낳으리니 너는 그 이름을 이삭이라 하라 내가 그와 내 언약을 세우리니 그의 후손에게 영원한 언약이 되리라"라고 말씀하고 있습니다. 그리고 하나님께서는 반드시 명년(아브라함 100세, 주전 2066년)에 이삭이 태어날 것이며 이삭과도 언약을 체결하겠다고 말씀하시고(창 17:21), 아브라함을 떠나 올라가셨습니다(창 17:22).

그제서야 아브라함은 하나님의 약속을 온전히 믿고, 99세에 아브라함 자신과 아들 이스마엘과 그 집의 모든 남자가 다 할례를 받았습니다(창 17:23-27).

⑥ 아브라함 99세(주전 2067년) - 세 사람의 방문

아브라함이 할례를 실시하여 하나님의 명령에 순종한 후에 하나님께서 아브라함을 방문하셨습니다. 아브라함에게 사람 셋이 나타났는데(창 18:2), 이들 가운데 둘은 천사였고 한 분은 하나님이셨습니다(창 18:22, 19:1). 그래서 창세기 18:1, 22에서는 '여호와께서' 아브라함에게 나타나셨으며, 두 천사가 떠난 후에 아브라함은 '여호와 앞에 그대로 섰다'고 말씀하고 있습니다.

하나님께서는 아브라함에게 세 가지를 알려 주시기 위하여 나타나셨습니다.

첫째, 아브라함에게 이삭이 태어날 것을 재차 확실하게 약속하셨습니다.

창세기 18:10에서 "기한이 이를 때에 내가 정녕 네게로 돌아오리니 네 아내 사라에게 아들이 있으리라"라고 말씀하고 있습니다. 이때 사라는 속으로 웃으면서 "내가 노쇠하였고 내 주인도 늙었으니 내게 어찌 낙이 있으리요"라고 말하였습니다(창 18:12). 실로 사라는 경수가 끊어진 상태에서(창 18:11) 자신이 아들을 낳는다는 사실을 도저히 믿지 못했던 것입니다. 그러나 하나님께서는 "여호와께 능치 못한 일이 있겠느냐 기한이 이를 때에 내가 네게로 돌아오리니 사라에게 아들이 있으리라"라고 명확하게 말씀하셨습니다(창 18:14). 여기 "능치 못한"이란 단어는 히브리어 '팔라'(פָּלָא)로, '놀라운, 경이로운, 어려운'이란 뜻입니다. 하나님께는 그 어떤 일도 놀라운 일이 아니며, 어려운 일이 아닙니다. 인간이 볼 때는 도저히 불가능하게 보이는 경이로운 일이라도, 하나님께는 아주 간단하고 일상적인 일에 불과합니다.

둘째, 아브라함을 택하신 목적과 언약을 이루는 방법을
　　　알려 주셨습니다.

　창세기 18:17을 볼 때 하나님께서는 "나의 하려는 것을 아브라함
에게 숨기겠느냐"라고 하시면서 하나님의 계획을 아브라함에게는
알려 주시겠다고 말씀하셨습니다. 하나님과 친밀한 자에게는 구속
경륜의 비밀을 알려 주십니다(시 25:14, 암 3:7, 요 15:15).

　여기 "나의 하려는 것"은 소돔을 심판하는 것이지만, 이 말씀이
18절과 이어지는 것을 볼 때, '아브라함은 강대한 나라가 되고 천하
만민은 그를 인하여 복을 받게 될 것'을 의미하기도 합니다.

　하나님께서는 이 말씀을 통해서 지금까지 아브라함과 세우신 언
약을 재확증하셨습니다. 이어서 아브라함을 택하신 목적과 그것을
이루시는 방법을 정확하게 말씀하셨습니다. "내가 그로 그 자식과
권속에게 명하여 여호와의 도를 지켜 의와 공도를 행하게 하려고 그
를 택하였나니 이는 나 여호와가 아브라함에게 대하여 말한 일을 이
루려 함이니라"라고 말씀하고 있습니다(창 18:19).

　하나님께서 아브라함을 택하신 목적은, 아브라함의 자손들이 하
나님의 도를 지키고 의와 공도를 행하게 하려는 것이었습니다. 여기
'도'는 히브리어 '데레크'(דֶּרֶךְ)로, '길, 도리'라는 뜻이지만 궁극적
으로 하나님의 말씀을 뜻합니다. 하나님의 말씀만이 우리가 걸어
가야 할 진정한 길이요 도리이기 때문입니다. 그래서 시편 119:14에
서는 "증거의 도"(데레크), 27절에서는 "주의 법도의 길"(데레크), 32
절에서는 "주의 계명의 길"(데레크), 33절에서는 "주의 율례의 도"
(데레크)라고 말씀하고 있습니다. 그러므로 하나님께서는 아브라함
을 통하여 하나님의 말씀이 자손 대대로 전수되기를 원하셨던 것입
니다.

하나님의 말씀이 자손들에게 전수됨으로써 마침내 하나님께서 아브라함에게 약속하신 "강대한 나라"가 이루어지는 것입니다. 이런 의미에서 "이는 나 여호와가 아브라함에게 대하여 말한 일을 이루려 함이니라"라고 말씀하고 있는 것입니다(창 18:19下).

하나님의 언약은 반드시 이루어지는데, 그것을 이루기 위해서 아브라함은 그의 자손들에게 대대로 하나님의 말씀을 가르쳐서 그 자손들이 말씀을 지키고 의와 공도를 행하게 해야 하는 것입니다.

셋째, 소돔성 멸망의 비밀을 알려 주셨습니다.

창세기 18:20을 볼 때 하나님께서는 아브라함에게 "소돔과 고모라에 대한 부르짖음이 크고 그 죄악이 심히 중하니"라고 말씀하셨습니다. 그리고 21절에서 "내가 이제 내려가서 그 모든 행한 것이 과연 내게 들린 부르짖음과 같은지 그렇지 않은지 내가 보고 알려 하노라"라고 말씀하고 있습니다. 여기 '알려 하노라'는 히브리어 '야다'(יָדַע)인데, 이것은 부부 사이에 동침할 때 사용되는 단어로, 자세히 아는 것을 가리킵니다. 전지전능하신 하나님께서 소돔성의 상태를 모르셔서 하신 말씀이 아니라, 이미 알고 계시기에 직접 가셔서 심판하시겠다는 말씀인 것입니다.

이 말씀을 듣고 아브라함은 조카 롯을 생각하며 소돔성의 멸망이 안타까워서 하나님께 간절히 기도하였습니다. 아브라함의 간구에는 중요한 특징들이 있습니다.

아브라함의 간구는 하나님께 가까이 나아가는 기도였습니다.

창세기 18:23에서 "가까이 나아가 가로되 주께서 의인을 악인과 함께 멸하시려나이까"라고 말씀하고 있습니다. 아브라함은 하나님께 "가까이 나아가" 말했습니다. 아브라함은 "여호와 앞에" 있었지만, 더 가까이 나아간 것입니다. 예수님께서도 겟세마네 동산에서 기도하실 때 "조금 나아가사" 얼굴을 땅에 대시고 엎드려 기도하셨습니다(마 26:39, 막 14:35). 이렇게 가까이 나아가는 기도에 하나님은 응답해 주십니다(신 4:7). 시편 73:28에서 "하나님께 가까이함이 내게 복이라 내가 주 여호와를 나의 피난처로 삼아 주의 모든 행사를 전파하리이다"라고 말씀하고 있습니다(약 4:8).

아브라함의 간구는 철저하게 자신을 인식하는 기도였습니다.

아브라함은 "티끌과 같은 나라도 감히 주께 고하나이다"라고 고백하였습니다(창 18:27). 히브리어 원문을 보면, '티끌'은 히브리어 '아파르'(עָפָר)로서 먼지를 뜻합니다. 그런데 원문에는 '에페르'(אֵפֶר)라는 단어가 추가되어 있는데, 그 뜻은 '재'입니다. 아브라함이 자신을 먼지와 재에 비유한 것은, 자신이 하나님 앞에 보잘것없는 존재요(창 3:19, 욥 4:19, 42:6, 시 103:14, 고전 15:47-48, 고후 5:1-2), 절대적이고 영원하신 하나님 앞에 상대적이고 유한한 존재임을 고백한 것입니다. 이렇게 철저하게 자신의 부족함을 인식하는 겸손한 자가 진심으로 하나님께 간절히 매달리며 기도할 수 있는 것입니다. 하나님께서는 교만한 자는 물리치시고 겸손한 자에게는 더욱 큰 은혜를 주십니다(약 4:6).

아브라함의 간구는 하나님의 공의를 구하는 기도였습니다.

창세기 18:23 하반절을 볼 때 아브라함은 "주께서 의인을 악인과 함께 멸하시리이까"라고 말했습니다. 그리고 의인을 악인과 함께 죽이시는 것과 의인과 악인을 균등히 하시는 것도 불가하다고 말했습니다. 이어서 "세상을 심판하시는 이가 공의를 행하실 것이 아니니이까"라고 말하면서(창 18:25), 하나님의 공의에 입각한 자비와 긍휼을 호소하였습니다(사 30:18). 욥기 34:12에서 "진실로 하나님은 악을 행치 아니하시며 전능자는 공의를 굽히지 아니하시느니라"라고 말씀하고 있습니다(욥 8:3, 시 35:24, 사 45:21).

아브라함의 간구는 끝까지 매달리는 기도였습니다.

아브라함은 소돔성에 의인이 50명이 있다면 용서해 달라고 기도하기 시작하여, 차례로 45명, 40명, 30명, 20명, 10명이 있다면 용서해 달라고 총 여섯 번이나 기도하였습니다(창 18:24, 28, 29, 30, 31, 32). 아브라함이 마지막에 열 명이라고 한 것은 소돔성에 최소한 열 명의 의인은 있을 것이라고 생각했기 때문입니다. 아브라함은 조카 롯을 비롯하여 롯의 두 딸과 결혼이 예정된 두 사위, 그리고 롯의 아내와 두 사위의 부모들은 하나님을 경외하는 의인들일 것이라고 생각한 것입니다. 그러나 창세기 18:32 하반절을 볼 때 하나님께서는 "내가 십인을 인하여도 멸하지 아니하리라"라고 말씀하셨는데, 소돔성이 멸망한 것은 소돔성에 의인이 열 명도 없었기 때문입니다.

큰 가뭄의 때에 엘리야 선지자는 비가 오도록 끈질기게 매달리며 기도하였습니다. 그는 갈멜산 꼭대기로 올라가서 땅에 꿇어 엎드려 그 얼굴을 무릎 사이에 넣고 기도하였습니다. 그리고 사환에게 바다 편을 바라보라고 명령하였으며, 사환이 "아무것도 없나이다"라고 할 때, "일곱 번까지 다시 가라"라고 명령하고 계속 기도하였습니다. 그리고 마침내 바다에서 손만한 작은 구름이 일어나는 것을 보았고, 이어 하늘이 캄캄해지면서 큰 비가 쏟아지는 축복을 받았던 것입니다(왕상 18:41-46). 우리도 기도할 때 아브라함처럼 완전한 응답을 받을 때까지 매달리며 기도해야 합니다(눅 18:1-8).

⑦ 아브라함 99세(주전 2067년) - 소돔성의 멸망(창 19장)

창세기 19장은 소돔성 멸망의 과정을 말씀하고 있습니다. 창세기 19장은 18장과 연결되어 있으므로, 소돔성 멸망이 창세기 18장과 마찬가지로 아브라함 99세(주전 2067년)에 일어난 사건임을 알 수 있습니다.

소돔성 멸망의 특징은 다음과 같습니다.

첫째, 하나님께서 직접 내려오셔서 심판하셨습니다.

창세기 18:21에서 "내가 이제 내려가서"라고 말씀하고 있습니다. 여기 '내려가서'는 히브리어 '야라드'(יָרַד)인데, 이 단어가 하나님을 주어로 하여 사용된 최초의 경우는, 창세기 11장에 기록된 바벨탑 사건입니다. 창세기 11:5의 "여호와께서 인생들의 쌓는 성과 대를 보시려고 강림하셨더라"에서 '강림하셨더라'에 사용되었으며, 창세기 11:7의 "자, 우리가 내려가서 거기서 그들의 언어를 혼잡케 하여 그들로 서로 알아듣지 못하게 하자 하시고"에서 '내려가서'에 사용되었습니다. 하나님께서는 바벨탑을 쌓는 인생들을 심판하시기 위하여 이 땅에 내려오셨던 것입니다. 그 다음에 하나님이 '야라드'라는 동사의 주어가 된 경우는 소돔성이 멸망 받을 때이며, 그 후에는 애굽에서 종살이하며 고통 받는 이스라엘 백성을 구원하시기 위하여 내려오신 것을 말씀할 때 사용되었습니다. 출애굽기 3:8에서 "내가 내려와서(야라드) 그들을 애굽인의 손에서 건져내고 그들을 그 땅에서 인도하여 아름답고 광대한 땅, 젖과 꿀이 흐르는 땅 곧 가나안 족속, 헷 족속, 아모리 족속, 브리스 족속, 히위 족속, 여부스 족속의 지방에 이르려 하노라"라고 말씀하고 있습니다.

둘째, **심판의 원인은 성적 타락과 범죄에 있었습니다.**

소돔성은 성적 타락이 극에 달하였으며 심지어 남색까지 있었습니다. 하나님의 천사들이 소돔성의 롯의 집으로 들어갔는데 그들이 눕기 전에, 소돔 백성들이 무론 노소하고 사방에서 다 모여 그 집을 에워쌌습니다(창 19:3-4). 그리고 창세기 19:5에서 "이 저녁에 네게 온 사람이 어디 있느냐 이끌어 내라 우리가 그들을 상관하리라"라고 말씀하고 있습니다. 여기 '상관하리라'의 히브리어는 '야다'(יָדַע)로, 성관계를 완곡하게 표현한 말입니다(삿 19:22). 젊은 사람으로부터 늙은 사람까지 소돔성의 온 백성이 성관계를 하겠다고 나섰으니, 이것은 소돔성의 구석구석까지 성적 타락이 만연하였음을 나타냅니다. 베드로후서 2:7에서 롯이 "무법한 자의 음란한 행실을 인하여 고통"하였다고 말씀하고 있습니다.

또한 소돔 사람들은 악하여 하나님 앞에 큰 죄인이었습니다(창 13:13). 에스겔 16:49-50에서는 소돔의 죄악에 대하여 "교만함과 식물의 풍족함과 태평함이 있음이며 또 그가 가난하고 궁핍한 자를 도와주지 아니하며 ⁵⁰ 거만하여 가증한 일을 내 앞에서 행하였음이라 그러므로 내가 보고 곧 그들을 없이하였느니라"라고 말씀하고 있습니다. 이렇게 소돔이 멸망을 당할 때 고모라와 아드마와 스보임도 같이 멸망을 받았습니다(신 29:23). 창세기 19:24-25을 볼 때, 하나님께서는 소돔성에 유황과 불을 비같이 내리시고(눅 17:29) 그 성을 완전히 들어 엎어서 멸망시키셨습니다.

셋째, 구속사적이고 종말적인 교훈을 주고 있습니다.

소돔성에서 살아남은 자는 롯과 두 딸입니다. 구원의 기회가 주어졌는데도 롯의 사위들과 롯의 아내는 낙오자가 되었습니다. 롯의 사위들은 롯에게서 "여호와께서 이 성을 멸하실 터이니 너희는 일어나 이곳에서 떠나라"라는 말씀을 들었을 때 농담으로 여겼습니다(창 19:14). 여기서 "농담으로 여겼더라"는 히브리어의 강조분사형으로서, 이들이 롯의 말을 계속 비웃었을 뿐만 아니라 더 나아가 롯을 조롱하기까지 했음을 의미합니다. 하나님의 말씀을 비웃는 자는 결코 구원의 반열에 들어올 수 없습니다.

또 롯의 아내는 뒤를 돌아본 고로 소금 기둥이 되어, 마지막에 구원의 반열에서 낙오되었습니다(창 19:26). 롯의 아내는 소돔성에 두고 온 것들에 대하여 미련을 버리지 못하고 '뒤를 돌아보지 말라'는(창 19:17) 하나님의 명령에 불순종하여 소금 기둥이 되고 말았습니다. 인자의 임함은 롯의 때와 같다고 하셨는데, 우리도 롯의 아내처럼 되지 않도록 주의해야 합니다(눅 17:26-28). 누가복음 17:32에서 "롯의 처를 생각하라"라고 말씀하고 있습니다.

하나님께서는 아브라함을 생각하사 롯을 구해 주셨습니다. 창세기 19:29에서 "하나님이 들의 성들을 멸하실 때 곧 롯의 거하는 성을 엎으실 때에 아브라함을 생각하사 롯을 그 엎으시는 중에서 내어 보내셨더라"라고 말씀하고 있습니다.

롯은 소알에 피신했으나 그곳에 거하기를 두려워하여 두 딸과 산으로 올라가 굴에 거하였습니다(창 19:30). 롯의 딸들은 "우리가 우리 아버지에게 술을 마시우고 동침하여 … 인종을 전하자"라고 하였습니다(창 19:32). 롯은 딸들이 준 술에 취한 상태에서 큰딸과 관계하여 모압을 낳았는데 이는 훗날 모압 족속의 조상이 되었으며, 이튿날에는 작은딸과 관계하여 벤암미를 낳았는데 이는 훗날 암몬 족속의 조상이 되었습니다(창 19:31-38).

8. 여덟 번째 장소 – 그랄(גְּרָר)
The Eighth Place - Gerar
아브라함 99세, 주전 2067년

아브라함은 소돔성이 멸망을 받은 다음에 남방으로 이사하여 가데스와 술 사이를 거쳐 그랄에 우거하였습니다(창 20:1). 거기에서 아브라함은 또 아내 사라를 누이라고 속여 말하였고, 그랄 왕 아비멜렉은 사라를 취하였습니다. 창세기 20:2에서 "그 아내 사라를 자기 누이라 하였으므로 그랄 왕 아비멜렉이 보내어 사라를 취하였더니"라고 말씀하고 있습니다. 여기 '취하였더니'는 히브리어 '라카흐'(לְקַח)로, 결혼을 목적으로 여자를 데려오는 것을 가리킵니다. 아비멜렉은 결혼을 전제로 사라를 데리고 왔으나, 하나님께서 아비멜렉의 꿈에 나타나셔서 이것을 막으셨습니다(창 20:3-7).

이 사건은 아브라함이 애굽에 내려가서 사라를 누이라고 속인 사건(창 12:10-20)과 대구(對句)를 이룹니다. 그때도 아브라함은 "너로 큰 민족을 이루고"라는 약속을 받았음에도 불구하고(창 12:2) 확실하게 믿지 못하여 인간적인 방법을 사용하였습니다. 그런데 또다시 아브라함은 그랄에 가서 약 23년 전과 같은 방법을 사용하였던 것입니다. 창세기 20:11을 볼 때, 아브라함은 "나를 죽일까 생각하였음이요"라고 고백하고 있습니다. 아브라함에게는, 자신을 통해서 언약의 후손이 태어날 것이기에 하나님께서 자신을 지켜 주시고 보호해 주실 것이라는 확신이 아직도 부족하였습니다.

여기서 우리는 구속사적으로 중요한 교훈을 얻게 됩니다. 분명히 아브라함은 하나님의 언약을 완전히 믿지 못하고 실수를 저질렀습니다. 그럼에도 불구하고 하나님께서는 아브라함과 사라를 지키시며 보호하여 주셨고, 하나님의 은혜 안에서 아브라함은 믿음에 견고해져 갔습니다(롬 4:20). 인간의 실수와 실패에도 불구하고, 하나님께서는 그 언약을 기억하시어 언약하신 대로 구속사를 반드시 이루어 가십니다. 이처럼 아브라함의 신앙이 구속사를 이루는 것이 아니라, 하나님의 사랑과 은혜가 구속사를 이루어 가는 것입니다.

9. 아홉 번째 장소 – 브엘세바(בְּאֵר־שֶׁבַע)
The Ninth Place - Beersheba
아브라함 100-136세, 주전 2066-2030년(추정)

① 아브라함 100세(주전 2066년) – 이삭의 출생

아브라함은 그랄에서 브엘세바로 옮겨 살게 되었습니다. 창세기 21:14에 쫓겨난 하갈이 "브엘세바 들"에서 방황하였다고 말씀하고 있으며, 창세기 21:32-33에서 아브라함이 브엘세바에서 아비멜렉과 언약을 체결하였다고 말씀하고 있습니다. 이삭을 낳은 장소 역시 브엘세바일 가능성이 큽니다.

아브라함은 여러 번에 걸쳐 약속 받은 대로, 그의 나이 100세에 약속의 자손 이삭을 낳았습니다. 창세기 21:5에서 "아브라함이 그 아들 이삭을 낳을 때에 백세라"라고 말씀하고 있습니다.

이삭의 탄생은 구속사적으로 어떤 의미가 있습니까?

첫째, 말씀대로 이루시는 하나님을 알려 줍니다.

창세기 21:1을 볼 때, "여호와께서 그 말씀대로 사라를 권고하셨고 여호와께서 그 말씀대로 사라에게 행하셨으므로"라고 말씀하고 있습니다. 여기서 처음에 나오는 "그 말씀대로"는 히브리어 '카아쉐르 아마르'(כַּאֲשֶׁר אָמָר)이며, 다음에 나오는 "그 말씀대로"는 히브리어 '카아쉐르 디베르'(כַּאֲשֶׁר דִּבֶּר)입니다. '말하다'라는 뜻을 가진 히브리어 '아마르'(אָמַר)와 '다바르'(דִּבֶּר)가 반복되어서, 하나님께서는 자신의 말씀을 이루시는 신실한 분이심을 나타내고 있습니다(마 24:35). 이사야 55:11에 "내 입에서 나가는 말도 헛되이 내게로 돌아오지 아니하고 나의 뜻을 이루며 나의 명하여 보낸 일에 형통하리라"라고 말씀하고 있습니다.

둘째, 정해 놓으신 때에 이루시는 하나님을 알려 줍니다.

창세기 21:2에 "사라가 잉태하고 하나님의 말씀하신 기한에 미쳐 늙은 아브라함에게 아들을 낳으니"라고 말씀하고 있습니다. 이삭은 하나님께서 "말씀하신 기한"에 태어났습니다. 여기 '기한'은 히브리어 '모에드'(מוֹעֵד)로, '정해진 시간'을 가리킵니다. 하나님께서 구속사를 성취하시기 위하여 어떤 시간과 장소를 정하시거나 절기를 정하실 때 '모에드'가 사용됩니다.

예수님께서 이 땅에 성육신하신 것도 하나님께서 정하신 때가 되었기 때문에 이루어진 것입니다(막 1:15, 갈 4:4). 그러므로 우리는 하나님의 정하신 때가 이를 때까지 믿음으로 끝까지 참고 인내해야 합니다.

셋째, **언약하신 대로 이루시는 하나님을 알려 줍니다.**

창세기 3:15을 볼 때, 하나님께서는 메시아가 여자의 후손으로 오신다고 약속하셨습니다. 이제 아브라함이 이삭을 낳음으로 그 약속이 실현되는 발판이 마련되었습니다. 이삭이 태어날 때까지 하나님께서는 아브라함과 여섯 번에 걸쳐서 언약을 체결하셨습니다(창 12:1-3, 7, 13:14-18, 15장, 17:9-14, 18:10). 이제 그 언약이 비로소 성취된 것입니다.

창세기 21:1을 볼 때, 이러한 언약들을 성취하시기 위하여 하나님께서는 말씀하신 대로 사라를 권고하시고, 말씀하신 대로 사라에게 행하셨습니다. 창세기 21:1의 '권고하셨고'는 히브리어 '파카드'(פָּקַד)의 완료형으로, '방문하다, 보살피다'라는 뜻인데, "그 말씀대로"로 번역된 '카아쉐르 아마르'(כַּאֲשֶׁר אָמָר)와 함께 쓰여서, 말씀하신 대로 하나님께서 사라를 찾아오셨다는 뜻입니다. 또한 '행하셨으므로'는 히브리어 '아사'(עָשָׂה)의 와우계속법 미완료형으로, "그 말씀대로"로 번역된 '카아쉐르 디베르'(כַּאֲשֶׁר דִּבֶּר)와 함께 쓰여서, 하나님께서 말씀하신 대로 작정하신 것을 완전하게 이루시며 실행하셨다는 뜻입니다. 하나님께서 말씀하신 대로, 경수가 끊어져서 도저히 아이를 낳을 수 없는 사라에게 친히 사랑으로 방문하시고 보살펴 주셨기에 이삭이 태어날 수 있었던 것입니다. 하나님께서는 반드시 작정하시고 모든 것을 말씀하신 그대로 완전하게 성취하십니다.

② 아브라함 103세(주전 2063년) - 하갈과 이스마엘의 추방

이삭이 자라서 젖을 뗄 때가 되었습니다. 이때는 히브리인들의 관습상 이삭이 세 살 되었을 때로 추정됩니다. 그렇다면 이삭보다 14년 먼저 태어난(창 16:16, 21:5) 이스마엘은 17세였을 것입니다. 이삭

이 젖을 떼는 날에 아브라함은 큰 잔치를 베풀었습니다(창 21:8). 그런데 이스마엘이 이삭을 희롱하였습니다(창 21:9). 여기 '희롱하는지라'는 히브리어 '차하크'(צָחַק)의 강조형으로, 이스마엘이 이삭을 매우 괴롭히고 학대하였음을 나타냅니다.

이에 사라는 아브라함에게 "이 여종과 그 아들을 내어 쫓으라 이 종의 아들은 내 아들 이삭과 함께 기업을 얻지 못하리라"라고 말하였고(창 21:10), 이 일이 아브라함에게 깊이 근심이 되었습니다(창 21:11). 하나님께서는 이렇게 근심하는 아브라함에게 "네 아이나 네 여종을 위하여 근심치 말고 사라가 네게 이른 말을 다 들으라 이삭에게서 나는 자라야 네 씨라 칭할 것임이니라"라고 말씀하셨습니다(창 21:12, 롬 9:7, 히 11:18). 여기 "이삭에게서"라는 표현은 히브리어 '베 이츠하크'(בְּיִצְחָק)로서 '이삭 안에서'라는 뜻입니다. 그러므로 이것은 구속사적으로 이삭의 후손으로, '한 씨'가 되시는 예수님께서 오실 것을 나타낸 것입니다(갈 3:16). 결국 하나님께서는 아브라함에게, '하나님의 언약과 상관이 없는 씨'로 인하여 근심하지 말고 '언약의 씨'를 지키라고 말씀하신 것입니다.

그러나 자비가 많으신 하나님께서는 이스마엘도 한 민족을 이루게 해 주시겠다고 약속하셨고(창 21:13), 아브라함은 떡과 물 한 가죽 부대를 취하여 하갈에게 주고 그들을 내보냈습니다(창 21:14). 하갈은 나가서 브엘세바 들에서 방황하다가 가죽 부대의 물이 떨어지자 이스마엘과 마주앉아 방성대곡하였고, 하나님은 하갈에게 이스마엘의 소리를 들으셨다고 말씀하시고 "그로 큰 민족을 이루게 하리라"라고 약속하셨습니다(창 21:15-18). 신기하게도, 하나님께서 하갈의 눈을 밝히시매 하갈은 샘물을 발견할 수 있었습니다(창 21:19). 하나님께서 이스마엘과도 함께하시므로 이스마엘은 장성하여 광야에 거하며 활 쏘는 자가 되었습니다. 그 후에 그는 애굽 여인과 결혼하였습니다(창 21:20-21).

③ 아브라함 103세(주전 2063년) - 브엘세바의 맹세

아브라함은 브엘세바에서 그랄 왕 아비멜렉과 언약을 체결합니다(창 21:22-31). 그 언약의 동기는, 아비멜렉과 그 군대 장관 비골이 '아브라함이 무슨 일을 하든지 하나님께서 아브라함과 함께하심'을 보았기 때문이었습니다(창 21:22). 아브라함은 양과 소를 취하여 아비멜렉과 언약을 체결하면서 암양 새끼 일곱을 따로 놓고 언약을 체결하였습니다(창 21:27-31). 이것은 아브라함의 우물을 아브라함의 것으로 인정하는 증거였으며, 두 사람은 서로 맹세하고 그곳을 '브엘세바'(בְּאֵר-שֶׁבַע)라고 불렀습니다(창 21:31). '브엘세바'는 '맹세의 우물, 일곱 우물'이란 뜻입니다. 아브라함은 브엘세바에서 에셀나무를 심고 "영생하시는 하나님 여호와"의 이름을 불렀습니다(창 21:33).

아브라함이 브엘세바의 한 우물을 확보한 것은, 장차 아브라함의 후손들이 가나안 땅을 소유할 것을 상징하는 표징이었습니다. 왜냐하면 '단부터 브엘세바까지'는 가나안 땅 전체를 가리키는 관용구인데, 브엘세바는 가나안 땅의 최남단이기 때문입니다(삿 20:1, 삼상 3:20, 왕상 4:25). 또한 에셀나무는 생명력이 강하고 수명이 매우 긴 나무로서, 브엘세바에서 체결된 언약이 영구적인 언약임을 상징하고 있습니다. 그래서 아브라함은 거기에서 "영생하시는 하나님 여호와"의 이름을 불렀던 것입니다. 아브라함은 이삭이 장성할 때까지 브엘세바에 거하였습니다(창 21:34, 22:19).

④ 아브라함 125-136세(주전 2041-2030년) – 이삭을 번제로 드림

아브라함은 모리아 땅의 한 산에서 이삭을 번제로 드립니다. 이때가 언제인지 정확하지 않지만, 아브라함 137세(이삭 37세) 전에 이루어진 사건입니다. 그 이유는 아브라함 137세에 사라가 127세를 향수하고 죽는데, 이삭을 번제로 드린 것은 사라가 죽기 전에 있었던 사건이기 때문입니다(창 23:1). 이삭이 번제에 사용할 나무를 지고 모리아의 한 산에 올라간 것을 볼 때, 이삭이 최소 25세는 되지 않았을까 추정한다면, 이 사건은 이삭 25-36세 사이에 일어났을 것입니다.

번제에 쓸 나무를 지고 모리아산으로 올라가는 이삭의 모습을 통해, 우리는 십자가를 지고 골고다로 올라가시는 예수님의 모습을 연상할 수 있습니다(마 20:28, 요 1:29, 19:17-18).

아브라함이 이삭을 결박하여 단 나무 위에 놓고 칼로 내리치려는 순간에(창 22:9-10), "그 아이에게 네 손을 대지 말라 … 이제야 네가 하나님을 경외하는 줄을 아노라"라는 여호와의 사자의 음성을 듣고(창 22:12) 아브라함은 숫양을 이삭 대신 번제로 드렸습니다(창 22:13).

아브라함은 "네 씨로 크게 성하여 하늘의 별과 같고 바닷가의 모래와 같게 하리니 네 씨가 그 대적의 문을 얻으리라 [18] 또 네 씨로 말미암아 천하 만민이 복을 얻으리라"라는 언약의 말씀을 듣고(창 22:17-18), 산에서 내려와서 브엘세바에 이르러 거기에 살았습니다. 창세기 22:19에 "이에 아브라함이 그 사환에게로 돌아와서 함께 떠나 브엘세바에 이르러 거기 거하였더라"라고 말씀하고 있습니다.

이어서 창세기 22:20-24에서 아브라함의 동생 나홀의 족보가 기록되어 있는데, 나홀의 아들 브두엘(창 22:23)은 장차 이삭의 아내가 되는 리브가의 아버지입니다(창 24:15). 그러므로 나홀의 족보는 장차 이삭과 리브가가 부부가 되는 것을 미리 암시해 주고 있습니다.

10. 열 번째 장소 – 헤브론(חֶבְרוֹן)
The Tenth Place - Hebron
아브라함 137-175세, 주전 2029-1991년

① 아브라함 137세(주전 2029년) – 사라의 죽음

아브라함은 브엘세바에서 살다가 사라가 죽기 전에 헤브론으로 옮겨와 살았습니다. 아브라함이 99세까지는 헤브론에 살았으므로 약 38년 만에 헤브론으로 다시 돌아온 것입니다. 아브라함은 사라의 죽음이 가까워짐을 느끼면서 헤브론으로 옮겼을 것입니다. 창세기 23:2에서 "사라가 가나안 땅 헤브론 곧 기럇아르바에서 죽으매 아브라함이 들어가서 사라를 위하여 슬퍼하며 애통하다가"라고 말씀하고 있습니다. 여기서 사라가 애굽과 같은 이방 땅이 아니라 분명히 가나안 땅인 헤브론에서 죽었음을 강조하고 있습니다. 사라의 믿음에 대하여 히브리서 11:11-12에서는 "믿음으로 사라 자신도 나이 늙어 단산하였으나 잉태하는 힘을 얻었으니 이는 약속하신 이를 미쁘신 줄 앎이라 12 이러므로 죽은 자와 방불한 한 사람으로 말미암아 하늘에 허다한 별과 또 해변의 무수한 모래와 같이 많이 생육하였느니라"라고 말씀하고 있습니다.

사라가 죽을 때의 나이는 127세(아브라함 137세)였습니다(창 23:1). 성경에 나오는 여자들 가운데 죽었을 때의 나이가 기록된 경우는 사라뿐인데, 이것은 사라가 구속사적으로 중요한 인물임을 나타냅니다. 아브라함은 사라의 매장지로 막벨라에 있는 에브론의 밭과 굴을 헷 족속에게서 은 400세겔에 구입하고(창 23:15-18), 그곳에 사라를 장사하였습니다(창 23:19). 아브라함은 헷 족속이 무상으로 주겠다는 것을 거절하고 값을 지불하였습니다(창 23:2-18).

그렇다면 매장지 구입의 구속사적 교훈은 무엇입니까?

첫째, 가나안 땅의 거점을 확보한 것입니다.

아브라함은 103세(주전 2063년)에 브엘세바의 한 우물을 확보함으로 가나안 땅 소유의 발판을 마련한 적이 있었습니다. 이제 헤브론에서도 사라의 매장지를 통하여 가나안 땅의 새로운 거점을 마련하였습니다. 이것은 장차 가나안 땅이 반드시 아브라함과 그 후손들의 소유가 된다는 것을 상징적으로 증거하고 있습니다. 성경은 아브라함이 구입한 매장지를 그냥 매장지가 아니라 "소유 매장지"로 기록하고 있습니다(창 23:4, 9, 18, 20).

둘째, 후손들에게 가나안 땅을 본향으로 인식하게 만들었습니다.

사라가 막벨라 밭 굴에 장사된 후에, 그 굴은 아브라함 집안의 합동 매장지로 사용되었는데, 그곳에 아브라함(창 25:9), 이삭(창 35:29), 리브가와 레아(창 49:31), 야곱(창 50:13)이 묻혔습니다. 조상들의 뼈가 가나안 땅 헤브론에 묻혔으므로, 이스라엘 백성은 가나안 땅을 하나님께서 자신들에게 약속하신 땅이요 반드시 돌아가야 할 본향으로 여기게 되었습니다.

훗날 가나안을 점령할 때 갈렙은 헤브론을 요구하였습니다(수 14:12-13). 그 이유 역시 헤브론이 조상들의 뼈가 묻혀 있는 곳이요 가나안 정복의 거점이었기 때문입니다.

② 아브라함 140세(주전 2026년) - 이삭의 결혼(이삭 40세)

아브라함이 나이 140세에 이르렀지만 하나님께서 그의 범사에 복을 주셨습니다(창 24:1). 엘리에셀은 이에 대해 "여호와께서 나의 주인에게 크게 복을 주어 창성케 하시되 우양과 은금과 노비와 약대와 나귀를 그에게 주셨고"라고 말씀하고 있습니다(창 24:35).

아브라함은 140세에 이삭의 아내를 구하기 위하여 그의 종 엘리에셀[9]을 불러서 자기 환도뼈 밑에 그의 손을 넣게 하고 맹세케 합니다(창 24:2, 9). 그 맹세의 내용은 이삭의 아내를 반드시 "내 고향 내 족속에게로 가서" 택하도록 한 것입니다(창 24:4). 이 맹세대로 엘리에셀은 긴 여행 끝에 메소보다미아에 있는 나홀의 성[10]에 이르러 리브가를 이삭의 아내로 데리고 옵니다(창 24:10-61).

엘리에셀이 리브가를 데리고 올 때 이삭은 '브엘 라해로이'에서 왔습니다. 창세기 24:62에서 "때에 이삭이 브엘 라해로이에서 왔으니 그가 남방에 거하였었음이라"라고 말씀하고 있습니다. 여기 '거하였었음이라'는 히브리어 '야샤브'(יָשַׁב)의 분사형으로서, 오랫동안 이삭이 브엘 라해로이에 거주하였음을 나타냅니다. 이삭은 남방에 살면서 그 일대에서 목축을 하면서 살았을 것입니다. 리브가는 자기를 기다리며 묵상하고 있던 이삭을 보고 약대에서 내려 면박을 취하여 스스로 가리웠습니다(창 24:63-65). 리브가가 면박을 취하여 스스로 가리운 것은 신랑에 대한 복종과 존경을 나타냅니다. 이삭은 리브가를 인도하여 헤브론에 있는 모친 사라의 장막에 들이고 그를 취하여 아내로 삼고 사랑하였습니다(창 24:67, 25:20). 그 후 이삭은 아브라함의 거주지인 헤브론을 떠나, 리브가와 함께 브엘 라해로이에서 양떼를 치면서 그의 나이 60세에 마침내 에서와 야곱 쌍둥이를 낳았습니다(창 25:11, 26).[11]

리브가와 이삭의 관계는 구속사적으로 교회와 그리스도의 관계를 나타냅니다. 리브가가 이삭에게 복종하였듯이 교회는 예수 그리스도에게 복종해야 합니다. 에베소서 5:24에서 "그러나 교회가 그리스도에게 하듯 아내들도 범사에 그 남편에게 복종할찌니라"라고 말씀하고 있습니다. 왜 교회는 예수 그리스도에게 복종해야 합니까? 예수 그리스도는 교회의 머리이시기 때문입니다(엡 5:23). 또한 이삭이 리브가를 사랑했듯이 예수 그리스도는 교회를 사랑하십니다. 에베소서 5:25에서 "남편들아 아내 사랑하기를 그리스도께서 교회를 사랑하시고 위하여 자신을 주심같이 하라"라고 말씀하고 있습니다. 예수님은 십자가에서 피 흘려 죽으시기까지 우리를 사랑하셨습니다(행 20:28, 롬 5:8).

③ 아브라함 140세(주전 2026년) 이후 - 그두라를 취함

이삭이 40세(아브라함 140세)에 리브가를 아내로 맞이한 후, 이어서 아브라함이 그두라를 후처로 맞이하는 사건이 등장합니다. 이삭이 어머니 사라를 잃고 리브가를 취하여 위로를 받았듯이(창 24:67), 아브라함이 아내 사라를 잃고 위로를 받기 위하여 그두라를 취했을 것입니다(창 25:1).

창세기 25:1을 히브리어 원문으로 보면 '바요세프'(יֹּסֶף)로 시작됩니다. 이것을 한글 개역성경에서는 생략하고 있으나 원문대로 하면 '아브라함은 다시 하였다'는 뜻인데, 이것은 아브라함이 85세에 하갈을 취하고 이제 다시 그두라를 또 취하였다는 의미입니다. 구속사적으로 볼 때, 그두라는 사라와 같은 본처가 아니라 후처에 불과한 자임을 나타냅니다. 역대상 1:32에는 "아브라함의 첩 그두라"라고 기록하고 있는데, 여기 '첩'은 히브리어 '필레게쉬'(פִּילֶגֶשׁ)로, 정식 아내이지만 본처와 분명히 구분되는 두 번째 지위의 후처를 의미합니다. 그두라는 하나님의 언약의 자식을 낳는 여자는 아닌 것입니다. 아브라함은 그두라를 통해서 여섯 명의 자녀를 낳았습니다(창 25:1-2). 이것은 하나님께서 아브라함에게 아이를 낳을 수 있는 힘과 능력을 지속적으로 주셨기 때문입니다.

④ 아브라함 160세(주전 2006년) - 야곱 출생(이삭 60세)

이삭은 40세에 리브가와 결혼하였으나 20년 동안이나 자식이 없었습니다. 이에 이삭은 하나님께 간절히 기도하였으며, 하나님께서 그 간구를 들으시고 리브가에게 에서와 야곱 쌍둥이를 주셨습니다(창 25:21-22, 24-26). 이삭이 간절히 기도할 때, 아브라함도 손자의 탄생을 위하여 간절히 기도하였을 것입니다.

야곱은 아브라함 160세에 태어났고, 아브라함은 175세에 죽었으므로(창 25:7), 아브라함과 야곱은 15년 동안 동시대를 살았습니다(히 11:9). 아브라함은 야곱의 탄생을 통해서 하나님의 언약이 성취되어 감을 더욱 확신하게 되었을 것입니다.

아브라함은 75세에 가나안에 들어와 많은 우여곡절을 겪은 다음에 25년 만에 100세에 이삭을 얻었습니다. 또한 이삭 역시 브엘 라해로이에 거하며 40세에 결혼하여 20년 동안 아이가 없다가 60세에 야곱을 얻었습니다. 아브라함은 이삭을 얻은 후 60년 만에 야곱을 얻었습니다. 이처럼 언약의 후손들이 태어나는 과정을 볼 때, 하나님의 언약은 순탄하게 이루어지는 것이 아니라 많은 인내의 시간을 거쳐서 이루어진다는 것을 알 수 있습니다. 그러므로 성도에게는 하나님께서 정하신 때가 이루어질 때까지 길이 참고 견디는 인내가 필요합니다(눅 8:15, 히 10:36, 약 5:7-11).

⑤ 아브라함 175세(주전 1991년) - 아브라함의 죽음(이삭 75세, 야곱 15세)

아브라함은 75세에 가나안 땅에 들어온 이후(창 12:4-5), 100년 동안 가나안을 중심으로 살다가 175세가 되어서 하나님의 부르심을 받습니다. 창세기 25:7-8에서 "아브라함의 향년이 일백칠십오 세라 ⁸그가 수가 높고 나이 많아 기운이 진하여 죽어 자기 열조에게로 돌아가매"라고 말씀하고 있습니다. 횃불 언약을 통해서 약속하신 창세기 15:15의 "너는 장수하다가 평안히 조상에게로 돌아가 장사될 것이요"라는 말씀이 이루어진 것입니다. 특히 창세기 25:8의 "나이 많아"는 히브리어 '사베아'(שָׂבֵעַ)로, '만족한, 충만한'이란 뜻인데, 아브라함이 175년을 후회함이 없는 만족스러운 삶을 살았음을 나타냅니다. 아브라함의 생애 가운데 불신앙의 모습들과 실수도 있었지만, 하나님께서는 그의 인생을 총결산하시면서 그래도 만족스러운 인생이었다고 평가하신 것입니다. 아브라함은 죽어서 자기 아내 사라가 묻혀 있는 막벨라 밭 굴에 장사되었습니다(창 25:9-10).

아브라함은 죽기 전에 이삭에게 자기의 모든 소유를 주었습니다. 창세기 25:5에서 "아브라함이 이삭에게 자기 모든 소유를 주었고"라고 말씀하고 있습니다. 이것은 단순히 이삭에게 자신의 재산을 물려주었다는 뜻일 뿐만 아니라, 이삭이 유일한 언약의 상속자임을 선포한 것입니다. 또한 아브라함은 자기 서자들에게도 재물을 주고 자기 생전에 그들이 이삭을 떠나 동방으로 가게 하였습니다(창 25:6). 특히 '가게 하였더라'는 히브리어 '샬라흐'(שָׁלַח)의 강조형으로서, 이것은 아브라함이 서자들로 하여금 이삭을 떠나도록 강력하게 조치하였음을 나타냅니다. 이것은 훗날에 서자들과 이삭의 분쟁을 미연에 방지하기 위한 조치였으며, 더 나아가 이삭만이 가나안 땅을 차지할 수 있는 유일한 언약의 상속자임을 확실히 한 것입니다. 이것은 구속사가 하나님의 언약이 머물러 있는 하나님의 백성을 중심으로 진행된다는 것을 알려 줍니다.

그래서 창세기 25:11에서 "아브라함이 죽은 후에 하나님이 그 아들 이삭에게 복을 주셨고 이삭은 브엘 라해로이 근처에 거하였더라"라고 말씀하고 있습니다. 여기서 '그 아들'의 히브리어 '베노'(בְּנוֹ)는 '그의 아들'이란 뜻으로, 이삭이 '아브라함의 아들'임을 강조하여 기록한 말씀입니다. 이것은 이삭만이 아브라함의 언약의 계승자이며, 지금까지 아브라함에게 복을 주신 하나님께서 계속해서 이삭에게도 복을 주신다는 것을 말씀하고 있습니다. 이제 언약의 계승자 이삭은 브엘 라해로이를 중심으로 새로운 구속사의 주역으로 쓰임 받게 됩니다.

실로 아브라함은 혈혈단신으로 갈대아 우르를 떠나 하란을 거쳐 마침내 가나안 땅으로 들어왔습니다. 그는 가나안 땅에서 지낸 100여 년의 삶 가운데 이방인과 나그네로 우거하는 삶을 살았으며(히 11:13), 100세에 이삭을 낳고, 160세에 손자 야곱을 얻었습니다. 인간적인 눈으로 볼 때, 아브라함과 이삭과 야곱 3대는 미약하고 보잘것없는 집안에 불과하였습니다. 그러나 훗날 하나님께서는 자신을 '아브라함과 이삭과 야곱 3대의 하나님'이라고 소개하셨습니다 (출 3:6, 15, 16, 4:5, 6:3, 마 22:32, 막 12:26, 눅 20:37, 행 3:13, 7:32). 아무리 보잘것없는 집안이라고 할지라도 하나님께서 함께하시는 집안은 하나님 나라의 초석이 되는 것입니다. 이제 야곱이 12아들을 낳고 그 아들들이 12지파가 되고, 12지파가 70가족으로 늘어나고, 70가족이 수백만 명으로 늘어나면서, 가나안 땅에 하나님의 나라는 점점 선명하게 건설되어 갔던 것입니다.

Abraham's Life Journey
아브라함의 일생 노정(路程)

주전 2166년부터 1991년까지 175년(창 11:27-25:11)

연도	장소	내용
아브라함 출생 주전 2166년	**1** **우르** אוּר Ur	· 아브라함은 데라의 나이 70세인 주전 2166년 갈대아 우르에서 태어났다(창 11:26). 당시 갈대아 우르는 물질문명이 발달한 땅으로 아브라함의 최초의 거주지였으며(창 15:7, 행 7:2, 4), 유브라데강 건너편 지역, 우상숭배가 만연한 곳이었다(수 24:2, 15).
아브라함 75세까지 거주 주전 2091년 까지	**2** **하란** חָרָן Haran	· 아브라함이 갈대아 우르에 거할 때 "영광의 하나님"께서 "고향과 친척을 떠나 내가 네게 보일 땅으로 가라" 명령하셨고(행 7:2-3), 아브라함은 아버지 데라와 하란으로 갔다. 하란은 니느웨와 알레포를 잇는 주요 도로에 세워진 상업 도시로, 아브라함은 하란에서 그의 조상 에벨이 세운 에블라 왕국에 살던 믿음의 조상들과 교류하며 75세까지 신앙 교육을 받았다. · 데라는 하란에서 지체하면서 가나안으로 떠나는 것을 싫어했지만, 믿음으로 아브라함은 145세의 늙은 아버지 데라를 두고 하나님의 말씀을 좇아 가나안으로 떠났다(창 11:26, 32, 12:4, 행 7:4).

연도	장소	내용
아브라함 75세 주전 2091년	③ 세겜 שְׁכֶם Shechem	· 아브라함은 약 610km의 먼 길을 이동하여 가나안에 들어갔다. 아브라함이 세겜 땅 모레 상수리나무에 이를 때 하나님께서 아브라함에게 나타나 "내가 이 땅을 네 자손에게 주리라" 약속하셨고(창 12:5-7上), 아브라함은 즉시 세겜에서 단을 쌓았다(창 12:7下). 아브라함이 즉시 단을 쌓은 것은 하나님께서 허락하신 땅을 확실히 믿고 그것을 확증한 것이다.
아브라함 75세 주전 2091년	④ 벧엘과 아이 사이 בֵּין בֵּית־אֵל וּבֵין הָעָי Between Bethel and Ai	· 아브라함은 세겜에서 가나안 땅에 대한 약속을 받고 단을 쌓은 후 벧엘 동편 산으로 옮겨 벧엘과 아이 사이에 장막을 쳤다. 여기서 아브라함은 단을 쌓고 여호와의 이름을 불렀다(창 12:8, 13:3-4). '여호와의 이름을 부르다'라는 표현은 공식적인 참예배가 시작된 것을 의미한다(참고·창 4:26).
아브라함 76세 주전 2090년 (추정)	⑤ 애굽 מִצְרַיִם Egypt	· 아브라함은 벧엘과 아이 사이에서 점점 남방으로 옮겨가다가, 이후에 기근이 심해지자 애굽에 우거하기 위해 내려갔다(창 12:9-10). · 아브라함은 애굽에 가까이 이르렀을 때 사라에게 자신의 누이라 하라고 시켰는데(창 12:12-13), 이는 언약을 믿지 못하고 인간적인 방책을 의지한 죄였다. 그러나 아브라함의 범죄 가운데에서도 하나님께서는 바로를 통해 아브라함에게 양과 소와 노비, 암수 나귀와 약대를 주셨고(창 12:15-16), 바로가 사라를 건드리지 못하게 바로와 그 집에 큰 재앙을 내려 구원하셨다(창 12:17-20).
아브라함 76-83세 주전 2090-2083년	⑥ 벧엘과 아이 사이 בֵּין בֵּית־אֵל וּבֵין הָעָי Between Bethel and Ai	· 아브라함은 애굽에서 남방을 거쳐 다시 벧엘에 이르렀고, 벧엘과 아이 사이의 단을 쌓았던 장소로 돌아왔다(창 13:3-4). 하나님께서는 아브라함이 애굽에서 돌아올 때 "육축과 은금이 풍부"하게 하셨다(창 13:2). · 이곳에서 아브라함은 조카 롯과 상당히 오랫동안 같이 거주하였고, 소유가 심히 많아지자 롯은 아브라함을 떠나 소돔까지 내려갔다(창 13:5-13).

연도	장소	내용
아브라함 83-99세 주전 2083-2067년	**⑦ 헤브론** חֶבְרוֹן Hebron	· 아브라함이 롯과 헤어진 후, 하나님께서는 아브라함에게 다시 가나안 땅과 자손에 대해서 약속하셨으며(창 13:14-17), 이 약속을 받고 아브라함은 헤브론에 도착하였다(창 13:18). 아브라함은 그의 나이 83세(주전 2083년)부터 99세까지 헤브론에 거주한 것으로 추정된다(참고·창 14:1, '당시에'). ① **아브라함 83-84세(주전 2083-2082년)** 동방 4개국 동맹군(시날 왕 아므라벨, 엘라살 왕 아리옥, 엘람 왕 그돌라오멜, 고임 왕 디달)의 공격으로 조카 롯이 포로로 잡혀가자, 아브라함은 집에서 길리고 연습한 자 318명과 함께 다메섹 좌편(원어적으로 '북쪽') 호바까지 쫓아가, 빼앗겼던 재물과 조카 롯과 부녀와 인민을 찾아왔다(창 14:1-16). 아브라함은 전쟁에서 이기고 돌아오는 길에 멜기세덱을 만나 십분의 일을 주었다(창 14:17-20). ② **아브라함 84세(주전 2082년)** 하나님께서는 동방 4개국 왕들의 재침공을 두려워하고 있는 아브라함을 부르셔서 횃불 언약을 체결하셨다(창 15:1-21). ③ **아브라함 85세(주전 2081년)** 아브라함의 아내 사라는 인간적인 방법으로 아들을 얻기 위해 여종 하갈을 아브라함에게 주었고, 아브라함은 하갈과 동침했다(창 16:1-2). 이때는 "아브람이 가나안 땅에 거한 지 십 년 후"였다(창 16:3). ④ **아브라함 86세(주전 2080년)** 아브라함 85세에 하갈이 잉태하자, 하갈은 여주인 사라를 멸시하였다(창 16:4). 이에 사라는 하갈을 학대하였고, 하갈은 사라를 피해 술 길로 도망하다가 샘물 곁에서 여호와의 사자를 만나 여호와를 '감찰하시는 하나님'이라고 고백하고, 그 샘을 '브엘 라해로이'라고 불렀다(창 16:6-14). 하갈은 아브라함의 집으로 돌아와, 이듬해인 아브라함 86세 때 이스마엘을 낳았다(창 16:15-16). ⑤ **아브라함 99세(주전 2067년)** 이스마엘이 태어난 후 침묵하시던 하나님께서 아브라함 99세 때 나타나셔서 "나는 전능한 하

연도	장소	내용
아브라함 83-99세 주전 2083-2067년	**⑦ 헤브론** חֶבְרוֹן Hebron	나님이라"(창 17:1) 선포하시고, '아브람'(㉵고귀한 아버지)을 '아브라함'(㉵열국의 아버지)으로 개명해 주셨다(창 17:5). 이어서 할례를 명령하신 뒤(창 17:9-14), '사래'(㉵여주인)를 '사라'(㉵열국의 어미)로 개명해 주셨다(창 17:15). 　아브라함은 하나님의 개명에도 불구하고 자식이 태어난다는 사실이 믿기지 않아 "이스마엘이나 하나님 앞에 살기를 원하나이다"라고 말했지만(창 17:18), 하나님께서는 아브라함과 사라를 통해서 명년에 반드시 아들이 태어날 것이며, 그 이름을 '이삭'이라 하라고 말씀하셨다(창 17:19-22). 그제서야 아브라함은 하나님의 약속을 믿었고, 그날에 아브라함은 자기와 이스마엘과 그 집의 모든 남자에게 할례를 행했다(창 17:23-27). ⑥ **아브라함 99세(주전 2067년)** 아브라함이 할례를 받은 후 하나님께서는 두 천사와 함께 사람의 모습으로 아브라함을 찾아오셨다(창 18:1-2, 22, 19:1). 하나님께서는 이삭이 태어날 것을 재차 확실하게 약속하셨으며(창 18:10-15), 아브라함을 택하신 목적과 언약을 이루기 위한 방법이 곧 그 자손들에게 명하여 하나님의 도를 지키고 의와 공도를 행하게 하는 것임을 말씀하셨다(창 18:17-19). 이어서 하나님께서 소돔성 멸망의 비밀에 대해 말씀하시자(창 18:20-21), 아브라함은 소돔성의 의인을 생각하여 용서해 달라고, 하나님의 자비와 긍휼을 구하며 끝까지 매달려 간구했다(창 18:22-32). ⑦ **아브라함 99세(주전 2067년)** 하나님께서 직접 내려가셔서 성적 타락과 범죄가 극에 달한 소돔과 고모라, 아드마와 스보임을 심판하셨다(창 19:4-5, 24-25, 신 29:23, 참고-눅 17:29). 롯과 그의 아내, 두 딸은 소돔성을 탈출하여 도망하였지만, 롯의 아내는 뒤를 돌아본 고로 소금 기둥이 되어 구원의 반열에서 낙오하였다(창 19:16-17, 26). 하나님께서는 아브라함을 생각하사 롯을 구해 주셨다(창 19:29). 롯은 두 딸과 산으로 올라가 굴에 거하였으며, 딸들이 준 술에 취한 상태에서 두 딸과 관계하여 모압과 벤암미를 낳았다(창 19:30-38).

연도	장소	내용
아브라함 99세 주전 2067년	**8** **그랄** גְּרָר Gerar	· 아브라함은 소돔성 멸망 후 남방으로 이사하여 가데스와 술 사이 그랄에 가서 우거하였다. 아브라함은 또 사라에게 누이라 말하게 하여 그랄 왕 아비멜렉이 사라를 취하는 위기를 맞았지만(창 20:2), 하나님께서 아비멜렉의 꿈에 나타나셔서 그 계획을 막으셨다(창 20:3-7). 하나님께서는 아브라함이 언약을 완전히 믿지 못하고 실수할 때에도 구속사를 이루시기 위하여 아브라함과 사라를 지켜 주셨다(창 20:8-18).
아브라함 100-136세 (추정) 주전 2066-2030년(추정)	**9** **브엘세바** בְּאֵר־שֶׁבַע Beersheba	· 아브라함은 그랄에서 옮겨 브엘세바에 머물렀다. 아브라함 100세에 이삭을 낳은 장소는 브엘세바일 것이다(창 21:1-5, 14, 32-33). · 창세기 21:8의 '이삭이 자라며 젖을 뗄 때'는, 히브리인들의 관습상 이삭의 나이 3세 정도로 추정된다. 이삭보다 14년 먼저 태어난 이스마엘은 이삭이 젖을 떼는 날 아브라함이 베푼 큰 잔치 자리에서 이삭을 희롱하였다(창 21:8-9). 이에 사라는 아브라함에게 여종과 이스마엘을 내쫓으라고 하였고, 이 일은 아브라함에게 심히 근심이 되었다(창 21:10-11). 하나님께서는 사라의 말대로 여종과 이스마엘을 내쫓게 하셨고, 이스마엘에게도 한 민족을 이루게 하실 것을 약속하셨다(창 21:12-13). · 이후 아브라함은 아브라함의 우물에 대한 소유권을 인정하는 언약을 체결하고, 그곳을 '브엘세바'(㊟맹세의 우물, 일곱 우물)라고 불렀다(창 21:27-31). 아브라함은 언약을 아비멜렉과 체결하면서 '영생하시는 하나님 여호와'의 이름을 불렀다(창 21:33). · 이삭이 번제에 쓸 나무를 질 만큼 장성한 후, 하나님께서는 모리아의 한 산에서 이삭을 번제로 드리라 명령하셨다(창 22:1-2). 아브라함이 그대로 순종하여 이삭을 칼로 내리치려는 순간, 하나님께서는 "이제야 네가 하나님을 경외하는 줄을 아노라"라고 말씀하시며 뿔이 수풀에 걸린 숫양을 이삭 대신 번제로 드리게 하셨다(창 22:9-13). 아브라함은 그 땅 이름을 '여호와 이레'(㊟여호와께서 준비하신다)라고 불렀으며(창 22:14), 하나님께서는 아브라함에게 언약을 최종확증해 주셨다(창 22:15-18).

연도	장소	내용
아브라함 137-175세 주전 2029-1991년	⑩ 헤브론 חֶבְרוֹן Hebron	· 사라가 죽기 전에 아브라함은 99세까지 살았던 헤브론으로 약 38년 만에 이동했다. 아마도 사라의 죽음이 가까워짐을 느끼면서 헤브론으로 돌아갔을 것이다(창 23:2). 사라는 127세를 향수하고 죽었고(창 23:1, 당시 아브라함 137세), 아브라함은 헷 족속에게서 사라의 매장지로 막벨라에 있는 에브론의 밭과 굴을 400세겔에 구입하여(창 23:15-18), 거기에 사라를 장사 지냈다(창 23:19). 막벨라 밭 굴은 가나안 땅이 아브라함과 후손의 것이 된다는 상징적인 증거이자, 후손들에게 반드시 돌아가야 할 약속의 땅이 어디인지 가르쳐 주는 장소가 되었다. · 이후 아브라함은 140세에 그의 종 엘리에셀을 메소보다미아로 보내어 자기 동생 나홀의 아들 브두엘의 딸 리브가를 이삭의 아내로 택하여 데리고 왔다(창 24:10, 15). 남방의 브엘 라해로이에 거하고 있던 이삭은, 리브가를 인도하여 모친 사라의 장막에 들이고 그를 취해 아내로 삼았다(창 24:62, 67, 25:20). · 이삭의 결혼 후, 아브라함은 그두라를 후처로 맞이하였고 여섯 명의 자녀를 낳았다(창 25:1-2). · 이삭은 결혼 후에 브엘 라해로이에 거했다(창 24:62-67, 25:11). 이삭과 리브가의 결혼 20년 만인 아브라함 160세(주전 2006년), 이삭 60세에 에서와 야곱이 태어났다(창 25:22-26). 아브라함은 175세로 죽기까지 야곱과 15년간 동시대에 살았다. 이 15년의 기간은 아브라함이 자손에게 신앙을 전수하며 하나님의 말씀을 가르치는 중요한 기간이었다(히 11:9). 아브라함과 이삭, 야곱 3대는 하나님께서 약속하신 땅을 사모하며 모두 장막에 거하는 나그네의 삶을 살았다. · 아브라함은 75세에 가나안 땅에 들어와서 100년이 지난 175세에 "수가 높고 나이 많아 기운이 진하여 죽어 자기 열조에게로" 돌아갔다(창 25:7-8). 이것은 횃불 언약을 통해 약속하신 "너는 장수하다가 평안히 조상에게로 돌아가 장사될 것이요"(창 15:15)라는 말씀의 성취였다. 아브라함은 자기 아내 사라가 묻혀 있는 막벨라 밭 굴에 장사되었다(창 25:9-10).

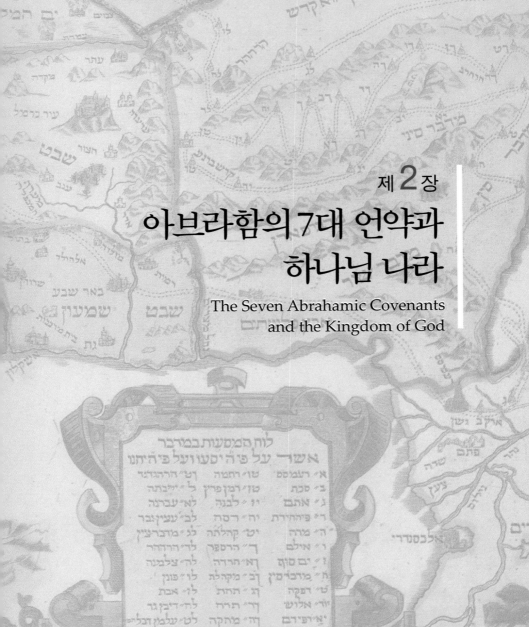

제 **2** 장

아브라함의 7대 언약과
하나님 나라

The Seven Abrahamic Covenants
and the Kingdom of God

아브라함의 7대 언약과 하나님 나라
THE SEVEN ABRAHAMIC COVENANTS AND THE KINGDOM OF GOD

성경은 언약에서 언약으로 이어지는 구속사의 기록입니다. 구속사의 각 시대 시대를 연결하는 고리가 언약이며, 언약은 구속사를 이루는 중요한 방편입니다. 하나님께서는 아담과 에덴동산에서 행위 언약을 체결하시고, 여자의 후손을 약속하셨습니다(창 3:15). 그 후에 노아와 언약을 체결하시고, 그 다음에 아브라함과 언약을 체결하셨습니다.

하나님께서는 아브라함이 75세에 가나안 땅에 들어온 이후 175세에 죽을 때까지 100년 동안 아브라함과 일곱 번에 걸쳐서 언약을 체결하셨습니다. 아브라함과의 언약들은 전체 구속사를 압축해 놓은 설계도와 같은 것입니다. 아브라함과 맺으신 언약들은 모두 하나님 나라 건설에 대한 내용들을 담고 있습니다. 한 나라가 세워지려면 영토(땅)와 국민(백성), 그리고 주권(헌법)이 있어야 합니다. 하나님께서는 아브라함과 그 후손들을 통해 하나님 나라를 세우시기 위하여 언약을 체결하셨습니다. 아브라함과 체결하신 언약 속에는 '땅'과 '자손'에 대한 약속이 있습니다. 그리고 '하나님의 주권'이 나타나 있는데, 하나님의 주권은 하나님의 말씀과 이에 대한 아브라함의 순종으로 나타납니다. 즉 하나님께서 아브라함을 축복하시거나 명령하시고 아브라함이 이에 순종함으로 하나님의 주권이 나타나는 것입니다. 아브라함과 맺으신 일곱 가지 언약들은, 이처럼 '땅'과 '자손'과 '하나님의 주권'에 대하여 거듭 말씀하고 있습니다. 그 속에서 우리는 영원한 하나님 나라 천국을 바라볼 수 있습니다.

> **1.** **아브라함과 맺으신 첫 번째 언약**(창 12:1-3)
> The First Abrahamic Covenant (Gen 12:1-3)
>
> **아브라함을 통한 큰 민족의 약속, 아브라함이 '복'이 됨**
> Abraham Will Be Made a Great Nation and "a Blessing"

(1) 시기와 장소

아브라함은 75세에 가나안으로 들어오기 직전에 하란에서 하나님과 첫 번째 언약을 체결합니다. 창세기 12:4에서 "이에 아브람이 여호와의 말씀을 좇아 갔고 롯도 그와 함께 갔으며 아브람이 하란을 떠날 때에 그 나이 칠십오 세였더라"라고 말씀하고 있습니다.

노아 후에 10대손인 아브라함은 본래 갈대아 우르에 살고 있었습니다. 그곳에서 아브라함의 조상들은 오랫동안 우상을 섬기며 살고 있었습니다. 여호수아 24:2에서 "여호수아가 모든 백성에게 이르되 이스라엘 하나님 여호와의 말씀에 옛적에 너희 조상들 곧 아브라함의 아비, 나홀의 아비 데라가 강 저편에 거하여 다른 신들을 섬겼으나"라고 말씀하고 있습니다. 이러한 우상숭배의 땅에서 하나님께서는 아브라함을 부르셨습니다(행 7:2-4).

우상을 섬기는 가정에서 성장한 아브라함을 하나님께서 택하시고 부르신 일은, 구속사적으로 매우 중요한 의미를 지닙니다. 하나님께서는 아브라함을 개인적으로 불러 구원하시는 데 그치지 않고,

더 나아가 그를 믿음의 조상으로 세워 인류 구속의 새로운 출발을 시작하신 것입니다.

아브라함은 그가 살던 땅에서 두 번 떠났는데, 첫 번째는 아버지 데라와 함께 갈대아 우르를 떠난 것이고(창 11:31, 15:7, 느 9:7, 행 7:2-4上), 두 번째는 오랫동안 머물렀던 하란을 그의 나이 75세에 떠난 것입니다(창 12:4, 행 7:4下). 아브라함의 첫 번째 언약은, 하란을 떠나기 직전에 체결되었습니다.

(2) 언약과 하나님 나라
첫째, 하나님께서는 아브라함에게 땅을 약속하셨습니다.

창세기 12:1에서 "여호와께서 아브람에게 이르시되 너는 너의 본토 친척 아비 집을 떠나 내가 네게 지시할 땅으로 가라"라고 말씀하고 있습니다. 여기 하나님께서 지시할 땅은 바로 '가나안'을 가리킵니다.

이때 아브라함은 가나안에 단 한 평의 땅도 없었으며, 아직 가나안에 들어가지도 않았습니다. 아브라함은 어디로 가야 할지 갈 바를 알지 못하였습니다. 그러나 하나님께서 분명하게 땅을 약속하셨으며, 아브라함은 그 약속을 받고 믿음으로 떠났습니다. 히브리서 11:8에서 "믿음으로 아브라함은 부르심을 받았을 때에 순종하여 장래 기업으로 받을 땅에 나갈새 갈 바를 알지 못하고 나갔으며"라고 말씀하고 있습니다.

둘째, 하나님께서는 아브라함에게 자손을 약속하셨습니다.

창세기 12:2에서 "내가 너로 큰 민족을 이루고 네게 복을 주어 네 이름을 창대케 하리니 너는 복의 근원이 될찌라"라고 말씀하고 있습니다. 히브리어 원문으로 보면 '근원'에 해당되는 단어는 없고,

'너는 복(복 자체, 복덩어리)이 될 것이다'(헤예 베라카, הֱיֵה בְּרָכָה)라고 명령하셨습니다. 하나님께서는 아브라함을 복 자체가 되게 하심으로 '모든 사람들에게 반드시 아브라함을 통해서 복 주시겠다'고 약속하신 것입니다.

이때 하나님께서는 자식이 없는 75세의 아브라함에게 '큰 민족'을 이루어 주시겠다고 약속하셨습니다. 이것이 바로 자손에 대한 약속입니다. 여기 '큰'은 히브리어 '가돌'(גָּדוֹל)로, 크기에서 크다는 뜻뿐만 아니라 중요성에서 크다는 뜻도 가지고 있습니다. 그러므로 하나님께서는 아브라함의 자손이 숫자적으로 큰 민족이 될 뿐만 아니라, 나아가 구속사를 전개할 주역으로서 하나님의 보배로운 민족으로 세워질 것을 약속하신 것입니다(출 19:5, 신 26:18-19).

셋째, 하나님께서는 아브라함에게 주권을 나타내셨습니다.

축복은 높은 자가 낮은 자에게 하는 것입니다. 히브리서 7:7에서 "폐일언하고 낮은 자가 높은 자에게 복 빎을 받느니라"라고 말씀하고 있습니다. 그러므로 하나님께서 아브라함에게 복을 주시는 것은, 아브라함에 대한 하나님의 주권을 나타내는 것입니다.

창세기 12:2에서 "네게 복을 주어"라고 말씀하고 있습니다. 여기 "복을 주어"라는 단어는 히브리어 '바라크'(בָּרַךְ)의 강조형으로서 반드시 엄청난 복을 주시겠다는 약속입니다. 이 약속은 이어지는 약속들의 초석이 됩니다.

㉠ 네 이름이 창대하게 된다(창 12:2).
㉡ 너는 복 자체가 된다(창 12:2).
㉢ 너를 축복하는 자에게는 복을 내린다(창 12:3).
㉣ 너를 저주하는 자에게는 저주를 내린다(창 12:3).

ⓔ 땅의 모든 족속이 너를 인하여 복을 얻는다(창 12:3).

이러한 하나님의 주권은 아브라함의 순종을 통하여 확실히 나타
납니다. 하나님께서 아브라함과 하나님 나라에 대한 언약을 체결하
신 후에, 아브라함은 하나님의 말씀에 순종하여 하란을 떠납니다.
창세기 12:4에 "이에 아브람이 여호와의 말씀을 좇아 갔고"라고 말
씀하고 있습니다. 아브라함은 하나님의 말씀에 순종함으로 하나님
의 주권을 인정하였습니다. 이처럼 하나님 나라는 하나님의 말씀에
순종하는 자들을 통해서 확장되어 갑니다.

(3) 구속사적 의미

창세기 12:3에서 "너를 축복하는 자에게는 내가 복을 내리고 너
를 저주하는 자에게는 내가 저주하리니 땅의 모든 족속이 너를 인
하여 복을 얻을 것이니라 하신지라"라고 말씀하고 있습니다. 여기
"너를 인하여"라는 표현은 구속사적으로 굉장히 중요한 표현입니
다. 히브리어 '베카'(בְךָ)로, '네 안에서'라는 뜻인데 이는 일차적으
로 아브라함 안에서 땅의 모든 족속이 복을 얻는다는 말씀입니다.
그러나 이것은 구속사적으로 아브라함 개인이 아니라 아브라함의
후손으로 오시는 예수 그리스도를 가리킵니다. 장차 아브라함의
후손으로 오실 메시아 예수 그리스도(마 1:1) 한 분 안에서, 땅의 모
든 족속이 복을 받게 된다는 것입니다.

2. 아브라함과 맺으신 두 번째 언약(창 12:7)
The Second Abrahamic Covenant (Gen 12:7)

하나님께서 주실 땅을 처음으로 밝히심
God Reveals the Promised Land for the First Time

(1) 시기와 장소

아브라함은 75세에 하란을 떠나 가나안으로 들어오면서 세겜에서 두 번째 언약을 체결합니다. 창세기 12:6에서 "아브람이 그 땅을 통과하여 세겜 땅 모레 상수리나무에 이르니"라고 말씀하고 있습니다. 이렇게 아브라함이 세겜 땅에 이르렀을 때 하나님께서 아브라함과 언약을 체결하셨습니다. 창세기 12:7에서 "여호와께서 아브람에게 나타나 가라사대 내가 이 땅을 네 자손에게 주리라 하신지라 그가 자기에게 나타나신 여호와를 위하여 그곳에 단을 쌓고"라고 말씀하고 있습니다.

하나님께서는 아브라함에게 가나안 땅을 약속하시고, 그 넓은 가나안 땅 가운데 처음으로 세겜에서 아브라함에게 나타나셨습니다. 그러므로 세겜에서 체결된 언약은 가나안 땅 안에서 이루어진 첫 번째 언약인 것입니다. 이때부터 세겜은 가나안 땅 전체를 대표하는 땅이 되었고, 가나안 땅 전체를 의미하는 말로 사용되기도 하였습니다. 훗날 야곱은 밧단 아람에서 돌아오는 길에 세겜을 구입하였으며(창 33:18-20), '4대 만에 가나안에 돌아온다'는 횃불 언약대로(창 15:16) 요셉은 가나안을 대표하는 땅 세겜에 묻혔습니다(창 50:25, 수 24:32).

(2) 언약과 하나님 나라

첫째, 하나님께서는 아브라함에게 땅을 약속하셨습니다.

하나님께서는 가나안 땅에 들어온 아브라함에게 세겜에서 처음으로 나타나셔서, "내가 이 땅을 네 자손에게 주리라"라고 약속하셨습니다(창 12:7). 이 땅은 일차적으로 세겜을 가리키지만, 궁극적으로 가나안 땅을 가리킵니다. 히브리어 원문을 볼 때도 '이 땅'은 '하아레츠 하조트'(הָאָרֶץ הַזֹּאת)로서, 지시대명사에 정관사가 붙어서, 그냥 땅이 아니라 '바로 그 땅'이라는 뜻입니다. 하나님께서는 이제 아브라함이 지금 서 있는 바로 그 땅이 아브라함 자손의 것이 될 것이라고 약속하신 것입니다.

둘째, 하나님께서는 아브라함에게 자손을 약속하셨습니다.

창세기 12:7을 볼 때 하나님께서 아브라함에게 "내가 이 땅을 네 자손에게 주리라"라고 약속하셨습니다. 이때 아브라함은 75세로 자식이 없었습니다. 아브라함은 과연 자신이 가나안에서 제대로 정착할 수 있을까 하는 두려움과 불확실함 때문에 불안한 상태였습니다. 그러나 하나님께서 이 가나안이 반드시 아브라함의 자손의 것이 될 것이라고 약속하셨습니다. 이것은 반드시 아브라함에게 자손이 있을 것이라는 약속이기도 합니다.

특별히 창세기 12:7의 '네 자손'은 히브리어 '자르아카'(זַרְעֲךָ)로, '아브라함에게 속한 자손'이란 뜻입니다. 지금은 당장 아브라함에게 속한 자손이 한 명도 없지만, 하나님께서는 반드시 앞으로 이 가나안 땅을 소유할 자손, 곧 아브라함에게 속한 자손들이 생겨날 것을 확실하게 말씀하신 것입니다. 이 약속대로 훗날 아브라함의 자손들은 출애굽 하여 요단강을 건너 가나안 땅에 돌아왔고, 가나안 족속들을 몰아내고 그 땅을 정복하여 하나님께서 약속하신 땅의 주인공들이 되었던 것입니다.

셋째, 하나님께서는 아브라함에게 주권을 나타내셨습니다.

아브라함은 자신에게 나타나신 여호와를 위하여 세겜에 단을 쌓았습니다. 창세기 12:7 하반절에서 "그가 자기에게 나타나신 여호와를 위하여 그곳에 단을 쌓고"라고 말씀하고 있습니다. 아브라함은 하나님께서 주신 땅과 자손에 대한 약속을 믿고 즉각 단을 쌓았습니다. 여기서 '단을 쌓았다'는 하나님께 예배를 드렸다는 것입니다. 우리가 예배를 드리는 것은 하나님께서 우리의 주권자이심을 인정하고 고백하는 것입니다.

이후에 아브라함은 가는 곳마다 단을 쌓았습니다. 창세기 12:8에서도 "거기서 벧엘 동편 산으로 옮겨 장막을 치니 서는 벧엘이요 동은 아이라 그가 그곳에서 여호와를 위하여 단을 쌓고 여호와의 이름을 부르더니"라고 말씀하고 있습니다. 오늘날 우리가 하나님께 신령과 진정으로 예배를 드릴 때마다(요 4:23-24), 우리는 언약 백성으로서(시 50:5) 하나님의 주권을 인정하고 고백하는 것이며, 예배의 지경이 넓어질 때마다 하나님 나라가 확장되어 가는 것입니다.

(3) 구속사적 의미

하나님께서는 세겜에서 "이 땅을 네 자손에게 주리라"라고 약속하셨습니다(창 12:7). 여기 '네 자손'의 히브리어 '자르아카'(זַרְעֲךָ)는 남성 단수로서, 일차적으로 아브라함의 아들 이삭을 가리키는 것입니다. 그런데 이삭의 전체 일생의 노정을 살펴보아도 이삭이 세겜에 간 적은 없습니다. 그러므로 여기서 약속하신 '한 아들'은 궁극적으로 예수님을 가리킵니다. 예수님만이 세겜을 비롯한 전체 가나안의 주인이십니다. 먼 훗날 예수님께서는 세겜에 있는 야곱의 우물에서 사마리아 여인을 만나시고 자신이 메시아이심을 알려 주셨습니다(요 4:5-7, 25-26, ^{참고-}창 48:22, 수 24:32). 사마리아 여자는 물동이를 버려두고 동네에 들어가서 사람들에게 "나의 행한 모든 일을 내게 말한 사람을 와 보라 이는 그리스도가 아니냐"라고 증거하였으며(요 4:28-29), 많은 사람들이 동네에서 나와 예수님께 왔습니다(요 4:30). 예수님은 세겜과 온 가나안 땅의 주인이시요, 나아가 하나님 나라의 주인이십니다.

3. 아브라함과 맺으신 세 번째 언약(창 13:14-18)
The Third Abrahamic Covenant (Gen 13:14-18)

가나안 땅과 자손에 대한 약속
Promise of the Land of Canaan and Descendants

(1) 시기와 장소

롯이 아브라함을 떠난 후에 하나님께서는 아브라함과 세 번째 언약을 체결하셨습니다. 이때는 아브라함 83세(주전 2083년)로 추정됩니다. 그 근거는 다음과 같습니다. 아브라함이 하갈을 취한 때는 가나안 땅에 거한 지 10년 후 곧 아브라함 85세이었고(창 12:4, 16:3), 창세기 15장의 횃불 언약이 체결된 때는 가나안 땅에 거한 지 10년째인 아브라함 84세(주전 2082년)입니다. 창세기 14장에 기록된 전쟁과 15장에 기록된 횃불 언약은, '이후에'(창 15:1)라는 단어로 이어진 것을 볼 때 같은 시기인 아브라함 84세 때의 일입니다. 그런데 창세기 14장에 기록된 동방 4개국 동맹군과 가나안 5개국 연합군과의 대대적인 전쟁은, 이 전쟁의 이동 거리와 규모를 고려할 때 아마도 일 년 가까이 계속되었을 것으로 판단되며, 이 전쟁 직전에 헤브론에서 언약을 체결한 것은 아브라함 83세(주전 2083년) 때의 사건으로 볼 수 있습니다.[12]

하나님께서는 헤브론에서 아브라함과 언약을 체결하셨고, 아브라함은 헤브론의 마므레 상수리 수풀에 이르러 거하며 거기서 여호와를 위하여 단을 쌓았습니다(창 13:18). '헤브론'은 예루살렘 남쪽 30km 지점에 위치하고 있으며, '친구, 동맹'이란 뜻입니다. 훗날 헤브론에 있는 막벨라 밭 굴에 아브라함과 사라, 이삭과 리브가, 야곱과 레아가 묻히게 됩니다(창 23:19, 25:7-10, 49:29-32, 50:12-13).

(2) 언약과 하나님 나라

첫째, 하나님께서는 아브라함에게 땅을 약속하셨습니다.

창세기 13:15에서 "보이는 땅을 내가 너와 네 자손에게 주리니 영원히 이르리라"라고 말씀하고 있습니다. 여기 '땅'이라는 단어 앞에 히브리어 원문을 보면 '모든'을 뜻하는 '콜'(כָּל)이 있습니다. 하나님께서는 현재 아브라함이 보고 있는 '그 모든 땅'(כָּל־הָאָרֶץ)을 약속하신 것입니다.

여기의 모든 땅은 단순히 현재 아브라함이 육신의 눈으로 바라보고 있는 땅을 넘어서 가나안 땅 전체를 가리키며, 궁극적으로는 영원한 하나님 나라를 조망하게 합니다. 창세기 13:15 하반절의 '영원히 이르리라'는, 히브리어 '아드 올람'(עַד־עוֹלָם)으로, '영원히, 영원까지'라는 뜻입니다. 하나님께서는 아브라함에게 이 땅을 '영원히' 주시겠다고 약속하신 것입니다.

또한 창세기 13:17에서는 "너는 일어나 그 땅을 종과 횡으로 행하여 보라 내가 그것을 네게 주리라"라고 말씀하고 있습니다. 이 구절은 '쿰'(קוּם, 일어나다)과 '할라크'(הָלַךְ, 걷다)라는 두 가지 동사가 연결되어 시작되고 있습니다. 하나님께서는 반드시 가나안 땅을 아브라함과 그의 자손에게 주시기로 작정하셨습니다. 그러나 이것이 성취되기 위하여 아브라함에게는 일어나 걷는 순종이 필요했습니다. 오늘날 성도에게도, 구속사를 완성하기 위하여 각자가 맡은 사명을 위해서 일어나 걷는 순종이 필요합니다.

둘째, 하나님께서는 아브라함에게 자손을 약속하셨습니다.

세 번째 언약을 체결할 때 아브라함에게는 전혀 자식이 없었습니다. 그런데도 하나님께서는 "보이는 땅을 내가 너와 네 자손에게 주리니"라고 약속하셨습니다(창 13:15). 이어 "내가 네 자손으로 땅의 티끌 같게 하리니 사람이 땅의 티끌을 능히 셀 수 있을찐대 네 자손도 세리라"라고 말씀하고 있습니다(창 13:16). 첫 번째 언약을 체결할 때는 "큰 민족을 이루고"라고 말씀하셨는데(창 12:2), 세 번째 언약에서는 '땅의 티끌같이 많게 되리라'고 더 구체적으로 말씀하셨습니다.

당시 아브라함에게는 아들이 없었는데, 아브라함의 자손이 땅의 티끌같이 많아진다는 말씀은 도저히 믿기 어려운 말씀이었습니다. 그래서 창세기 13:16은 히브리어 원문을 볼 때 "그리고 내가 … 하리니"라는 '베사므티'(וְשַׂמְתִּי)로 시작됩니다. 이것은 창세기 13:15의 "보이는 땅을 내가 너와 네 자손에게 주리니 영원히 이르리라"라는 말씀과 와우계속법으로 연결되어, 전능하신 하나님께서 반드시 행하시겠다는 강력한 의지를 표명하신 것입니다. 또한 여기에 사용된 동사 '숨'(שׂוּם)은 '두다, 정하다, 임명하다, 확립하다'라는 뜻으로, 여기서는 '특별한 목적을 위해서 따로 지정하여 실행하다'라는 의미입니다. 사람이 할 수 없는 일이라 할지라도, 전능하신 하나님께서 특별한 목적을 두고 하시는 일은 반드시 그대로 이루어지는 것입니다.

셋째, 하나님께서는 아브라함에게 주권을 나타내셨습니다.

창세기 13:15을 볼 때 하나님께서는 "보이는 땅을 내가 너와 네 자손에게 주리니"라고 말씀하심으로 하나님의 주권을 나타내셨고, 창세기 13:16을 볼 때도 "내가 네 자손으로 땅의 티끌 같게 하리니"라고 말씀하심으로 하나님의 주권을 나타내셨습니다. 두 구절에서 문장의 주체는 하나님이십니다. 땅과 자손을 허락하시는 분이 하나님이심을 반복하여 말씀하심으로 하나님의 주권을 나타내고 있습니다.

이에 아브라함은 장막을 옮겨 헤브론에 있는 마므레 상수리 수풀에 이르러 거하며 거기서 여호와를 위하여 단을 쌓았습니다(창 13:18). 여기 '단'은 히브리어 '미즈베아흐'(מִזְבֵּחַ)로, 성경에서 노아가 방주에서 나와서 하나님께 예배를 드릴 때 처음으로 사용되었습니다(창 8:20). 모세에게 계시하신 장막 성전에서는 제물을 태우는 번제단을 가리킬 때 이 단어가 처음 사용되었습니다(출 27:1). 아브라함이 단을 쌓고 예배를 드린 행위는, 하나님께서 우리의 주권자이심을 고백하는 것입니다.

(3) 구속사적 의미

창세기 13:15의 '네 자손'은 히브리어 '자르아카'(זַרְעֲךָ)로, 2인칭 단수입니다. 창세기 13:16에서도 '네 자손'이 두 번 나오는데 둘 다 마찬가지입니다. '너의 한 자손'은 일차적으로 이삭을 가리킵니다. 그러나 궁극적으로는 장차 오실 예수 그리스도를 가리킵니다. 왜냐하면 "보이는 땅을 네 자손에게 영원히" 주신다고 약속하셨는데, 이삭은 가나안 땅을 영원히 상속하지 못했기 때문입니다. 가나안 땅뿐만 아니라 영원한 가나안 천국을 소유하신 분은 사람이 아니라 오직 예수 그리스도뿐이십니다. 갈라디아서 3:16에서 "이 약속들은 아브라함과 그 자손에게 말씀하신 것인데 여럿을 가리켜 그 자손들이라 하지 아니하시고 오직 하나를 가리켜 네 자손이라 하셨으니 곧 그리스도라"라고 말씀하고 있습니다.

4. 아브라함과 맺으신 네 번째 언약(창 15:1-21)
The Fourth Abrahamic Covenant (Gen 15:1-21)

횃불 언약 : 가나안 땅과 자손에 대한 선명한 약속
The Covenant of the Torch :
A Concrete Promise of the Land of Canaan and Descendants

(1) 시기와 장소

횃불 언약이 체결된 시점은 아브라함 84세인 주전 2082년입니다. 창세기 16장을 볼 때, 아브라함은 가나안 땅에 거한 지 10년 후인 85세(주전 2081년)에 하갈을 취하였습니다. 창세기 16:3에서 "아브람의 아내 사래가 그 여종 애굽 사람 하갈을 가져 그 남편 아브람에게 첩으로 준 때는 아브람이 가나안 땅에 거한 지 십 년 후이었더라"라고 말씀하고 있습니다. 그런데 창세기 15장은 아브라함이 하

갈을 취하기 전에 일어났던 사건으로서, 횃불 언약은 아브라함 84
세에 체결된 것입니다.

횃불 언약이 체결된 장소는 헤브론입니다. 아브라함 83세에 헤
브론에서 세 번째 언약이 체결되었으며, 아브라함은 계속 헤브론에
거주하고 있었습니다. 창세기 13:18에서 "이에 아브람이 장막을 옮
겨 헤브론에 있는 마므레 상수리 수풀에 이르러 거하며 거기서 여
호와를 위하여 단을 쌓았더라"라고 말씀하고 있습니다.

(2) 언약과 하나님 나라

첫째, 하나님께서는 아브라함에게 땅을 약속하셨습니다.

창세기 15:7에서 "또 그에게 이르시되 나는 이 땅을 네게 주
어 업을 삼게 하려고 너를 갈대아 우르에서 이끌어 낸 여호와로
라"라고 말씀하고 있습니다. 여기서 '이 땅'은 '하아레츠 하조트'
(הָאָרֶץ הַזֹּאת)로, '바로 그 땅'이라는 뜻입니다. 하나님께서는 지금
까지 여러 번에 걸쳐서 아브라함에게 땅을 약속하셨는데, 약속하
신 땅, 바로 그 가나안 땅을 아브라함에게 다시 약속하신 것입니다.

창세기 15:7을 볼 때, 하나님께서는 이 땅이 '업'(業)이 될 것이
라고 말씀하셨습니다. 여기 "업을 삼게"란 단어는 히브리어 '야라
쉬'(יָרַשׁ)로, '상속하다, 소유하다'라는 뜻입니다. 아직까지도 아브라
함은 가나안에 자기의 땅이 한 평도 없는 나그네에 불과하였지만,
하나님께서는 이 가나안 땅이 반드시 아브라함의 소유가 될 것임을
명백히 밝히신 것입니다. 나아가 가나안 땅의 경계까지도 알려 주
셨습니다. 하나님께서는 아브라함에게 "내가 이 땅을 애굽강에서부
터 그 큰 강 유브라데까지 네 자손에게 주노니"라고 말씀하셨습니
다(창 15:18).

둘째, 하나님께서는 아브라함에게 자손을 약속하셨습니다.

아브라함은 84세가 되도록 아들이 없자, 그의 종 다메섹 엘리에셀을 자신의 상속자로 생각하였습니다(창 15:2). 그러나 하나님께서는 "그 사람은 너의 후사가 아니라 네 몸에서 날 자가 네 후사가 되리라"라고 분명하게 말씀하셨습니다(창 15:4). 그리고 아브라함을 이끌고 밖으로 나가서서 "하늘을 우러러 뭇별을 셀 수 있나 보라 … 네 자손이 이와 같으리라"라고 말씀하셨습니다(창 15:5).

세 번째 언약을 체결하실 때는 아브라함의 자손이 "땅의 티끌 같게" 하시겠다고 약속하셨으며(창 13:16), 이제 횃불 언약에서는 아브라함의 자손이 하늘의 뭇별과 같게 하시겠다고 약속하신 것입니다.

아브라함은 이렇게 말씀하시는 여호와 하나님을 믿었습니다. 창세기 15:6에서 "아브람이 여호와를 믿으니 여호와께서 이를 그의 의로 여기시고"라고 말씀하고 있습니다. 히브리어 원문을 분석해 보면, '여호와'라는 이름 앞에 정관사 '하'(ה)가 들어 있습니다. 그러므로 아브라함은 '그 여호와', 지금까지 자기와 언약을 체결하시고 자손의 축복을 주신 그 여호와 하나님을 믿었던 것입니다. 하나님께서는 그 믿음을 보시고 아브라함을 의롭게 여기셨습니다(합 2:4, 롬 1:17, 4:3).

셋째, 하나님께서는 아브라함에게 주권을 나타내셨습니다.

창세기 15:7을 볼 때, 하나님께서는 "나는 이 땅을 네게 주어 업을 삼게 하려고 너를 갈대아 우르에서 이끌어 낸 여호와로라"라고 말씀하셨습니다. 여기서 하나님은 아브라함을 갈대아 우르에서 이끌어 내신 목적이 아브라함에게 가나안을 업으로 주시기 위한 것이라고 명확히 밝히셨습니다. 여기서 '이끌어 낸'이란 단어는 히브리어 '야차'(אֵצֵי)의 히필사역형으로, 이것은 하나님께서 주권적으로 아브라함을 이끌어 내어 언약을 체결하셨음을 나타냅니다.

이어 아브라함이 "주 여호와여 내가 이 땅으로 업을 삼을 줄을 무엇으로 알리이까"라고 묻자, 하나님께서는 아브라함에게 제사를 드리도록 명령하셨습니다(창 15:8-9). 그리고 쪼개진 제물 사이로 횃불이 지나갔습니다(창 15:17). 이 횃불은 하나님의 임재를 나타낸 것으로(신 4:12, 5:24, 사 10:17, 62:1), 이 언약이 하나님의 일방적이고 주권적인 언약임을 알려 줍니다.

(3) 구속사적 의미

고대 근동의 관습은, 언약을 체결할 때 약속하는 두 당사자가 쪼갠 제물 사이로 지나가게 하였습니다(렘 34:18上). 이것은 만약 약속을 어기면, 그 약속을 어기는 사람이 쪼갠 제물처럼 죽임을 당한다는 것을 의미합니다. 약속하는 당사자가 서로의 생명을 걸고 약속을 체결하는 것입니다(렘 34:18下-21).

그런데 횃불 언약에서는 쪼갠 제물 사이로 아브라함은 지나가지 않고, 하나님의 임재를 나타내는 횃불만이 지나갔습니다. 창세기 15:17에서 "해가 져서 어둘 때에 연기 나는 풀무가 보이며 타는 횃불이 쪼갠 고기 사이로 지나더라"라고 말씀하고 있습니다. 이것은 하나님께서 하나님 자신의 영원하신 생명을 걸고 언약을 체결하셨음을 의미합니다.

이 약속은 예수 그리스도께서 십자가에 죽으심으로 성취가 되었습니다(참고·마 27:51, 히 10:19-20). 예수님께서는 하나님의 백성에게 하나님 나라를 주시기 위하여 십자가에서 자신의 생명을 바치신 것입니다. 쪼갠 제물 사이로 지나간 횃불은 그냥 횃불이 아니라 '타는 횃불'이었습니다. '타는 횃불'은 히브리어 '라피드 에쉬'(לַפִּיד אֵשׁ)로, '계속 타오르는 횃불'을 의미합니다. 이것은 인간의 구속을 완성하시기 위해 계속해서 활활 타오르는 하나님의 변함없는 사랑과 열심을 나타냅니다(왕하 19:31, 사 9:6-7, 37:32, 겔 39:25, 요 3:16, 롬 5:8, 고후 11:2).

5. 아브라함과 맺으신 다섯 번째 언약(창 17:1-22)
The Fifth Abrahamic Covenant (Gen 17:1-22)

할례 언약 : 영원한 언약의 증표
The Covenant of Circumcision: A Sign for an Everlasting Covenant

(1) 시기와 장소

하나님께서 아브라함과 체결하신 다섯 번째 언약은 '할례 언약'이라고 불립니다. 그 이유는 하나님께서 언약을 체결하시고 아브라함에게 "너희 중 남자는 다 할례를 받으라"(창 17:10)라고 명령하셨기 때문입니다. 이 할례는 하나님과 이스라엘 백성 사이의 언약의 표징이 되었습니다(창 17:11, 행 7:8, 롬 4:11-12). 아브라함은 이 말씀에 순종하여 집안의 모든 남자를 데려다가 할례를 행하였습니다(창 17:23-27).

이 언약은 아브라함 99세(주전 2067년)에 헤브론에서 체결되었습니다. 창세기 17:1에서 "아브람의 구십구 세 때에 여호와께서 아브람에게 나타나서 그에게 이르시되 나는 전능한 하나님이라 너는 내 앞에서 행하여 완전하라"라고 말씀하고 있습니다. 창세기 17:24에서도 "아브라함이 그 양피를 벤 때는 구십구 세이었고"라고 말씀하고 있습니다. 횃불 언약은 아브라함 84세에 체결되었으므로 하나님께서는 15년 만에 다시 언약을 체결하신 것입니다.

이 언약을 체결한 장소는 헤브론입니다. 왜냐하면 창세기 17장과 18장은 똑같이 아브라함 99세에 일어난 사건들인데, 창세기 18:1에서 아브라함이 살고 있는 장소가 헤브론의 마므레라고 말씀하고 있기 때문입니다(창 23:19).

(2) 언약과 하나님 나라

첫째, 하나님께서는 아브라함에게 땅을 약속하셨습니다.

창세기 17:8에서 "내가 너와 네 후손에게 너의 우거하는 이 땅 곧 가나안 일경으로 주어 영원한 기업이 되게 하고 나는 그들의 하나님이 되리라"라고 말씀하고 있습니다. 여기서 '우거하는'은 히브리어 '마구르'(מָגוּר)로, 일시적인 거주지나 나그네의 잠시 머무르는 곳을 의미합니다. 아브라함은 75세에 가나안에 들어온 이래(창 12:4), 지금까지 24년이 흘렀지만 여전히 우거하는 자, 곧 나그네에 불과하였습니다.

그런데 하나님께서는 나그네에 불과한 아브라함에게 "이 땅 곧 가나안 일경으로 주어 영원한 기업이 되게 하고"라고 약속하셨습니다(창 17:8). 여기 '일경'은 히브리어 '콜 에레츠'(כָּל־אֶרֶץ)로, '모든 땅'을 뜻합니다. 하나님께서는 아브라함에게 가나안의 모든 땅을 주시겠다고 약속하신 것입니다. 그것도 일시적인 기업이 아니라 영원한 기업이 되게 하시겠다고 약속하셨습니다(창 17:8下). 그러므로 하나님께서는 보이는 가나안 땅만을 이야기하신 것이 아니라, 그 땅을 뛰어넘어 영원한 가나안 천국을 바라보시면서 아브라함에게 땅을 약속하신 것입니다.

둘째, **하나님께서는 아브라함에게 자손을 약속하셨습니다.**

아브라함 99세까지 그에게는 하나님께서 약속하신 자식이 없었습니다. 하갈의 소생인 이스마엘이 13세가 되었을 때(창 17:25) 하나님께서는 아브라함에게 언약의 자손을 약속하셨습니다.

그 구체적인 증거는 몇 가지가 있습니다.

먼저, 계속하여 "네 후손"이라고 말씀하셨습니다. "네 후손(너희 후손)"이라는 표현이 창세기 17:7, 8, 9, 10, 11^(너희), 12에 계속 등장합니다.

다음으로, 직접적으로 아들을 낳게 해 주시겠다고 약속하셨습니다. 창세기 17:16에서 "그로 네게 아들을 낳아 주게 하며", 19절에서 "네게 아들을 낳으리니", 21절에서 "네게 낳을 이삭"이라고 말씀하고 있습니다.

그리고 아브라함의 이름과 사라의 이름을 바꾸어 주셨습니다. '아브람'(אַבְרָם, 고귀한 아버지)이란 이름을 '아브라함'(אַבְרָהָם, 열국의 아버지)으로 바꿔 주셨습니다(창 17:5). 또 '사래'(שָׂרַי, 여주인)를 '사라'(שָׂרָה, 열국의 어미)로 바꿔 주셨습니다(창 17:15). 이것은 장차 아브라함의 자손이 열국에 퍼져 나갈 것을 약속하신 것입니다.

하나님께서는 아브라함의 자손을 약속하시면서 그것을 "영원한 언약"이라고 말씀하셨습니다(창 17:7). 이것은 이 언약이 아브라함의 육신적인 자손들과의 언약일 뿐 아니라, 앞으로 예수 그리스도를 믿는 모든 영적 자손들과의 언약임을 나타냅니다(갈 3:7, 29).

셋째, **하나님께서는 아브라함에게 주권을 나타내셨습니다.**

창세기 17:7 하반절을 볼 때, 하나님께서는 아브라함과 언약을 체결하시고 "영원한 언약을 삼고 너와 네 후손의 하나님이 되리라"라고 말씀하셨습니다. 이어서 8절 하반절을 볼 때 "영원한 기업이 되게 하고 나는 그들의 하나님이 되리라"라고 말씀하셨습니다. 여기서 공통점은 '~의 하나님이 되신다'는 것입니다. 이것은 하나님께서 아브라함과 아브라함 후손들의 하나님이 되신다는 말씀으로, 그들의 모든 삶을 주관하시고 통치하시겠다는 '하나님의 주권'을 나타내신 것입니다(참고-출 6:7, 레 26:12, 렘 31:33).

이렇게 하나님의 주권을 나타내시고, 하나님께서는 아브라함에게 할례를 명하셨습니다. 그리고 아브라함은 하나님께서 자기에게 말씀하신 대로, 말씀하신 그날에 순종하여 할례를 행하였습니다. 창세기 17:23에서 "이에 아브라함이 하나님이 자기에게 말씀하신 대로 이날에 그 아들 이스마엘과 집에서 생장한 모든 자와 돈으로 산 모든 자 곧 아브라함의 집 사람 중 모든 남자를 데려다가 그 양피를 베었으니"라고 말씀하고 있습니다. 이렇게 아브라함이 하나님의 명령에 순종함으로, 하나님의 주권이 정확하게 실현되었던 것입니다.

(3) 구속사적 의미

하나님께서는 아브라함과 다섯 번째 언약을 체결하시면서 할례를 명하셨습니다. 구속사적으로 볼 때, 할례의 신약적 의미는 세례입니다. 골로새서 2:11에서 "또 그 안에서 너희가 손으로 하지 아니한 할례를 받았으니 곧 육적 몸을 벗는 것이요 그리스도의 할례니라"라고 말씀하고 있습니다. 이어서 12절에서 "너희가 세례로 그리스도와 함께 장사한 바 되고 또 죽은 자들 가운데서 그를 일으키신 하나님의 역사를 믿음으로 말미암아 그 안에서 함께 일으키심을 받았느니라"라고 말씀하고 있습니다. 그리스도의 할례가 곧 세례임을 말씀하신 것입니다.

우리는 세례를 받음으로 예수 그리스도의 죽으심과 부활에 동참하여(롬 6:3-5) 예수 그리스도로 옷 입게 되는 것입니다. 갈라디아서 3:27에서 "누구든지 그리스도와 합하여 세례를 받은 자는 그리스도로 옷 입었느니라"라고 말씀하고 있습니다.

또한 할례 언약에는 '영원한'이란 말씀이 계속적으로 등장합니다. 창세기 17:7에서 "너와 네 대대 후손의 사이에 세워서 영원한 언약을 삼고"라고 말씀하고 있으며, 8절에서 "내가 너와 네 후손에게 … 영원한 기업이 되게 하고"라고 말씀하고 있으며, 13절에서도 "내 언약이 너희 살에 있어 영원한 언약이 되려니와"라고 말씀하고 있습니다. 19절 하반절에서도 "그의 후손에게 영원한 언약이 되리라"라고 말씀하고 있습니다. 여기 '영원한'이란 표현은, 예수 그리스도께서 다시 오심으로 이루어지는 하나님 나라의 도래까지를 포함하는 거대한 구속사를 아우르는 개념입니다. 그러므로 할례 언약은 아브라함 시대에 끝나는 언약이 아니라, 구속사적으로 볼 때 주님이 다시 오실 때까지 유효한 언약인 것입니다.

6. 아브라함과 맺으신 여섯 번째 언약(창 18:10)
The Sixth Abrahamic Covenant (Gen 18:10)

이삭 탄생에 대한 약속의 재확증
Reconfirmation of the Promise of Isaac's Birth

(1) 시기와 장소

아브라함이 하나님의 말씀에 순종하여 할례를 행한 다음에 하나님께서 마므레 상수리 수풀 근처에서 아브라함에게 나타나셨습니다(창 18:1). 그러므로 여섯 번째 언약을 체결하신 장소는 헤브론의 마므레입니다.

하나님께서는 이 언약을 체결하실 때 "사라에게 아들이 있으리라"라고 약속하셨습니다(창 18:10). 이때는 아브라함이 100세에 아들 이삭을 낳기 전이므로, 아브라함 나이 99세에 체결된 것입니다. 여섯 번째 언약은 하나님의 언약대로 이삭이 태어나기 직전에 체결된 언약이며, 이삭의 탄생을 앞두고 마지막으로 그 탄생을 예고하신 언약입니다.

창세기 18:1에서는 "여호와께서 마므레 상수리 수풀 근처에서 아브라함에게 나타나시니라 오정 즈음에 그가 장막 문에 앉았다가"라고 말씀하고 있습니다. 개역한글 성경의 번역에서는 '아브라함에게'라고 하고 있지만, 히브리어 원문을 볼 때 3인칭 남성 단수 '그'(הוּא, 후)라고만 표현되어 있습니다. 이는 창세기 17장의 사건과 18장의 사건이 연속적으로 이어지고 있음을 강조하기 위한 표현입니다. 여기 '나타나시니라'는 '보다'라는 뜻의 히브리어 '라아'(רָאָה)의 니팔(수동)형으로, '보이다, 자신을 나타내다'라는 의미를 가집니다. 이 단어의 주어에 하나님이 사용되어서 하나님께서 아브라함에게 스스로 자신을 나타내셨음을 뜻하고 있습니다. 이 표현은 하나님께서 아브라함이 가나안에 들어와 세겜 땅에 이르렀을 때(창 12:7)나, 하나님께서 아브라함 99세에 "너는 내 앞에서 행하여 완전하라"라고 명령하시기 위해서 아브라함에게 나타나실 때(창 17:1)에도 사용되었습니다(참고-창 26:2, 24, 35:9, 48:3). 하나님께서는 이삭 탄생을 앞두고 마지막으로 아브라함에게 강한 확신을 심어 주시기 위해서 직접 자신을 나타내신 것입니다.

(2) 언약과 하나님 나라

첫째, 하나님께서는 아브라함에게 땅을 약속하셨습니다.

하나님께서는 아브라함과 사라에게 말씀하신 후, 소돔성 멸망의 비밀을 아브라함에게 알려 주시려고 "나의 하려는 것을 아브라함에게 숨기겠느냐"라고 말씀하셨습니다(창 18:17). 이어서 창세기 18:18을 볼 때, "아브라함은 강대한 나라가 되고 천하 만민은 그를 인하여 복을 받게 될 것이 아니냐"라고 말씀하셨습니다. 여기 '강대한'이란 단어는 히브리어로 두 단어입니다. '큰'이란 뜻을 가진 '가돌'(גָּדוֹל)과, '광대한'이란 뜻을 가진 '아춤'(עָצוּם)이 합성된 단어입니다. 그러므로 하나님께서는 아브라함에게 '크고 광대한' 나라를 약속하셨습니다. 나라는 기본적으로 땅이 없이는 이루어질 수 없으므로, 하나님께서는 아브라함에게 '크고 광대한' 땅을 약속하신 것입니다. 아직까지도 이방인과 나그네에 불과한 아브라함에게 이 약속은 참으로 엄청난 약속이 아닐 수 없었습니다.

둘째, 하나님께서는 아브라함에게 자손을 약속하셨습니다.

아브라함을 찾아오신 하나님께서는 두 번에 걸쳐서 사라에게 아들이 있을 것을 약속하셨습니다. 먼저 창세기 18:10을 볼 때, "기한이 이를 때에 내가 정녕 네게로 돌아오리니 네 아내 사라에게 아들이 있으리라"라고 말씀하셨습니다. 이어서 14절을 볼 때, "기한이 이를 때에 내가 네게로 돌아오리니 사라에게 아들이 있으리라"라고 동일하게 약속하셨습니다.

두 구절 모두 '기한이 이를 때에'(according to the time of life, 영어 성경 KJV)라는 표현이 등장합니다. 창세기 18:10의 '기한이 이를 때에'는 히브리어 '카에트 하야'(כָּעֵת חַיָּה)로, '생명의 때에'라는 뜻입니다. 이것은 계절적으로는 만물이 다시 살아나는 '봄'을 가리킵니다. 그래서 공동번역에서는 '카에트 하야'를 '내년 봄 새싹이 돋아날 무렵'이라고 번역하고 있습니다. 한글 개역성경에서는 번역되어 있지 않지만, 창세기 18:14에서는 '카에트 하야'와 함께 '정해진 때'를 가리키는 '모에드'(מוֹעֵד)가 사용되어서, 하나님께서 이삭을 주시기로 작정하신 때가 바로 내년 봄이라는 사실을 강조하고 있습니다.[13] 이렇게 하나님께서는 이삭이 태어날, 정해진 때를 구체적으로 말씀해 주심으로 아브라함 자손의 출생이 임박하였음을 확실하게 선포하셨습니다.

셋째, 하나님께서는 아브라함에게 주권을 나타내셨습니다.

하나님께서는 아브라함과 언약을 체결하시면서 아브라함을 축복하셨습니다. 하나님께서는 지금까지 일관되게 아브라함을 축복하심으로 자신이 주권자이심을 나타내셨습니다. 창세기 18:18에서도 "아브라함은 강대한 나라가 되고 천하 만민은 그를 인하여 복을 받게 될 것이 아니냐"라고 축복하셨습니다. 여기서도 천하 만민이 아브라함을 인하여 복을 받는다고 선포하심으로 하나님의 주권을 나타내셨습니다.

또한 아브라함과 사라가 이삭을 주시겠다는 약속을 확실히 믿지 못하고 그 속에 의심의 그림자가 있을 때에도(창 18:11-13), 하나님은 자신이 능치 못함이 없는 존재라고 선포하심으로 하나님의 주권을 나타내셨습니다. 창세기 18:14을 볼 때 하나님께서는 "여호와께 능치 못한 일이 있겠느냐"라고 선포하셨습니다(참고-욥 36:5, 42:2, 마 19:26, 막 10:27, 눅 1:37). 이것은 인간의 불신에도 불구하고 하나님께서 정하신 때가 되면 반드시 하나님의 주권대로 약속이 성취된다는 것을 나타내신 것입니다.

(3) 구속사적 의미

하나님께서는 아브라함과 여섯 번째 언약을 체결하시면서 "천하 만민은 그를 인하여 복을 받게 될 것이 아니냐"라고 말씀하셨습니다(창 18:18). 여기 '그를 인하여'는 히브리어 '보'(בֹ)로, '그 안에서'라는 뜻입니다. 이것은 일차적으로, 천하 만민이 아브라함 안에서 복을 받게 될 것이라는 의미입니다. 그러나 궁극적으로는, 아브라함의 자손으로 오시는 예수 그리스도로 말미암아 천하 만민이 복을 받게 된다는 뜻입니다.

또한 창세기 18:10과 14절에서 공통적으로 '내가 정녕 네게로 돌아오리니'라고 말씀하셨습니다. 10절에서 '정녕 … 돌아오리니'는 히브리어 '쇼브 아슈브'(שֹׁוב אָשׁוּב)로, '돌아오다'라는 뜻의 '슈브'의 부정사 절대형과 피엘(강조) 미완료형이 연속적으로 사용되어 '반드시 돌아오겠다'는 강력한 확신의 표현입니다.[14] 14절에서도 '슈브'(שׁוּב)를 반복하여 하나님께서 반드시 돌아오실 것을 말씀하고 있습니다. 이것은 사라가 이삭을 낳는 것도 하나님께서 반드시 오심으로 가능하다는 말씀입니다. 더 나아가, 이 말씀은 구속사적으로 예수님의 재림을 바라보게 합니다. 십자가에서 대속 사역을 이루시고 부활하여 승천하신 예수님도 반드시 다시 오실 것입니다(마 24:30, 26:64, 막 13:26, 눅 21:27, 행 1:11, 히 9:28, 계 1:7). 요한복음 14:2-3을 볼 때 예수님께서는 "내가 너희를 위하여 처소를 예비하러 가노니 3 가서 너희를 위하여 처소를 예비하면 내가 다시 와서 너희를 내게로 영접하여 나 있는 곳에 너희도 있게 하리라"라고 약속하셨습니다. 이제 주님께서 재림하시면 구속사의 모든 약속들이 완전히 성취될 것입니다.

7. 아브라함과 맺으신 일곱 번째 언약(창 22:15-18)
The Seventh Abrahamic Covenant (Gen 22:15-18)

아브라함의 씨를 통해 천하 만민이 복을 받음
All Nations Will Be Blessed through Abraham's Seed

(1) 시기와 장소

아브라함이 모리아의 한 산에서 이삭을 제물로 드린 후, 하나님 께서는 땅과 자손에 대한 언약들을 최종적으로 확증하시면서 일곱 번째 언약을 체결하셨습니다.

일곱 번째 언약이 체결된 후 얼마 있다가 아브라함의 아내 사라 가 127세로 죽었습니다(창 23:1). 이때 아브라함의 나이는 137세였습 니다. 그러므로 일곱 번째 언약은 아브라함 137세 전에 체결되었는 데, 이삭이 번제에 쓸 나무를 지고 올라간 것을 볼 때 이삭이 장성 한 후였을 것입니다. 그러므로 대략 이삭의 나이 25-36세, 아브라함 의 나이 125-136세경에 체결된 언약이라고 추정할 수 있습니다.

언약이 체결된 장소는 모리아의 한 산입니다. 왜냐하면 하나님께 서 아브라함에게 모리아의 한 산에서 이삭을 번제로 드리라고 명령 하시고 언약을 체결하셨기 때문입니다. 창세기 22:2에서 "여호와께 서 가라사대 네 아들 네 사랑하는 독자 이삭을 데리고 모리아 땅으 로 가서 내가 네게 지시하는 한 산 거기서 그를 번제로 드리라"라 고 말씀하고 있습니다. 모리아의 한 산에서 하나님께서 아브라함과 언약을 체결하신 다음에, 아브라함은 다시 산에서 내려와 브엘세바로 돌아가서 거기서 계속 살았습니다. 창세기 22:19에서 "이에 아브라함이 그 사환에게로 돌아와서 함께 떠나 브엘세바에 이르러 거기 거하였더라"라고 말씀하고 있습니다.

(2) 언약과 하나님 나라

첫째, 하나님께서는 아브라함에게 땅을 약속하셨습니다.

하나님께서는 이삭을 번제로 드리라고 말씀하시면서 '모리아 땅으로 가라'고 명령하셨습니다(창 22:2). 이 명령대로 아브라함이 이삭과 함께 모리아 땅의 지시받은 한 산으로 올라가서 이삭을 번제로 드리려는 순간에(창 22:10), 하나님께서는 아브라함에게 "내가 이제야 네가 하나님을 경외하는 줄을 아노라"라고 그 믿음을 인정하시고, 이삭에게 손을 대지 못하게 하셨습니다(창 22:11-12). 아브라함은 뿔이 수풀에 걸린 한 마리 숫양을 발견하고 이삭 대신에 그것을 번제로 드렸습니다(창 22:13). 그리고 아브라함은 그 땅 이름을 '여호와 이레'라고 불렀습니다(창 22:14). '여호와 이레'는 히브리어 '예호바^{아도나이} 이르에'(יְהוָה יִרְאֶה)로, '여호와께서 준비하심'이란 뜻입니다. 그러므로 그 땅은 이미 하나님께서 아브라함을 위해서 준비해 놓으신 땅인 것입니다.

물론 그 땅은 아브라함이 이삭을 바친 땅을 가리키지만, 구속사적으로 전체 가나안의 심장부입니다. 왜냐하면 훗날 그곳에 이스라엘의 신앙 중심지인 솔로몬 성전이 세워지기 때문입니다. 역대하 3:1에서 "솔로몬이 예루살렘 모리아산에 여호와의 전 건축하기를 시작하니 그곳은 전에 여호와께서 그 아비 다윗에게 나타나신 곳이요 여부스 사람 오르난의 타작마당에 다윗이 정한 곳이라"라고 말씀하고 있습니다. 이렇게 하나님께서는 일곱 번째 언약을 통하여 아브라함에게 가나안 땅을 약속해 주신 것입니다.

둘째, 하나님께서는 아브라함에게 자손을 약속하셨습니다.

창세기 22:17에서 "내가 네게 큰 복을 주고 네 씨로 크게 성하여 하늘의 별과 같고 바닷가의 모래와 같게 하리니 네 씨가 그 대적의 문을 얻으리라"라고 말씀하고 있습니다. 여기서 하나님께서는 아브라함의 자손이 "하늘의 별과 같고 바닷가의 모래와 같게 하리니"라고 약속하셨습니다.

여기 "크게 성하여"는 히브리어 '하르바 아르베'(הַרְבָּה אַרְבֶּה)로, '크다'를 뜻하는 히브리어 '라바'(רָבָה)가 두 번 반복해 나옵니다. 이것은 '라바'의 부정사 절대형에 미완료형이 연결되어 강력한 강조 용법으로 사용되고 있습니다. 그러므로 하나님께서는, 지금은 아브라함에게 이삭이라는 한 아들밖에 없지만 앞으로는 반드시 그 자손이 엄청나게 많아지게 하심으로, 결국에는 하늘의 별과 같고 바닷가의 모래와 같게 하시겠다고 약속하신 것입니다.

셋째, 하나님께서는 아브라함에게 주권을 나타내셨습니다.

하나님께서 아브라함에게 복을 주시는 것은 하나님의 주권을 나타내신 것입니다. 하나님께서는 "내가 네게 큰 복을 주고"라고 약속하셨고(창 22:17), "네 씨로 말미암아 천하 만민이 복을 얻으리니"라고 약속하셨습니다(창 22:18). 창세기 22:17의 "큰 복을 주고"는 히브리어 '바레크 아바레크카'(בָּרֵךְ אֲבָרֶכְךָ)입니다. 여기서도 '복을 주다'라는 '바라크'(בָּרַךְ)의 강조(피엘) 부정사 절대형에 강조(피엘) 미완료형이 사용되어 그 의미를 아주 강력하게 강조하고 있습니다. 이것은 하나님께서 앞으로 반드시 복을 주시겠다고 약속하심으로 하나님의 주권을 강력하게 나타내신 것입니다.

창세기 22:18에서는 "또 네 씨로 말미암아 천하 만민이 복을 얻으리니 이는 네가 나의 말을 준행하였음이니라 하셨다 하니라"라고 말씀하고 있습니다. 천하 만민이 복을 받는데, 그 근거는 아브라함이 하나님의 말씀을 준행하였기 때문입니다. 그러므로 하나님께서는 아브라함의 준행(순종)을 바탕으로 아브라함에게 자신의 주권을 더욱 확실히 나타내신 것입니다.

(3) 구속사적 의미

하나님께서 아브라함과 체결하신 일곱 번째 언약에는 장차 오실 메시아가 예표되어 있습니다.

먼저 창세기 22:17 하반절에서 "네 씨가 그 대적의 문을 얻으리라"라고 말씀하고 있습니다. 고대에는 큰 도시가 성으로 이루어져 있었고, 그 성의 문(main gate)을 점령하는 것은 곧 그 성 전체를 점령하는 것으로 인식되었습니다. 그러므로 이 약속은 일차적으로 아브라함의 후손들이 가나안 땅을 점령할 것에 대한 약속입니다. 그러나 궁극적으로는, 예수 그리스도께서 십자가의 죽으심과 부활을 통하여 대적 사단을 물리치고 영원히 승리하실 것에 대한 약속인 것입니다.

또 창세기 22:18에서 "네 씨로 말미암아 천하 만민이 복을 얻으리니"라고 약속하셨습니다. 여기 "네 씨로 말미암아"는 히브리어 '베자르아카'(בְזַרְעֲךָ)로, '네 한 씨 안에서'라는 뜻입니다. 이 '한 씨'는 일차적으로 이삭을 가리키지만, 궁극적으로 예수 그리스도를 가리킵니다. 예수 그리스도 안에서 천하 만민이 복을 받게 되는 것입니다. 그러므로 이삭의 모습은 구속사적으로 예수 그리스도의 모습을 예표합니다. 특별히 모리아의 한 산에 나무를 지고 가는 이삭의 모습은, 십자가를 지고 골고다 언덕으로 올라가시는 예수 그리스도의 모습을 보여 줍니다(창 22:6, 요 1:29, 19:17-18).

하나님께서는 아담이 타락한 이후 10대째에 노아를 찾으셨습니다. 노아는 의인이요 당세에 완전한 자로서 하나님과 동행한 자입니다(창 6:9). 하나님께서는 노아를 통하여 방주를 짓게 하시고 타락한 세상을 물로 심판하셨습니다. 그러나 홍수 심판 후에도 사단은 이 세상을 자신의 영역으로 만들기 위하여 온갖 유혹과 궤계를 행하였습니다. 여전히 세상은 우상숭배와 온갖 죄악으로 가득 차 있었던 것입니다.

역사적으로 볼 때, 바벨탑 반역 사건은 대홍수가 있은 지 백 년이 조금 넘은 후에 일어난 사건이었습니다. 어느새 죄가 독버섯처럼 급속히 번져 온 세상을 뒤덮어 버렸습니다. 바벨탑을 쌓을 당시는, 끔찍했던 대홍수 심판 중에 방주로 말미암아 구원 받은 노아와 그 아들 셈이 살아 있었을 때입니다. 온 세상이 죄악으로 관영할 때 급기야 대홍수로 심판 받은 사실을 목격한 노아는, 바벨탑을 쌓는 인간들의 악한 행실을 보고 그 의로운 마음이 얼마나 상하고 또 얼마나 무거웠겠습니까?[15]

이제 하나님께서는 노아 후에 새로운 구속사를 이끌 인물로 아브라함을 선택하시고, 그를 갈대아 우르에서 불러내셔서 하란을 거쳐 가나안 땅으로 들어가도록 하셨습니다.

아브라함은 하나님의 부르심을 가족에 대한 의무보다 중하게 여겼습니다. 마치 예수님께서 "아비나 어미를 나보다 더 사랑하는 자는 내게 합당치 아니하고 아들이나 딸을 나보다 더 사랑하는 자도 내게 합당치 아니하고"라고 하신 그 말씀과 같이(마 10:37), 아브라함의 순종은 인간적인 관계를 초월한 믿음의 출발이었습니다. 그래서 히브리서 기자는 아브라함이 '믿음으로 부르심을 받았을 때 순종했다'고 기록한 것입니다(히 11:8).

하란에서 가나안까지는, 수리아와 다메섹을 지나 헤르몬산 남쪽을 돌아가야 하는 엄청나게 먼 거리였습니다. 일정이 미리 치밀하게 계획된 것도 아니었습니다. '지시한 땅'이 아니라 '지시할 땅'이라고 기록된 것을 볼 때(창 12:1), 그 경로 또한 확실하지 않았습니다. "갈 바를 알지 못하고" 나갔다는 말씀 그대로입니다(히 11:8下).

또한 히브리서 11:9에서는 "저가 외방에 있는 것같이 약속하신 땅에 우거"하였다고 말씀하고 있습니다. 아무도 반겨 주지 않는 낯선 이방 땅에서 아브라함이 나그네로서 쓸쓸하고 고독한 세월을 보낸 흔적을 기록한 것입니다. 이에 대하여, 스데반은 "그러나 여기서 발 붙일 만큼도 유업을 주지 아니하시고"라고 설교했습니다(행 7:5上). 약속만 하셨을 뿐(행 7:5下), 아직 확실하게 손에 주신 것이 아무것도 없었다는 것입니다. 아브라함이 본토 친척 아비 집을 떠나온 이후, 나그네로서의 삶 가운데 얼마나 고달픈 일들이 많았겠습니까? 타국이기에 억울한 대접을 받아도 말 못 하고 참으며 눈물로 지낸 일들이 얼마나 많았겠습니까? 그러나 아브라함은 하나님의 약속을 믿고 그 약속만을 소망하면서 믿음으로 한 걸음씩 가는 곳마다 여호와 앞에 제단을 쌓았습니다(창 12:7-8, 13:4, 18). 그때마다 하나님의 지시를 받으며 임마누엘을 체험하는 생활을 했던 것입니다. 이러한 아브라함의 삶은 오직 하나님의 말씀을 따라, 인간적인 정(情)을 끊고 떠나는 자만이 '복' 자체가 될 수 있다는 것을 크게 교훈해 주고 있습니다(창 12:1-4).

아브라함을 부르신 목적은 무엇입니까? 아브라함으로 하여금 하나님의 말씀을 지키는 경건한 자손들에게 의와 공도를 행하게 하여, 강대한 하나님 나라를 건설하는 것이었습니다(창 18:18-19). 하나님께서는 아브라함을 통해 하나님 나라를 건설하기 위하여 일곱 번이나 언약을 체결하셨습니다.

지금까지 우리는 아브라함의 일생 노정과 일곱 가지 언약을 살펴보았는데, 그 종착점은 하나님 나라의 건설이었습니다. 아브라함을 통한 하나님 나라 건설의 중요한 뼈대는 10대 허락과 10대 명령입니다. 이것을 통하여 아브라함의 살아 있는 믿음의 발자취를 따라갈 수 있다면 우리에게도 아브라함과 똑같은 복이 주어질 것입니다. 갈라디아서 3:9에서 "그러므로 믿음으로 말미암은 자는 믿음이 있는 아브라함과 함께 복을 받느니라"라고 말씀하고 있습니다. 오늘도 아브라함의 복이 주님의 다시 오심을 간절히 소망하는 모든 성도의 복이 되어서, 우리에게도 10대 허락과 10대 명령이 주어지는 역사가 있어야 하겠습니다.

아브라함의 7대 언약과 하나님 나라

시편 105:8-10 "그는 그 언약 곧 천대에 명하신 말씀을 영원히 기억하셨으니 ⁹ 이것은 아브라함에게 하신 언약이며 이삭에게 하신 맹세며 ¹⁰ 야곱에게 세우신 율례 곧 이스라엘에게 하신 영영한 언약이라"

첫 번째 언약 (창 12:1-3) 아브라함 75세 주전 2091년 하란	**(1) 언약과 하나님 나라** ① **땅에 대한 약속** 가나안에 한 평의 땅도 없는 아브라함에게 "너는 너의 본토 친척 아비 집을 떠나 내가 네게 지시할 땅으로 가라"라고 말씀하시며 장래 기업으로 받을 땅을 약속하셨다(창 12:1, 참고·히 11:8). ② **자손에 대한 약속** 75세까지 아들이 없던 아브라함에게 "내가 너로 큰 민족을 이루고…"(창 12:2上)라고 약속하셨다. 여기 '큰'이라는 히브리어 '가돌'(גָּדוֹל)은 크기뿐 아니라 중요성에서도 크다는 뜻이다. ③ **주권을 나타내심** "네게 복을 주어 네 이름을 창대케 하리니 너는 복의 근원이 될찌라"(창 12:2下)라고 선포하시며 하나님께서 아브라함에게 복을 주신 것은, 아브라함에 대한 하나님의 주권을 나타내신 것이다. **(2) 구속사적 의미** "땅의 모든 족속이 너를 인하여 복을 얻을 것이니라"(창 12:3)라는 말씀에서 '너를 인하여'는 히브리어 '베카'(בְּךָ)로, '네 안에서'라는 뜻이며, 아브라함 안에서 땅의 모든 족속이 복을 얻을 뿐 아니라 아브라함 안에서 아브라함의 후손으로 오실 예수 그리스도로 인해 모든 족속이 복을 받게 될 것을 뜻한다(마 1:1, 갈 3:7, 26, 29).
두 번째 언약 (창 12:7)	**(1) 언약과 하나님 나라** ① **땅에 대한 약속** "내가 이 땅을 네 자손에게 주리라"(창 12:7)

두 번째 언약 (창 12:7) 아브라함 75세 주전 2091년 세겜

라는 말씀에서 '이 땅'은 '하아레츠 하조트'(הָאָרֶץ הַזֹּאת)로, 아브라함이 서 있는 '바로 그 땅'이라는 의미이다.

② **자손에 대한 약속** 창세기 12:7의 '네 자손'은 히브리어 '자르아카'(זַרְעֲךָ)로, '아브라함에게 속한 자손'이라는 뜻이다. 자식도 없고 가나안에 정착하지도 못한 아브라함에게 가나안 땅이 그의 자손의 것이 됨을 확실하게 약속하셨다.

③ **주권을 나타내심** "그가 자기에게 나타나신 여호와를 위하여 그곳에서 단을 쌓고"(창 12:7下)라는 말씀에서 '단을 쌓았다'는 것은 예배를 드렸다는 뜻이다. 예배를 드리는 것은 하나님께서 우리의 주권자이심을 인정하고 고백하는 것이다. 아브라함은 하나님의 약속을 믿고 즉각 단을 쌓았으며, 가는 곳마다 단을 쌓았다(창 12:8, 13:4).

(2) 구속사적 의미

창세기 12:7에서 '네 자손'은 일차적으로는 아브라함의 아들 이삭을 가리키지만, 궁극적으로 세겜과 전체 가나안 땅, 나아가 하나님 나라의 주인이신 예수 그리스도를 가리킨다.

세 번째 언약 (창 13:14-18) 아브라함 83세 주전 2083년(추정) 헤브론 근방

(1) 언약과 하나님 나라

① **땅에 대한 약속** "보이는 땅을 내가 너와 네 자손에게 주리니 영원히 이르리라"(창 13:15)라는 말씀에서 히브리어 원문에는 '땅'이라는 단어 앞에 '그 모든'을 의미하는 '콜'(כֹּל)이 붙어서, 아브라함이 보고 있는 '모든 땅'을 주신다는 뜻이다. 가나안 땅에 대한 약속이 성취되기 위하여 아브라함에게는, 일어나 그 땅을 종과 횡으로 걷는 순종이 필요했다(창 13:17).

② **자손에 대한 약속** "네 자손에게 주리니"(창 13:15), "내가 네 자손으로 땅의 티끌 같게 하리니"(창 13:16)라고 약속하셨다. 비록 아브라함에게 아직은 아들이 없지만, 전능하신 하

세 번째 언약
(창 13:14-18)

아브라함 83세
주전 2083년(추정)

헤브론 근방

나님께서 반드시 약속을 이행하시겠다는 강력한 의지를 표명하셨다.

③ **주권을 나타내심** 창세기 13:15-16에서 "내가 … 주리니(하리니)"라는 표현이 강조된 것은, 땅과 자손을 허락하시는 분이 하나님이심을 강조함으로 하나님의 주권을 드러내신 것이다. 아브라함이 단을 쌓고 예배를 드린 일(창 13:18) 역시 하나님께서 주권자이심을 고백하는 행위이다.

(2) 구속사적 의미

창세기 13:15-16의 '네 자손'은 히브리어 2인칭 남성 단수 '자르아카'(זַרְעֲךָ)로, 일차적으로는 아브라함의 아들 이삭을 가리키지만(히 11:18), 궁극적으로는 영원한 가나안 땅인 천국을 상속하시는 예수 그리스도를 가리킨다(갈 3:16).

네 번째 언약
(창 15:1-21)

아브라함 84세
주전 2082년

헤브론

(1) 언약과 하나님 나라

① **땅에 대한 약속** "나는 이 땅을 네게 주어 업을 삼게 하려고 너를 갈대아 우르에서 이끌어 낸 여호와로라"(창 15:7)라는 말씀에서 '이 땅'은 히브리어 '하아레츠 하조트'(הָאָרֶץ הַזֹּאת)로, '바로 그 땅'이라는 뜻이다. 하나님께서는 가나안 땅이 아브라함의 소유가 될 것을 분명하게 밝히셨다.

② **자손에 대한 약속** 후사가 없어 종 다메섹 엘리에셀을 후사로 생각했던 아브라함에게, 아브라함의 몸에서 날 자식을 후사로 삼고 그 자손을 하늘의 별과 같이 많게 하시겠다고 약속하셨다(창 15:4-5). 아브라함이 그 약속을 믿자, 하나님께서는 아브라함을 의롭게 여기셨다(창 15:16, 롬 4:3, 참고-합 2:4, 롬 1:17).

③ **주권을 나타내심** 창세기 15:7의 '이끌어 낸'은 히브리어 '야차'(יָצָא)의 히필형으로, 하나님께서 주권적으로 아브라

네 번째 언약 (창 15:1-21) 아브라함 84세 주전 2082년 헤브론

함을 이끌어 내어 언약을 체결하셨음을 의미한다.

(2) 구속사적 의미

약속의 두 당사자가 쪼갠 제물 사이로 함께 지나갔던 고대 근동의 관례와 달리, 횃불 언약에서는 쪼갠 고기 사이로 하나님의 임재를 상징하는 횃불만 지나갔다(창 15:17, 참고-사 10:17, 62:1). 하나님께서 자신의 영원하신 생명을 걸고 언약을 체결하신 것이다. 이 약속은 예수 그리스도의 십자가 상의 죽으심으로 완전하게 성취되었다.

다섯 번째 언약 (창 17:1-22) 아브라함 99세 주전 2067년 헤브론

(1) 언약과 하나님 나라

① **땅에 대한 약속** 하나님께서는 나그네에 불과한 아브라함에게 가나안의 모든 땅(כָּל־אֶרֶץ, 콜 에레츠)을 주어 영원한 기업이 되게 하신다고 약속하셨다(창 17:8).

② **자손에 대한 약속** 99세까지 자식이 없던 아브라함에게 '네 후손'(창 17:7, 8, 9, 10, 11(너희), 12), '네게 낳을 아들'(창 17:16, 19, 21)을 약속하시고, 아브람(고귀한 아버지), 사래(여주인)라는 이름을 '아브라함'(열국의 아버지), '사라'(열국의 어미)로 바꿔 주셨다(창 17:5, 15).

③ **주권을 나타내심** 창세기 17:7下, 8下에서는 '~의 하나님이 되신다'라는 표현이 반복되어, 아브라함과 아브라함 후손들의 모든 삶을 주관하시고 통치하시는 하나님의 주권을 나타내고 있다.

(2) 구속사적 의미

하나님께서 아브라함과 다섯 번째 언약을 체결하시면서 명령하신 할례는 신약에서 세례를 뜻한다(골 2:11-12). 세례는 예수 그리스도의 죽으심과 부활에 동참하여(롬 6:3-5) 그리스도로 옷 입는 것이다(갈 3:27).

**여섯 번째
언약**
(창 18:10)

아브라함 99세
주전 2067년
헤브론 마므레

(1) 언약과 하나님 나라

① **땅에 대한 약속** "아브라함은 강대한 나라가 되고 천하 만민은 그를 인하여 복을 받게 될 것이 아니냐"(창 18:18)라는 말씀에서 '강대한'은 '큰'이라는 뜻을 가진 '가돌'(גָּדוֹל)과 '광대한'이라는 뜻을 가진 '아춤'(עָצוּם)의 합성어로, '크고 광대한' 땅을 가진 나라를 약속하신 것이다.

② **자손에 대한 약속** 창세기 18:10, 14에서 반복해서 '기한이 이를 때에 아들이 있으리라'고 약속하고 있다. 여기 '기한이 이를 때에'의 히브리어 '카에트 하야'(כָּעֵת חַיָּה)는 '생명의 때'라는 뜻이며, 계절적으로 만물이 소생하는 '봄'에 이삭이 태어날 것을 구체적으로 선포하고 있다.

③ **주권을 나타내심** 창세기 18:18에서 '천하 만민이 아브라함을 인하여 복을 받는다'고 복을 주심으로 하나님의 주권을 드러내셨다. 또한 아브라함과 사라가 아들에 대한 약속을 믿지 못하는 가운데에도(창 18:11-13) 하나님께 능치 못함이 없음을 선포하시어 믿게 하심으로 주권을 나타내셨다(창 18:14, 참고-욥 36:5, 42:2, 마 19:26, 막 10:27, 눅 1:37).

(2) 구속사적 의미

창세기 18:18의 '그를 인하여'는 히브리어 '보'(בּוֹ)로, '그 안에서'라는 뜻이다. 이것은 일차적으로 천하 만민이 아브라함 안에서 복을 받게 될 것이라는 의미이며, 궁극적으로는 아브라함의 자손으로 오시는 예수 그리스도로 말미암아 천하 만민이 복을 받게 된다는 것이다.

또한 "내가 정녕 네게로 돌아오리니"(창 18:10, 14)라는 말씀도, 일차적으로는 사라가 이삭을 낳는 것이 하나님의 오심으로 가능케 된다는 것을 뜻하지만, 궁극적으로는 십자가 대속 사역을 이루신 주님께서 다시 오시는 재림의 날을 바라보게 한다(요 14:2-3).

일곱 번째 언약
(창 22:15-18)

아브라함
125-136세
주전 2041-
2030년(추정)

모리아의 한 산

(1) 언약과 하나님 나라

① **땅에 대한 약속** 하나님께서 이삭을 바치라 명령하신 모리아 땅의 한 산은 하나님께서 아브라함을 위해서 준비하신 땅이며(창 22:2, 14), 훗날 이스라엘의 영적 중심지인 솔로몬 성전이 건축되는 가나안 전체의 심장부였다(대하 3:1).

② **자손에 대한 약속** "내가 네게 큰 복을 주고 네 씨로 크게 성하여 하늘의 별과 같고 바닷가의 모래와 같게 하리니 네 씨가 그 대적의 문을 얻으리라"(창 22:17)라고 말씀하셨다. 하나님께서는 아브라함에게, 지금은 이삭이라는 한 아들밖에 없지만 그 자손이 앞으로 엄청나게 많아져 하늘의 별과 같고 바닷가의 모래와 같게 하시겠다고 약속하셨다.

③ **주권을 나타내심** 창세기 22:17-18의 "내가 네게 큰 복을 주고 … 네 씨로 말미암아 천하 만민이 복을 얻으리니 이는 네가 나의 말을 준행하였음이니라"라는 말씀은, 아브라함의 준행(순종)을 바탕으로 하나님께서 반드시 복을 주신다는 확고부동한 주권을 강력히 보여 주고 있다.

(2) 구속사적 의미

"네 씨가 그 대적의 문을 얻으리라"(창 22:17)라는 말씀은, 일차적으로 아브라함의 후손들이 가나안 땅을 점령할 것에 대한 약속이며, 궁극적으로는 예수 그리스도께서 대적 사단을 물리치고 영원히 승리하실 것을 약속하고 있다.

"네 씨로 말미암아 천하 만민이 복을 얻으리니"(창 22:18)라는 말씀에서 '씨'는 일차적으로 이삭을 가리키지만, 궁극적으로 예수 그리스도를 가리키고, 그 안에서 천하 만민이 복 받을 것을 말씀한다. 특별히 모리아 땅의 한 산에 나무를 지고 오르는 이삭의 모습은, 십자가를 지고 골고다 언덕을 오르시는 예수 그리스도의 모습을 보여 준다(창 22:6, 요 1:29, 19:17-18).

제 **3**장

아브라함에게 주신 10대 허락

The Ten Bestowals to Abraham

아브라함에게 주신 10대 허락
THE TEN BESTOWALS TO ABRAHAM

허락이 신앙에서 나오는 것이 아니라 신앙이 허락에서 나옵니다. 먼저 하나님의 허락이 있고, 그 허락을 믿는 것이 신앙입니다. 아브라함은 갈대아 우르와 하란을 떠나서 가나안에 도착한 다음에(창 12:1, 5, 행 7:2-4), 세겜, 벧엘, 헤브론, 브엘세바, 모리아의 한 산 등에서 제단을 쌓고 하나님을 경배하였습니다. 아브라함이 하나님의 계시를 받을 때 허락받은 말씀이 수십 개에 달하지만, 중복된 것이 있으므로 이를 종별하면 '10대 허락'이 됩니다.

하나님께서는 아브라함의 신앙을 미리 아시고 10대 허락의 복을 주셨습니다. 아브라함이 10대 허락의 복을 받은 것은 하나님의 절대적 주권입니다. 아브라함은 가는 곳마다 단을 쌓고 하나님께 예배드리며 이 땅에 소망을 두지 않았습니다. 그는 진정 하나님을 경배하는 자이며, 이 땅에서 나그네 인생을 산 자입니다. 이러한 아브라함의 두 가지 신앙을 나타내 주는 말씀이 창세기 12:7-8입니다.

창세기 12:7-8 "… 그가 자기에게 나타나신 여호와를 위하여 그곳에 단을 쌓고 ⁸ 거기서 벧엘 동편 산으로 옮겨 장막을 치니…"

아브라함의 인생은 한마디로 '단을 쌓고 장막을 치는 삶'이었습니다. 단을 쌓는 것은 하나님을 경배하는 신앙이며, 장막을 치는 것은 나그네 인생의 상징입니다. '장막을 치는 삶'은 집을 짓고 정착하여 부와 명예를 소유하고 사는 삶이 아닙니다. 하나님께서 명하시면 언제든지 떠날 준비를 하는 나그네의 정체성을 보여 주는 삶입니다. 이러한 아브라함의 형편을, 스데반 집사는 "여기서 발붙일 만큼도 유업을 주지 아니하시고…"(행 7:5)라고 말씀하고 있습니다.

아브라함의 자손으로 부름 받은 우리도 아브라함과 같이 '단을 쌓고 장막을 치는' 삶을 살아야 합니다. 가는 곳마다 제단을 쌓는 경건한 자손, 하나님을 늘 경배하는 백성이 되어야 하며, 동시에 장막을 치고 살아가는 나그네 인생이 되어야 합니다. 이 땅에 보물을 많이 쌓아 두면, 우리의 마음이 이 땅에 미련을 갖고 머물 수밖에 없습니다. 이 땅에 크고 아름다운 집을 짓고 살게 되면 하나님께서 '떠나라' 하실 때 떠나기가 어렵습니다. 아브라함은 언제 어디서든지 미련 없이 떠날 수 있도록, 가벼운 여장만을 가지고 하나님께서 인도하시는 대로 따르면서 하나님의 말씀에 순종하는 삶을 살았던 것입니다.

그는 이 세상에 마음을 빼앗기지 않았습니다. 왜냐하면 자기 삶의 정체성을 '나그네 인생'으로 분명하게 인식하였기 때문입니다. 나그네는 결코 자기의 집을 짓지 않습니다. 가벼운 여장으로 잠시 머물다 가면 그만입니다. 장막 하나만 있으면 족합니다. 이 땅에서는 자기에게 발붙일 만큼의 유업도 허락되지 않았지만, 아브라함은 그것을 불평하지 않고 기쁘게 받아들였습니다.

아브라함은 영원한 하나님 나라를 소망 가운데 바라보면서 살았습니다. 히브리서 11:10에서 "이는 하나님의 경영하시고 지으실 터가 있는 성을 바랐음이니라"라고 말씀하고 있으며, 히브리서 11:16에서도 "저희가 이제는 더 나은 본향을 사모하니 곧 하늘에 있는 것이라 그러므로 하나님이 저희 하나님이라 일컬음 받으심을 부끄러워 아니하시고 저희를 위하여 한 성을 예비하셨느니라"라고 말씀하고 있습니다.

하나님께서는 하나님 나라를 소망하면서 나그네 인생을 사는 아브라함에게 열 가지의 복된 허락을 해 주셨습니다. 훗날 예수님께서는 산상수훈을 통해 팔 복을 선포하셨는데, 이것은 아브라함이 받은 10대 허락과 구속사적으로 긴밀하게 연결되어 있습니다. 오늘날 아브라함처럼 하나님 나라를 소망하는 우리도 '단을 쌓고 장막을 치는 나그네 삶'을 살아가면서, 하나님께 10대 허락과 팔 복을 받고 마침내 하늘의 영원한 본향의 주인공들이 되어야 할 것입니다.

이제 10대 허락의 내용과 의미, 그것의 성취를 살펴보고, 나아가 예수님께서 말씀하신 '팔 복'과 어떤 관계가 있는지 구체적으로 살펴보겠습니다.

큰 나라(큰 민족) / GREAT NATION / גּוֹי גָּדוֹל

(창 12:1-5, 16:10, 17:5-8, 20-21, 18:18, 롬 4:16-18, 갈 3:14)

하나님께서 아브라함에게 주신 첫 번째 허락은 '큰 나라(큰 민족)'의 축복입니다. 이는 아브라함이 자신의 '본토'와 '친척'과 '아비 집'을 버리고 떠난 것에 대한 하나님의 보상이기도 합니다. 하나님께서는 바벨탑 건설 후에 우상을 숭배하던 아브라함의 조상들을 대신하여(수 24:2-3), 본토 친척 아비 집을 떠난 아브라함과 그 후손에게 새로운 민족, 크고 강대한 민족을 약속하셨던 것입니다.

1. 허락의 내용과 의미
Content and Meaning of the Bestowal

창세기 12:2에서 "내가 너로 큰 민족을 이루고"라고 말씀하고 있습니다. 창세기 18:18에서는 "아브라함은 강대한 나라가 되고 천하 만민은 그를 인하여 복을 받게 될 것이 아니냐"라고 말씀하고 있습니다. 로마서 4:17에서는 "기록된 바 내가 너를 많은 민족의 조상으로 세웠다 하심과 같으니"라고 말씀하고 있습니다.

하나님께서 아브라함에게 '큰 나라'의 축복을 주셨는데, 여기서 '크다'는 것은 외형적인 규모를 뜻하기도 하지만, 동시에 그 질적인 내용에 있어서 '위대함'을 의미하기도 합니다. 따라서 아브라함에게 주신 '큰 나라'의 축복은 영토적인 것뿐만 아니라, 그 가치가 본질적으로 위대한 것을 뜻하기도 합니다.

아브라함의 나라가 '큰 나라'가 되는 것은 하나님께서 거하시는 나라이기 때문입니다. 하나님께서는 온 우주 만물보다 더 크신 분입니다(요 10:29). 그러므로 이 크신 하나님께서 거하시고 통치하시는 나라가 이 세상에서 가장 '큰 나라'가 되는 것입니다.

이 허락을 받을 당시에 아브라함은 유목민으로 떠도는 신세였으며, 아직 후사도 없을 때였습니다. 이런 아브라함에게 '큰 나라'의 허락이 주어진 것은 도저히 믿을 수 없는 꿈만 같은 약속이었습니다. 그러나 하나님께서는 아브라함에게 허락하신 약속을 구속사 속에서 확실히 성취하셨습니다.

2. 허락의 성취
Fulfillment of the Bestowal

(1) 일차적 성취

아브라함에게 약속하신 '큰 나라'의 허락은, 천 년 후에 다윗과 솔로몬을 통하여 아브라함의 자손 이스라엘이 대국을 이룸으로 성취가 되었습니다.

가나안에 오기 전에 '갈 바를 알지 못하고' 나온 아브라함이(히 11:8) 가나안 땅에 나그네로 우거한 지 약 1,000년 후에, 아브라함의 후손은 다윗과 솔로몬 때에 이르러서 이스라엘 역사에서 가장 강대하고 광활한 영토를 가진 대국을 가지게 되었습니다. 이는 아브라함에게 허락하신 하나님의 약속의 말씀이 국가의 '영토'를 통해 성취된 증거입니다.

하나님께서는 이 허락을 성취하시기 위하여 아브라함에게 이삭을 주시고, 이삭에게 야곱을 주시고, 야곱의 열두 아들을 통하여 열두 지파가 형성되게 하셨습니다(창 49:28). 이 12지파는 애굽에 들어가서 큰 민족으로 성장하였습니다. 특별히 애굽에 거주하였던 430년의 기간은 이스라엘 백성에게는 '폭발적인 번성'의 축복이 이루어진 시기였습니다.

출애굽기 1:7 "이스라엘 자손은 생육이 중다하고 번식하고 창성하고 심히 강대하여 온 땅에 가득하게 되었더라"

출애굽기 1:12 "그러나 학대를 받을수록 더욱 번식하고 창성하니 애굽 사람이 이스라엘 자손을 인하여 근심하여"

이스라엘 백성의 '번식력'이 얼마나 강력했는지, 애굽 사람들이 이스라엘 백성에게 공격을 받지 않을까 두려워할 만큼 국가적인 위기의식을 가질 정도였습니다(출 1:9-10). 그래서 애굽 정부에서는 이스라엘 백성의 번식을 막기 위해 노역의 강도를 점점 더 높이고 고역으로 괴롭혀서 자녀를 출산하지 못하게 하려 했습니다(출 1:13-14). 그러나 이스라엘 백성은 학대를 받으면 받을수록 오히려 더욱 번식하고 창성하였습니다. 이것은 이미 하나님께서 그들의 조상 아브라함에게 주신 '큰 민족'의 허락의 결과였던 것입니다.

출애굽기 1:7의 "생육이 중다하고"는 히브리어 '파라'(פָּרָה)로, '열매를 맺다'라는 뜻입니다. 이것은 나무에 열매가 맺히는 것을 의미하는데, 나무 한 그루에 맺히는 열매는 기하급수적으로 엄청나게 많아집니다. 마찬가지로, 한 가정에서 태어나는 자녀들이 마치 나무에 주렁주렁 맺힌 열매와 같이 번식하여 성장해 갔던 것입니다. 이것은 하나님께서 자신이 약속하신 허락을 성취하시기 위하여 행하신 강권적인 역사였습니다.

(2) 이차적 성취

아브라함에게 허락하신 '큰 나라'는, 오늘날 아브라함의 나라가 큰 나라가 됨으로 성취가 되었습니다.

종교적인 면에서 볼 때, 아브라함은 세계에서 가장 큰 3대 종교 모두의 조상이 되었습니다. 유대교뿐만 아니라 이슬람교와 기독교의 뿌리는 모두 아브라함입니다. 기독교는 오늘날 세계 종교의 약 30%를 차지하고, 이슬람교는 약 25%를 차지하고 있습니다. 유대교는 오늘날 분포는 미약하지만 그 영향력은 가히 세계적입니다. 결국 세계 55%가 넘는 사람들이 아브라함을 그들의 조상으로 우러러보게 되었고, 그의 나라는 거대한 나라로 성장한 것입니다.

그런데 사도 바울은, 예수 그리스도를 믿는 믿음만 가지면 혈통을 초월하여 누구나 아브라함의 자손이 된다고 선포하였습니다. 갈라디아서 3:7에서 "그런즉 믿음으로 말미암은 자들은 아브라함의 아들인 줄 알찌어다", 29절에서 "너희가 그리스도께 속한 자면 곧 아브라함의 자손이요 약속대로 유업을 이을 자니라"라고 말씀하고 있습니다. 그러므로 예수 그리스도를 믿는 사람들이 많아질수록, 하나님께서 기뻐하시는 진정한 아브라함의 나라가 점점 확장될 것입니다.

(3) 궁극적 성취

궁극적으로 아브라함에게 허락하신 '큰 나라'는, 예수 그리스도를 통하여 만왕의 왕이신 메시아의 왕국, 천국을 이룸으로 성취됩니다. 예수님께서도 말씀이 육신이 되어 이 땅에 오신 다음에, 하나님 나라를 선포하셨습니다(눅 17:20-21). 마가복음 1:15을 볼 때 "때가 찼고 하나님 나라가 가까왔으니 회개하고 복음을 믿으라"라고 말씀하셨습니다. 초림 때 예수 그리스도를 통하여 성취된 하나님 나라는, 이제 주님의 재림으로 실현되며 최후의 완성을 이룰 것입니다(계 21:1-2).

하나님께서 아브라함에게 나라를 주신 것처럼, 이제 모든 믿는 자에게 하나님께서 다스리시는 하나님 나라를 허락하실 것입니다(벧전 2:9, 계 1:6, 5:10, 20:6). 주님은 재림하셔서 모든 민족을 양과 염소로 구별하여, 양으로 구별된 오른편에 있는 자들에게 창세로부터 예비된 하나님 나라를 주실 것입니다(마 25:32-34). 그때에 의인들은 자기 아버지 나라에서 해와 같이 빛나게 될 것입니다(마 13:43).

3. '팔 복'과의 관계
Relevance to the Eight Beatitudes

하나님께서 아브라함에게 약속하신 '큰 나라'의 허락은, 예수님이 말씀하신 '팔 복' 가운데 '심령이 가난한 자'가 받는 복에 해당됩니다. 왜냐하면 심령이 가난한 자는 천국을 얻게 되는데, 천국이야말로 가장 큰 나라이기 때문입니다.

마태복음 5:3 "심령이 가난한 자는 복이 있나니 천국이 저희 것임이요"

'큰 나라'를 허락받은 아브라함 역시 '심령이 가난한 자'였습니다. 심령이 가난하다는 것은 기본적으로 '욕심'이 없다는 것입니다. 세상의 물질이나 권력 등 현세의 것에 욕심이 없는 것을 가리킵니다.

대부분의 사람들은 이 세상에 살아가면서 많은 물질과 명예와 권력을 얻기 위해 그것들의 노예가 되어 살아갑니다(잠 1:19, 사 56:11, 미 3:11). 디모데전서 6:10에서 "돈을 사랑함이 일만 악의 뿌리가 되나니 이것을 사모하는 자들이 미혹을 받아 믿음에서 떠나 많은 근심으로써 자기를 찔렀도다"라고 말씀하고 있습니다. 세상의 것들을 움켜쥐면 쥘수록 더더욱 욕심에 사로잡혀 그것들의 노예가 되고 맙니다. 이러한 자들에게 하나님 나라 천국은 마치 손으로 물을 움켜쥐는 것과 같아서 결코 얻을 수 없는 신기루에 불과한 것입니다.

만약 아브라함이 세상에 욕심을 두고 살았던 사람이었으면 결코 하나님 나라를 유업으로 받을 수 없었을 것입니다. '본토 친척 아비 집을 떠나라' 하셨을 때 주저하지 않고 즉시 순종하는 아브라함을 볼 때(창 12:1-4), 아브라함은 '심령이 가난한 자'였습니다. 부모의 재산과 가족에 대한 애착, 친족의 울타리와 국가의 보호에 대한 욕심이 전혀 없었던 것입니다.

또한 아브라함은 장막에 거하면서 하나님의 경영하시고 지으실 터가 있는 성을 바라보았습니다(히 11:9-10). 아브라함은 가나안 땅에서 외국인과 나그네에 불과하였습니다(히 11:13). 이처럼 천국에 소망을 두고 이 세상 욕심을 버리는 자가 바로 마음이 가난한 자입니다. 아브라함과 같이 심령이 가난한 자가 '큰 나라' 곧 '천국'을 받게 됩니다(마 5:3).

큰 이름 / GREAT NAME / שֵׁם גָּדוֹל

(창 12:1-3, 17:4-6, 18:18, 느 9:7, 마 1:1, 갈 3:14)

하나님께서 아브라함에게 주신 두 번째 허락은 '큰 이름'입니다. 하나님께서는 '아브람'이라는 이름을 '아브라함'으로 바꾸어 주셨습니다. 창세기 17:4-5에서 "내가 너와 내 언약을 세우니 너는 열국의 아비가 될찌라 5 이제 후로는 네 이름을 아브람이라 하지 아니하고 아브라함이라 하리니 이는 내가 너로 열국의 아비가 되게 함이니라"라고 말씀하고 있습니다. '아브라함'은 '열국의 아버지'라는 뜻을 가진 '큰 이름'인 것입니다.

1. 허락의 내용과 의미
Content and Meaning of the Bestowal

창세기 12:2에서 "네 이름을 창대케 하리니 너는 복의 근원이 될찌라"라고 말씀하고 있습니다. 여기서 '네 이름을 창대케' 한다는 것은 '큰 이름'을 주신다는 허락입니다.

당시에 유목민으로 떠도는 아브라함의 이름을 알아주는 사람은 아무도 없었습니다. 그런데 하나님께서는 그 아브라함의 이름이 전 세계적으로 알려지게 될 것을 미리 허락하신 것입니다.

갈대아 우르에 있을 때 '아브라함'은 그저 평범한 한 개인의 이름에 불과했습니다. 그러나 지금 그 이름은 전 세계 모든 사람들에게 친숙한 이름일 뿐 아니라, 기독교와 이슬람교, 유대교의 조상으로서 가장 위대한 이름, 창대한 이름이 되었습니다. 만약 아브라함이 갈대아 우르에서 평생 살다가 죽었다면 그의 이름을 기억하는 사람은 아마 거의 없을 것입니다. 그러나 그곳에서 하나님의 부르심을 받고 하나님의 명령에 순종하여 떠남으로(행 7:2-4), 그의 이름은 세계적인 큰 이름으로 바뀌기 시작한 것입니다.

마찬가지로, 오늘 우리의 이름을 알아주는 사람이 아무도 없다고 할지라도 우리에게 '큰 이름'의 허락이 주어지기만 하면, 우리의 이름도 세계적인 이름으로 바뀌게 될 것입니다.

2. 허락의 성취
Fulfillment of the Bestowal

(1) 일차적 성취

아브라함에게 약속하신 '큰 이름'의 허락으로 말미암아, 실제로 아브라함에게는 여러 가지 '큰 이름'의 축복이 주어졌습니다.

① 많은 무리의 아버지 '열국의 아비'

원래 이름인 '아브람'(אַבְרָם)은 '아버지'란 뜻의 '아브'(אָב)와 '고귀한, 신분이 높은'이라는 뜻을 가진 '람'(רָם)이 결합된 단어로, '높은 아버지, 존귀한 아버지'란 뜻의 개인적 이름입니다. 반면에 새 이름 '아브라함'은, '아브'(אָב, 아버지)라는 단어에 '하몬'(הָמוֹן, 중다함, 군중, 많은 부)이라는 단어의 첫째 음절인 '함'을 붙임으로 만들어졌습니다. 즉 '아브람-하몬'이 '아브라함'으로 줄여진 것입니다. 그리하여 '아브라함'은 '많은 사람들의 고귀한 아버지, 열국의 아버지'라는 뜻을 가진 공적인 이름이 되었습니다(창 17:5). 이 이름대로 아브라함은 모든 시대에 존재하는 하나님의 백성의 조상이 되기에 이르렀습니다(롬 4:16, 갈 3:7, 29).

② 하나님의 방백

헷 족속은 아브라함을 향하여 "하나님의 방백"이라고 불렀습니다. 창세기 23:6에서 "내 주여 들으소서 당신은 우리 중 하나님의 방백이시니 우리 묘실 중에서 좋은 것을 택하여 당신의 죽은 자를 장사하소서 우리 중에서 자기 묘실에 당신의 죽은 자 장사함을 금할 자가 없으리이다"라고 말씀하고 있습니다.

여기 '방백'이란 말은 히브리어 '나시'(נָשִׂיא)로서, 이것은 높은 지위의 사람 즉 '왕, 통치자, 지도자'라는 뜻을 가지고 있습니다. 구약성경에서 134번이나 사용된 이 단어는 주로 '방백', '유사', '족장', '왕'이란 단어로 번역되어 쓰이고 있습니다. 따라서 헷 사람들이 아브라함을 가리켜 하나님의 방백이라고 부른 것은 그들이 아브라함을 지도자로 여겼다는 것을 말해 줍니다.

원래 히브리어 '나시'의 어원은 '들어 올리다'란 뜻의 동사 '나사'(נָשָׂא)에서 파생된 단어입니다. 즉 '사람들 위에서 군림하거나 자신을 스스로 높이는 것이 아니라 사람들에 의해서 높여진 사람, 높이 들린 사람'을 가리킵니다. 이것은 아브라함이 가나안 땅에 우거하는 나그네로 살았지만, 아브라함의 신앙 인격과 그와 함께하신 하나님의 축복과 능력을 가나안 원주민들이 보고 느꼈기 때문에, 그들이 아브라함을 '방백'으로 여기고 높여 주었다는 것을 말해 줍니다. 이와 같이 우리도 아브라함의 믿음을 가지고 하나님과 동행하는 삶을 살면, 우리가 머무는 곳이 어디든지 사람들로부터 높임을 받는 축복을 받게 됩니다.

③ 선지자

아브라함이 얻은 또 하나의 큰 이름은 바로 '선지자'입니다. 창세기 20:7에서 "그 사람의 아내를 돌려보내라 그는 선지자라 그가 너를 위하여 기도하리니 네가 살려니와 네가 돌려보내지 않으면 너와 네게 속한 자가 다 정녕 죽을 줄 알찌니라"라고 말씀하고 있습니다.

구약에서 선지자를 가리키는 전문적인 용어가 여러 가지가 있는데, 그 중에서도 가장 대표적인 것은 '예언자'의 의미를 가진 '나비'(נביא)라는 단어입니다. 창세기 20:7에서 하나님께서 아비멜렉에게 아브라함을 가리켜 "그는 선지자라"라고 하셨는데, 여기 '선지자'의 원어는 바로 '나비'입니다. 이것은 하나님께서 아브라함을 '예언자'로 인정하시고, 그렇게 부르셨다는 것을 뜻합니다.

이 '선지자'라는 이름은 결코 사람이 스스로 부여할 수 있는 이름이 아닙니다. 사람이 자기 노력과 능력으로 얻을 수 있는 이름도 아닙니다. 오직 하나님께서 허락하시고, 하나님께서 주셔야만 가능한 이름입니다. 이런 의미에서 하나님께서 주신 이름 '선지자'는 큰 이름인 것입니다.

또한 하나님께서는 "그(선지자)가 너를 위하여 기도하리니 네가 살려니와"라고 말씀하셨습니다(창 20:7). 선지자가 기도하면 살게 된다는 것을 볼 때, 선지자의 이름이 얼마나 큰 이름입니까? 우리도 세상을 위하여 기도함으로 세상을 살리는 큰 이름의 소유자가 되어야 합니다.

④ 하나님의 종

시편 105:5-6에서 "그 종 아브라함의 후손 곧 택하신 야곱의 자손 너희는 그의 행하신 기사와 그 이적과 그 입의 판단을 기억할찌어다"라고 말씀하고 있습니다. 여기서 아브라함의 또 한 가지 큰 이름이 나오는데 바로 '하나님의 종'입니다. 창세기 26:24에서도 "내 종 아브라함", 출애굽기 32:13에서도 "주의 종 아브라함"이라고 말씀하고 있습니다. 여기서 '종'은 히브리어 '에베드'(עֶבֶד)인데, '하인', '노예'를 가리킵니다. 이것은 '섬기다', '봉사하다'라는 뜻의 동사 '아바드'(עָבַד)에서 파생된 명사입니다. 따라서 아브라함이 '하나님의 종'이라는 것은, 하나님을 위해 일하는 자, 하나님께 봉사하는 자라는 말입니다. 세상에서 물질의 종이 되고 어떤 사람의 노예가 되는 것은 불명예스러운 것이지만, 하나님께 속하여 그분을 위해 일한다는 것은 가장 복되고 영광스러운 것입니다.

아브라함의 삶은 그의 이름대로 '하나님의 종' 된 삶이었습니다. 그는 하나님 앞에 충성스러운 일꾼이었습니다. 느헤미야 9:8에서는 "그 마음이 주 앞에서 충성됨을 보시고 더불어 언약을 세우사 가나안 족속과 헷 족속과 아모리 족속과 브리스 족속과 여부스 족속과 기르가스 족속의 땅을 그 씨에게 주리라 하시더니 그 말씀대로 이루셨사오니 주는 의로우심이로소이다"라고 말씀하고 있습니다.

또한 '종'에게 중요한 것은 '누구의' 종이냐 하는 것입니다. 옛날 노예들은 주인의 재산이었기 때문에, 주인은 노예에게 낙인을 찍어 자기 소유임을 표시하곤 했습니다. 이것은 혹시 노예가 도망갔을 때 다시 찾게 되면 자신의 소유임을 입증해야 했기 때문입니다.

그렇다면 아브라함은 누구의 종이었습니까? 하나님께서 '내 종 아브라함'이라 분명히 말씀하셨습니다. 아브라함은 하나님께 속하여 하나님을 위해 일하는 하나님의 소유였던 것입니다. '하나님의 종'이라는 이름 그대로 아브라함은 한평생 하나님께 속하여 하나님의 뜻을 이루는 일에 충성하는 삶을 살았습니다.

가나안 땅을 아브라함의 후손에게 주시고 큰 나라와 큰 이름을 주시겠다고 하신 하나님의 허락을 이루기 위해, 아브라함은 부지런히 순종하고 하나님의 뜻을 따르며, 이주하여 가는 곳마다 제단을 쌓고 예배를 드리는 참된 하나님의 종이었습니다.

사도 바울도 자신이 예수 그리스도의 종임을 고백하면서 자신의 몸에 그 흔적이 있다고 고백하였습니다. 로마서 1:1에 "예수 그리스도의 종 바울", 빌립보서 1:1에 "그리스도 예수의 종 바울"이라고 말씀하고 있으며, 디도서 1:1에서도 "하나님의 종이요"라고 말씀하고 있습니다. 갈라디아서 6:17에서는 "이후로는 누구든지 나를 괴롭게 말라 내가 내 몸에 예수의 흔적을 가졌노라"라고 고백하였습니다. 여기 '흔적'은 헬라어 '스티그마'(στίγμα)로, '몸에 난 뚫린 자국이나 낙인 찍힌 자국'을 가리킵니다. 그런데 갈라디아서 6:17에서는 이 '스티그마'의 복수형이 사용되고 있습니다. 이것은 사도 바울이 예수 그리스도의 종으로서 많은 고난을 받았음을 나타냅니다. 우리도 예수 그리스도의 종으로 복음을 위하여 많은 고난을 감당함으로 예수의 흔적을 가져야 합니다(행 14:22, 고후 11:23-33).

⑤ 하나님의 벗

성경을 보면 세 군데에서 아브라함을 하나님의 '벗'이라고 부르고 있습니다.

역대하 20:7 "우리 하나님이시여 전에 이 땅 거민을 주의 백성 이스라엘 앞에서 쫓아내시고 그 땅으로 주의 벗(אֹהַבְךָ, 오하베카: 당신의 벗)

아브라함의 자손에게 영영히 주지 아니하셨나이까"

이사야 41:8 "그러나 나의 종 너 이스라엘아 나의 택한 야곱아 나의 벗 (אֹהֲבִי, 오하비: 나의 벗) 아브라함의 자손아"

야고보서 2:23 "이에 경에 이른 바 아브라함이 하나님을 믿으니 이것을 의로 여기셨다는 말씀이 응하였고 그는 하나님의 벗(φίλος, 필로스: 친구)이라 칭함을 받았나니"

여기서 '벗'이란 말의 히브리어 어근은 '아하브'(אָהַב)입니다. 이 말은 단순한 친구 사이를 가리키는 것이 아니라 사랑하는 연인 사이를 가리킬 때 쓰입니다. 히브리어에서 일반적으로 '사랑하다'라는 뜻으로 쓰이는 단어가 바로 '아하브'(אָהַב)입니다.

그러므로 하나님께서 아브라함을 '나의 벗'이라고 하신 것은 '내가 사랑하는 사람'이라는 선언과도 같습니다. 아브라함에게 주신 여러 가지 이름 중에서도 이 이름은, 하나님과 아브라함과의 친밀한 관계를 표현해 줍니다. 하나님과 아브라함의 사이는 마치 연인처럼, 친한 친구처럼 막역하고 비밀이 없는 사이라는 것입니다.

친한 친구의 장점은 서로 간에 비밀이 없다는 것입니다. 부모에게도 말 못 하는 내용을 친한 친구한테는 다 털어놓는 법입니다. 그러므로 하나님께서 아브라함을 '벗'이라 칭하신 것은, 다른 사람에게는 몰라도 아브라함에게는 비밀이 없이 모든 것을 다 말씀해 주시겠다는 의지의 표현입니다. 서로 사랑하는 사이, 친한 친구 사이에는 비밀이 없기 마련입니다. 그래서 하나님께서는 당신의 계획을 아브라함에게 다 알려 주셨습니다. 소돔성을 멸망시키시기 전에 하나님께서는 "나의 하려는 것을 아브라함에게 숨기겠느냐"(창 18:17)라고 하시면서 소돔성 멸망의 비밀을 친구인 아브라함에게 알려 주셨습니다. 예수님께서도 요한복음 15:15을 볼 때 "이제부터는 너희를 종이라 하지 아니하리니 종은 주인의 하는 것을 알지 못함이라 너희를 친구라 하였노니 내가 내 아버지께 들은 것을 다 너희에게 알게 하였음이니라"라고 말씀하셨습니다.

인자의 임함은 롯의 때와 같다고 누가복음 17:28에 말씀하고 있습니다. 그러므로 우리가 아브라함처럼 하나님의 친구가 된다면 하나님께서 우리에게도 종말의 비밀을 다 알려 주실 것입니다.

이와 같이 우리도 하나님과 사랑을 나누는 친밀한 사이가 된다면, 하나님과 나 사이에 비밀이 없고 하나님의 모든 계획들을 미리 알 수 있는 선지자가 되는 것입니다. 아모스 3:7에서 "주 여호와께서는 자기의 비밀을 그 종 선지자들에게 보이지 아니하시고는 결코 행하심이 없으시리라"라고 말씀하고 있고, 시편 25:14에서 "여호와의 친밀함(סוד, 소드: 의논, 협의)이 경외하는 자에게 있음이여 그 언약을 저희에게 보이시리로다"라고 말씀하고 있습니다.

(2) 이차적 성취

큰 이름의 허락은, 장차 예수 그리스도께서 아브라함의 후손으로 오심으로 성취가 되었습니다. 아브라함의 이름이 예수님 안에서 참으로 큰 이름이 되었기 때문입니다. 아브라함의 이름이 아무리 커도 예수님의 이름보다 크지는 않습니다. 그의 이름도 예수님 안에 있을 때 큰 이름이 되는 것입니다. 예수 그리스도의 이름보다 더 큰 이름은 세상에 없습니다. 에베소서 1:21에서 "모든 정사와 권세와 능력과 주관하는 자와 이 세상뿐 아니라 오는 세상에 일컫는 모든 이름 위에 뛰어나게 하시고"라고 말씀하고 있으며, 빌립보서 2:9에서 "이러므로 하나님이 그를 지극히 높여 모든 이름 위에 뛰어난 이름을 주사"라고 말씀하고 있습니다.

마태복음 1:1에서 "아브라함과 다윗의 자손 예수 그리스도의 세계라"라고 말씀하고 있습니다. 세상에서 제일 큰 이름인 예수의 이름 앞에 아브라함의 이름이 불림으로써 아브라함의 이름도 큰 이름이 되었던 것입니다. 결국 아브라함이라는 이름은 택한 백성 이스라엘의 조상이 되었고, 그의 자손 중에서 메시아가 나심으로 세계에서 큰 이름이 된 것입니다(갈 3:16). 이처럼 하나님께서는 아브라함을 통해 하나님의 구속 역사를 성취하여 가시기 위하여 그에게 큰 이름을 허락하신 것입니다.

(3) 궁극적 성취

사도 바울은 누구든지 예수 그리스도께 속한 자면 곧 '아브라함의 자손'이라고 말씀하였습니다(갈 3:7, 29). 예수님의 이름과 함께 아브라함의 이름이 계속적으로 커질 것을 선포한 것입니다. 또한 아브라함의 이름은 성경에 기록된 종말적인 내용 속에 등장함으로 더욱 큰 이름이 되고 있습니다. 마태복음 8:11에서 "동서로부터 많은 사람이 이르러 아브라함과 이삭과 야곱과 함께 천국에 앉으려니와"라고 말씀하고 있습니다. 누가복음 16:23-24에서 부자는 음부에서 고통 중에 눈을 들어, "멀리 아브라함과 그의 품에 있는 나사로를 보고 불러 가로되 아버지 아브라함이여"라며 아브라함의 이름을 불렀습니다.

세상에서 가장 큰 이름은 하나님의 이름입니다. 그런데 하나님의 이름이 아브라함과 그 자손에게 주어지므로, 아브라함의 자손들도 세상에서 가장 큰 이름을 가지게 될 것입니다. 요한계시록 14:1에서 "또 내가 보니 보라 어린양이 시온산에 섰고 그와 함께 십사만 사천이 섰는데 그 이마에 어린양의 이름과 그 아버지의 이름을 쓴 것이 있도다"라고 말씀하고 있으며, 요한계시록 22:4에서 "그의 얼굴을 볼 터이요 그의 이름도 저희 이마에 있으리라"라고 말씀하고 있습니다. 이사야 62:2에서 "열방이 네 공의를, 열왕이 다 네 영광을 볼 것이요 너는 여호와의 입으로 정하실 새 이름으로 일컬음이 될 것이며"라고 말씀하고 있습니다. 오늘날 우리도 주의 이름을 간절히 사모함으로 우리 이마에 주님의 이름, 세상에서 제일 큰 이름을 받는 역사가 있어야 하겠습니다(사 26:8).

3. '팔 복'과의 관계
Relevance to the Eight Beatitudes

하나님께서 아브라함에게 약속하신 '큰 이름'의 허락은, 예수님께서 말씀하신 '팔 복' 가운데 "애통하는 자"가 받는 복과 같습니다. 마태복음 5:4에서 "애통하는 자는 복이 있나니 저희가 위로를 받을 것임이요"라고 말씀하고 있습니다.

(1) 위로를 받는 것은 이름을 불러 주는 것입니다.

마태복음 5:4의 '위로'라는 단어는 헬라어로 '파라칼레오'(παρακαλέω)인데, 이것은 '파라'(παρά, 곁에)라는 단어와 '칼레오'(καλέω, 부르다)라는 단어가 합성된 것입니다. 그러므로 '위로'는 곁에서 이름을 불러 주는 것입니다. 성령의 이름인 '보혜사'는 헬라어 '파라클레토스'(παράκλητος)로, 이것은 '위로'라는 단어와 그 어원이 같습니다. 보혜사 성령님도 우리 곁에서 우리의 이름을 불러 주시고 위로해 주시는 분입니다(요 14:16, 26, 15:26, 16:7, 13-14).

힘들고 어려워서 세상 사람들이 다 외면할 때 누가 이름을 불러 주면 얼마나 위로가 됩니까? 하물며 살아 계신 하나님께서 나의 이름을 불러 주시는 것보다 더 큰 위로는 없을 것입니다(참고-삼상 3:10, 사 44:1-5, 눅 19:5, 요 11:43, 20:16).

(2) 애통하는 자

'애통'(哀痛)은 가슴이 아플 정도로 슬퍼하는 것을 가리킵니다. 아브라함이 본토, 친척, 아비 집을 떠날 때 얼마나 가슴이 아팠겠습니까? 지금까지 자기가 살아온 삶의 터전과 희로애락을 같이했던 모든 사람들과 가족을 순식간에 버리고 떠나야 하는 아브라함의 마음은 찢어지는 것처럼 고통스러웠을 것입니다. 특히 하란에서 아버지 데라와 헤어질 때는 더욱 가슴이 아팠을 것입니다. 75세의 아브라함은 145세의 늙은 아버지 데라를 하란에 남겨 두고 떠나야만 했습니다(창 11:26, 32, 12:4).

그러나 하나님께서는 아브라함의 애통을 보시고 그에게 큰 이름을 허락하심으로 위로해 주셨습니다(창 12:1-2). 오늘날 우리도 하나님의 뜻을 위하여 애통하는 자가 되어야 합니다(요 16:20). 이런 아픔이 있는 자에게 하나님께서는 큰 이름을 허락해 주시고, 큰 위로의 축복을 주십니다.

(3) 이기는 자가 받는 큰 이름

애통하는 자는 이기는 자입니다. 세상의 죄악과 유혹에 타협하는 사람은 애통할 필요가 없습니다. 그러나 세상의 죄악과 유혹을 이기기 위해서는 반드시 애통하는 과정을 겪어야만 합니다. 애통함으로 세상을 이기고 승리한 자에게 하나님께서는 큰 이름의 복을 주십니다.

큰 이름의 복은 어떤 복입니까?

① 생명책에서 그 이름이 흐려지지 않습니다.

이 세상에 생명책에 기록되는 이름보다 더 큰 이름은 없습니다. 누가복음 10:20을 볼 때, 예수님께서는 "그러나 귀신들이 너희에게 항복하는 것으로 기뻐하지 말고 너희 이름이 하늘에 기록된 것으로 기뻐하라"라고 말씀하셨습니다. 우리가 세상에서 애통할 때 하나님께서는 우리의 이름을 생명책에 기록하심으로 큰 이름이 되게 하십니다. 자신과 세상과 죄악을 이기는 자에게 하나님께서는 그 이름이 생명책에서 흐려지지 않는 축복을 주십니다. 요한계시록 3:5에서 "이기는 자는 이와 같이 흰 옷을 입을 것이요 내가 그 이름을 생명책에서 반드시 흐리지 아니하고 그 이름을 내 아버지 앞과 그 천사들 앞에서 시인하리라"라고 말씀하고 있습니다.

② 이름을 시인해 주십니다.

아무리 대통령의 이름이 크다고 할지라도 하나님께서 불러 주시지 않으면 그것은 작은 이름에 불과합니다. 그러나 아무리 세상에서 작은 이름이라고 할지라도 하나님께서 그 이름을 불러 주시면 큰 이름이 됩니다. 우리 주님께서는 이기는 자의 이름을 불러 주십니다. 요한계시록 3:5에서 "이기는 자는 … 그 이름을 내 아버지 앞과 그 천사들 앞에서 시인하리라"라고 말씀하고 있습니다(마 10:32, 눅 12:8).

③ 이름들을 기록해 주십니다.

'이기는 자'에게는 주님께서 여러 가지 이름들을 기록해 주십니다. 요한계시록 3:12을 보면 세 가지 이름을 기록해 주시는데, 그것은 '하나님의 이름', '새 예루살렘의 이름', '주님의 새 이름'입니다.

요한계시록 3:12 "이기는 자는 내 하나님 성전에 기둥이 되게 하리니 그가 결코 다시 나가지 아니하리라 내가 하나님의 이름과 하나님의 성 곧 하늘에서 내 하나님께로부터 내려오는 새 예루살렘의 이름과 나의 새 이름을 그이 위에 기록하리라"

여기 '기록하리라'의 헬라어는 '그라포'(γράφω)로서 이것은 '새기다'라는 뜻입니다. '새긴다'는 것은 결코 다시는 지우지 않겠다는 의미입니다. 세상에서도 자기 책에는 자기의 소유를 나타내기 위하여 자기의 이름을 씁니다. 마찬가지로 우리 위에 하나님의 이름이 기록된다면 우리는 이제 하나님의 소유가 되고, 하나님께서는 우리를 영원히 세상에 빼앗기지 않으십니다. 그래서 요한복음 10:28-29에서 "내가 저희에게 영생을 주노니 영원히 멸망치 아니할 터이요 또 저희를 내 손에서 빼앗을 자가 없느니라 ²⁹ 저희를 주신 내 아버지는 만유보다 크시매 아무도 아버지 손에서 빼앗을 수 없느니라"라고 말씀하고 있습니다(사 49:16).

④ 아무도 모르는 비밀한 이름을 주십니다.

요한계시록 2:17에서 "귀 있는 자는 성령이 교회들에게 하시는 말씀을 들을지어다 이기는 그에게는 내가 감추었던 만나를 주고 또 흰 돌을 줄 터인데 그 돌 위에 새 이름을 기록한 것이 있나니 받는 자밖에는 그 이름을 알 사람이 없느니라"라고 말씀하고 있습니다.

여기 흰 돌은 성결하신 예수 그리스도를 나타냅니다(창 49:24, 시 118:22, 사 28:16, 슥 3:9, 마 21:42, 막 12:10, 눅 20:17-18, 행 4:11, 롬 9:33, 고

전 10:4, 엡 2:20, 벧전 2:6-8). 이 돌 위에는 아무도 모르는 주님의 새 이름이 기록되어 있습니다. 요한계시록 19:12에서도 재림하시는 주님을 표현하면서 "그 눈이 불꽃 같고 그 머리에 많은 면류관이 있고 또 이름 쓴 것이 하나가 있으니 자기밖에 아는 자가 없고"라고 말씀하고 있습니다. 이기는 자에게는 재림하시는 주님의 비밀한 이름을 알려 주십니다. 오늘도 주님의 몸 된 교회의 모든 성도들이 날마다 이기는 자가 되어서 주님만이 아시는 이름을 반드시 받으시기를 간절히 소망합니다.

세 번째 허락 | The Third Bestowal

큰 땅 / Great Land / אֶרֶץ גָּדוֹל

(창 12:7, 13:14-17, 15:7, 18-21, 17:6-8, 26:3, 28:4, 13-15, 35:12,
50:24, 출 6:8, 신 6:18, 수 1:2-4, 15)

하나님께서 아브라함에게 주신 세 번째 허락은 '큰 땅'입니다.
하나님께서는 아브라함이 롯과 헤어진 다음에 아브라함에게 '큰
땅'의 비전을 허락하셨습니다.

창세기 13:14-15에서 "롯이 아브람을 떠난 후에 여호와께서 아브
람에게 이르시되 너는 눈을 들어 너 있는 곳에서 동서남북을 바라
보라 ¹⁵ 보이는 땅을 내가 너와 네 자손에게 주리니 영원히 이르리
라"라고 말씀하고 있습니다. 동서남북의 보이는 땅을 다 주신다고
약속하셨으니 얼마나 큰 땅입니까? 창세기 13:17에서도 "너는 일어
나 그 땅을 종과 횡으로 행하여 보라 내가 그것을 네게 주리라"라
고 말씀하고 있습니다.

1. 허락의 내용과 의미
Content and Meaning of the Bestowal

하나님께서 아브라함에게 약속하신 '큰 땅'은 가나안 땅입니다
(민 34:2, 시 105:11). 창세기 17:8에 "내가 너와 네 후손에게 너의 우
거하는 이 땅 곧 가나안 일경으로 주어 영원한 기업이 되게 하고 나
는 그들의 하나님이 되리라"라고 말씀하고 있습니다. 이 땅은 구체

적으로 애굽강에서부터 큰 강 유브라데까지 이르는 땅입니다. 창세기 15:18에서 "그날에 여호와께서 아브람으로 더불어 언약을 세워 가라사대 내가 이 땅을 애굽강에서부터 그 큰 강 유브라데까지 네 자손에게 주노니"라고 말씀하고 있습니다.

하나님께서 아브라함을 갈대아 우르에서 인도하여 내신 것은, 그와 그 후손들에게 '가나안 땅'을 영원한 기업으로 주시기 위함이었습니다. 그 땅은 이스라엘 자손들이 대대에 살아가게 될 기업의 땅이면서, 동시에 하나님의 백성이 거주함으로써 이 땅에 이루어질 하나님 나라의 교두보가 되는 것입니다. 이 땅은 하나님께서 이미 "그들을 위하여 찾아 두었던 땅 곧 젖과 꿀이 흐르는 땅이요 모든 땅 중의 아름다운 곳"입니다(겔 20:6).

아담과 하와의 타락으로 이 땅은 사단이 주인이 되어, 죄로 얼룩진 땅이 되었습니다. 이를 회복하기 위하여 하나님께서는 말씀에 순종하는 믿음의 사람을 찾으셨고, 아담부터 20대째에 드디어 '아브라함'이라고 하는 믿음의 인물을 찾으셨습니다. 그리하여 그에게 약속하신 땅을 주어 그 땅을 잘 다스리게 하심으로, 이 땅에 하나님 나라를 건설하는 구원 섭리를 담당케 하셨던 것입니다.

하나님께서 오늘날 우리에게 주신 땅들도 하나님 나라 건설의 교두보로 구별해 놓으신 것입니다. 우리는, 우리에게 허락하신 구별된 땅에서 예수 그리스도의 피 묻은 십자가 복음을 생명을 바쳐 전함으로 하나님 나라의 땅을 점점 넓혀 가야 할 사명이 있는 존재들입니다(창 1:28, 행 1:8).

2. 허락의 성취
Fulfillment of the Bestowal

(1) 일차적 성취

아브라함에게 약속하신 '큰 땅'의 허락은 오랜 시간을 거쳐서 이루어졌습니다. 하나님께서 허락하신 '큰 땅'을 받는 과정은 결코 순탄한 과정이 아니었습니다. 하나님께서는 가나안을 비워 놓으시고 아브라함에게 주신 것이 아니라, 아브라함이 스스로 개척하여 그 땅을 정복하도록 하신 것입니다. 실제로 아브라함은 가나안 땅에서 '발붙일 유업'도 얻지 못했습니다(행 7:5).

그렇다면 아브라함에게 주신 '큰 땅'의 허락이 어떻게 이루어졌습니까?

① 막벨라 밭 굴 매입을 통한 성취

창세기 23장 전체를 보면, 아브라함이 자기의 아내 사라가 죽자 헷 족속에게서 장사 지낼 땅을 매입하는 장면이 나옵니다. 창세기 23:16-19에서 "아브라함이 에브론의 말을 좇아 에브론이 헷 족속의 듣는 데서 말한 대로 상고의 통용하는 은 사백 세겔을 달아 에브론에게 주었더니 ¹⁷마므레 앞 막벨라에 있는 에브론의 밭을 바꾸어 그 속의 굴과 그 사방에 둘린 수목을 다 ¹⁸성문에 들어온 헷 족속 앞에서 아브라함의 소유로 정한지라 ¹⁹그 후에 아브라함이 그 아내 사라를 가나안 땅 마므레 앞 막벨라 밭 굴에 장사하였더라(마므레는 곧 헤브론이라)"라고 말씀하고 있습니다.

이것은 장차 가나안 땅에 대한 이스라엘의 소유권과 관련해서 매우 의미심장한 행위입니다. 아브라함은 평생 가나안 땅에 나그네로 우거하였지만, 막벨라 밭 굴을 은 400세겔을 주고 정식으로 매입했던 것입니다. 대가를 지불하고, 정식 계약서를 작성하고 사람들 앞에서 공증(公證)한 땅이 '막벨라 밭 굴'입니다. 이 막벨라 밭 굴은 면적으로 보면 가나안 땅 가운데 극히 미미한 부분이지만, 그것이 차지하는 의미는 매우 큽니다.

'막벨라 밭 굴' 매입은 가나안 땅 전체의 소유권 확보를 상징적으로 의미합니다. 왜냐하면 이스라엘의 조상인 아브라함을 비롯하여 이삭과 야곱에 이르는 3대 족장이 막벨라 밭 굴에 장사되었기 때문입니다(창 23:19, 25:9-10, 49:30-32, 50:12-13). 아브라함의 후손들이 훗날 애굽에서 나와 가나안 땅에 들어오려 할 때, 어느 누가 자신들의 주거지를 순순히 내어주고 들어오라고 환영하겠습니까? 이때 아브라함의 후손들은 '가나안 땅에 우리 조상들의 묘지가 있습니다. 가나안 땅 막벨라 밭 굴은 우리 조상 아브라함이 은 400세겔을 주고 산 땅이므로 우리의 소유입니다'라고 항변할 수 있게 된 것입니다. 가나안 땅 전체를 다 돈을 주고 살 수는 없습니다. 그러나 하나님께서는 아브라함이 막벨라 밭 굴을 매입하게 하심으로써, 장차 그의 후손들이 이 땅에 대한 소유권을 주장할 수 있는 정당한 근거를 미리 확보해 놓으셨던 것입니다.[16] 그러므로 막벨라 밭 굴은 이스라엘의 입장에서 볼 때 '가나안 정복의 교두보' 역할을 했던 것입니다.

이와 유사한 사건이 후에 예레미야 선지자 당시에 또 한 번 있었습니다. 하나님께서는 예레미야 선지자에게 이스라엘의 멸망에 대해 예언하게 하시면서, 동시에 아나돗에 있는 숙부의 아들 하나멜의 밭을 매입하도록 명령하셨습니다(렘 32:1-15). 한편에서는 이스라엘이 멸망한다고 예언하면서, 다른 한편에서는 멸망하는 나라의 땅을 사는 자신의 이율배반적인 행동이 백성의 눈에 어떻게 비칠까 생각할 때 예레미야의 마음은 극도의 혼란에 빠졌을 것입니다(렘 32:25). 그러나 하나님께서는 예레미야를 통해 아나돗의 땅을 매입하게 하심으로써, 이스라엘이 바벨론에게 멸망 당하지만 그것이 영원한 멸망이 아니고, 반드시 해방되어 다시 회복될 것을 보여 주려고 하셨던 것입니다(렘 32:14-15, 43-44). 그 결과로 이스라엘 백성이 바벨론에 포로로 끌려갔을 때, 아나돗 땅은 포로민들에게 희망의 땅이 되었습니다. 포로민의 서러움과 고통이 더욱 가중될수록 아나돗 땅은 밤하늘의 별처럼 이스라엘 백성에게 해방과 회복이라는 소망의 빛을 발하였습니다.

이와 같이 아브라함이 매입한 막벨라 밭 굴은 후에 애굽에서 종살이하는 이스라엘 백성에게 소망의 땅이 되었습니다. 애굽에서 노예로 힘들게 지내는 동안, 하나님께서 자신들의 조상에게 약속하신 '이 땅을 너와 네 후손에게 주겠다'라는 말씀을 기억하고 그 약속에 대한 보증으로 아브라함을 통해 매입하신 막벨라 밭 굴을 생각하며 희망을 잃지 않았던 것입니다. 오늘도 주의 몸 된 교회는 성도들에게 천국의 교두보입니다. '큰 땅', 곧 천국을 참교회에게 주실 것이라는 하나님의 허락을 소망 가운데 바라보면서 날마다 하나님의 땅을 확장하는 역사가 일어나야 할 것입니다.

② 세겜 땅 구입을 통한 성취

아브라함이 하나님의 명령에 순종하여 하란을 떠나 가나안으로 들어왔을 때(창 12:1-5), 하나님께서는 세겜에서 아브라함에게 나타나셔서 "내가 이 땅을 네 자손에게 주리라"라고 약속하셨습니다(창 12:6-7). 이때부터 세겜은 가나안 전체를 대표하는 땅이 되었습니다.

훗날 야곱은 할아버지 아브라함이 전수한 말씀을 기억하여 세겜의 중요성을 깨닫고, 삼촌 라반의 집에서 돌아오는 길에 세겜을 구입하였습니다. 창세기 33:18-20에서 "야곱이 밧단 아람에서부터 평안히 가나안 땅 세겜 성에 이르러 성 앞에 그 장막을 치고 ¹⁹ 그 장막 친 밭을 세겜의 아비 하몰의 아들들의 손에서 은 일백 개로 사고 ²⁰ 거기 단을 쌓고 그 이름을 엘엘로헤이스라엘이라 하였더라"라고 말씀하고 있습니다.

이렇게 가나안을 대표하는 땅 세겜이 아브라함 자손의 소유가 됨으로써, 훗날 아브라함의 자손들은 가나안이 바로 우리의 땅이라고 그들의 소유권을 주장할 수 있었던 것입니다. 요셉은 죽기 전에 자기 뼈를 가나안에 묻어 달라고 유언하였으며(창 50:24-26), 훗날 모세는 출애굽 할 때 요셉의 해골을 취하여 메고 나왔습니다(출 13:19). 마침내 광야 40년 생활과 가나안 정복과 분배의 기간 16년을 마치고, 이스라엘 백성이 요셉의 뼈를 세겜에 묻음으로 가나안의 소유권이 이스라엘 백성에게 있음을 확실하게 하였습니다(수 24:32).

(2) 이차적 성취

아브라함에게 약속하신 '큰 땅'의 허락은 여호수아를 통하여 이스라엘 백성이 가나안 땅을 정복함으로 실제적으로 성취가 되었습니다. 가나안 정복 전쟁이 마무리되고 여호수아가 110세로 죽은 때가 약 주전 1390년으로(수 24:29), 아브라함이 하란을 떠난 때(주전 2091년)로부터 약 700년 만에 성취가 되었던 것입니다.

그 후 역사적으로 솔로몬왕 때는 이스라엘의 전성기로, 그 영토가 애굽으로부터 유브라데강까지 이르렀습니다. 역대하 9:26에서

"솔로몬이 유브라데강에서부터 블레셋 땅과 애굽 지경까지의 열왕을 관할하였으며"라고 말씀하고 있습니다. 이것은 일찍이 아브라함에게 '큰 땅'을 허락하시고, 그 자손의 영토가 애굽강에서부터 큰 강 유브라데까지 이르게 해 주시겠다는 창세기 15:18의 말씀이 실제 역사 속에서 이루어진 것입니다.

(3) 궁극적 성취

아브라함에게 약속하신 '큰 땅'의 허락은, 마침내 하나님께서 신령한 아브라함의 자손에게 천국을 기업으로 주심으로 완전히 성취될 것입니다. 가나안 땅은 '젖과 꿀이 흐르는 땅'으로 불렸습니다 (출 3:8, 17, 13:5, 33:3, 레 20:24, 민 13:27, 14:8, 신 6:3, 11:9, 26:9, 31:20). 젖과 꿀이 흐른다는 것은 풍요로운 땅을 의미하는 것으로, 가나안은 가장 풍요로운 천국의 그림자인 것입니다. 신명기 8:9-10에서는 "너의 먹는 식물의 결핍함이 없고 네게 아무 부족함이 없는 땅이며 그 땅의 돌은 철이요 산에서는 동을 캘 것이라 10 네가 먹어서 배불리고 네 하나님 여호와께서 옥토로 네게 주셨음을 인하여 그를 찬송하리라"라고 말씀하고 있습니다.

가나안 땅을 약속하신 것은 궁극적으로 천국을 약속하신 것입니다. 아브라함에게 가나안을 허락하신 하나님께서는 마지막 때 신령한 아브라함의 자손들에게 천국을 기업으로 주실 것입니다. 이 천국은 다시는 사망이나 애통하는 것이나 곡하는 것이나 아픈 것이 없는 새 하늘과 새 땅입니다(계 21:3-4).

가나안의 또 다른 이름은 '허락하신 땅'입니다(민 14:40, 신 9:28). 이것은 가나안 땅이 전적으로 하나님께서 은혜로 허락하신 선물이라는 것을 가리킵니다. 마찬가지로 천국도 하나님이 허락하신 땅입니다. 하나님께서 은혜로 허락하시지 않으면 그 어떤 누구도 들어갈 수 없는 땅인 것입니다. 오늘 믿는 우리에게 하나님께서 이 '큰 땅' 천국을 선물로 주셨으니 얼마나 감사한 일입니까?

3. '팔 복'과의 관계
Relevance to the Eight Beatitudes

하나님께서 아브라함에게 약속하신 '큰 땅'의 허락은, 예수님이 말씀하신 '팔 복' 가운데 '온유한 자'가 받는 복에 해당합니다. 왜냐하면 온유한 자는 땅을 기업으로 받기 때문입니다. 마태복음 5:5에서 "온유한 자는 복이 있나니 저희가 땅을 기업으로 받을 것임이요"라고 말씀하고 있습니다.

여기서 '온유'란 헬라어로 '프라우스'(πραΰς)인데 이 말의 뜻은 '겸손한', '길들여진'입니다. 이 단어가 마태복음 21:5에서는 나귀를 타고 입성하시는 예수님의 겸손을 나타낼 때 사용되었습니다. 하나님 앞에 겸손한 자가 의인입니다. 하나님의 말씀에 길들여진 자가 의인입니다. 의인은 땅을 차지합니다.

아브라함은 하나님께 겸손하게 엎드렸습니다(창 18:2). 아브라함은 하나님께 기도할 때, 자신을 가리켜 "티끌과 같은 나"(창 18:27)라고 겸손히 고백하였습니다. 아브라함은 하나님의 말씀에 길들여져서 말씀을 좇아 움직였습니다(창 12:4). 아브라함은 하나님께 의인이라 인정받음으로(창 15:6, 롬 4:3), '큰 땅'을 허락받았습니다. 시편 37:29에서 "의인이 땅을 차지함이여 거기 영영히 거하리로다"라고 말씀하고 있습니다. 하나님께 범죄하지 않고 의로운 자만이 하나님의 땅을 선물로 받고, 그 땅에 영영히 거하는 축복을 받게 됩니다.

오늘 우리가 하나님 앞에 겸손하게 엎드리고 하나님의 말씀에 길들여진 삶을 살 때, 하나님께서는 우리를 의인이라고 인정하시고 우리에게 이 땅에서도 복음의 땅을 주시고, 더 나아가 천국이라는 가장 '큰 땅'을 선물로 주실 것입니다.

그러므로 우리가 겸손하고 온유한 삶을 살아간다면, 분명히 이 세상에서도 복음의 땅인 교회의 영역이 날마다 확장되고 부흥이 일어나게 될 것입니다(행 2:47, 6:7). 하나님께서 우리에게 허락하신 모든 땅은 하나님이 구별하신 거룩한 땅입니다. 하나님께서 주신 교회, 가정, 직장, 일터 모두가 바로 하나님이 구별하신 거룩한 땅입니다.

하나님께서 구별하신 땅은 하나님이 책임지고 보호해 주십니다. 하나님께서 열 가지 재앙으로 애굽을 치실 때도 하나님께서 거룩하게 구별하신 땅 고센에는 재앙을 내리지 않으시고 보호해 주셨습니다. 네 번째 파리 재앙 때에도 하나님의 백성이 거하는 고센 땅은 구별되어 파리떼의 재앙이 일어나지 않았습니다(출 8:20-24). 일곱 번째 우박 재앙 때에도 고센 땅에는 우박이 쏟아지지 않았습니다(출 9:22-26). 아홉 번째 흑암 재앙 때 애굽 전체가 캄캄했지만 하나님의 백성이 거하는 고센 땅은 구별되어 광명이 있었습니다(출 10:21-23). 열 번째 재앙 때 애굽 가정의 모든 장자들이 죽었지만 하나님의 백성이 거하는 고센 땅에는 아무런 피해가 없었습니다(출 11:4-7, 12:12-13, 21-23, 29-30). 오늘날 하나님께서 주신 땅에 거하는 하나님의 백성은 반드시 거룩하게 구별되어 보호를 받을 것입니다(벧전 1:5).

날마다 온유함으로 하나님의 땅을 선물로 받고, 더 나아가 가장 큰 땅인 '천국'을 선물로 받으시기를 간절히 소망합니다.

네 번째 허락 | THE FOURTH BESTOWAL

큰 자손 / GREAT DESCENDANTS / זֶרַע גָּדוֹל

(창 13:14-17, 15:2-5, 16:10, 17:6-8, 20-22, 22:15-18, 26:4, 28:14,
32:12, 출 1:7, 9, 12, 20, 민 23:10, 왕상 3:8)

하나님께서 아브라함에게 주신 네 번째 허락은 '큰 자손'입니다. 하나님께서 아브라함에게 축복을 허락하신 내용 중에서 '큰 나라'에 관한 약속은, 필연적으로 '많은 후손'에 관한 내용을 포함하고 있습니다. 왜냐하면 나라에는 반드시 백성이 있어야 하기 때문입니다. 이에 관하여 하나님께서는 '땅의 티끌', '바다의 모래', '하늘의 별'이라는 표현으로 아브라함 자손의 수효가 많을 것을 말씀하셨습니다. 이것은 '큰 자손'에 대한 허락입니다.

1. 허락의 내용과 의미
Content and Meaning of the Bestowal

'큰 자손'에 대한 허락은 '땅의 티끌', '바다의 모래', '하늘의 별'이라는 표현으로 나타나고 있습니다. 창세기 13:16에서 "네 자손으로 땅의 티끌 같게 하리니 사람이 땅의 티끌을 능히 셀 수 있을찐대 네 자손도 세리라"라고 말씀하고 있습니다(참고·창 28:14). '바닷가의 모래'는 창세기 22:17, 32:12에 등장합니다. 또 창세기 15:5에서 "하늘을 우러러 뭇별을 셀 수 있나 보라 또 그에게 이르시되 네 자손이 이와 같으리라"라고 말씀하고 있습니다(참고·창 26:4). 창세기 22:17

에서도 "내가 네게 큰 복을 주고 네 씨로 크게 성하여 하늘의 별과 같고 바닷가의 모래와 같게 하리니 네 씨가 그 대적의 문을 얻으리라"라고 말씀하고 있습니다.

　이것을 크게 두 가지로 나눈다면, 영적인 자손의 허락과 육적인 자손의 허락으로 나눌 수 있습니다. '하늘'을 영적인 세계와 관련지어 해석하고 '땅'을 육적인 세계와 관련지어 해석한다면, 하늘의 별과 같은 자손은 아브라함의 영적인 자손을 가리키며(단 12:3), 바다의 모래나 땅의 티끌과 같은 자손은 아브라함의 육적인 자손을 가리킵니다. 이것은 앞으로 아브라함에게 육적인 자손들도 많아질 것이며, 영적인 자손들도 많아질 것이라는 이중적인 허락입니다.[17]

　이상에서 살펴본 세 가지 표현들은 하나님께서 아브라함과 맺으신 언약의 성취를 나타내기 위해 성경 다른 곳에서도 여러 번 반복되었습니다. 신명기 1:10에서도 "너희 하나님 여호와께서 너희를 번성케 하셨으므로 너희가 오늘날 하늘의 별같이 많거니와"라고 말씀하고 있습니다(참고-신 10:22, 28:62, 대상 27:23, 느 9:23). 솔로몬의 시대에 사람들은 '바닷가의 모래같이'(왕상 4:20), '땅의 티끌같이' 많게 되었습니다(대하 1:9).

2. 허락의 성취
Fulfillment of the Bestowal

(1) 일차적 성취

① 이삭을 통한 성취

　하나님의 '큰 자손'에 대한 허락은 아들 이삭이 생김으로써 일차적으로 성취되었습니다. 하나님께서는 아브라함 75세 때 "내가 너로 큰 민족을 이루고…"라고 약속하셨습니다(창 12:2). 큰 민족을 이루기 위해서는 아브라함에게 자손이 탄생해야 합니다. 그러나 아브라함이 약 10년을 기다려도 자식은 생기지 않았습니다. 그래서 아브라함은 84세에 그의 종 다메섹 엘리에셀을 자신의 상속자로 세우려고 했습니다(창 15:2-3). 그러나 하나님께서는 아브라함에게 분명하게 "그 사람은 너의 후사가 아니라 네 몸에서 날 자가 네 후사가 되리라"(창 15:4)라고 말씀하시면서, 아브라함을 이끌고 밖으로 나가서 "하늘을 우러러 뭇별을 셀 수 있나 보라 … 네 자손이 이와 같으리라"(창 15:5)라고 선언하셨습니다.

그러나 아브라함은 여전히 이 약속을 믿지 못하고 그의 나이 85세에 하갈을 취하고, 86세에 이스마엘을 낳고 말았습니다(창 16:3, 16). 창세기 16:2-3에서 "사래가 아브람에게 이르되 여호와께서 나의 생산을 허락지 아니하셨으니 원컨대 나의 여종과 동침하라 내가 혹 그로 말미암아 자녀를 얻을까 하노라 하매 아브람이 사래의 말을 들으니라 ³ 아브람의 아내 사래가 그 여종 애굽 사람 하갈을 가져 그 남편 아브람에게 첩으로 준 때는 아브람이 가나안 땅에 거한 지 십 년 후이었더라"라고 말씀하고 있습니다. 아브라함은 끝까지 오직 하나님의 말씀만을 들어야 했는데, 인간적인 생각으로 아내 사라의 말을 듣고 하갈을 취하여 이스마엘을 낳았던 것입니다.

하나님께서는 이스마엘을 아브라함의 자손으로 인정하지 않으셨습니다. 그 이유가 무엇입니까? 이스마엘은 하나님의 약속으로 주어진 자식이 아니며 육체를 따라 난 자식이기 때문입니다. 갈라디아서 4:23에서 "계집종에게서는 육체를 따라 났고 자유하는 여자에게서는 약속으로 말미암았느니라"라고 말씀하고 있습니다. 29절에서도 이스마엘을 "육체를 따라 난 자"라고 말씀하고, 이삭을

"성령을 따라 난 자"라고 말씀하고 있습니다.

로마서 9:6-9에서도 "또한 하나님의 말씀이 폐하여진 것 같지 않도다 이스라엘에게서 난 그들이 다 이스라엘이 아니요 7 또한 아브라함의 씨가 다 그 자녀가 아니라 오직 이삭으로부터 난 자라야 네 씨라 칭하리라 하셨으니 8 곧 육신의 자녀가 하나님의 자녀가 아니라 오직 약속의 자녀가 씨로 여기심을 받느니라 9 약속의 말씀은 이것이라 명년 이 때에 내가 이르리니 사라에게 아들이 있으리라 하시니라"라고 말씀하고 있습니다.

드디어 아브라함 나이 100세, 사라의 나이 90세에 하나님께서는 약속하신 대로 아들 이삭을 주셨습니다(창 17:17, 21:5). 그러므로 이삭은 전적으로 하나님의 약속 가운데 태어난 자식이었습니다. 창세기 21:1-3에서는 "여호와께서 그 말씀대로 사라를 권고하셨고 여호와께서 그 말씀대로 사라에게 행하셨으므로 2 사라가 잉태하고 하나님의 말씀하신 기한에 미쳐 늙은 아브라함에게 아들을 낳으니 3 아브라함이 그 낳은 아들 곧 사라가 자기에게 낳은 아들을 이름하여 이삭이라 하였고"라고 말씀하고 있습니다. 하나님께서 '그 말씀대로' 사라를 권고하셨고, '그 말씀대로' 사라에게 잉태케 하셨고, '말씀하신 기한에 미쳐' 늙은 아브라함에게 아들을 낳게 하셨던 것입니다. 비록 이삭은 아브라함의 하나밖에 없는 독자이지만, 약속의 자식이기 때문에 하나님께서는 이삭을 '큰 자손'으로 인정하신 것입니다. 참으로 이삭은 전적으로 하나님께서 주신 아들이기 때문에 '큰 자손'입니다.

② 이스라엘 백성을 통한 성취

이삭으로 시작된 아브라함의 자손은 후에 야곱과 그의 열두 아들로 번성하기 시작하였고, 마침내 애굽에서 중다한 자손들로 급성 장하게 됩니다.

출애굽기 1:7에서는 "이스라엘 자손은 생육이 중다하고 번식하고 창성하고 심히 강대하여 온 땅에 가득하게 되었더라"라고 말씀하고 있으며, 12절에서는 "그러나 학대를 받을수록 더욱 번식하고 창성하니…"라고 말씀하고 있습니다. 실제로 출애굽 할 때 이스라엘 백성은 200만 명이 넘는 거대한 민족으로 성장하였습니다. 이삭이라는 하나밖에 없는 자손이 바닷가의 모래처럼, 땅의 티끌처럼 많아짐으로 하나님께서 허락하신 '큰 자손'의 약속이 성취된 것입니다. 민수기 23:10에서는 "야곱의 티끌을 뉘 능히 계산하며 이스라엘 사분지 일을 뉘 능히 계수할꼬…"라고 말씀하고 있으며, 열왕기상 3:8에서는 "주의 빼신 백성 가운데 있나이다 저희는 큰 백성이라 수효가 많아서 셀 수도 없고 기록할 수도 없사오니"라고 말씀하고 있습니다.

(2) 이차적 성취

아브라함에게 주신 '큰 자손'의 허락은 아브라함의 많은 영적 후손들이 나타남으로 성취되었습니다.

창세기 18:18을 볼 때, 하나님께서는 "아브라함은 강대한 나라가 되고 천하 만민은 그를 인하여 복을 받게 될 것이 아니냐"라고 말씀하셨습니다. 여기 '그'는 바로 아브라함입니다. 이것은 아브라함을 통하여 천하 만민이 복을 받는다는 말씀입니다. 그런데 어떻게 천하 만민이 아브라함을 통하여 복을 받게 됩니까? 그것은 아브라함의 후손으로 예수 그리스도가 오시기 때문입니다(마 1:1). 그러므로 이 말씀은 궁극적으로 천하 만민이 아브라함의 후손으로 오시는 예수 그리스도를 인하여 복을 받게 될 것을 예언한 말씀입니다.

신약시대에는 표면적 유대인을 참유대인으로 인정하지 않고, 이면적 유대인을 참유대인으로 인정하였습니다(롬 2:28-29). 표면적 유대인은 아브라함의 혈통적인 자손들을 가리키며, 이면적 유대인은 혈통을 초월하여 예수 그리스도를 믿음으로 아브라함의 영적인 자손이 된 자들을 가리킵니다.

갈라디아서 3:7에서 "그런즉 믿음으로 말미암은 자들은 아브라함의 아들인 줄 알찌어다"라고 말씀하고 있고, 29절에서는 "너희가 그리스도께 속한 자면 곧 아브라함의 자손이요 약속대로 유업을 이을 자니라"라고 말씀하고 있습니다. 오늘날 기독교인들은 세계 인구의 약 30%가 됩니다. 그 많은 기독교인들이 아브라함을 믿음의 조상으로 부르며 아브라함이 받은 복을 아브라함과 함께 받기를 소망하고 있습니다. 오늘날 우리도 혈통적으로는 아브라함의 자손이 아니지만, 예수님을 믿는 믿음으로 아브라함의 영적인 자손이 되어 아브라함과 함께 복을 받을 수 있게 됩니다.

갈라디아서 3:9 "그러므로 믿음으로 말미암은 자는 믿음이 있는 아브라함과 함께 복을 받느니라"

갈라디아서 3:14 "이는 그리스도 예수 안에서 아브라함의 복이 이방인에게 미치게 하고 또 우리로 하여금 믿음으로 말미암아 성령의 약속을 받게 하려 함이니라"

앞으로도 수많은 사람들이 아브라함의 자손으로 오신 예수 그리스도를 믿음으로 말미암아 '큰 자손'이 되는 복된 역사가 더욱 불일 듯 일어날 것입니다(롬 4:16, 갈 3:9).

(3) 궁극적인 성취

아브라함에게 약속하신 '큰 자손'의 허락은 궁극적으로 예수님의 재림으로 완전히 성취될 복입니다. 하나님께서는 아브라함에게 "네 씨가 그 대적의 문을 얻으리라"(창 22:17)라고 약속하셨습니다. 여기 "네 씨"의 히브리어 '자르아카'(זַרְעֲךָ)는 남성 단수로서, 궁극적으로 예수 그리스도를 가리킵니다. 그러므로 아브라함에게 약속하신 '큰 자손'도 바로 '예수 그리스도'를 가리킵니다. 예수 그리스도가 세상에서 가장 큰 자손인 것입니다. 그런 의미에서 사도 바울은 아브라함의 자손이란 '오직 하나, 그리스도'를 가리킨다고 선포하였습니다.

> **갈라디아서 3:16** "이 약속들은 아브라함과 그 자손에게 말씀하신 것인데 여럿을 가리켜 그 자손들이라 하지 아니하시고 오직 하나를 가리켜 네 자손이라 하셨으니 곧 그리스도라"

그러나 예수 그리스도라는 '한 씨' 속에는 천천만만의 영적인 아브라함의 자손들이 담겨 있습니다. 예수 그리스도를 믿음으로 아브라함의 영적인 자손이 될 천천만만의 사람들이 나타날 것이기 때문입니다.

'큰 자손'에 대한 허락은 이제 예수 그리스도의 재림 때에 완전히 성취될 것입니다. 하나님께서는 세상 끝에 예수 그리스도를 믿는 영적인 아브라함의 자손들이 순식간에 많아지게 하실 것입니다. 이사야 66:7-8에서는 "시온은 구로하기 전에 생산하며 고통을 당하기 전에 남자를 낳았으니 8 이러한 일을 들은 자가 누구이며 이러한 일을 본 자가 누구이뇨 나라가 어찌 하루에 생기겠으며 민족이 어찌 순식간에 나겠느냐 그러나 시온은 구로하는 즉시에 그 자민을 순산하였도다"라고 말씀하고 있습니다.

그때에는 주님에 대하여 가르칠 필요가 없습니다. 이는 성령의 기름 부음과 하나님의 강권적인 역사하심으로 작은 자로부터 큰 자에 이르기까지 전 세계가 다 주님을 알게 될 것이기 때문입니다. 히브리서 8:11에서 "또 각각 자기 나라 사람과 각각 자기 형제를 가르쳐 이르기를 주를 알라 하지 아니할 것은 저희가 작은 자로부터 큰 자까지 다 나를 앎이니라"라고 말씀하고 있습니다(참고-렘 31:34). 또한 요한일서 2:27에서 "너희는 주께 받은 바 기름 부음이 너희 안에 거하나니 아무도 너희를 가르칠 필요가 없고 오직 그의 기름 부음이 모든 것을 너희에게 가르치며"라고 말씀하고 있습니다. 이사야 11:9에서도 "나의 거룩한 산 모든 곳에서 해 됨도 없고 상함도 없을 것이니 이는 물이 바다를 덮음같이 여호와를 아는 지식이 세상에 충만할 것임이니라"라고 말씀하고 있으며, 하박국 2:14에서도 "대저 물이 바다를 덮음같이 여호와의 영광을 인정하는 것이 세상에 가득하리라"라고 말씀하고 있습니다.

주님께서 재림하시므로 최종적으로 이루어질 '큰 자손'들은 마침내 천국의 백성이 되어서 주님과 함께 영생 복락을 누리게 될 것입니다.

3. '팔 복'과의 관계
Relevance to the Eight Beatitudes

아브라함에게 약속하신 '큰 자손'에 대한 허락은, 예수님이 말씀하신 '팔 복' 가운데 '화평케 하는 자'가 받는 복과 같습니다. 마태복음 5:9에서는 "화평케 하는 자는 복이 있나니 저희가 하나님의 아들이라 일컬음을 받을 것임이요"라고 말씀하고 있습니다. 아브라함에게 약속하신 영적인 자손들은 바로 하나님의 아들들이 됩니다. 그러므로 '큰 자손'의 축복은 팔 복 가운데 '화평케 하는 자'들이 받을 복과 같습니다.

실제로 아브라함은 '화평케 하는 자'였습니다.

(1) 먼저 아브라함은 하나님과 자신을 화평케 하였습니다.

그는 가는 곳마다 '하나님을 위하여' 단을 쌓고 하나님께 예배를 드렸습니다. 하나님께 예배를 드리는 자는 하나님과 화평을 이루는 자가 됩니다.

창세기 12:7-8 "여호와께서 아브람에게 나타나 가라사대 내가 이 땅을 네 자손에게 주리라 하신지라 그가 자기에게 나타나신 여호와를 위하여 그곳에 단을 쌓고 ⁸ 거기서 벧엘 동편 산으로 옮겨 장막을 치니 서는 벧엘이요 동은 아이라 그가 그곳에서 여호와를 위하여 단을 쌓고 여호와의 이름을 부르더니"

창세기 13:18 "이에 아브람이 장막을 옮겨 헤브론에 있는 마므레 상수리 수풀에 이르러 거하며 거기서 여호와를 위하여 단을 쌓았더라"

오늘도 하나님과 화평할 때 분명 그 개인과 그 가정에 하나님의 아들이 되는 복이 임하게 될 것입니다. 욥기 22:21에서 "너는 하나님과 화목하고 평안하라 그리하면 복이 네게 임하리라"라고 말씀하고 있습니다.

(2) 아브라함은 롯과 자신을 화평케 하였습니다.

아브라함의 가축의 목자와 롯의 가축의 목자가 다투어서 한 곳에 있을 수 없게 되었을 때, 아브라함은 "네가 좌하면 나는 우하고 네가 우하면 나는 좌하리라"(창 13:9)라고 하면서 선택권을 먼저 롯에게 양보하였습니다. 남과 화평케 지내는 사람의 특징은 자기가 먼저 희생하고 먼저 양보하는 것입니다.

하나님께서는 이런 아브라함에게 큰 복을 주셨으니 그것이 바로 큰 자손의 허락입니다. 롯이 아브라함을 떠난 후에 하나님께서는 아브라함에게 "너는 눈을 들어 너 있는 곳에서 동서남북을 바라보라 내가 네 자손으로 땅의 티끌 같게 하리니 사람이 땅의 티끌을 능히 셀 수 있을찐대 네 자손도 세리라"라고 축복하셨습니다(창 13:14-16).

히브리서 12:14에서 "모든 사람으로 더불어 화평함과 거룩함을 좇으라 이것이 없이는 아무도 주를 보지 못하리라"라고 말씀하고 있으며, 로마서 12:18에서 "할 수 있거든 너희로서는 모든 사람으로 더불어 평화하라"라고 말씀하고 있습니다.

하나님과 화목하고 사람들과 화평할 때 십자가의 삶을 사는 것입니다(엡 2:14-16, 골 1:20-22). 하나님께서는 이런 사람들에게 "화목하게 하는 직책"(고후 5:18)과 "화목하게 하는 말씀"(고후 5:19)을 주십니다. 이런 사람을 하나님께서는 하나님의 참아들로 인정해 주시고 '큰 자손'의 축복을 허락해 주시므로, 많은 믿음의 사람들을 만나게 해 주시고 많은 사람들을 주 앞으로 이끌게 해 주실 것입니다.

다섯 번째 허락 | THE FIFTH BESTOWAL

큰 장수 / A GOOD OLD AGE / שֵׂיבָה טוֹבָה

(창 15:15, 25:7-8)

하나님께서 아브라함에게 주신 다섯 번째 허락은 '큰 장수'입니다. 예로부터 장수는 하나님의 축복으로 여겨졌습니다. 신명기 22:7에서 "네가 복을 누리고 장수하리라"라고 말씀하고 있습니다. 잠언 3:16에서는 장수와 부귀가 같은 부류의 축복으로 묘사되고 있습니다. 성경은 하나님의 말씀을 잘 지키고 순종하는 자에게는 생명을 한없이 길게 해 주시겠다고 누차 약속하고 있습니다(신 4:40, 5:16, 6:2-3, 11:9, 30:20, 잠 3:1-2, 4:10, 9:10-11).

하나님을 잘 믿은 아브라함에게 장수의 축복이 주어진 것은 당연합니다. 잠언 10:27에서 "여호와를 경외하면 장수하느니라 그러나 악인의 연세는 짧아지느니라"라고 말씀하고 있습니다. 전도서 8:13에도 "악인은 잘되지 못하며 장수하지 못하고 그 날이 그림자와 같으리니 이는 하나님 앞에 경외하지 아니함이니라"라고 말씀하고 있습니다.

1. 허락의 내용과 의미
Content and Meaning of the Bestowal

하나님께서 아브라함에게 주신 '큰 장수'의 허락은 아브라함이 175세까지 살도록 하였습니다(창 25:7-8). 아브라함이 175세까지 장수한 것은 하나님을 경외하는 그의 믿음이 하나님께 인정받았다는 것을 가르쳐 줍니다. 하나님께서는 아브라함이 이삭을 바치는 시험을 통과하였을 때, "이제야 네가 하나님을 경외하는 줄을 아노라"(창 22:12)라고 말씀하셨습니다. 아브라함이 이처럼 하나님을 경외하는 자였으니 오래 사는 축복을 받은 것은 당연한 것입니다.

아브라함은 '큰 장수'의 허락을 받고 아들 이삭뿐만 아니라 손자 야곱 때까지 살아서 자신이 믿는 하나님의 능력과 역사하심을 전해 줌으로써 3대가 하나님께 인정받는 믿음의 집안을 세웠습니다.

아브라함이 이삭을 100세에 낳았고(창 21:5), 이삭이 야곱을 60세에 낳았기 때문에(창 25:26), 175세까지 산 아브라함은 손자 야곱과 15년 동안 같이 살았습니다. 히브리서 11:9에서도 아브라함이 "동일한 약속을 유업으로 함께 받은 이삭과 야곱으로 더불어 장막에 거하였으니"라고 말씀하고 있습니다. 아브라함은 '자식들에게 하나님의 말씀을 가르쳐 의와 공도를 행하게 하라'(창 18:19)는 하나님의 명령에 따라 자식과 손자에게 하나님의 말씀을 대대로 전하여 가르쳤던 것입니다.

창세기 18:18-19 "아브라함은 강대한 나라가 되고 천하 만민은 그를 인하여 복을 받게 될 것이 아니냐 19 내가 그로 그 자식과 권속에게 명하여 여호와의 도를 지켜 의와 공도를 행하게 하려고 그를 택하였나니 이는 나 여호와가 아브라함에게 대하여 말한 일을 이루려 함이니라"

히브리서 11:8에 "믿음으로 아브라함은", 20절에 "믿음으로 이삭은", 21절에 "믿음으로 야곱은"이라고 말씀하고 있습니다. 이렇게 아브라함의 믿음이 아들 이삭에게 전수되고 또 그 손자인 야곱에게 전수되었기 때문에, 하나님께서는 아브라함과 이삭과 야곱을 '산 자'로 인정하셨습니다. 그리고 하나님 자신을 '산 자의 하나님'이라고 소개하셨습니다(마 22:32, 막 12:26-27).

> **누가복음 20:37-38** "죽은 자의 살아난다는 것은 모세도 가시나무떨기에 관한 글에 보였으되 주를 아브라함의 하나님이요 이삭의 하나님이요 야곱의 하나님이시라 칭하였나니 ³⁸ 하나님은 죽은 자의 하나님이 아니요 산 자의 하나님이시라 하나님에게는 모든 사람이 살았느니라 하시니"

만약 아브라함에게 '큰 장수'의 허락이 없었다면, 아브라함의 믿음이 이삭을 거쳐 야곱까지 전달되기는 어려웠을 것입니다. 참으로 아브라함이 받은 '큰 장수'의 허락은 신앙 전수의 큰 동력이 되었습니다.

2. 허락의 성취
Fulfillment of the Bestowal

(1) 일차적 성취

하나님께서는 "너는 장수하다가 평안히 조상에게로 돌아가 장사될 것이요"라고 '큰 장수'를 허락하셨습니다(창 15:15). 이 허락대로 아브라함이 175세를 향수함으로 하나님의 허락이 성취되었습니다.

창세기 25:7-8에서 "아브라함의 향년이 일백칠십오 세라 ⁸ 그가 수가 높고 나이 많아 기운이 진하여 죽어 자기 열조에게로 돌아가매"라고 말씀하고 있습니다. 여기 "수가 높고 나이 많아"의 히브리어 '베세바 토바 자켄 베샤베아'(בְּשֵׂיבָה טוֹבָה זָקֵן וְשָׂבֵעַ)은 '만족스럽고 좋은 나이에'라는 뜻으로, '큰 장수'를 나타냅니다.

(2) 이차적 성취

아브라함에게 허락하신 장수의 축복은 아브라함이 175세까지 향수함으로 성취가 되었습니다. 그러나 아브라함에게 허락하신 장수의 축복은 메시아를 만남으로 완전히 성취되는 것입니다.

아브라함의 시대와 성육신하신 예수님의 시대는 약 2천 년의 시간 간격이 있습니다. 그러나 아브라함은 예수님께서 이 땅에 오시어 구속 역사를 행하시는 모습을 이미 보고 즐거워했습니다. 요한복음 8:56을 볼 때, 예수님께서는 "너희 조상 아브라함은 나의 때 볼 것을 즐거워하다가 보고 기뻐하였느니라"라고 말씀하셨습니다. 이 말씀에 따르면, 아브라함은 2천 년이라는 시간의 간격을 뛰어넘어 예수님의 시대를 미리 보았던 것입니다. 그는 육신적으로는 175세를 살고 죽었지만, 영적으로는 2천 년 이상의 시간을 뛰어넘는 신령한 장수의 복을 받았다고 할 수 있습니다. 예수님께서는 예수님의 시대에 이미 육신적으로 죽고 없는 아브라함을 가리켜, 놀랍게도 죽은 자가 아니라 '산 자'라고 선포하셨습니다(마 22:32, 막 12:26, 눅 20:37-38).

이스라엘의 위로를 기다리던 경건한 시므온과 여(女)선지자 안나는 나이가 많은 사람들이었습니다. 시므온은 "주의 그리스도를 보기 전에 죽지 아니하리라"(눅 2:26)라는 성령의 지시를 받아 메시아를 만나기까지 육신적으로도 장수한 사람이었습니다. 마침내 시므온은 메시아를 만났고, 그분을 품에 안고 '내 눈이 주의 구원을 보았다'고 찬송하였습니다(눅 2:28-32). 안나 선지자는 '매우 늙었다'

고 하였는데, 출가한 후 7년 만에 과부 되어, 과부 된 지 84년이라 하였으므로 100세를 훌쩍 넘은 나이였습니다(눅 2:36-37).[18] 이렇게 그들의 육신적인 장수는 메시아를 만남으로써 진정한 의미의 장수의 축복이 되었습니다. 진정한 의미의 장수는 영적인 장수로 메시아를 만나는 것이며, 그것은 하나님의 주권적인 축복입니다.

(3) 궁극적 성취

아브라함은 175세에 죽었습니다. 그러나 그는 성경의 종말에 대한 말씀에서 계속 등장하고 있습니다. 누가복음 16:22에서 거지는 죽어서 천사들에게 받들려 "아브라함의 품"에 들어갔습니다. 23절에서 음부에 간 부자는 "아브라함과 그의 품에 있는 나사로"를 보았습니다. 부자는 아브라함을 향하여 "아버지 아브라함"이라고 부르면서 "나를 긍휼히 여기사 나사로를 보내어 그 손가락 끝에 물을 찍어 내 혀를 서늘하게 하소서 내가 이 불꽃 가운데서 고민하나이다"라고 말했습니다(눅 16:24). 이때 아브라함은 부자에게 "얘 너는 살았을 때에 네 좋은 것을 받았고 나사로는 고난을 받았으니 이것을 기억하라 이제 저는 여기서 위로를 받고 너는 고민을 받느니라 26 이뿐 아니라 너희와 우리 사이에 큰 구렁이 끼어 있어 여기서 너희에게 건너가고자 하되 할 수 없고 거기서 우리에게 건너올 수도 없게 하였느니라"라고 말했습니다(눅 16:25-26). 부자와 아브라함의 대화를 통해서 우리는 낙원에 있는 아브라함을 발견할 수 있습니다(눅 16:27-31).

또한 마태복음 8:11에서 "동서로부터 많은 사람이 이르러 아브라함과 이삭과 야곱과 함께 천국에 앉으려니와"라고 말씀하고 있습니다. 이 말씀을 볼 때, 아브라함은 분명히 천국에 앉게 됩니다. 성도의 영원한 장수는 천국에 들어가는 것입니다. 이런 의미에서 아브라함은 참으로 '큰 장수'를 누린 것입니다.

시대를 초월하여 재림을 기다리고 소망하는 성도들에게 가장 큰 복이 있다면 무엇이겠습니까? 그것은 주님의 재림을 맞이하여, 마지막 나팔 소리와 함께 '썩을 것이 썩지 아니할 것을 입고 죽을 것이 죽지 아니함을 입는' 신령한 몸으로 변화하여 천국에 들어가는 것입니다(고전 15:51-54, 빌 3:21, 살전 4:14-17). 그러므로 오고 오는 시대에 성도들에게 가장 '큰 장수'의 허락은, 바로 주님이 재림하셔서 마지막 나팔 소리가 울려 퍼질 때까지 오직 주님의 주권적인 은혜로 살아 있는 것이라 할 수 있습니다.

3. '팔 복'과의 관계
Relevance to the Eight Beatitudes

'큰 장수'의 허락은 예수님이 말씀하신 '팔 복' 가운데 '긍휼히 여기는 자'가 받는 복과 같습니다. 마태복음 5:7에서 "긍휼히 여기는 자는 복이 있나니 저희가 긍휼히 여김을 받을 것임이요"라고 말씀하고 있습니다.

(1) '큰 장수'의 축복을 받은 자는 하나님께 긍휼히 여기심을 받은 자입니다.

사람이 죽고 사는 것은 전적으로 하나님의 손에 달려 있습니다. 그러므로 하나님께서 긍휼히 여기시고 생명을 연장시켜 주시는 사람은 장수할 수 있지만, 하나님께서 외면하시고 긍휼히 여기시지 않는 사람은 결코 장수할 수 없습니다. 사무엘상 2:6에서 "여호와는 죽이기도 하시고 살리기도 하시며 음부에 내리게도 하시고 올리기도 하시는도다"라고 말씀하고 있습니다.

히스기야왕은 한때 병이 들어서 죽게 된 적이 있었습니다. 이사야 선지자는 "여호와의 말씀이 너는 집을 처치하라 네가 죽고 살지 못하리라 하셨나이다"(왕하 20:1)라고 선포했습니다. "너는 네 집에 유언하라 네가 죽고 살지 못하리라"(사 38:1)라는 말씀이었습니다. 이때 히스기야왕은 낯을 벽으로 향하고 여호와께 눈물로 심히 통곡하며 기도했습니다(사 38:2-3). 열왕기하 20:3에서 "여호와여 구하오니 내가 진실과 전심으로 주 앞에 행하며 주의 보시기에 선하게 행한 것을 기억하옵소서 하고 심히 통곡하더라"라고 말씀하고 있습니다.

마침내 하나님께서 히스기야왕의 눈물을 보시고 그의 기도를 들으셨습니다. 다시 히스기야왕에게 이사야 선지자를 보내셔서, 생명을 15년 연장시켜 주신다는 말씀을 전하게 하셨습니다(왕하 20:5-6, 사 38:5-6). 히스기야왕의 생명이 15년 연장된 것은 전적으로 하나님의 긍휼히 여기심 때문이었습니다.

다니엘과 그의 동무들은 바벨론 왕 느부갓네살의 꿈을 해석하지 못한다는 이유로 죽음의 위기에 처하게 되었습니다(단 2:1-13). 이때 다니엘은 세 친구들에게 하나님의 긍휼을 구하는 기도를 부탁하였습니다. 다니엘 2:18에서 "하늘에 계신 하나님이 이 은밀한 일에 대하여 긍휼히 여기사 자기 다니엘과 동무들이 바벨론의 다른 박사와 함께 죽임을 당치 않게 하시기를 그들로 구하게 하니라"라고 말씀하고 있습니다. 이에 하나님께서는 밤에 이상으로 다니엘에게 나타나셔서, 느부갓네살의 꿈이 무엇이고 그 의미가 무엇인지를 알려 주셨습니다(단 2:19). 실로 하나님의 긍휼이 다니엘과 그의 동무들을 죽음의 위기에서 살리셨던 것입니다.

(2) 누가 긍휼히 여김을 받는 자입니까?

마태복음 5:7을 볼 때 예수님께서는 "긍휼히 여기는 자는 복이 있나니 저희가 긍휼히 여김을 받을 것임이요"라고 말씀하셨습니다. 여기 '긍휼히 여김을 받음'은 헬라어 형용사 '엘레에몬'(ἐλεήμων)으로, 하나님의 은혜로 '측은히 여기는', '자비한', '불쌍히 여기는'이라는 뜻입니다. 라틴어로는 '미제리코르스'(misericors)라고 하는데, 이것은 '불행'을 뜻하는 '미제리아'(miseria)와 '마음'을 뜻하는 '코르'(cor)로 이루어진 단어입니다. 그러므로 긍휼이란 '감동을 받아서 다른 사람의 고통을 함께 아파하는 마음'을 의미합니다.

예수님께서는 이스라엘 백성을 보실 때마다 그들의 죄악과 굶주림과 병든 것과 깨닫지 못하는 것에 대해 마음 아파하시며 긍휼히 여기셨습니다. 그리고 오병이어, 칠병이어의 기적으로 그들을 배불리 먹이시고(마 15:32-38, 막 8:2-9), 각종 질병을 치유하심으로 그들을 자유케 하셨으며, 말씀을 가르치심으로 영적 무지를 깨우쳐 주셨습니다(마 14:14, 막 6:34).

하나님께서 아브라함에게 긍휼을 베푸셔서 '큰 장수'의 축복을 허락하신 것은, 아브라함에게도 남을 긍휼히 여기는 마음이 있었기 때문입니다. 조카 롯이 먼저 좋은 땅을 선택하고 아브라함 곁을 떠났을 때(창 13:5-12), 보통 사람 같으면 섭섭하기도 하고 괘씸하기도 했을 것입니다. 그러나 아브라함에게는 그런 마음보다도 롯을 불쌍히 여기는 긍휼의 마음이 더 컸습니다.

① 사로잡혀 간 롯을 구한 아브라함

소돔 왕을 비롯한 다섯 왕이 자신들이 섬기던 엘람 왕 그돌라오멜을 배반하여, 그돌라오멜을 비롯한 네 나라와 전쟁을 하게 되었습니다. 소돔 왕은 그 전쟁에서 패했고, 이때 소돔에 살던 아브라함의 조카 롯은 동방 4개국 동맹군에게 사로잡혀 갔습니다(창 14:1-12).

이 소식을 들은 아브라함은 집에서 길리운 가신 318명을 이끌고 마므레에서 출발하여 단까지 쫓아가 그들을 파했고, 다메섹 북쪽 호바까지 쫓아가 조카 롯을 구하고 모든 빼앗겼던 재물과 사람들을 다시 찾아왔습니다(창 14:13-16). 아브라함이 동방 4개국 동맹군과 싸워서 롯을 구해 오는 일은 무모한 일처럼 보였을 것입니다. 그러나 아브라함은 오직 조카 롯을 긍휼히 여기는 마음으로 목숨을 내걸고 롯을 구해 왔습니다. 아브라함은 마므레에서 단까지 약 191km를 쫓아가서 그 가신을 나누어 밤을 타서 적들을 쳐서 파하였습니다(창 14:14-15). 아브라함의 급습을 받은 저들은 속수무책이었습니다. 그리고 아브라함은 재침략의 여지를 없애기 위하여 호바까지 쫓아가서, 빼앗겼던 모든 재물과 조카 롯과 부녀와 인민을 목숨을 걸고 다 찾아왔습니다(창 14:15下-16).[19] 아브라함의 마음은, 양들을 위하여 목숨을 버리는 선한 목자의 마음과 같았습니다(요 10:11).

다윗에게도 이런 긍휼의 마음이 있었습니다. 다윗은 사자나 곰이 와서 양의 새끼를 움키면, 끝까지 따라가서 그것을 쳐서 그 입에서 양을 건져 내고 사자나 곰을 쳐 죽였습니다. 사무엘상 17:34-35에서 "다윗이 사울에게 고하되 주의 종이 아비의 양을 지킬 때에 사자나 곰이 와서 양떼에서 새끼를 움키면 35 내가 따라가서 그것을 치고 그 입에서 새끼를 건져 내었고 그것이 일어나 나를 해하고자 하면 내가 그 수염을 잡고 그것을 쳐 죽였었나이다"라고 말씀하고 있습니다. 오늘 우리에게도 사단에게 빼앗긴 영혼들을 구하고자 하는 긍휼의 마음이 있어야 합니다.

② 소돔성 구원을 위해 중보 기도한 아브라함

소돔과 고모라의 심판을 작정하신 하나님께서는 "나의 하려는 것을 아브라함에게 숨기겠느냐"라고 말씀하시면서(창 18:17) 소돔성 멸망의 비밀을 알려 주셨습니다.

하나님의 이 놀라운 계획을 들은 아브라함은 하나님께 기도로 매달렸습니다. 창세기 18:24에서 "그 성중에 의인 오십이 있을찌라도 주께서 그곳을 멸하시고 그 오십 의인을 위하여 용서치 아니하시리이까"라고 기도하기 시작했습니다. 이어서 '의인 45명, 40명, 30명, 20명, 10명이 있을지라도 멸하시겠습니까'라고 하나님께 중보하며 계속해서 기도로 매달렸습니다(창 18:28-32).

아브라함의 이 기도에는 소돔성을 멸망의 위기에서 건져 내고 조카 롯을 구원하고자 하는 아브라함의 긍휼히 여기는 마음이 담겨 있는 것입니다. 오늘 우리도 믿지 않는 가족과 친척과 이웃을 위해 아브라함과 같이 긍휼의 마음으로 기도해야 합니다. 아브라함의 기도가 비록 소돔성을 심판 자리에서 구하지는 못했지만, 조카 롯을 멸망의 현장에서 구해 내었던 것입니다. 창세기 19:29에서 "하나님이 들의 성들을 멸하실 때 곧 롯의 거하는 성을 엎으실 때에 아브라함을 생각하사 롯을 그 엎으시는 중에서 내어 보내셨더라"라고 말씀하고 있습니다. 오늘도 우리 성도들에게 아브라함과 같이 한 영혼이라도 구원하기 위한 긍휼의 마음이 있을 때(롬 9:1-3), 하나님께서 '큰 장수'를 허락하시고 교회를 모든 심판에서 건지시고, 보호하시어, 마침내 천국으로 인도하실 것입니다.

(3) 긍휼이 없는 자가 받게 될 심판

긍휼이 없는 자는 하나님의 긍휼이 없는 무자비한 심판을 받습니다. 하나님께서는 남을 불쌍히 여기며 긍휼이 있는 자는 긍휼히 여겨 주시고 심판을 면하게 해 주신다고 약속하고 있습니다. 야고보서 2:13에서 "긍휼을 행하지 아니하는 자에게는 긍휼 없는 심판이 있으리라 긍휼은 심판을 이기고 자랑하느니라"라고 말씀하고 있습니다.

가난한 자들의 부르짖는 소리에 대하여 귀를 막고 긍휼히 여기지 않는 자의 기도는 하나님께서 듣지 않으십니다(잠 21:13). 긍휼이 없이 가난한 자를 학대하거나 조롱하면, 그것은 하나님을 멸시하는 것이며, 결국에는 형벌을 면치 못합니다(잠 14:21, 31, 17:5, 참고-잠 28:15-16).

놀라운 것은, 마지막 때 양과 염소를 분리하는 심판의 중대한 기준이 '긍휼히 여기는 마음'과 밀접하게 연관되어 있다는 사실입니다. 인자가 자기 영광으로 모든 천사와 함께 올 때에 자기 영광의 보좌에 앉아서 모든 민족을 그 앞에 모으고, 목자가 양과 염소를 분별하는 것같이 하실 것입니다(마 25:31-33). 그때에 임금이 그 오른편에 있는 자들에게 "내 아버지께 복 받을 자들이여 나아와 창세로부터 너희를 위하여 예비된 나라를 상속하라"라고 선포합니다(마 25:34). 그리고 "너희가 여기 내 형제 중에 지극히 작은 자 하나에게 한 것이 곧 내게 한 것이니라"라고 말씀하고 있습니다(마 25:37-40). '지극히 작은 자 하나'에게 긍휼을 베푼 것이 곧 임금에게 한 것이라는 말씀입니다.

이어서 임금은 왼편에 있는 자들에게 "저주를 받은 자들아 나를 떠나 마귀와 그 사자들을 위하여 예비된 영영한 불에 들어가라"라고 선포하였습니다(마 25:41). 그 이유는 "지극히 작은 자 하나에게 하지 아니한 것이 곧 내게 하지 아니한 것"이기 때문입니다(마 25:45). 우리는 여기서도 '지극히 작은 자 하나에게 베푸는 긍휼'이 얼마나 크고 중요한지를 깨닫게 됩니다. 진정 긍휼을 행하는 자는 심판을 이기고 자랑하게 됩니다(약 2:13下).

하나님께서는 회개하는 자를 반드시 긍휼히 여겨 주십니다. 이사야 55:7에서 "악인은 그 길을, 불의한 자는 그 생각을 버리고 여호와께로 돌아오라 그리하면 그가 긍휼히 여기시리라 우리 하나님께로 나아오라 그가 널리 용서하시리라"라고 말씀하고 있습니다. 오늘도 우리가 모든 죄를 회개하고 하나님께 돌아가면 하나님이 우리를 긍휼히 여겨 주실 것입니다.

여섯 번째 허락 | THE SIXTH BESTOWAL

큰 승리 / GREAT VICTORY / תְּשׁוּעָה גְּדוֹל

(창 12:3,10-20, 15:1, 12-14, 18:18, 20:6-7, 22:15-19, 26:11, 시 105:8-
15, 42-43)

하나님께서 아브라함에게 주신 여섯 번째 허락은 '큰 승리'입니
다. 인생은 여러 가지 크고 작은 전쟁들의 연속이라고 할 수 있습니
다. 인간 관계의 전쟁, 물질의 전쟁, 영토의 전쟁, 어둠과의 전쟁 등
인생을 사는 동안에는 매 순간 전쟁을 만나게 됩니다. 그 이면에는
악의 영들과의 싸움이 있습니다. 에베소서 6:12에서 "우리의 씨름
은 혈과 육에 대한 것이 아니요 정사와 권세와 이 어둠의 세상 주
관자들과 하늘에 있는 악의 영들에게 대함이라"라고 말씀하고 있
습니다. 이 모든 전쟁의 승패는 오직 하나님께만 달려 있습니다. 그
러므로 하나님께서 '큰 승리'를 허락하실 때, 비로소 아브라함이
'큰 승리'를 쟁취하게 되는 것입니다.

사무엘상 17:47에서 "전쟁은 여호와께 속한 것"이라고 말씀하고
있으며, 시편 24:8에서 "영광의 왕이 뉘시뇨 강하고 능한 여호와시
요 전쟁에 능한 여호와시로다"라고 말씀하고 있습니다. 잠언 21:31
에서는 "싸울 날을 위하여 마병을 예비하거니와 이김은 여호와께
있느니라"라고 말씀하고 있습니다. 그러므로 모든 승리의 배후에
는 하나님이 계십니다. 아브라함에게 주신 하나님의 '큰 승리'의 허
락도 전적으로 하나님께서 배후에서 역사하신 것입니다.

1. 허락의 내용과 의미
Content and Meaning of the Bestowal

창세기 12:3에서 "너를 축복하는 자에게는 내가 복을 내리고 너를 저주하는 자에게는 내가 저주하리니 땅의 모든 족속이 너를 인하여 복을 얻을 것이니라 하신지라"라고 말씀하고 있습니다. 여기 "너를 저주하는 자에게는"에서 '저주하다'는 히브리어 '칼랄'(קָלַל)인데, 상대를 하찮게 여기고 멸시하는 태도를 의미합니다(창 16:4-5, 출 21:17, 레 24:11, 민 22:6, 삼상 17:43, 삼하 16:5-13). 반면에, "내가 저주하리니"에서 '저주하다'는 히브리어 '아라르'(אָרַר)로, 주로 하나님의 형벌과 저주를 의미합니다(창 3:17, 신 27:15-26, 삿 21:18, 말 2:2). 그러므로 하나님과 언약을 체결한 아브라함을 멸시하거나 대적하는 자는 하나님의 형벌과 저주를 받아 패배하게 된다는 것입니다. 이 '아라르'는 창세기 3:14에서 인류를 타락시킨 뱀을 저주할 때 최초로 사용되기도 하였습니다. 뱀에 대한 저주는, 뱀의 패배와 성도의 큰 승리를 나타냅니다.

창세기 15:1에서 "이후에 여호와의 말씀이 이상 중에 아브람에게 임하여 가라사대 아브람아 두려워 말라 나는 너의 방패요 너의 지극히 큰 상급이니라"라고 말씀하고 있습니다. 여기서도 하나님께서는 자신을 아브라함의 방패라고 소개하시며, 하나님께서 모든 대적과의 싸움에서 아브라함을 지켜 주시고 승리케 해 주실 것을 약속하셨습니다.

'큰 승리'의 허락은 단순히 외적인 면에서의 승리만이 아니라 내적인 면에서의 승리를 포함합니다. 내적(영적)인 면에서 승리하는 사람은 외적(육적)인 면에서도 승리할 수 있는 것입니다.

아브라함이 얻은 내적인 승리는 다음과 같습니다.

(1) 결단의 승리

아브라함이 경험한 첫 번째 승리는 '결단의 승리'라 할 수 있습니다. 아브라함은 갈대아 우르에서 "네 고향과 친척을 떠나 내가 네게 보일 땅으로 가라"라는 명령을 받았을 때, 그대로 결단하고 갈대아 우르를 떠났습니다(창 11:31, 행 7:2-4). 당시 아브라함의 아버지 데라는 다른 신을 섬기고 있었습니다(수 24:2). 이런 아버지와 함께 갈대아 우르를 떠나는 것은 큰 결단이 아닐 수 없습니다.

아브라함은 갈대아 우르를 떠나 하란에 도착한 후에, 한동안 그곳에 거주하면서 많은 소유와 사람들을 얻었습니다(창 12:5). 그리고 아브라함은 75세에 "너는 너의 본토 친척 아비 집을 떠나 내가 네게 지시할 땅으로 가라"라는 명령을 받았을 때, 다시 결단하여 하란을 떠났습니다(창 12:1, 4). 아브라함의 나이 75세에 아버지 데라의 나이는 145세였습니다(창 11:26). 아브라함은 데라가 살아 있을 때 데라와의 이별을 결단하고 하란을 떠났던 것입니다(창 11:31). 아브라함은 하나님의 명령을 받았을 때(창 12:1) 주저하지 않고 그 말씀에 순종하여 떠나기로 결단했습니다. 결코 머뭇거리거나 우유부단하게 서성거리지 않았고, 누구와도 상의하지 않고 즉시 실행에 옮겼습니다. 75세의 나이에 인생의 일대 전환을 가져올 수 있는 모험을 결행하기란 결코 쉽지 않았을 것입니다. 그러나 그는 하나님을 신뢰하고 하나님의 말씀을 좇아 결단하였습니다(창 12:4). 이것이 바로 아브라함의 내적인 승리입니다.

(2) 양보의 승리

이제 새롭게 가나안 땅에 정착한 아브라함은 집안의 가장으로서 모든 식솔들을 이끌어야만 했습니다. 하나님께서 아브라함과 그와 함께한 사람들에게 복을 주셔서 육축과 은금이 풍부해졌습니다(창 13:2).

그런데 아브라함의 소유와 롯의 소유가 많아지므로 땅이 좁아서 서로 동거할 수 없는 상황이 되었습니다(창 13:5-6). 불가피하게 서로가 갈라서야만 하는 상황에 놓이게 된 것입니다. 이때 누가 어디로 가느냐를 결정하는 문제를 놓고, 아브라함은 연장자이고 집안의 가장으로서 우선권을 행사할 수 있는 위치에 있었지만 오히려 자신의 우선권을 조카인 롯에게 양보하였습니다. 창세기 13:8-9에서 "아브람이 롯에게 이르되 우리는 한 골육이라 나나 너나 내 목자나 네 목자나 서로 다투게 말자 ⁹ 네 앞에 온 땅이 있지 아니하냐 나를 떠나라 네가 좌하면 나는 우하고 네가 우하면 나는 좌하리라"라고 말씀하고 있습니다.

"네가 좌하면 나는 우하고 네가 우하면 나는 좌하리라"라는 말씀은 기독교 신앙의 황금률과 같은 말씀입니다. 예수님의 산상보훈에서 "그러므로 무엇이든지 남에게 대접을 받고자 하는 대로 너희도 남을 대접하라 이것이 율법이요 선지자니라"(마 7:12)라고 하신 말씀은 기독교의 황금률로 인식되어 왔습니다. 아브라함은 이러한 황금률을 이미 스스로 실천한 사람이었습니다.

"남에게 대접을 받고자 하는 대로 너희도 남을 대접하라"라는 이 말씀은 나보다 남을 먼저 배려하고 높이며 양보하라는 말씀입니다. 그럴 때 오히려 자신이 높임을 받고 대접을 받게 되는 것입니다. 마태복음 23:12에서도 "누구든지 자기를 높이는 자는 낮아지고 누구든지 자기를 낮추는 자는 높아지리라"라고 말씀하고 있습니다(눅 14:11, 18:14). 사람들은 누구나 남보다 자기를 먼저 생각하게 됩니다. 그러나 아브라함은 이러한 이기심의 시험 앞에서 양보로 승리했던 것입니다.

(3) 물질의 유혹에 대한 승리

아브라함은 집에서 기른 318명의 가신을 거느리고 동방 4개국 동맹군을 쳐서 승리하고 개선장군이 되어 돌아왔습니다. 창세기 14:16에서 "모든 빼앗겼던 재물과 자기 조카 롯과 그 재물과 또 부녀와 인민을 다 찾아왔더라"라고 말씀하고 있습니다. 이때 아브라함을 맞이한 두 사람이 있었는데, 소돔 왕과 살렘 왕 멜기세덱이었습니다. 소돔 왕은 아브라함을 맞이하면서 "사람은 내게 보내고 물품은 네가 취하라"(창 14:21)라고 제안합니다. 반면에 멜기세덱은 '떡과 포도주'만을 가지고 와서 아브라함을 축복하였습니다(창 14:18-20).

한 사람은 많은 물질로 아브라함을 환영하고 있고, 한 사람은 물질은 보잘것없지만 하나님의 축복으로 아브라함을 맞이하고 있는 것입니다. 이러한 두 종류의 제안에 아브라함은 갈등이 생겼을 것입니다. '물질이냐? 영적인 축복이냐?' 하는 갈등이 일어났을 것입니다. 그러나 아브라함은 소돔 왕의 제안을 일언지하에 거절했습니다.

아브라함은 소돔 왕에게 "네 말이 내가 아브람으로 치부케 하였다 할까 하여 네게 속한 것은 무론 한 실이나 신들메라도 내가 취하지 아니하리라"(창 14:23)라고 말하였습니다. 이 얼마나 단호한 결단이며, 물질의 유혹에 대한 깨끗한 승리의 선언입니까? 아브라함은 물질이나 사람의 인정보다 하나님의 신령한 축복을 더 사모했습니다. 그리하여 비록 떡과 포도주에 불과하지만, 기꺼이 멜기세덱 앞에 무릎을 꿇고 받은 바 축복에 감사하며 그에게 십일조를 드렸습니다(창 14:19-20). 이러한 아브라함의 행동은 그가 물질의 유혹 앞에 참으로 단호했으며 얼마나 크게 승리하였는지를 잘 보여 줍니다.

(4) 순종에 대한 승리

마지막으로, 아브라함은 가장 순종하기 힘든 하나님의 명령까지도 주저함 없이 순종하여서 마침내 하나님의 인정을 받기에 이르렀습니다. 그 마지막 명령은, 아브라함에게 있어서 자신의 생명보다 소중한 아들 이삭을 번제로 바치라는 명령이었습니다.

이삭이 누구입니까? 아브라함에게 있어 그는, 100세나 되어서 얻은 만득자로서(창 21:5) 하나밖에 없는 외아들입니다(창 22:2). 하나님의 축복과 약속을 잇게 될 상속자입니다. 그가 없어지면 자신에게 약속한 하나님의 축복도 무의미해질 수밖에 없는 상황이었습니다. 그러므로 독자 이삭을 바치라는 도무지 이해할 수 없는 하나님의 명령 앞에 그는 흔들릴 수밖에 없고 고민할 수밖에 없었을 것입니다. 특히 하나님께서는 이삭을 "번제로 드리라"라고 명령하셨습니다(창 22:2). 번제는 제물의 각을 떠서 불에 태워 드리는 제사입니다. 어떻게 살아 있는 자기 아들을 죽이고 그 몸을 조각내어 불에 태워 드릴 수 있겠습니까?

그러나 아브라함은 이 엄청난 명령 앞에도 주저하지 않았고, 즉시 순종하는 일에 아주 단호하고 치밀하였습니다. 아내와 의논하지도 않고, 아들 이삭을 불러다가 타협하지도 않았습니다. 아침 일찍 일어나서 이삭과 두 사환과 함께 출발하여 모리아의 한 산까지 삼일 길을 묵묵히 걸어갔습니다(창 22:3-4). 이 삼일 길은 아브라함에게 큰 시험의 기간이었습니다. 그는 이 기간 동안 하나님의 엄청난 명령 앞에 인간적인 생각을 내세워 다시 돌아갈 수도 있었습니다. '이삭이 죽으면 어떻게 그를 통하여 큰 민족을 이루신다는 하나님의 약속이 이루어질 수 있지? 이삭이 죽으면 안 돼. 다시 돌아가자'라고 생각하면서 돌아갈 수도 있었습니다. 그러나 아브라함은 삼일 길의 큰 시험을 이기고 마침내 모리아의 한 산에 도착하였습니다.

아브라함은 산에 오르기 전에 나귀와 두 사환은 남겨 두고 오직 자기와 이삭 단둘이 하나님께서 일러 주신 곳을 향하여 올라갔습니다(창 22:5-6). 그는 하나님의 명령에 순종하는 것을 방해할 만한 모든 요소들을 치밀하게 정리하였습니다. 드디어 단을 쌓고 아들 이삭을 결박하여 올려놓았습니다. 창세기 22:9-10에 "하나님이 그에게 지시하신 곳에 이른지라 이에 아브라함이 그곳에 단을 쌓고 나무를 벌여 놓고 그 아들 이삭을 결박하여 단 나무 위에 놓고 10 손을 내밀어 칼을 잡고 그 아들을 잡으려 하더니"라고 말씀하고 있습니다. 아브라함의 행동은 참으로 자식에 대한 정(情)을 초월한 믿음이 아니고서는 행할 수 없는 단호한 행동, 온전한 순종이었습니다.

독자 이삭을 바치라는 명령 앞에 아브라함은 순간이나마 그 말씀이 참인지, 하나님께서 진정으로 그 말씀을 하신 것인지 몇 번이고 반문하고 의심하고 회의에 젖었을 것입니다. 약속하신 하나님께서 스스로 그 약속을 깨뜨리고 번복하는 명령을 하신다는 것이 어쩌면 '하나님의 횡포'처럼 보였을지도 모릅니다. 그러나 그는 결국 그러한 번민의 터널을 완전히 빠져나와서 명하신 곳을 향해 거침없이 달려갔습니다. 모리아의 한 산을 향해, 아침 일찍 일어나 자기의 사랑하는 아들을 바치는 그곳을 향해 주저함 없이 전진하여 나아갔습니다. 이삭을 바침으로 아브라함은 위대한 믿음의 승리를 이루었던 것입니다. 이 승리에 대하여 히브리서 11:17-19에서는 "아브라함은 시험을 받을 때에 믿음으로 이삭을 드렸으니 저는 약속을 받은 자로되 그 독생자를 드렸느니라 18 저에게 이미 말씀하시기를 네 자손이라 칭할 자는 이삭으로 말미암으리라 하셨으니 19 저가 하나님이 능히 죽은 자 가운데서 다시 살리실 줄로 생각한지라 비유컨대 죽은 자 가운데서 도로 받은 것이니라"라고 말씀하고 있습니다. 하나님의 '큰 승리'의 허락이 없었다면 아브라함의 이러한 영적인 승리도 없었을 것입니다.

2. 허락의 성취
Fulfillment of the Bestowal

(1) 일차적 성취

'큰 승리'의 허락은 실제 역사 속에서 승리로 나타나게 됩니다.

아브라함이 애굽에 내려갔을 때, 아브라함은 아내 때문에 생명의 위협을 느꼈습니다. 남의 땅에 우거하는 나그네였기에, 자신의 생명을 보호하기 위해 아내를 누이라고 말할 수밖에 없었습니다(창 12:10-13). 결국 바로가 사라를 바로의 궁으로 취하여 들였는데(창 12:15), 그때 하나님께서 바로의 집에 재앙을 내리셨습니다. 창세기 12:17에서 "여호와께서 아브람의 아내 사래의 연고로 바로와 그 집에 큰 재앙을 내리신지라"라고 말씀하고 있습니다. 하나님께서는 이 일로 아브라함과 그 가족의 생명을 보존하셨을 뿐 아니라 그로 많은 재산까지도 얻게 하셨습니다(창 12:20). 참으로 하나님께서 허락하신 '큰 승리'였습니다.

가나안의 다섯 왕(소돔 왕, 고모라 왕, 아드마 왕, 스보임 왕, 소알 왕)이 연합하여 12년 간 섬겨 오던 엘람 왕 그돌라오멜을 제13년에 배반하자, 제14년에 그돌라오멜과 그와 동맹한 세 왕이 연합하여 쳐들어 왔습니다. 이 전쟁에서 소돔 왕과 고모라 왕은 패해 달아나고, 네 나라 왕은 소돔과 고모라의 모든 재물과 양식을 빼앗아 갔습니다(창 14:1-11). 소돔에 살고 있던 아브라함의 조카 롯도 사로잡혀 갔고, 그의 재물도 다 노략을 당하고 말았습니다(창 14:12).

이때 아브라함은 조카 롯을 구하기 위하여 그의 집에서 길리운 자 318명을 이끌고 쫓아가서, 밤에 네 나라 동맹군을 파하고, 빼앗겼던 모든 재물과 자기 조카 롯과 그 재물과 부녀와 인민을 다 찾아왔습니다(창 14:14-16). 아브라함이 318명을 이끌고 가서, 다섯 나라 연합군을 친 강력한 네 나라 동맹군과 싸워 승리한 것은 기적 같은 일입니다. 이것은 전적으로 '큰 승리'를 허락하신 하나님의 강권적인 역사였습니다.

그 후에 아브라함은 아비멜렉에게 사라를 빼앗길 뻔한 사건을 만납니다. 아브라함이 그랄에 우거할 때 아내 사라를 자기의 누이라고 하는 바람에 그랄 왕 아비멜렉이 사라를 취하였던 것입니다. 그러나 하나님께서 아비멜렉의 꿈에 나타나셔서, 사라에게 손대지 말고 돌려보내라고 명령하셨습니다(창 20:1-7). 하나님께서는 아비멜렉에게 아브라함은 '선지자'라고 말씀하시면서, "이제 그 사람의 아내를 돌려보내라 그는 선지자라 그가 너를 위하여 기도하리니 네가 살려니와 네가 돌려보내지 않으면 너와 네게 속한 자가 다 정녕 죽을 줄 알찌니라"라고 말씀하셨습니다(창 20:7).

아비멜렉은 두려워하여 아브라함에게 양과 소와 노비와 은 1,000개를 주고 사라를 돌려보냈습니다(창 20:14-16). 그리고 아브라함이 기도할 때, 하나님께서는 아비멜렉과 그 아내와 여종을 치료하셔서 생산케 하셨습니다. 이것 역시 전적으로 하나님이 도와주신 승리입니다(창 20:17-18).

(2) 이차적 성취

아브라함에게 허락하신 '큰 승리'는, 장차 아브라함의 자손들이 승리할 것을 허락하신 말씀이기도 합니다. 창세기 22:17에서 "네 씨가 그 대적의 문을 얻으리라"라고 말씀하고 있습니다.

아브라함의 후손들에게 '큰 승리'를 약속하신 대로, 아브라함의 자손들은 애굽에서 큰 승리를 하고 나오게 됩니다. 이것에 대하여 창세기 15:14에서도 "그 섬기는 나라를 내가 징치할찌며 그 후에 네 자손이 큰 재물을 이끌고 나오리라"라고 말씀하고 있습니다. 역사적으로 볼 때, 야곱의 70가족은 요셉이 총리로 있을 때 애굽에 들어갔습니다. 그리고 그들은 요셉을 알지 못하는 왕들이 통치할 때 큰 고난을 당하였습니다(출 1:8-14). 그러나 하나님께서 아브라함에게 "너를 축복하는 자에게는 내가 복을 내리고 너를 저주하는 자에게는 내가 저주하리니 땅의 모든 족속이 너를 인하여 복을 얻을 것이니라"(창 12:3)라고 말씀하신 대로, 하나님께서는 애굽을 열 가지 재앙으로 징치하셨고 아브라함의 후손들은 출애굽 하였습니다. 그리고 아브라함의 후손들은 홍해가 갈라지면서 마른 땅이 된 바다를 건넜고, 반대로 아브라함의 후손을 학대하고 저주했던 바로와 그 군대는 마침내 홍해에 수장 당함으로, 아브라함의 후손들은 위대한 승리를 거두었습니다(출 14:21-31). 출애굽기 14:30-31은 "그날에 여호와께서 이같이 이스라엘을 애굽 사람의 손에서 구원하시매 이스라엘이 바닷가의 애굽 사람의 시체를 보았더라 [31] 이스라엘이 여호와께서 애굽 사람들에게 베푸신 큰 일을 보았으므로 백성이 여호와를 경외하며 여호와와 그 종 모세를 믿었더라"라고 말씀하고 있습니다.

(3) 궁극적 성취

하나님께서 아브라함에게 주신 '큰 승리'의 허락은, 궁극적으로 하나님의 백성이 마지막 때 승리할 것을 예표하고 있습니다. 세상 마지막에 백마를 타고 재림하시는 주님과 그를 따르는 자들은 짐승과 땅의 임금들과 그의 군대들과 한 판 전쟁을 벌이게 될 것입니다. 요한계시록 19:11에서 "또 내가 하늘이 열린 것을 보니 보라 백마와 탄 자가 있으니 그 이름은 충신과 진실이라 그가 공의로 심판하며 싸우더라"라고 말씀하고 있으며, 이어 14절에서 "하늘에 있는 군대들이 희고 깨끗한 세마포를 입고 백마를 타고 그를 따르더라"라고 말씀하고 있습니다. 19절에서는 "또 내가 보매 그 짐승과 땅의 임금들과 그 군대들이 모여 그 말 탄 자와 그의 군대로 더불어 전쟁을 일으키다가"라고 말씀하고 있습니다.

그러나 어찌 인간이 하나님과 싸워서 이길 수 있겠습니까? 마침내 짐승이 잡히고, 거짓 선지자도 잡히고, 짐승의 표를 받고 그의 우상에게 경배하던 자들은 다 패배하여 유황불 못에 들어가게 될 것입니다. 요한계시록 19:20-21에서 "짐승이 잡히고 그 앞에서 이적을 행하던 거짓 선지자도 함께 잡혔으니 이는 짐승의 표를 받고 그의 우상에게 경배하던 자들을 이적으로 미혹하던 자라 이 둘이 산 채로 유황불 붙는 못에 던지우고 [21] 그 나머지는 말 탄 자의 입으로 나오는 검에 죽으매 모든 새가 그 고기로 배불리우더라"라고 말씀하고 있습니다. 요한계시록 20:10에서도 "또 저희를 미혹하는 마귀가 불과 유황 못에 던지우니 거기는 그 짐승과 거짓 선지자도 있어 세세토록 밤낮 괴로움을 받으리라"라고 말씀하고 있습니다(계 20:14).

이 모든 승리는 궁극적으로 재림하시는 주님으로부터 오는 것입니다. 요한계시록 17:14에서 "저희가 어린양으로 더불어 싸우려니와 어린양은 만주의 주시요 만왕의 왕이시므로 저희를 이기실 터이요 또 그와 함께 있는 자들 곧 부르심을 입고 빼내심을 얻고 진실한 자들은 이기리로다"라고 말씀하고 있습니다. 그러므로 창세기 22:17의 "네 씨가 그 대적의 문을 얻으리라"라는 말씀은 마지막에 재림하시는 주님으로 말미암아 성취될 것입니다. 여기 "네 씨"는 히브리어 '제라'(זֶרַע)의 단수형으로, '너의 한 씨'라는 뜻입니다. 구속사의 최종적인 큰 승리는, 아브라함과 언약하신 '한 씨'이신 예수님의 재림으로 완전히 성취될 것입니다.

(4) 승리의 비결

① 하나님께서 방패가 되어 주시기 때문입니다.

창세기 15:1에서 "이후에 여호와의 말씀이 이상 중에 아브람에게 임하여 가라사대 아브람아 두려워 말라 나는 너의 방패요 너의 지극히 큰 상급이니라"라고 말씀하고 있습니다. 하나님께서 아브라함의 방패이시니 세상에 아브라함을 당할 자가 없습니다. 아브라함이 318명을 거느리고 네 나라 동맹군과 싸워 승리한 것은 하나님께서 아브라함의 방패가 되어 주셨기 때문입니다.

하나님께서는 믿는 성도의 방패가 되어 주십니다. 시편 84:11에서 "여호와 하나님은 해요 방패시라"라고 말씀하고 있습니다. 그러므로 성도는 죄와 싸워 승리하고, 세상과 싸워 승리하고, 자신과 싸워 승리해야 합니다. 아브라함과 같은 신앙을 가진 하나님의 백성에게는 하나님께서 방패가 되어 주시므로 오직 승리만 있을 뿐입니다(레 26:7-8, 신 33:29, 수 23:10, 시 3:3, 18:2, 27:5-6, 84:11-12, 사 30:17).

② 하나님께서 대신 싸워 주시기 때문입니다.

하나님께서는 우리를 위하여 대신 싸워 주시는 분입니다(창 20:7, 신 1:30, 20:4, 수 10:14, 42, 23:3, 대상 16:21-22, 대하 20:15, 29, 느 4:20, 시 105:14-15). 출애굽기 14:14에서 "여호와께서 너희를 위하여 싸우시리니 너희는 가만히 있을지니라"라고 말씀하고 있고, 신명기 3:22에서 "너희는 그들을 두려워하지 말라 너희 하나님 여호와 그가 너희를 위하여 싸우시리라 하였노라"라고 말씀하고 있습니다.

앞에서 살펴본 아브라함의 생애 가운데 나타난 승리들은 모두 하나님께서 아브라함을 대신하여 싸워 주셨기 때문에 얻은 것들입니다. 오늘 우리도 하나님께서 우리를 대신하여 싸워 주신다면 어떤 전쟁을 만날지라도 백전백승(百戰百勝)의 역사가 있을 것입니다.

3. '팔 복'과의 관계
Relevance to the Eight Beatitudes

'큰 승리'의 허락은 예수님이 말씀하신 '팔 복' 가운데 '의를 위하여 핍박을 받은 자'가 받는 복과 같습니다. 마태복음 5:10-11에서 "의를 위하여 핍박을 받은 자는 복이 있나니 천국이 저희 것임이라 [11] 나를 인하여 너희를 욕하고 핍박하고 거짓으로 너희를 거스려 모든 악한 말을 할 때에는 너희에게 복이 있나니"라고 말씀하고 있습니다. 이어 12절에서 "기뻐하고 즐거워하라 하늘에서 너희의 상이 큼이라…"라고 말씀하고 있습니다.

여기서 예수님은 '의를 위하여 핍박 받는 자'를 가리켜 복이 있다고 하시면서, 그러한 자들은 천국을 소유할 뿐 아니라 하늘에서 상이 크다고 말씀하셨습니다.

'상'(賞)은 운동 경기든지 전투든지 승리자만이 받을 수 있는 것입니다. 그러므로 아브라함이 하나님께 '큰 승리'를 허락받았다는 것은 그가 받을 상이 크다는 것을 의미합니다. '상'은 헬라어 '미스도스'(μισθός)로, 신약성경에 29회 사용되었습니다. 이것은 일반적으로 '일에 대한 보수'를 뜻하지만, 하나님께서 주시는 보상에 대하여 사용되기도 합니다. 요한계시록 22:12에서 "보라 내가 속히 오리니 내가 줄 상(미스도스)이 내게 있어 각 사람에게 그의 일한 대로 갚아 주리라"라고 말씀하고 있습니다(고전 3:8). 마태복음 10:41에서도 "선지자의 이름으로 선지자를 영접하는 자는 선지자의 상을 받을 것이요 의인의 이름으로 의인을 영접하는 자는 의인의 상을 받을 것이요"라고 말씀하고 있습니다.

실로 아브라함의 신앙 여정은 의를 위해 핍박 받는 삶이었습니다. 그러나 아브라함은 그 핍박과 투쟁의 여정에서도 결코 패배하지 않고 승리함으로 하늘의 큰 상급을 받았던 것입니다. 아브라함은 혈혈단신으로 출발하였지만 하나님께서 복 주시고 창성케 하시므로 모든 핍박을 이기고 승리하였습니다(사 51:2).

창세기 15:1을 볼 때, 하나님께서는 아브라함에게 '내가 너의 방패'라고 말씀하신 다음에, 이어서 '내가 너의 큰 상급'이라고 말씀하셨습니다. 이것은 아브라함이 하나님을 의지하여 세상과 싸워 승리한다면 하나님께서 반드시 큰 상급을 주신다는 약속입니다. 여기 '상급'은 히브리어 '사카르'(שָׂכָר)로, '삯, 임금, 보상'이라는 뜻입니다. 야곱의 아내 레아는 잇사갈을 생산했을 때 하나님께서 자기에게 상급(사카르)을 주셨다고 고백하였습니다(창 30:18). 이사야 선지자는 구원자가 오실 것을 예언하면서 그 구원자가 상급을 주실 것을 예언하였습니다. 이사야 40:10에서 "보라 주 여호와께서 장차 강한 자로 임하실 것이요 친히 그 팔로 다스리실 것이라 보라 상급(사카르)이 그에게 있고 보응이 그 앞에 있으며"라고 말씀하고 있으며, 이사야 62:11에서 "여호와께서 땅 끝까지 반포하시되 너희는 딸 시온에게 이르라 보라 네 구원이 임하느니라 보라 상급(사카르)이 그에게 있고 보응이 그 앞에 있느니라"라고 말씀하고 있습니다(마 16:27).

아브라함은 지금까지 내적인 승리와 외적인 승리를 경험하면서, 심적으로 육적으로 많은 고통과 아픔을 겪었습니다. 그러나 아브라함은 자신의 그러한 고난을 '하나님의 의'를 위한 것으로 여겼기에 불평하지 않고 기꺼이 감내했습니다.

아브라함의 승리의 비결은 이 땅의 부귀영화를 바라본 것이 아니라, 영원한 하나님 나라와 거기에서 주어지는 상급을 바라본 데에 있었습니다(히 11:10, 16). 그는 이 땅에서 평생을 나그네로 우거하였습니다. 그의 삶은 처절한 투쟁이요, 끝없는 고난이었습니다. 그러나 아브라함은 '하나님의 의'를 위하여 기꺼이 그 모든 것들을 이겨 냈던 것입니다. 그 결과로 하나님 자신이 아브라함의 방패가 되셔서 세상의 모든 싸움에서 아브라함을 지켜 주셨으며, 하나님 자신이 아브라함의 '큰 상급'이 되어 주셨습니다. 오늘도 아브라함의 '큰 승리'가 우리의 큰 승리가 되어서 우리에게도 '큰 상급'이 있기를 소망합니다.

일곱 번째 허락 | The Seventh Bestowal

메시아 / The Messiah / מָשִׁיחַ

(창 12:1-5 특히 3절, 15:4-6, 18:17-19 특히 18절, 22:16-18 특히 18절)

하나님께서 아브라함에게 주신 일곱 번째 허락은 '메시아'입니다. '메시아'는 '기름 부음 받은 자'란 뜻으로, 히브리어로 '마쉬아흐'(מָשִׁיחַ)이며, 헬라어로는 '크리스토스'(χριστός)입니다. '메시아'는 이스라엘 백성에게는 '구원자'로 알려졌으며, 이스라엘 백성은 힘들고 어려울 때마다 메시아 대망 사상을 가지고 기다렸습니다.

하나님께서는 아브라함에게 그의 후손을 통하여 '메시아'가 오실 것을 분명하게 허락하셨습니다. 이것은 아브라함에게 허락된 복 가운데 최고의 복이라고 할 수 있습니다.

1. 허락의 내용과 의미

Content and Meaning of the Bestowal

하나님께서 아브라함과 맺으신 일곱 가지 언약을 살펴보면, 그 언약들 속에 모두 예수 그리스도가 약속되어 있습니다(갈 3:16).

첫째, 창세기 12:3에서 "땅의 모든 족속이 너를 인하여 복을 얻을 것이니라"라고 말씀하고 있습니다. 여기 "너를 인하여"는 히브리어 '베카'(בְּךָ)로, '네 안에서'라는 뜻입니다. 그러므로 하나님께서는 연약한 인간 아브라함 때문에 땅의 모든 족속이 복을 받는다고 말씀하신 것이 아니라, 아브라함 안에서 아브라함의 자손으로 오실 예수 그리스도로 말미암아 땅의 모든 족속이 복을 받는다고 말씀하신 것입니다.[20]

둘째, 하나님께서는 세겜에서 "이 땅을 네 자손에게 주리라"라고 약속하셨습니다(창 12:7). 여기 "네 자손"은 히브리어로 남성 단수로서, 일차적으로 아브라함의 아들 이삭을 가리키지만, 궁극적으로는 메시아이신 예수 그리스도를 가리킵니다. 예수님만이 세겜이 대표하는 가나안 전체의 진정한 소유주이십니다.

셋째, 창세기 13:15-16에서 "보이는 땅을 내가 너와 네 자손에게 주리니 영원히 이르리라 ¹⁶ 내가 네 자손으로 땅의 티끌 같게 하리니 사람이 땅의 티끌을 능히 셀 수 있을찐대 네 자손도 세리라"라고 말씀하고 있습니다. 여기에 세 번 나오는 "네 자손"은 히브리어 '자르아카'(זַרְעֲךָ)로, 2인칭 단수입니다. '너의 한 자손'은 일차적으로 이삭을 가리키지만, 궁극적으로는 장차 오실 예수 그리스도를 가리킵니다. 왜냐하면 보이는 땅을 그 자손에게 '영원히' 준다고 약속하셨는데, 가나안을 영원히 소유하실 분은 오직 예수 그리스도뿐이시기 때문입니다.

넷째, 창세기 15:5에서 "하늘을 우러러 뭇별을 셀 수 있나 보라 또 그에게 이르시되 네 자손이 이와 같으리라"라고 말씀하고 있습니다. 여기 "네 자손"(זַרְעֲךָ, 자르에카)은 복수가 아니고 단수이므로, 일차적으로는 이삭을 가리키지만 궁극적으로는 장차 나타나실 예수 그리스도를 가리킵니다(갈 3:16). 이 말씀은 예수 그리스도로 말

미암아 하늘의 별과 같이 많은 성도들이 나타나 천국을 상속할 것을 말씀한 것입니다.[21]

　다섯째, 창세기 17:7-8에서 "나와 너와 네 대대 후손의 사이에 세워서 영원한 언약을 삼고 … ⁸ 내가 너와 네 후손에게 … 영원한 기업이 되게 하고"라고 말씀하고 있으며, 창세기 17:19 하반절에서도 "그의 후손에게 영원한 언약이 되리라"라고 말씀하고 있습니다. 여기에 사용된 '후손'은 단수로서 '한 후손'을 가리키며, 곧 예수 그리스도를 가리킵니다(갈 3:16). 이 '한 후손'과 세우실 언약은 '영원한 언약'입니다.

　여섯째, 창세기 18:18에서 "아브라함은 강대한 나라가 되고 천하 만민은 그를 인하여 복을 받게 될 것이 아니냐"라고 말씀하고 있습니다. 여기서 "그를 인하여"는 히브리어 '보'(בוֹ)로, 역시 '그 안에서'라는 뜻입니다. 그러므로 이 말씀도 천하 만민이 아브라함 안에서, 즉 아브라함의 자손으로 오실 예수 그리스도로 말미암아 복을 받게 된다는 의미입니다.[22]

　일곱째, 창세기 22:17-18에서 "내가 네게 큰 복을 주고 네 씨로 크게 성하여 하늘의 별과 같고 바닷가의 모래와 같게 하리니 네 씨가 그 대적의 문을 얻으리라 ¹⁸ 또 네 씨로 말미암아 천하 만민이 복을 얻으리니 이는 네가 나의 말을 준행하였음이니라"라고 말씀하고 있습니다. 여기 "네 씨"(זַרְעֲךָ, 자르아카)가 세 번 등장하는데, 모두가 단수형으로, 장차 오실 한 분 예수 그리스도를 나타냅니다.

하나님께서는 타락한 아담과 하와에게, '여자의 후손'을 약속하시고 그가 뱀의 머리를 깨뜨릴 것을 약속하셨습니다(창 3:15). 이것은 메시아가 '여자의 후손'으로 오신다는 약속입니다. 이 약속에는 구체적으로 누구의 후손으로 오신다는 것이 나타나 있지 않습니다. 그러나 하나님께서는 아브라함에게 '한 자손'을 허락하심으로 약속하신 여자의 후손이 아브라함의 후손으로 오신다는 사실을 정확하게 계시해 주셨습니다.

하나님께서는 영이 유여하실지라도 경건한 자손 '하나'를 찾으셨고(말 2:15), 마침내 아담으로부터 20대손인 아브라함을 찾으셨던 것입니다. 그리고 그에게 허락하신 대로 '이삭'이라는 약속의 자녀를 주시고, '이삭'의 자손으로 여자의 후손이 이 땅에 오도록 하신 것입니다(창 26:3-4, 롬 9:7-8). 온 우주의 주인이시요, 영광의 보좌 가운데 계신 전지전능하신 하나님께서 낮고 천한 이 땅에 아브라함이라는 사람의 후손으로 오신다는 것은 실로 신비스러운 일이 아닐 수 없습니다. 그러나 하나님께서 아브라함에게 '메시아'의 허락을 주셨기 때문에, 그 허락은 마침내 성취되었던 것입니다.

2. 허락의 성취
Fulfillment of the Bestowal

(1) 일차적 성취

'메시아'의 허락은 실제로 예수 그리스도께서 아브라함의 후손으로 태어나심으로 성취되었습니다. 마태복음 1:1에서는 "아브라함과 다윗의 자손 예수 그리스도의 세계라"라고 정확하게 말씀하고 있습니다. 갈라디아서 3:16에서도 "이 약속들은 아브라함과 그 자손에게 말씀하신 것인데 여럿을 가리켜 그 자손들이라 하지 아니하시고 오직 하나를 가리켜 네 자손이라 하셨으니 곧 그리스도라"라고 말씀하고 있습니다.

이렇게 메시아가 아브라함의 후손으로, 인성을 가지신 사람으로 오실 것에 대하여 구약의 많은 선지자들도 예언을 하였습니다 (삼하 7:12-13, 사 7:14, 11:1-5, 렘 23:5-6, 33:15-16, 겔 34:23-24, 37:24-25, 미 5:2). 특히 이사야 선지자는 "이는 한 아기가 우리에게 났고 한 아들을 우리에게 주신 바 되었는데 그 어깨에는 정사를 메었고 그 이름은 기묘자라, 모사라, 전능하신 하나님이라, 영존하시는 아버지라, 평강의 왕이라 할 것임이라"라고 예언하였습니다(사 9:6). 여기서도 메시아를 '한 아기'나 '한 아들'로 표현함으로, 메시아가 여자의 후손으로서 인성을 가지고 오실 것을 예언하였던 것입니다.

(2) 이차적 성취

아브라함의 후손으로 메시아가 오신다는 허락은 예수 그리스도의 초림으로 이미 성취가 되었으며, 이것은 예수님께서 십자가에서 죽으시고 부활하심과 승천하심을 통하여 실제적으로 성취되었습니다.

아브라함의 후손으로 오실 '한 씨'에 대하여 창세기 22:17 하반절에서 "네 씨가 그 대적의 문을 얻으리라"라고 말씀하고 있습니다. 여기에는 아브라함의 후손으로 오실 메시아가 모든 사단의 권세를 물리칠 것이라는 의미가 담겨 있습니다.[23] 이 말씀대로 예수 그리스도께서 십자가에서 만인간의 죄를 짊어지고 죽으시고, 삼 일 만에 부활하심으로 사망 권세를 깨뜨리고 승리하셨습니다. 이삭을 드리던 모리아 땅의 한 산에 예수 그리스도의 십자가가 서게 됨으로, 천하 만민이 '한 씨'를 통하여 구원의 복을 받게 되었던 것입니다.

이 승리는 완전한 승리를 위한 서곡이요 보증이었습니다. 예수님께서는 사단이 주님의 발등상 아래 완전히 굴복할 때까지 하나님 보좌 우편에서 기다리십니다(시 110:1, 눅 20:43, 행 2:35, 히 1:13, 10:13).

(3) 궁극적 성취

아브라함에게 주신 '메시아'의 허락은, 예수 그리스도의 재림으로 완전히 성취될 것입니다. 요한계시록 1:7에서 "볼찌어다 구름을 타고 오시리라 각인의 눈이 그를 보겠고 그를 찌른 자들도 볼터이요 땅에 있는 모든 족속이 그를 인하여 애곡하리니 그러하리라 아멘"이라고 말씀하고 있습니다. 요한계시록 19:11에서 재림하시는 주님을 가리켜 "보라 백마와 탄 자가 있으니 그 이름은 충신과 진실이라"라고 말씀하고 있습니다.

장차 주님께서 재림하셔서 사단을 결박하여 불과 유황 못에 던지시므로 영원한 완전 승리가 이루어질 것입니다. 그때에 주님은 우리의 대적 마귀의 성을 완전히 박살내실 것입니다. 요한계시록 20:10에서 "또 저희를 미혹하는 마귀가 불과 유황 못에 던지우니 거기는 그 짐승과 거짓 선지자도 있어 세세토록 밤낮 괴로움을 받으리라"라고 말씀하고 있습니다(계 20:14). 이 최후의 승리의 날에 '메시아'의 허락은 완전히 성취될 것입니다. 이 얼마나 멋있는 하나님의 시나리오입니까!

3. '팔 복'과의 관계
Relevance to the Eight Beatitudes

'메시아'의 허락은 예수님이 말씀하신 '팔 복' 가운데 '마음이 청결한 자'가 받는 복과 같습니다. 마태복음 5:8에서 "마음이 청결한 자는 복이 있나니 저희가 하나님을 볼 것임이요"라고 말씀하고 있습니다. 아브라함에게 약속하신 '메시아'는 본래 하나님이셨으나 사람으로, 말씀이 육신이 되어 오신 분입니다(요 1:14, 빌 2:6-8).

(1) 아브라함의 하나님과의 만남

아브라함은 하나님을 보았습니다. 성경은 아브라함이 하나님을 본 사실을 명확하게 증거하고 있습니다. 아브라함 이전 시대에는 "여호와 하나님이 가라사대"(창 3:22), "여호와께서 노아에게 이르시되"(창 7:1), "하나님이 … 그들에게 이르시되"(창 9:1)라고 간단하게 표현되었습니다. 그러나 아브라함이 가나안 땅에 들어온 후부터는, 하나님께서 아브라함에게는 직접 볼 수 있는 사람의 모습으로 현현(顯現)하셨습니다.

창세기 12:7 "여호와께서 아브람에게 나타나 가라사대"
창세기 17:1 "여호와께서 아브람에게 나타나서 그에게 이르시되"
창세기 18:1 "여호와께서 마므레 상수리 수풀 근처에서 아브라함에게 나타나시니라"

① 갈대아 우르에서의 만남

사도행전 7:2에서 "우리 조상 아브라함이 하란에 있기 전 메소보다미아에 있을 때에 영광의 하나님이 그에게 보여"라고 말씀하고 있습니다. 여기 '보여'라는 단어가 바로 헬라어 '호라오'(ὁράω)인데, '보다'라는 의미를 가진 히브리어 '라아'(רָאָה)에 해당하는 헬라어입니다. 이 단어는 주어가 하나님인 경우에는 '나타나신다'라는 뜻으로 쓰입니다.

그래서 말씀이 육신이 되어, 하나님께서 사람의 모습으로 오신 성육신 사건을 가리킬 때도 '호라오'라는 단어가 사용되고 있습니다. 요한복음 1:18의 "본래 하나님을 본 사람이 없으되 아버지 품속에 있는 독생하신 하나님이 나타내셨느니라"라는 말씀에서, '나타내셨느니라'가 헬라어 '호라오'입니다. 그러므로 영광의 하나님이 아브라함의 꿈에 나타나신 것이 아니라, 직접 사람의 모습으로 현현하셨던 것입니다.

그렇다면 하나님께서 아브라함에게 나타나신 사건의 구속사적 의미는 무엇입니까?

첫째, 하나님께서 아브라함을 부르시기 위함입니다.

이사야 51:2에서 "너희 조상 아브라함과 너희를 생산한 사라를 생각하여 보라 아브라함이 혈혈단신으로 있을 때에 내가 부르고"라고 말씀하고 있습니다. 아브라함은 우상을 섬기는 집안에서 태어나고 자랐습니다. 아브라함의 아버지 데라는 우상을 섬기고 있었습니다(수 24:2-3). 만약 하나님께서 아브라함에게 나타나지 않으셨다면, 아브라함도 우상숭배하는 삶에서 벗어날 수 없었을 것입니다. 그러나 하나님께서 아브라함에게 나타나심으로 아브라함을 부르셨습니다.

하나님의 부르심이 무엇입니까? 그것은 만세 전에 예수 그리스도 안에서 믿음으로 말미암아 구원 받기로 예정된 자들을 초청하시는 하나님의 은혜입니다. 로마서 8:30에서 "또 미리 정하신 그들을 또한 부르시고"라고 말씀하고 있습니다. 하나님의 은혜가 아니면 아브라함이 부르심을 받을 수 없습니다. 그래서 사도 바울은 하나님을 가리켜 "내 어머니의 태로부터 나를 택정하시고 은혜로 나를

부르신 이"(갈 1:15)라고 고백하였으며, "그리스도의 은혜로 너희를
부르신 이"(갈 1:6)라고 말씀하였습니다. 아브라함도 평생 갈대아 우
르에 살면서 우상을 숭배할 수도 있었는데, 하나님께서 오직 은혜
로 아브라함에게 나타나셔서 아브라함을 부르신 것입니다(느 9:7).

둘째, 아브라함이 신앙을 전수받을 수 있도록 그를 옮기시기 위함입니다.

사도행전 7:2-4에서 "우리 조상 아브라함이 하란에 있기 전 메소
보다미아에 있을 때에 영광의 하나님이 그에게 보여(ὁράω, 호라오,
나타나) 3 가라사대 네 고향과 친척을 떠나 내가 네게 보일 땅으로
가라 하시니 4 아브라함이 갈대아 사람의 땅을 떠나 하란에 거하다
가"라고 말씀하고 있습니다. 만약 하나님께서 아브라함에게 나타나
지 않으셨다면, 아브라함은 하란으로 가지 않았을 것입니다. 하나
님께서 "네 고향과 친척을 떠나 내가 네게 보일 땅으로 가라"라고
명령하셨기 때문에, 아브라함은 갈대아 우르를 떠나 하란으로 간
것입니다.

고고학자들은 고대 하란에서 가까운 지역에 알레포라는 도시가
있으며 그 도시를 중심으로 하나님을 믿는 나라 에블라 왕국이 형
성되었음을 증거하고 있습니다. 이 나라는 아브라함의 조상인 에벨
이 세운 나라였습니다. 에블라 왕국에 속한 하란 지역에는 아브라
함의 조상들이 살고 있었습니다. 창세기 12:1을 볼 때, 아브라함이
하란에 살고 있을 때 하나님께서 '친척을 떠나라'고 말씀하시는 것
이 나옵니다. 이는 분명히 하란에 아브라함의 친척들이 살고 있었다
는 증거입니다(창 24:4, 10, 25:20). 이들은 시날 땅에서 바벨탑 운동이
일어날 때(창 10:10, 11:1-4), 거기에 동조하지 않고 유브라데강을 건

너 신앙의 자유를 찾아서 떠났던 에벨을 비롯한 믿음의 조상들이었던 것입니다. 하나님께서는 아브라함을 갈대아 우르에서 하란으로 옮기심으로 믿음의 친척들을 만나게 하셨고, 아브라함이 그들을 만나서 노아를 통해 전달된 하나님의 신앙을 배우고 이어받게 만드신 것입니다.

② 아브라함 75세 때 가나안에서의 만남

아브라함은 75세에 하란을 떠나서 가나안 땅에 들어왔습니다(창 12:4). 아브라함이 가나안 땅에 들어왔으나 하나님께서는 곧바로 아브라함에게 나타나지 않으셨습니다. 아브라함은 낯선 땅에서 마음에 불안과 두려움이 있었을 것입니다. 그런데 아브라함이 세겜 땅 모레 상수리나무에 이르렀을 때, 드디어 하나님께서 아브라함에게 나타나셨고, "이 땅을 네 자손에게 주리라"라고 약속하셨습니다(창 12:6-7). 이 약속은 세겜 땅뿐만 아니라 가나안 땅 전체를 주시겠다는 약속인 것입니다. 이에 아브라함은 너무도 감격하여, 자기에게 나타나신 여호와를 위하여 그곳에 단을 쌓았습니다(창 12:7). 이때부터 세겜 땅은 가나안을 대표하는 땅이 되었습니다. 훗날 요셉의 뼈도 바로 이 세겜 땅에 묻히게 되었습니다(수 24:32).

③ 아브라함 99세 때의 만남

아브라함 99세에 여호와께서 아브라함에게 나타나셨습니다(창 17:1). 아브라함이 86세에 이스마엘을 낳은 이후, 하나님께서는 13년 동안 아브라함에게 나타나시지 않고 철저하게 침묵하셨습니다. 이것은 아브라함의 불신에 대한 하나님의 마음을 나타내신 것으로 이해할 수 있습니다. 마침내 하나님께서는 99세 된 아브라함에게 나타나셔서 "나는 전능한 하나님이라"라고 선언하셨습니다. 히브리어로는 '아니 엘 샤다이'(אֲנִי־אֵל שַׁדַּי)인데, 이것은 '네가 지금까지 믿지 못하고 있지만, 나는 한번 약속한 것은 아무리 불가능한 상황 속에서도 반드시 이루는 전능한 존재'라는 것을 아브라함에게 상기시키신 것입니다.[24]

이때 하나님께서는 아브라함에게 이름을 바꾸라고 명령하시고 (창 17:5), 이어서 할례를 받으라고 명령하셨습니다(창 17:9-14). 그리고 아브라함의 아내 사라에게 아들 이삭이 있을 것을 약속하셨습니다(창 17:15-21). 창세기 17:22을 볼 때, "하나님이 아브라함과 말씀을 마치시고 그를 떠나 올라가셨더라"라고 말씀하고 있습니다.

④ 마므레 상수리 수풀 근처에서의 만남

창세기 18:1에서 "여호와께서 마므레 상수리 수풀 근처에서 아브라함에게 나타나시니라 오정 즈음에 그가 장막 문에 앉았다가"라고 말씀하고 있습니다. 이때 아브라함은 사람으로 현현하신 하나님을 직접 만나서 음식을 대접하였습니다(창 18:2-8).

이처럼 하나님께서 뜨거운 정오에(창 18:1) 한 나그네의 모습으로 두 천사를 데리고 찾아오신 것은 아브라함과 인격적인 사귐을 가지시기 위함이었습니다. 마치 예수님께서 피곤하고 지친 나그네의 모습으로 사마리아 여자에게 물을 좀 달라고 하신 경우와 같습니다(요 4:6-7). 하나님께서 아브라함과 교제하시기 위해 자기를 낮추시고 인간의 모습으로, 아브라함의 가정을 심방하신 것입니다(빌 2:6-8).

이 심방의 목적은 두 가지입니다.

첫째, 언약의 후손 이삭을 잉태할 것에 대한 확신을 심어 주시기 위함이었습니다.

하나님께서는 아브라함에게 "기한이 이를 때에 내가 정녕 네게로 돌아오리니 네 아내 사라에게 아들이 있으리라"라고 말씀하셨습니다(창 18:10). 이때 사라는 속으로 웃으면서 "내가 노쇠하였고 내 주인도 늙었으니 내게 어찌 낙이 있으리요"라고 말하였습니다(창 18:12). 그러나 하나님께서는 "여호와께 능치 못한 일이 있겠느냐 기한이 이를 때에 내가 네게로 돌아오리니 사라에게 아들이 있으리라"라고 말씀하시면서(창 18:14), 언약의 후손 이삭이 반드시 태어날 것에 대한 확신을 심어 주셨습니다.

둘째, 소돔성 멸망의 비밀을 알려 주시기 위함이었습니다.

아브라함에게 사람 셋이 나타났는데, 그 중에 한 분은 하나님이시고, 나머지 두 사람은 천사였습니다(창 18:2, 16, 22, 19:1). 하나님께서는 두 천사가 소돔성으로 떠난 다음에, "나의 하려는 것을 아브라함에게 숨기겠느냐"라고 말씀하시면서(창 18:17) 먼저 아브라함을 택한 목적을 알려 주셨습니다. 창세기 18:18-19에서 "아브라함은 강대한 나라가 되고 천하 만민은 그를 인하여 복을 받게 될 것이 아니냐 19 내가 그로 그 자식과 권속에게 명하여 여호와의 도를 지켜 의와 공도를 행하게 하려고 그를 택하였나니 이는 나 여호와가 아브라함에게 대하여 말한 일을 이루려 함이니라"라고 말씀하셨습니다. 그리고 하나님께서는 "소돔과 고모라에 대한 부르짖음이 크고 그 죄악이 심히 중하니 21 내가 이제 내려가서 그 모든 행한 것이 과연 내게 들린 부르짖음과 같은지 그렇지 않은지 내가 보고 알려 하노라"라고 말씀하시며 소돔성 멸망의 비밀을 알려 주셨습니다(창

18:20-21).

아브라함은 "그 성중에 의인 오십이 있을찌라도 주께서 그곳을 멸하시고 그 오십 의인을 위하여 용서치 아니하시리이까"라고 시작하여, 의인 45인, 40인, 30인, 20인, 10인으로 줄여 가면서 용서해 달라는 간곡한 기도를 올렸습니다. 하나님께서는 아브라함과 말씀을 마치시고 즉시 가셨고, 아브라함도 자기 곳으로 돌아갔습니다 (창 18:24-33).

⑤ 예수님이 증거하신 만남

예수님께서는 아브라함이 예수님 자신을 보았다고 증거하셨습니다. 요한복음 8:56-57에서 "너희 조상 아브라함은 나의 때 볼 것을 즐거워하다가 보고 기뻐하였느니라 [57] 유대인들이 가로되 네가 아직 오십도 못 되었는데 아브라함을 보았느냐"라고 말씀하고 있습니다.

여기 '때'를 가리키는 헬라어 '헤메라'($\dot{\eta}\mu\acute{\epsilon}\rho\alpha$)는 '때'(time), 혹은 '날'(day), '년'(year)의 뜻으로 자주 사용되는 단어로, 아브라함은 '예수의 때', '예수의 날'을 본 것입니다. 예수의 때의 시작은 역사적으로 그분의 출생부터 십자가를 통한 구속까지, 아니면 적어도 공생애의 시작부터 십자가를 통한 구속까지를 포함하는 기간인 것입니다. 그러므로 아브라함은 하나님께서 그의 아들 예수 그리스도를 통해서 이 땅에서 시작하시고 이루실 구속 역사의 '비밀'과 '때'를 통째로 바라본 것입니다.

이처럼 아브라함은 하나님의 아들이 이 땅에 내려오셔서 죄악을 멸하시고 택하신 자들을 구원하실 놀라운 일을 보고 즐거워하고 기뻐했던 것입니다. 사도 바울은 이에 대하여 '하나님이 … 아브라함에게 먼저 복음을 전하셨다'라고 기록했습니다(갈 3:8). 이 얼마나 큰 축복입니까!

(2) 아브라함이 하나님을 만나게 된 비결

아브라함은 마음이 청결했기 때문에 하나님을 만날 수 있었습니다. 마태복음 5:8에서 "마음이 청결한 자는 복이 있나니 저희가 하나님을 볼 것임이요"라고 말씀하고 있습니다. '청결'의 헬라어 '카다로스'(καθαρός)는 '깨끗한, 정결한'이라는 뜻을 가지고 있습니다. 마음이 깨끗하지 못한 죄악된 인간은 결코 거룩하신 하나님을 볼 수 없으며, 심지어 그런 사람이 하나님을 보면 죽게 됩니다(출 3:6, 33:20, 사 59:2).

특별히 '마음이 청결'하다는 것은 어떤 사람의 마음의 중심, 곧 생각과 동기가 깨끗하다는 뜻입니다. 올바른 행동뿐 아니라 그 행동의 동기를 이루는 마음의 상태가 올바름을 말합니다. 그것은 '두 마음을 품지 않는' 것입니다(약 1:6-8). 이러한 복은 구약의 시편에서도 등장하고 있습니다.

> **시편 24:3-4** "여호와의 산에 오를 자 누구며 그 거룩한 곳에 설 자가 누군고 ⁴곧 손이 깨끗하며 마음이 청결하며 뜻을 허탄한 데 두지 아니하며 거짓 맹세치 아니하는 자로다"

여호와의 산에 올라 그 거룩한 곳에 선다는 것은 하나님 앞에 서서 하나님의 얼굴을 본다는 뜻입니다. '손이 깨끗하고 마음이 청결한 자'가 하나님 앞에 서서 그분의 얼굴을 볼 수 있습니다. 여기서 '손이 깨끗'하다는 것은 행위의 성결성을 말하며, '마음이 청결'하다는 것은 그 행위의 동기와 목적조차도 순수하다는 것을 뜻합니다.

마음의 청결은 하나님의 영광을 향한 단 하나의 눈을 의미합니다. 그 눈은 집 안에서든 집 밖에서든 오직 하나님을 기쁘시게 하는 것을 목표로 합니다(고후 5:9, 살전 4:1). 무슨 일을 하든지 사람에게 하듯 하지 않고 하나님께 하듯이 진심으로 충성합니다(골 3:23). 그 눈은 얄팍한 사람들의 인정이나 칭찬을 구하지 않고, 오직 하나님 자신의 손으로부터 나오는 약속된 보상만을 간절히 구합니다. 아브라함은 이처럼 '청결한 마음'과 '하나님만을 향하는 하나의 눈'을 가졌기에 예수님의 때를 보고 즐거워하였고(요 8:56), 하나님의 얼굴을 보는 축복을 받았습니다(^{참고}시 11:7).

유대인 랍비들의 성경 주석서인 미드라쉬의 내용에 의하면, 아브라함은 갈대아 우르라는 우상숭배의 중심지에서도 우상을 숭배하지 않고 정결한 삶을 살았다고 전해집니다. 느헤미야 9:7-8에서 "주는 하나님 여호와시라 옛적에 아브람을 택하시고 갈대아 우르에서 인도하여 내시고 아브라함이라는 이름을 주시고 8 그 마음이 주 앞에서 충성됨을 보시고 더불어 언약을 세우사 가나안 족속과 헷 족속과 아모리 족속과 브리스 족속과 여부스 족속과 기르가스 족속의 땅을 그 씨에게 주리라 하시더니 그 말씀대로 이루셨사오니 주는 의로우심이로소이다"라고 말씀하고 있습니다. 여기 '충성됨'은 히브리어 '아만'(אָמַן)으로, '신실하다, 충실하다'라는 뜻입니다. 이것은 아브라함의 마음이 거짓이 없이 늘 깨끗하였음을 나타내는 것입니다. 결국 아브라함이 하나님을 만난 비결은 그 마음의 청결함에 있었습니다. 그는 마음과 모든 행사가 진실하고 깨끗하였기에 하나님을 만날 수 있었던 것입니다.

(3) 성도의 청결

요한복음 1:45-51을 볼 때 나다나엘은 하나님이 성육신하여 이 땅에 오신 예수 그리스도를 만났습니다. 나다나엘이 청결한 마음의 소유자였기 때문입니다. 요한복음 1:47에서 "예수께서 나다나엘이 자기에게 오는 것을 보시고 그를 가리켜 가라사대 보라 이는 참이스라엘 사람이라 그 속에 간사한 것이 없도다"라고 말씀하고 있습니다. 여기 '간사한 것'은 헬라어 '돌로스'(δόλος)로, '교활함, 속임, 음흉한 꾀'라는 뜻입니다. 나다나엘에게 '간사한 것이 없다'는 것은 그가 마음이 청결한 사람이었음을 나타냅니다. 사도 바울은 믿음의 아들 디모데에게 선교의 사명을 맡기기 위하여 마지막 서신을 쓰면서 그의 '청결한 양심'과 '거짓 없는 믿음'을 가장 크게 칭찬하였습니다(딤후 1:2-5).

말세에 살고 있는 우리는 재림하시는 주님을 만나기 위해서 '마음이 청결한' 성도가 되어야 합니다. 어린양의 혼인 잔치에 예비된 아내들은 빛나고 깨끗한 세마포를 입고 있어야 합니다. 요한계시록 19:7-8에서 "우리가 즐거워하고 크게 기뻐하여 그에게 영광을 돌리세 어린양의 혼인 기약이 이르렀고 그 아내가 예비하였으니 8 그에게 허락하사 빛나고 깨끗한 세마포를 입게 하셨은즉 이 세마포는 성도들의 옳은 행실이로다 하더라"라고 말씀하고 있습니다. 또 백마를 타고 재림하시는 주님을 따르는 하늘의 군대가 있는데, 그들 역시 백마를 타고 희고 깨끗한 세마포를 입고 있습니다(계 19:14). 오늘도 우리는 날마다 십자가의 피로 자기 두루마기를 빨고 늘 청결하고 거짓 없는 믿음의 삶을 사는 가운데, 재림하시는 주님 앞에서는 놀라운 축복이 있기를 간절히 소망합니다(계 7:14, 22:14).

큰 의(義) / GREAT JUSTIFICATION / צְדָקָה גְּדוֹל

(창 15:6, 롬 4:3, 9, 18-25 특히 22절, 5:1)

하나님께서 아브라함에게 주신 여덟 번째 허락은 '큰 의'입니다. 일반적으로 '의'(義)는 '옳음, 공평함'이라는 뜻으로 사용되고 있습니다. 만약 어떤 판사가 재판을 아주 공평하게 진행했다면, 사람들은 그 판사를 '의로운' 판사라고 부를 것입니다. 그러나 아브라함에게 허락하신 '의'는 인간적인 관점에서 평가되는 '의'가 아니라, 하나님의 관점에서 평가되는 '의'인 것입니다.

아브라함은 소돔성을 위해 중보 기도를 시작하면서, "주께서 이같이 하사 의인을 악인과 함께 죽이심은 불가하오며 의인과 악인을 균등히 하심도 불가하니이다 세상을 심판하시는 이가 공의를 행하실 것이 아니니이까"라고 아뢰었습니다(창 18:25). 이것은 하나님의 행하심은 절대로 불공평한 것이 없음을 나타냅니다. 하나님께서는 공의의 원천이십니다. 하나님께서 행하시는 모든 일은 공의로우신 것으로, 전적으로 신뢰할 수 있는 것입니다(신 32:4, 롬 9:14). 로마서 2:5에서도 "하나님의 의로우신 판단이 나타나는 그날"이라고 표현하고 있습니다. 이런 의미에서 세상의 일반적인 '의'와 구별하여, 아브라함에게 허락된 '의'를 '큰 의'(義)라고 부르는 것입니다. 이 큰 의(義)는 오직 예수 그리스도를 통해서 주어지는 의입니다(롬 3:21-22).

1. 허락의 내용과 의미
Content and Meaning of the Bestowal

아브라함은 그의 종 '다메섹 엘리에셀'을 자신의 상속자로 생각했습니다(창 15:2). 그러나 하나님께서는 "네 몸에서 날 자가 네 후손이 되리라"(창 15:4)라고 말씀하시고, 아브라함을 이끌고 밖으로 나가셔서 "하늘을 우러러 뭇별을 셀 수 있나 보라 또 그에게 이르시되 네 자손이 이와 같으리라"라고 말씀하셨습니다(창 15:5). 아브라함이 이렇게 말씀하시는 하나님을 믿으므로 아브라함을 의로 여기셨습니다.

창세기 15:6 "아브람이 여호와를 믿으니 여호와께서 이를 그의 의로 여기시고"

로마서 4:2-3 "만일 아브라함이 행위로써 의롭다 하심을 얻었으면 자랑할 것이 있으려니와 하나님 앞에서는 없느니라 ³성경이 무엇을 말하느뇨 아브라함이 하나님을 믿으매 이것이 저에게 의로 여기신 바 되었느니라"

(1) 믿으니

창세기 15:6의 '믿으니'는 히브리어 '아만'(אָמַן)으로, 이것은 '신실하다, 충실하다'라는 뜻입니다. 여기에 쓰인 히브리어의 동사 형태는 '히필형'입니다. 이것은 사역능동형으로서, 어떤 대상에게 자신을 맡기고 끝까지 그 대상을 의지하도록 마음을 복종시키는 모습을 나타냅니다. 참믿음은 어떤 형편에서든지 끝까지 하나님을 의지하려는 적극적인 자세인 것입니다.

(2) 의(義)

아브라함의 믿음을 보시고 하나님께서는 그것을 '의'로 여기셨습니다. 여기 '의'는 히브리어 '체다카'(צְדָקָה)로, 이것은 '생각이나 행동이 하나님의 뜻과 일치하는 인간의 상태'를 가리킵니다.

타락한 인간에게 완전한 '의'는 있을 수 없습니다. 이런 의미에서, 로마서 3:10은 "기록한 바 의인은 없나니 하나도 없으며"라고 말씀하고 있습니다. 인간이 의롭게 되는 것은 인간 내부에 어떤 완전한 '의'의 요소가 있기 때문이 아니라, 전적으로 하나님께서 그 믿음을 보시고 '의'라고 불러 주심으로 가능하게 되는 것입니다. 그래서 로마서 4:5에서는 "일을 아니할찌라도 경건치 아니한 자를 의롭다 하시는 이를 믿는 자에게는 그의 믿음을 의로 여기시나니"라고 말씀하고 있는 것입니다.

(3) 여기시고

창세기 15:6의 '여기시고'는 히브리어 '하샤브'(חָשַׁב)로, '평가하다, 인정하다'라는 뜻입니다. 이것은 아브라함이 '의'를 가지고 있지 않지만 하나님께서 '의'를 가지고 있는 것으로 평가해 주시고 인정해 주셨다는 의미입니다. 신학적인 용어로는 '칭의'(稱義, Justification)인데, 칭의는 죄인이 예수 그리스도의 보혈을 근거로 믿을 때 그 죄인을 의롭다고 선언하시는 하나님의 법적인 행위입니다. 웨스트민스터 신앙고백서 소요리문답 제33문에서는 "칭의는 하나님의 값없는 은혜의 행위로서, 저가 우리의 모든 죄를 용서하시고(엡 1:7), 그의 안목으로 우리를 의롭게 여겨 받으시는 것이니(롬 3:22, 24-25, 4:5, 고후 5:21) 이는 다만 그리스도의 의를 우리에게 전가하심이요, 우리는 오직 믿음으로 받는 것이니라"(행 10:43, 롬 5:9, 갈 2:16)라고 말씀하고 있습니다.[25]

하나님께서는 아브라함의 어떤 옳은 행위를 보시고 그것을 의롭다고 인정하신 것이 아닙니다. 아브라함은 가나안 땅에 오기는 했으나 여전히 하나님의 말씀의 뜻을 제대로 깨닫지 못하고, 기근을 피해 애굽으로 내려가는 등, 실수를 범하는 연약한 성정을 지니고 있었습니다. 그럼에도 불구하고 아브라함이 '의인'으로 인정받게 된 것은 아브라함이 아직 완성되지 않았지만 장차 그렇게 될 줄로 믿으시고 의인으로 '여겨 주시는' 하나님의 은혜가 역사했기 때문입니다.

이처럼 아무리 죄가 많다고 할지라도 하나님께서 은혜를 입혀 주사 의롭다고 불러 주시면 의로운 자가 되는 것입니다. 로마서 4:6-8 에서는 "일한 것이 없이 하나님께 의로 여기심을 받는 사람의 행복에 대하여 다윗의 말한 바 7 그 불법을 사하심을 받고 그 죄를 가리우심을 받는 자는 복이 있고 8 주께서 그 죄를 인정치 아니하실 사람은 복이 있도다 함과 같으니라"라고 말씀하고 있습니다. 이러한 행복은 믿음이 있는 자에게 주어집니다. 로마서 4:9에서 "그런즉 이 행복이 할례자에게뇨 혹 무할례자에게도뇨 대저 우리가 말하기를 아브라함에게는 그 믿음을 의로 여기셨다 하노라"라고 말씀하고 있으며, 로마서 4:3에서도 "성경이 무엇을 말하느뇨 아브라함이 하나님을 믿으매 이것이 저에게 의로 여기신 바 되었느니라"라고 말씀하고 있습니다.

오늘날 죄인인 인간이 의인으로 간주되기 위해서는 예수 그리스도의 십자가 대속으로 말미암아 그분의 의가 각 사람에게 옮겨진다는 것을 믿는 믿음이 수반되어야 하는 것입니다. 로마서 3:22에서 "곧 예수 그리스도를 믿음으로 말미암아 모든 믿는 자에게 미치는 하나님의 의니 차별이 없느니라"라고 말씀하고 있으며, 로마서 3:24에서 "그리스도 예수 안에 있는 구속으로 말미암아 하나님의 은혜로 값없이 의롭다 하심을 얻은 자 되었느니라"라고 말씀하고 있습니다.

2. 허락의 성취
Fulfillment of the Bestowal

(1) 일차적 성취

창세기 15:6을 볼 때, 아브라함이 여호와를 믿으니 여호와께서 이를 그의 의로 여기셨습니다. 이때 아브라함의 나이가 약 84세였습니다. 왜냐하면 창세기 15장에 하나님이 아브라함과 횃불 언약을 체결하신 내용이 나오고, 창세기 16장에 아브라함이 하갈을 취한 내용이 나오는데 이때가 아브라함이 75세에 하란을 떠나(창 12:4) 가나안에 거한 지 10년 후라고 기록하고 있기 때문입니다(참고-창 16:16).

창세기 16:3 "아브람의 아내 사래가 그 여종 애굽 사람 하갈을 가져 그 남편 아브람에게 첩으로 준 때는 아브람이 가나안 땅에 거한 지 십 년 후이었더라"

횃불 언약 체결 후에 어느덧 16년의 세월이 흘러 아브라함의 나이가 100세가 다 되었습니다. 세월이 지날수록 후사를 낳을 가능성이 희박해지기 때문에, 믿음도 점점 약해질 수밖에 없는 상황이었습니다. 그러나 아브라함은 믿음이 약하여지지 않았습니다. 오히려 믿음에 견고하여지고 하나님이 능히 이루실 줄을 확신하였습니다. 하나님께서는 이것을 의로 여기셨습니다. 그러므로 아브라함 84세에 허락하신 의가, 아브라함 나이 100세가 되어도 그 믿음이 흔들리지 않고 마침내 이삭을 낳음으로써 성취된 것입니다.

이런 의미에서, 로마서 4:19-22에서 "그가 백 세나 되어 자기 몸의 죽은 것 같음과 사라의 태의 죽은 것 같음을 알고도 믿음이 약하여지지 아니하고 20 믿음이 없어 하나님의 약속을 의심치 않고 믿음에 견고하여져서 하나님께 영광을 돌리며 21 약속하신 그것을 또한 능히 이루실 줄을 확신하였으니 22 그러므로 이것을 저에게 의로 여기셨느니라"라고 말씀하고 있는 것입니다.

아브라함 100세에 성취된 의는, 이제 아브라함이 이삭을 바침으로 온전히 성취됩니다. 하나님께서는 아브라함이 이삭을 바치는 행함을 보시고 아브라함의 믿음을 큰 믿음으로 인정하신 것입니다. 창세기 22:12에서 "사자가 가라사대 그 아이에게 네 손을 대지 말라 아무 일도 그에게 하지 말라 네가 네 아들 네 독자라도 내게 아끼지 아니하였으니 내가 이제야 네가 하나님을 경외하는 줄을 아노라"라고 말씀하고 있습니다. 여기서 '경외'는 히브리어 '야레'(יָרֵא)로, 그 믿음이 '큰 믿음, 두려워하는 믿음'임을 가리킵니다. 이때의 아브라함의 믿음은 '행함으로 열매를 맺은 믿음'이었습니다. 야고보서 2:21-24에서 "우리 조상 아브라함이 그 아들 이삭을 제단에 드릴 때에 행함으로 의롭다 하심을 받은 것이 아니냐 22 네가 보거니와 믿음이 그의 행함과 함께 일하고 행함으로 믿음이 온전케 되었느니라 23 이에 경에 이른바 아브라함이 하나님을 믿으니 이것을 의로 여기셨다는 말씀이 응하였고 그는 하나님의 벗이라 칭함을 받았나니 24 이로 보건대 사람이 행함으로 의롭다 하심을 받고 믿음으로만 아니니라"라고 말씀하고 있습니다. 오늘날 성도는 아브라함처럼 행함으로 그 믿음을 온전케 해야 할 것입니다.

(2) 이차적 성취

아브라함의 '의'는 아브라함과 같은 믿음을 가진 모든 하나님의 백성의 '의'를 보여 줍니다. 아브라함의 믿음을 보시고 아브라함을 '의'로 여겨 주신 하나님께서는, 이제 아브라함과 같은 믿음을 가진 성도들의 믿음을 보시고 그들을 '의'로 여겨 주실 것입니다. 갈라디아서 3:9에서 "그러므로 믿음으로 말미암은 자는 믿음이 있는 아브라함과 함께 복을 받느니라"라고 말씀하고 있으며, 로마서 4:23-25에서는 "저에게 의로 여기셨다 기록된 것은 아브라함만 위한 것이 아니요 ²⁴ 의로 여기심을 받을 우리도 위함이니 곧 예수 우리 주를 죽은 자 가운데서 살리신 이를 믿는 자니라 ²⁵ 예수는 우리 범죄함을 위하여 내어 줌이 되고 또한 우리를 의롭다 하심을 위하여 살아나셨느니라"라고 말씀하고 있습니다.

하나님께서는 아브라함을 의로 여기실 때 장차 예수 그리스도를 믿음으로 구원 받을 모든 영적 아브라함의 후손들까지도 내다보시고 의로 여기셨으니, 그 의는 만대까지 연결되는 엄청나게 '큰 의'가 아닐 수 없습니다.

(3) 궁극적 성취

예수님께서는 초림 때 이스라엘 백성에게 믿음을 원하셨습니다. 그러나 이스라엘 백성은 예수님을 인간을 구원하러 오신 하나님으로 온전히 믿지 못했습니다. 이런 의미에서, 요한복음 16:10의 "의에 대하여라 함은 내가 아버지께로 가니 너희가 다시 나를 보지 못함이요"라는 말씀은 예수님의 안타까운 심정을 보여 주는 심오한 말씀인 것입니다.

이제 세상 마지막 때에 하나님께서는 하나님의 백성에게 똑같은 믿음을 요구하실 것입니다. 요한계시록 19:7-8에서 "우리가 즐거워하고 크게 기뻐하여 그에게 영광을 돌리세 어린양의 혼인 기약이 이르렀고 그 아내가 예비하였으니 ⁸그에게 허락하사 빛나고 깨끗한 세마포를 입게 하셨은즉 이 세마포는 성도들의 옳은 행실이로다 하더라"라고 말씀하고 있습니다. 여기 '옳은 행실'이라는 단어는 헬라어로 '디카이오마'(δικαίωμα)로, '의, 공의'라는 뜻입니다.

그러므로 어린양의 아내가 되기 위해서는 십자가 보혈에 근거한, 반드시 믿음으로 말미암는 '의'가 있어야 합니다(계 3:18, 7:13-14). 요한계시록 19:14에서도 "하늘에 있는 군대들이 희고 깨끗한 세마포를 입고 백마를 타고" 재림하시는 주님을 따를 것을 말씀하고 있습니다. 오늘도 '의'라는 희고 깨끗한 세마포를 입고, 어린양의 아내로 혼인 잔치에 다 들어가시기를 소망합니다.

3. '팔 복'과의 관계
Relevance to the Eight Beatitudes

'큰 의(義)'의 허락은 예수님이 말씀하신 '팔 복' 가운데 '의에 주리고 목마른 자'가 받는 복과 같습니다. 마태복음 5:6에서 "의에 주리고 목마른 자는 복이 있나니 저희가 배부를 것임이요"라고 말씀하고 있습니다. 여기 '주리고'(πεινάω, 페이나오)와 '목마른'(διψάω, 딥사오)은 둘 다 헬라어의 현재분사형입니다. 이것은 계속 주리고 계속 목마른 것으로, '간절히 사모함'을 의미합니다. 시편 107:9에서 "저가 사모하는 영혼을 만족케 하시며 주린 영혼에게 좋은 것으로 채워주심이로다"라고 말씀하고 있습니다.

세상 사람들은 돈이나 권력이나 쾌락에 주리고 목마르지만, 성도들은 '의'(義)에 주리고 목말라야 합니다. 이 의(義)는 궁극적으로 예수 그리스도이십니다. 로마서 3:21에서 "이제는 율법 외에 하나님의 한 의가 나타났으니 율법과 선지자들에게 증거를 받은 것이라"라고 말씀하고 있는데, 이 의가 바로 예수님을 가리킵니다(요 16:10).

아브라함의 삶은 의에 주리고 목마른 삶이었습니다. '의'에 주리고 목마른 아브라함에게 주어진 축복은 '배부름'이었습니다.

(1) 아브라함의 영적 배부름

'배부름'이란 바로 만족과 충만을 뜻합니다. 아브라함은 영적으로 항상 만족하고 충만한 삶을 살았습니다. 아브라함은 평생 우거하는 자로 장막 생활을 했습니다. 그러나 그는 영원한 집 천국을 소망 가운데 바라보았기에 늘 영적으로 배부른 가운데 살 수 있었던 것입니다.

> **히브리서 11:9-10** "믿음으로 저가 외방에 있는 것같이 약속하신 땅에 우거하여 동일한 약속을 유업으로 함께 받은 이삭과 야곱으로 더불어 장막에 거하였으니 10 이는 하나님의 경영하시고 지으실 터가 있는 성을 바랐음이니라"

영적인 배부름을 체험한 사람은 이 세상에 대한 욕심이 없습니다. 왜냐하면 이 세상보다 더 나은 본향 천국을 사모하기 때문입니다. 아브라함은 이 세상에서 "외국인과 나그네"로 살았습니다(창 23:4, 히 11:13). 하나님께서는 아브라함에게 "발붙일 만큼의 유업"도 주지 않으셨습니다(행 7:5). 그러나 아브라함은 영적인 배부름을 체험하면서 더 나은 본향 곧 하늘에 있는 것을 사모하였던 것입니다

(히 11:16).

(2) 아브라함의 육적 배부름

아브라함은 의에 주리고 목마른 삶을 살았기에 하나님께서는 그에게 육적으로도 배부름을 허락하셨습니다. 아브라함은 하란에 있을 때도 많은 소유와 사람들을 모았습니다(창 12:5). 아브라함이 애굽에서 나올 때도 "육축과 은금이 풍부하였더라"라고 말씀하고 있습니다(창 13:2). 아브라함의 소유는 조카 롯과 동거하지 못할 정도로 많았습니다(창 13:6).

아브라함은 나이가 늙어서도 범사에 하나님의 복을 받아 부자가 될 수 있었습니다. 창세기 24:1에서 "아브라함이 나이 많아 늙었고 여호와께서 그의 범사에 복을 주셨더라"라고 말씀하고 있으며, 창세기 24:35에서, '하나님이 아브라함에게 큰 복을 주셔서 아브라함을 창성케 하시므로, 아브라함이 수많은 우양과 은금과 노비와 약대와 나귀를 거느리는 거부가 되었다'고 말씀하고 있습니다.

오늘도 오직 하나님의 '의'에 도달하기 위하여 세상에서 목마르고 주린 삶을 살 때에, 하나님께서 반드시 영육 간에 배부르게 채워 주실 줄로 믿습니다. 마태복음 6:33에서 "너희는 먼저 그의 나라와 그의 의를 구하라 그리하면 이 모든 것을 너희에게 더하시리라"라고 말씀하고 있으며, 빌립보서 4:19에서 "나의 하나님이 그리스도 예수 안에서 영광 가운데 그 풍성한 대로 너희 모든 쓸 것을 채우시리라"라고 말씀하고 있습니다.

큰 상급 / GREAT REWARD / שָׂכָר הַרְבֵּה מְאֹד

(창 15:1, 롬 4:3, 9, 18-25 특히 22절, 5:1)

하나님께서 아브라함에게 주신 아홉 번째 허락은 '큰 상급'입니다. 창세기 15:1을 볼 때 "이후에 여호와의 말씀이 이상 중에 아브람에게 임하여 가라사대 아브람아 두려워 말라 나는 너의 방패요 너의 지극히 큰 상급이니라"라고 말씀하고 있습니다. 이 말씀은 하나님께서 아브라함과 횃불 언약을 체결하시기 위하여 하신 말씀입니다. 이때는 아브라함이 가나안에 들어온 지 약 10년이 되어 갈 때입니다(창 15:1, 16:3). 아브라함이 동방 4개국 동맹군과 싸워 승리하고 롯을 구해 온 후에, 하나님의 말씀이 아브라함에게 임하였습니다. 이때 하나님께서는 '나는 너의 지극히 큰 상급이니라'라는 놀라운 허락을 주셨습니다(창 15:1).

1. 허락의 내용과 의미
Content and Meaning of the Bestowal

하나님께서 '너의 지극히 큰 상급'이 되어 주신다는 허락에는 몇 가지 의미가 담겨 있습니다.

(1) 하나님께서 아브라함의 방패가 되어 주신다는 뜻입니다.

창세기 15:1 하반절에서 "아브람아 두려워 말라 나는 너의 방패

요 너의 지극히 큰 상급이니라"라는 말씀에는 '방패'와 '큰 상급'
이 나란히 사용되고 있습니다. 아브라함에게는 두려움이 있었습니
다. 아브라함 75세 때 큰 민족을 이루어 주시겠다고 하나님이 약속
하셨지만, 어느덧 10년이 다 되어 가면서 아브라함이 자식을 낳을
가능성이 몹시 희박해졌습니다. 그리고 동방 4개국 동맹군과 전쟁
에서 일단 승리는 하였지만, 곧 닥칠 수도 있는 그들의 보복이 두
려운 상황이었습니다.

이때 하나님께서는 아브라함에게 나타나셔서 "나는 너의 방패
요"라고 말씀해 주셨습니다. 방패는 전쟁 시에 적의 모든 공격을 막
아 주는 것입니다. 그러므로 하나님께서 아브라함의 방패가 되신
다는 말씀은, 하나님께서 아브라함을 도와주시고 그의 안전한 보
호처가 되어 주신다는 뜻입니다. '방패'는 히브리어로 '마겐'(מָגֵן)
인데, 이 단어는 '도움'이나 '피난처'라는 단어와 같이 사용되는 경
우가 많습니다.

신명기 33:29 "이스라엘이여 너는 행복자로다 여호와의 구원을 너같
이 얻은 백성이 누구뇨 그는 너를 돕는 방패시요 너의 영광의 칼이시
로다 네 대적이 네게 복종하리니 네가 그들의 높은 곳을 밟으리로다"

사무엘하 22:3 "나의 하나님이시요 나의 피할 바위시요 나의 방패시
요 나의 구원의 뿔이시요 나의 높은 망대시요 나의 피난처시요 나의
구원자시라 나를 흉악에서 구원하셨도다"

시편 33:20 "우리 영혼이 여호와를 바람이여 저는 우리의 도움과 방
패시로다"

시편 144:2 "여호와는 나의 인자시요 나의 요새시요 나의 산성이시요
나를 건지는 자시요 나의 방패시요 나의 피난처시요 내 백성을 내게
복종케 하시는 자시로다"

그러므로 "나는 너의 방패요"라는 말씀에는 '네가 나만 의지하면 반드시 너를 보호해 주고 도와주며 너에게 약속한 것을 이루어 주겠다' 하시는 하나님의 강한 의지가 담겨 있습니다. 시편 115편에서는 하나님께서 이스라엘의 도움이요 방패이시기 때문에 하나님을 의지하라는 말씀을 강조하고 있습니다. 시편 115:9-11에서는 "이스라엘아 여호와를 의지하라 그는 너희 도움이시요 너희 방패시로다 ¹⁰아론의 집이여 여호와를 의지하라 그는 너희 도움이시요 너희 방패시로다 ¹¹ 여호와를 경외하는 너희는 여호와를 의지하라 그는 너희 도움이시요 너희 방패시로다"라고 말씀하고 있습니다. 잠언 30:5에서도 "하나님의 말씀은 다 순전하며 하나님은 그를 의지하는 자의 방패시니라"라고 말씀하고 있습니다.

그러므로 우리는 우리의 처지와 환경을 바라보면서 두려움 가운데 떨지 말고, 끝까지 하나님의 약속을 믿고 하나님을 의지해야 합니다. 그때 하나님께서 우리의 방패가 되어 주셔서 우리를 도와주시고 보호해 주시는 역사를 체험하게 될 것입니다.

(2) 하나님께서 반드시 보상해 주신다는 뜻입니다.

창세기 15:1에서 "… 나는 너의 방패요 너의 지극히 큰 상급이니라"라고 말씀하고 있습니다. 여기 '지극히 큰 상급'이란 최상급의 표현입니다. 이것은 인간의 머리로는 도저히 상상할 수 없는 놀라운 상급을 가리킵니다.

'상급'은 히브리어 '사카르'(שָׂכָר)로, 이것은 '보상, 보수, 봉급'이라는 뜻입니다. 아브라함은 75세에 "큰 민족"에 대한 약속(창 12:2)을 받고 그 약속을 믿었지만, 아브라함의 삶에는 큰 변화가 없었습니다. 10년 가까이 되어도 자식이 없고, 약속이 성취될 가능성은 희박해져 갔습니다.

이때 하나님께서는 하나님 자신이 아브라함의 큰 상급이라고 말씀하신 것입니다. 이 세상의 아무리 큰 돈도, 아무리 큰 권력도, 아무리 큰 명예도, 아무리 큰 상도 하나님보다 클 수는 없습니다. 하나님께서는 성도의 가장 큰 상급이십니다. 그러므로 하나님이 내 편이실 때, 인생 최고의 상급, 인생 최고의 피난처, 인생 최고의 방패를 받는 것입니다. 이처럼 아브라함은 하나님께서 최고의 상급으로서 그의 편이 되어 주시는 엄청난 복을 받았습니다.

시편 118:6-9에서 "여호와는 내 편이시라 내게 두려움이 없나니 사람이 내게 어찌할꼬 7 여호와께서 내 편이 되사 나를 돕는 자 중에 계시니 그러므로 나를 미워하는 자에게 보응하시는 것을 내가 보리로다 8 여호와께 피함이 사람을 신뢰함보다 나으며 9 여호와께 피함이 방백들을 신뢰함보다 낫도다"라고 말씀하고 있습니다. 여기 시편 118:6 하반절의 "사람이 내게 어찌할꼬"라는 말씀을 공동번역에서는 "누가 나에게 손을 대리요"라고 번역하였습니다. 그 원뜻은 '죽을 수밖에 없는 사람이 나에게 무슨 해를 끼치겠는가!'라는 것입니다. '그 호흡이 코에 있어 수에 칠 가치도 없는' 타락한 사람은 아무런 힘이 없는 존재들입니다(사 2:22). 그러므로 성도는 사람을 의지하거나 권력 있는 방백들을 찾아가기 전에, 우리의 편이신 하나님만 의지하고 하나님께 피하는 자가 되어야 합니다(시 146:3-5).

그렇게 하나님이 내 편이 되어 주실 때, '나의 대적들이 하나님의 보응을 받는다'라고 시편 118:7에서 말씀하고 있습니다. 이 말씀은, 아무리 대적이 강하고 거대하며, 아무리 환난이 크고 무서우며, 아무리 상황이 난처하고 어려울지라도, 나의 편이 되시는 하나님께서 나서서 모든 일에 보응을 해 주시겠다는 강력한 소망의 말씀입니다.

그러나 우리는 때때로 눈에 보이는 상을 원하면서, 하나님께서 우리의 가장 큰 상이라는 사실을 잊어버리고 살 때가 많이 있습니다. 우리는 내 편이 되어 도와주시는 하나님을 새까맣게 잊어버리고 밤을 지새우면서 고민만 하다가 정작 하나님께 찾아가 구하지 못할 때가 너무도 많이 있습니다. 분명 환난 중에 도움을 받지 못하는 것은 '구하지 않기 때문'입니다(약 4:2). 또한 구하여도 받지 못하는 것은 자기 정욕, 자기 욕심이 섞여 있는 기도를 올리기 때문입니다(약 4:3). 이런 기도는 보이는 세상에서 육적인 보상만을 바라는 이기적인 인간의 욕망이 섞인 기도이기 때문입니다.

아브라함도 보이는 상을 요구하였습니다. 그것은 바로 후사를 얻는 것이었습니다. 그래서 하나님께서 '내가 너의 상급'이라고 하실 때, 아브라함은 '무엇을 상으로 주시겠습니까?'라고 물었습니다(창 15:1-2). 그리고 자기의 상속자는 자기의 종 다메섹 엘리에셀이라고 하나님께 억지를 부렸습니다. 창세기 15:2을 볼 때, "아브람이 가로되 주 여호와여 무엇을 내게 주시려나이까 나는 무자하오니 나의 상속자는 이 다메섹 엘리에셀이니이다"라고 말씀하고 있습니다.

이때 하나님께서는 자상하게도 아브라함에게 "그 사람은 너의 후사가 아니라 네 몸에서 날 자가 네 후사가 되리라"라고 말씀하셨습니다(창 15:4). 가장 큰 상 자체이신 하나님께서는 눈에 보이는 상도 주시는 분이십니다.

그러나 우리는 명심해야 합니다. 하나님께서 온 우주 만물의 주인이시기 때문에 하나님 자신이 상이 되실 때 거기에 모든 것이 다 들어 있다는 것입니다. 그래서 사도 바울은 "근심하는 자 같으나 항상 기뻐하고 가난한 자 같으나 많은 사람을 부요하게 하고 아무것도 없는 자 같으나 모든 것을 가진 자로다"라고 고백하였습니다(고후 6:10).

내 생각과 내 주장을 온전히 버리고 아무것도 가지지 않는 적신이 되면(욥 1:21), 하나님께서 직접 나의 상이 되어 주시므로 보이는 상은 저절로 따라옵니다. 하나님을 버리고서는 이 땅의 어떤 물질도 따라올 수 없으며, 따라온다 할지라도 그것은 도리어 자기에게 올무가 되기 십상입니다. 잠언 10:22에서 "여호와께서 복을 주시므로 사람으로 부하게 하시고 근심을 겸하여 주지 아니하시느니라"라고 말씀하고 있습니다. 하나님께서 주시지 않는 재물에는 많은 근심이 따라다닙니다(딤전 6:10). 그러므로 우리는 하나님께서 나의 상이 되어 주심을 믿고 진심으로 감사하면서, 하나님께서 주시는 근심 없는 복을 받아 누리며 살아야 합니다.

2. 허락의 성취
Fulfillment of the Bestowal

(1) 일차적 성취

하나님께서 아브라함에게 약속하신 보이는 상은 "네 몸에서 날 자가 네 후사가 되리라"(창 15:4)라는 말씀이었습니다. 하나님께서는 이 약속대로 아브라함에게 상을 주셨습니다. 드디어 아브라함 100세, 사라 90세에 아브라함에게 상을 주셨으니, 곧 이삭이 태어난 것입니다. 창세기 21:1-2에서 "여호와께서 그 말씀대로 사라를 권고하셨고 여호와께서 그 말씀대로 사라에게 행하셨으므로 2 사라가 잉태하고 하나님의 말씀하신 기한에 미쳐 늙은 아브라함에게 아들을 낳으니"라고 말씀하고 있으며, 창세기 21:5에서 "아브라함이 그 아들 이삭을 낳을 때에 백 세라"라고 말씀하고 있습니다.

이삭이 태어나기 전에 그랄 왕 아비멜렉이 사라를 취하는 사건이 발생하였습니다. 약 23년 전에 아브라함은 애굽 왕 바로를 속여 사라를 자기 누이라고 한 적이 있습니다(창 12:10-20). 그런데 또 동일한 죄를 짓고 말았습니다. 그랄 왕 아비멜렉에게 사라를 자기 누이라고 속인 것입니다(창 20:1-2). 이것은 하나님께서 이삭을 주시기 직전에 일어난 사건입니다. 만약에 사라가 그랄 왕 아비멜렉에게 몸을 빼앗겼다면, 지금까지 하나님께서 허락하시고 계획하시고 준비하신 모든 구속사의 경륜은 한순간에 무너지고 말았을 것입니다. 그래서 사단은 아브라함을 격동하여 최후로 하나님의 구속사의 경륜이 이루어지지 못하도록 방해한 것입니다.

그러나 하나님께서는 아브라함의 큰 상이 되어 주시고 방패가 되어 주심으로, 꿈이라는 비상조치를 통해서 사단의 은밀한 계략과 방해를 막아 주셨습니다. 창세기 20:3에서 "그 밤에 하나님이 아비멜렉에게 현몽하시고 그에게 이르시되 네가 취한 이 여인을 인하여 네가 죽으리니 그가 남의 아내임이니라"라고 말씀하고 있습니다. 이에 아비멜렉은 두려워하여 양과 소와 노비를 취하여 아브라함에게 주고, 그 아내 사라도 깨끗하게 돌려보냈습니다(창 20:5-6, 14). 창세기 20:4에서는 분명하게 '아비멜렉이 그 여인(사라)을 가까이 아니 하였다'라고 말씀하고 있습니다.

이 사건을 통하여 하나님께서는 아브라함의 방패와 큰 상급이 되심을 보여 주셨습니다. 그리고 마침내 아브라함 100세에 이삭이 태어났습니다. 이삭은 야곱을 낳았고(창 25:19-26), 야곱의 열두 아들은 이스라엘의 열두 지파로 성장하였습니다(창 49:1-28). 훗날 이스라엘 백성이 애굽에서 나올 때는 200만 명이 넘는 거대한 민족으로 성장하였습니다. 그러므로 이삭이라는 상은 작은 상이 아니라, 그 안에 수천만 명 그 이상의 수많은 사람들을 포함하고 있는 큰 상입니다.

(2) 이차적 성취
① 아브라함을 모든 믿는 자의 조상이 되게 하셨습니다.

하나님께서는 아브라함에게 큰 상을 주셨는데, 그것은 아브라함을 모든 믿는 자의 조상이 되게 하신 것입니다.

로마서 4:11-12에서 "저가 할례의 표를 받은 것은 무할례 시에 믿음으로 된 의를 인친 것이니 이는 무할례자로서 믿는 모든 자의 조상이 되어 저희로 의로 여기심을 얻게 하려 하심이라 ¹² 또한 할례자의 조상이 되었나니 곧 할례 받을 자에게뿐 아니라 우리 조상 아브라함의 무할례 시에 가졌던 믿음의 자취를 좇는 자들에게도니라"라고 말씀하고 있습니다. 아브라함은 할례자의 조상이 될 뿐만 아니라, 믿음을 가진 무할례자의 조상도 되는 것입니다.

로마서 4:16에서도 "그러므로 후사가 되는 이것이 은혜에 속하기 위하여 믿음으로 되나니 이는 그 약속을 그 모든 후손에게 굳게 하려 하심이라 율법에 속한 자에게뿐 아니라 아브라함의 믿음에 속한 자에게도니 아브라함은 하나님 앞에서 우리 모든 사람의 조상이라"라고 말씀하고 있습니다. 로마서 4:18 하반절에서도 "많은 민족의 조상이 되게 하려 하심"이라고 말씀하고 있습니다.

혈통적으로 볼 때 아브라함은 유대인들의 조상입니다. 유대인이 아닌 다른 민족들의 입장에서 볼 때, 아브라함은 혈통적으로 아무 상관이 없는 존재입니다. 그러나 우리가 예수 그리스도를 믿을 때 아브라함의 영적 자손이 되는 것입니다(갈 3:7, 29).

② 메시아가 아브라함의 후손으로 오셨습니다.

하나님께서는 아브라함에게 이삭이라는 큰 상을 주셨습니다. 이 이삭만이 하나님의 씨였습니다. 로마서 9:7-8에서 "또한 아브라함의 씨가 다 그 자녀가 아니라 오직 이삭으로부터 난 자라야 네 씨라 칭하리라 하셨으니 ⁸ 곧 육신의 자녀가 하나님의 자녀가 아니라 오직 약속의 자녀가 씨로 여기심을 받느니라"라고 말씀하고 있습니다.

그러나 아브라함에게 주신 가장 큰 상은 무엇입니까? 바로 아브라함의 후손, 이삭의 후손으로 오신 예수 그리스도입니다. 갈라디아서 3:16에서 "이 약속들은 아브라함과 그 자손에게 말씀하신 것인데 여럿을 가리켜 그 자손들이라 하지 아니하시고 오직 하나를 가리켜 네 자손이라 하셨으니 곧 그리스도라"라고 말씀하고 있습니다. 그러므로 큰 상급의 축복은 곧 메시아의 축복입니다.

(3) 궁극적 성취

성도의 영혼은 사후에 낙원에 갑니다(눅 23:43). 그런데 낙원을 성경에서는 '아브라함의 품'이라고 말씀하고 있습니다. 누가복음 16:22에서 "이에 그 거지가 죽어 천사들에게 받들려 아브라함의 품에 들어가고 부자도 죽어 장사되매"라고 말씀하고 있습니다. 왜 성경에서 이렇게 표현하고 있습니까? 그 이유는, 아브라함이 모든 믿는 자의 조상으로서, 영적으로 볼 때 아브라함의 품에 모든 믿는 자들이 들어 있기 때문입니다. 마태복음 8:11에서도 '동서로부터 많은 사람이 이르러 아브라함과 이삭과 야곱과 함께 천국에 앉는다'고 말씀하고 있습니다.

아브라함이 자기 품에 믿는 자들이 들어오는 큰 상급을 받았다면, 마지막 때 아브라함과 같은 믿음을 가진 영적 아브라함의 자손들도 큰 상급을 받게 될 것입니다. 히브리서 11:6에서 "하나님께 나아가는 자는 반드시 그가 계신 것과 또한 그가 자기를 찾는 자들에게 상 주시는 이심을 믿어야 할찌니라"라고 말씀하고 있습니다. 요한계시록 22:12에서 "보라 내가 속히 오리니 내가 줄 상이 내게 있어 각 사람에게 그의 일한 대로 갚아 주리라"라고 말씀하고 있으며, 요한계시록 2:10 하반절에서 "네가 죽도록 충성하라 그리하면 내가 생명의 면류관을 네게 주리라"라고 약속하고 있습니다. 오늘도 아브라함과 같은 믿음으로 반드시 '큰 상급'을 받으시기를 간절히 소망합니다.

3. '팔 복'과의 관계
Relevance to the Eight Beatitudes

아브라함에게 허락하신 '큰 상급'은 예수님의 '팔 복' 가운데 '의를 위하여 핍박을 받은 자'가 받는 복입니다. 마태복음 5:10에서 "의를 위하여 핍박을 받은 자는 복이 있나니 천국이 저희 것임이라"라고 말씀하고 있습니다. 이 세상에서 아무리 승리할지라도 천국에 들어가지 못하면 그 사람은 패배자입니다. 그러나 이 세상에서 아무리 패배의 삶을 살았을지라도 천국에 들어간다면 그 사람은 승리자입니다. 그러므로 큰 상급은 곧 천국을 소유하는 복입니다. 마태복음 5:11-12에서 "나를 인하여 너희를 욕하고 핍박하고 거짓으로 너희를 거스려 모든 악한 말을 할 때에는 너희에게 복이 있나니 12 기뻐하고 즐거워하라 하늘에서 너희의 상이 큼이라 너희 전에 있던 선지자들을 이같이 핍박하였느니라"라고 말씀하고 있습니다.

마태복음 5:10, 11, 12에 반복해서 나오는 '핍박'이라는 단어는 헬

라어 '디오코'(διώκω)로, '쫓겨나다, 추적하다'라는 뜻입니다. 그러
므로 이것은 한 번 핍박한다는 의미가 아니라 '집요하게 쫓아오면
서 괴롭히는 것'을 가리킵니다. 우리는 아무리 핍박을 받는다고 할
지라도 반드시 큰 상급이 있다는 것을 믿고 참고 견디면서 핍박
을 이겨 내야 합니다. 핍박은 영적으로 우리에게 큰 복이 됩니다(마
5:11).

그렇다면 큰 상급을 받기 위해서는 어떻게 해야 합니까? 핍박 가
운데도 기뻐하고 즐거워해야 합니다. 마태복음 5:12에서 "기뻐하고
즐거워하라 하늘에서 너희의 상이 큼이라"라고 말씀하고 있습니다.
여기에서 '기뻐하고'(χαίρω, 카이로)와 '즐거워하라'(ἀγαλλιάω, 아갈리
아오)는 둘 다 현재형의 동사를 사용하고 있습니다. 이것은 극심한 핍
박을 당한다 할지라도 그 가운데 기쁨과 즐거움이 계속 넘쳐 나야 함
을 나타냅니다. 하늘의 상을 바라보며 항상 기쁨과 즐거움이 넘쳐 나
는 사람이 핍박을 이겨 낼 수 있습니다.

모세는 바로의 공주의 아들이라는 자리를 거절하므로 애굽의 핍
박을 받았고, 미디안 광야로 쫓겨나 40년 동안 고생을 하였으며, 또
이스라엘 백성을 가나안으로 인도하기 위하여 광야 40년 동안 고생
을 하였습니다. 모세가 이러한 고난의 길을 기꺼이 선택한 것은 오
직 영적 기쁨 가운데 하늘의 상을 바라보았기 때문입니다. 히브리서
11:24-26에서 "믿음으로 모세는 장성하여 바로의 공주의 아들이라
칭함을 거절하고 25 도리어 하나님의 백성과 함께 고난 받기를 잠시
죄악의 낙을 누리는 것보다 더 좋아하고 26 그리스도를 위하여 받는
능욕을 애굽의 모든 보화보다 더 큰 재물로 여겼으니 이는 상 주심
을 바라봄이라"라고 말씀하고 있습니다.

히브리서 10:35에서 "그러므로 너희 담대함을 버리지 말라 이것

이 큰 상을 얻느니라"라고 말씀하고 있습니다. 여기 '담대함'은 헬라어 '파르레시아'(παρρησία)로, 이것은 '용기, 확신'이라는 뜻입니다. 표준새번역에서는 히브리서 10:35을 "그러므로 여러분의 확신을 버리지 마십시오. 그 확신에는 큰 상이 달려 있습니다"라고 번역하고 있으며, 현대인의성경은 "그러므로 여러분은 용기를 잃지 마십시오. 이것으로 큰 상을 받게 될 것입니다"라고 번역하고 있습니다. 우리는 세상의 핍박을 받아 많은 것을 빼앗길지라도 그보다 더 낫고 영구한 산업이 있다는 것을 확신하면서 하늘의 기쁨과 즐거움 가운데 용기를 잃지 말아야 합니다. 하나님께서는 이런 사람에게 반드시 큰 상을 주실 것입니다.

열 번째 허락 | THE TENTH BESTOWAL

큰 복 / INCREDIBLE BLESSING / בְּרָכָה הַבְּרָכָה

(창 22:16-17)

하나님께서 아브라함에게 주신 열 번째 허락은 '큰 복'입니다. 하나님께서 아브라함에게 주신 최고의 시험은 사랑하는 독자 이삭을 번제로 바치는 것이었습니다. 창세기 22:2에서 "여호와께서 가라사대 네 아들 네 사랑하는 독자 이삭을 데리고 모리아 땅으로 가서 내가 네게 지시하는 한 산 거기서 그를 번제로 드리라"라고 말씀하고 있습니다. 아브라함의 인생 저울의 한쪽에는 이삭이 있었는데, 이제 저울 맞은편에 그 이삭을 바치라는 하나님의 명령이 주어졌습니다. 아브라함은 하나님의 명령을 더 무겁게 받아들임으로 인생의 가장 큰 시험을 통과하여 믿음의 최고봉, 축복의 최고봉에 오르게 되었습니다.

창세기 22:12의 "네가 네 아들 네 독자라도 내게 아끼지 아니하였으니 내가 이제야 네가 하나님을 경외하는 줄을 아노라"라는 말씀 후에, 하나님께서는 아브라함에게 '큰 복'을 허락하셨습니다. 창세기 22:16-17에서 "가라사대 여호와께서 이르시기를 내가 나를 가리켜 맹세하노니 네가 이같이 행하여 네 아들 네 독자를 아끼지 아니하였은즉 [17] 내가 네게 큰 복을 주고 네 씨로 크게 성하여 하늘의 별과 같고 바닷가의 모래와 같게 하리니 네 씨가 그 대적의 문을 얻으리라"라고 말씀하고 있습니다. '큰 시험' 뒤에는 그것을 이긴 자에게 반드시 '큰 복'이 있습니다.

1. 허락의 내용과 의미
Content and Meaning of the Bestowal

하나님께서는 아브라함에게 '큰 복'을 허락하셨습니다. 이 큰 복은 아브라함에게 허락하신 모든 복을 다 포함하는 것입니다. 창세기 22:17에서 "내가 네게 큰 복을 주고"라고 말씀하고 있습니다. 여기 "큰 복을 주고"라는 표현에는 히브리어로 '바라크'(בָּרַךְ)라는 단어가 두 번 연달아 사용되었습니다. 이는 '바라크'의 부정사 절대형이 '바라크'의 피엘(강조) 미완료 동사와 연결되어 '강력한 단언'을 나타내며, 이 허락의 내용이 다른 모든 허락을 능가하는 것임을 의미합니다.[26]

그렇다면 '큰 복'의 허락은 구체적으로 어떤 의미입니까?

(1) 반드시 복을 주신다는 약속입니다.

창세기 22:17의 "내가 네게 큰 복을 주고"는, 하나님께서 반드시 복을 주시겠다는 강력한 의지를 표현한 것입니다. 그래서 영어 성경 RSV는 "I will indeed bless you"(내가 너를 반드시 축복하겠다)라고 번역하였고 NIV에서는 "I will surely bless you"(내가 너를 확실히 축복하겠다)라고 번역하고 있습니다.

하나님의 약속은 변치 않고 반드시 성취됩니다. 그러므로 하나님께서 복을 주신다고 굳게 약속하셨으면 그 약속은 반드시 이루어지는 것입니다. 그래서 고린도후서 1:20에서 "하나님의 약속은 얼마든지 그리스도 안에서 예가 되니 그런즉 그로 말미암아 우리가 아멘 하여 하나님께 영광을 돌리게 되느니라"라고 말씀하고 있으며, 베드로후서 3:9에서는 "주의 약속은 어떤 이의 더디다고 생각하는 것 같이 더딘 것이 아니라"라고 말씀하고 있습니다. 이처럼 하나님께서는 그 신실하시고 변개함이 없으신 성품을 따라 한번 약속하신 것은 반드시 이루어 주십니다. 신명기 7:9에서 "그런즉 너는 알라 오직 네 하나님 여호와는 하나님이시요 신실하신 하나님이시라 그를 사랑하고 그 계명을 지키는 자에게는 천대까지 그 언약을 이행하시며 인애를 베푸시되"라고 말씀하고 있으며, 사무엘상 15:29에서 "이스라엘의 지존자는 거짓이나 변개함이 없으시니 그는 사람이 아니시므로 결코 변개치 않으심이니이다"라고 말씀하고 있습니다.

(2) 놀라운 복을 주신다는 약속입니다.

창세기 22:17의 "내가 네게 큰 복을 주고"라는 표현은 또한 놀라운 복을 주신다는 약속입니다. 영어 성경 LB에서는 "큰 복"을 "incredible blessing"이라고 번역하고 있습니다. 이것은 '믿을 수 없는 복'으로, '인간의 머리로 도저히 상상할 수 없는 크고 놀라운 복, 곧 우주적인 복'을 말씀합니다.

하나님의 역사하심은 인간의 이성과 지식을 초월한 것들이 많이 있습니다. 빌립보서 4:6-7에서 "아무것도 염려하지 말고 오직 모든 일에 기도와 간구로, 너희 구할 것을 감사함으로 하나님께 아뢰라 [7] 그리하면 모든 지각에 뛰어난 하나님의 평강이 그리스도 예수 안에서 너희 마음과 생각을 지키시리라"라고 말씀하고 있습니다.

여기 "지각에 뛰어난"이라는 단어는 영어 성경 LB에서 "which is far more wonderful than the human mind can understand"로 번역되어 있습니다. 이것은 "인간의 정신이 이해할 수 있는 것보다 훨씬 더 경이로운"이라는 뜻입니다. 현대인의성경에서는 이것을 "도저히 상상도 할 수 없는"이라는 표현으로 번역하고 있습니다. 이처럼 하나님께서 아브라함에게 약속하신 복은, 땅에 사는 인간의 머리로는 감히 생각할 수도 없는 높고 광대한 축복입니다.

이 '큰 복'에는 아브라함에게 허락하신 모든 복이 다 들어 있습니다. 창세기 22:17의 "네 씨로 크게 성하여 하늘의 별과 같고 바닷가의 모래와 같게 하리니"라는 말씀은 아브라함에게 허락하신 '큰 자손'의 복입니다. 또 "네 씨가 그 대적의 문을 얻으리라"라는 말씀은 아브라함에게 허락하신 '큰 승리'의 복입니다. 창세기 22:18의 "네 씨로 말미암아 천하 만민이 복을 얻으리니"라는 말씀은 '메시아'의 복입니다. 그러므로 '큰 복'이라는 허락에는 지금까지 아브라함에게 허락하신 모든 복들이 다 들어 있는 것입니다.

2. 허락의 성취
Fulfillment of the Bestowal

(1) 일차적 성취

아브라함에게 약속하신 '큰 복'에는 지금까지 아브라함에게 허락하신 모든 것이 들어 있는데, 그것들이 다 성취되었다면 '큰 복'도 당연히 성취되는 것입니다.

복을 받으면 부자가 됩니다. 잠언 10:22에서 "여호와께서 복을 주시므로 사람으로 부하게 하시고 근심을 겸하여 주지 아니하시느니라"라고 말씀하고 있습니다. 아브라함이 하나님의 '큰 복'을 받았다면, 아브라함도 큰 부자가 되는 것입니다. 실제로 아브라함은 하나님께 복을 받아 큰 부자가 되었습니다.

창세기 24:1에서 "아브라함이 나이 많아 늙었고 여호와께서 그의 범사에 복을 주셨더라"라고 말씀하고 있고, 35절에서는 아브라함의 종 엘리에셀을 통해 "여호와께서 나의 주인에게 크게 복을 주어 창성케 하시되 우양과 은금과 노비와 약대와 나귀를 그에게 주셨고"라고 말씀하고 있습니다. 이것을 공동번역에서는 "제 주인은 여호와께 복을 많이 받아 굉장한 부자가 되었습니다. 그는 양떼와 소떼, 금과 은, 남종과 여종, 낙타와 나귀를 여호와께 많이 받았습니다"라고 번역하고 있습니다.

아브라함 본인만 큰 부자가 된 것이 아니라, 아브라함의 아들 이삭도 큰 부자가 되었고, 또 손자인 야곱도 큰 부자가 되었습니다. 아브라함, 이삭, 야곱, 3대 모두가 큰 부자가 된 것입니다. 창세기 26:12-13에서 "이삭이 그 땅에서 농사하여 그 해에 백배나 얻었고 여호와께서 복을 주시므로 13 그 사람이 창대하고 왕성하여 마침내 거부가 되어"라고 말씀하고 있으며, 창세기 31:1에서 "야곱이 들은즉 라반의 아들들의 말이 야곱이 우리 아버지의 소유를 다 빼앗고 우리 아버지의 소유로 인하여 이같이 거부가 되었다 하는지라"라고 말씀하고 있습니다. 아브라함과 이삭과 야곱, 3대의 하나님은 산 자의 하나님이시요 큰 복을 주시는 하나님이십니다(마 22:32, 막 12:26-27, 눅 20:37-38).

(2) 이차적 성취

하나님께서는 아브라함과 횃불 언약을 체결하시면서, 그의 자손들이 애굽에 들어가지만 큰 재물을 이끌고 나온다고 약속하셨습니다. 창세기 15:14에서 "그 섬기는 나라를 내가 징치할찌며 그 후에 네 자손이 큰 재물을 이끌고 나오리라"라고 말씀하고 있습니다. 아브라함의 자손들은 하나님의 약속대로 애굽에서 나올 때 큰 부자가 되어서 나왔습니다. 하나님께서 애굽 사람들을 움직이셔서 이스라엘 백성이 구하는 대로 은금 패물을 주도록 하셨던 것입니다(출

3:21-22, 11:2-3). 출애굽기 12:35-36에서 "이스라엘 자손이 모세의 말대로 하여 애굽 사람에게 은금 패물과 의복을 구하매 ³⁶ 여호와께서 애굽 사람으로 백성에게 은혜를 입히게 하사 그들의 구하는 대로 주게 하시므로 그들이 애굽 사람의 물품을 취하였더라"라고 말씀하고 있으며, 시편 105:37에서 "그들을 인도하여 은금을 가지고 나오게 하시니 그 지파 중에 약한 자가 하나도 없었도다"라고 말씀하고 있습니다.

이러한 역사들을 볼 때, 큰 복을 받으면 큰 부자가 되는데 그 복은 당대에뿐만 아니라 후대에까지 미친다는 것을 알 수 있습니다.

(3) 궁극적 성취

아브라함에게 약속하신 '큰 복'은 앞으로 나타날, 아브라함의 영적 자손 된 성도들이 받을 '큰 복'을 가리킵니다.

이사야 45:3에서 "네게 흑암 중의 보화와 은밀한 곳에 숨은 재물을 주어서 너로 너를 지명하여 부른 자가 나 여호와 이스라엘의 하나님인 줄 알게 하리라"라고 말씀하고 있습니다. 이 말씀은 역사적으로 하나님께서 바사의 '고레스왕'에게 엄청난 물질의 축복을 주실 것을 약속한 것입니다. 실제로 고레스왕은 가는 곳곳마다 정복하는 나라의 감추어진 재물을 찾아 큰 부자가 되었습니다. 이사야 45:1에서는 고레스를 '기름 부음을 받은 자'라고 소개하고 있는데, 이 단어는 히브리어 '마쉬아흐'(מָשִׁיחַ)로, 헬라어로 음역하면 '메시아'(μεσσίας, 멧시아스)가 됩니다. 이 단어는 고레스왕이 장차 오실 예수 그리스도의 그림자임을 보여 줍니다.

그러므로 이제 주님이 다시 오실 때, 주님은 "흑암 중의 보화와 은밀한 곳에 숨은 재물"을 가지고 오셔서 아브라함의 영적 자손인 성도들에게 주실 것입니다(사 45:3). 이사야 60:5에서 "그때에 네가 보고 희색을 발하며 네 마음이 놀라고 또 화창하리니 이는 바다의 풍부가 네게로 돌아오며 열방의 재물이 네게로 옴이라"라고 말씀하고 있습니다. 이사야 60:11에서도 "네 성문이 항상 열려 주야로 닫히지 아니하리니 이는 사람들이 네게로 열방의 재물을 가져오며"라고 말씀하고 있습니다(사 61:6).

이러한 '큰 복'은 궁극적으로 우리가 천국에서 받는 유업을 받을 때 온전히 성취됩니다(갈 3:29, 4:7). 이 세상에서 아무리 부유할지라도 그것이 천국의 기업보다 클 수는 없습니다(히 11:26). 하나님께서 아브라함에게 가나안이라는 기업을 주셨지만, 궁극적인 기업은 천국, 하나님 나라를 가리킵니다. 히브리서 11:8에서 "믿음으로 아브라함은 부르심을 받았을 때에 순종하여 장래 기업으로 받을 땅에 나갈쌔 갈 바를 알지 못하고 나갔으며"라고 말씀하고 있습니다. 여기 "장래 기업으로 받을 땅"은 일차적으로는 '가나안'이지만, 궁극적으로는 '천국'을 가리킵니다. 아브라함이 천국의 기업을 받았다면(마 8:11), 오늘 아브라함과 같은 믿음을 가진 아브라함의 영적인 자손들도 천국의 기업을 받게 됩니다.

이 기업은 영원히 썩지 않는 기업입니다. 베드로전서 1:4에서 "썩지 않고 더럽지 않고 쇠하지 아니하는 기업을 잇게 하시나니 곧 너희를 위하여 하늘에 간직하신 것이라"라고 말씀하고 있습니다. 오늘날 우리도 아브라함과 같은 믿음으로 천국의 기업을 소유하는 성도가 되어야 할 것입니다.

3. '팔 복'과의 관계
Relevance to the Eight Beatitudes

아브라함에게 허락하신 모든 허락은 한마디로 '큰 복'입니다. 아브라함에게 허락하신 복들과 연결된 예수님의 '팔 복'도 한마디로 요약하면 '큰 복'입니다. 아브라함에 주신 허락과 '팔 복'과의 관계를 살펴보면 다음과 같습니다.

10대 허락	팔 복
1 **큰 나라** (창 12:1-5, 16:10, 17:5-8, 20-21, 18:18, 롬 4:16 -18, 갈 3:14)	**마태복음 5:1-3** "예수께서 무리를 보시고 산에 올라가 앉으시니 제자들이 나아온지라 ² 입을 열어 가르쳐 가라사대 ³ 심령이 가난한 자는 복이 있나니 천국이 저희 것임이요"
2 **큰 이름** (창 12:1-3, 17:4-6, 18:18, 느 9:7, 마 1:1, 갈 3:14)	**마태복음 5:4** "애통하는 자는 복이 있나니 저희가 위로를 받을 것임이요"
3 **큰 땅(토지)** (창 12:7, 13:14-17, 15:7, 18-21, 17:6-8, 26:3, 28:4, 13-15, 35:12, 50:24, 출 6:8, 신 6:18, 수 1:2-4, 15)	**마태복음 5:5** "온유한 자는 복이 있나니 저희가 땅을 기업으로 받을 것임이요"
4 **큰 자손** (창 13:14-17, 15:2-5, 16:10, 17:6-8, 20-22, 22:15-18, 26:4, 28:14, 32:12, 출 1:7, 9, 12, 20, 민 23:10, 왕상 3:8)	**마태복음 5:9** "화평케 하는 자는 복이 있나니 저희가 하나님의 아들이라 일컬음을 받을 것임이요"
5 **큰 장수** (창 15:15, 25:7-8)	**마태복음 5:7** "긍휼히 여기는 자는 복이 있나니 저희가 긍휼히 여김을 받을 것임이요"
6 **큰 승리** (창 12:3, 10-20, 15:1, 12-14, 18:18, 20:6-7, 22:15-19, 26:11, 시 105:8-15, 42-43)	**마태복음 5:10-12** "의를 위하여 핍박을 받은 자는 복이 있나니 천국이 저희 것임이라 ¹¹ 나를 인하여 너희를 욕하고 핍박하고 거짓으로 너희를 거스려 모든 악한 말을 할 때에는 너희에게 복이 있나니 ¹² 기뻐하고 즐거워하라 하늘에서 너희의 상이 큼이라 너희 전에 있던 선지자들을 이같이 핍박하였느니라"

10대 허락	팔 복
7 **메시아** (창 12:1-5, 15:4-6, 18:17-19, 22:16-18)	**마태복음 5:8** "마음이 청결한 자는 복이 있나니 저희가 하나님을 볼 것임이요"
8 **큰 의** (창 15:6, 롬 4:3, 9, 18-25, 5:1)	**마태복음 5:6** "의에 주리고 목마른 자는 복이 있나니 저희가 배부를 것임이요"
9 **큰 상급** (창 15:1, 롬 4:3, 9, 18-25, 5:1)	**마태복음 5:10-12** "의를 위하여 핍박을 받은 자는 복이 있나니 천국이 저희 것임이라 11 나를 인하여 너희를 욕하고 핍박하고 거짓으로 너희를 거스려 모든 악한 말을 할 때에는 너희에게 복이 있나니 12 기뻐하고 즐거워하라 하늘에서 너희의 상이 큼이라 너희 전에 있던 선지자들을 이같이 핍박하였느니라"
10 **큰 복**(창 22:16-17)	예수님의 '팔 복' 전체를 하나로 묶어 표현함

아브라함은 영적으로 모든 믿는 자들의 조상입니다. 그의 신앙은 우리가 가져야 할 모든 믿음의 표준입니다. 그가 하나님의 말씀을 가지고 체험하고 경험한 사실들은 우리가 따라야 할 모든 행위의 표준입니다(갈 3:6-9, 29). 그러므로 하나님께서 아브라함에게 언약하신 10대 허락은 우리에게 주신 허락이요, 모든 그리스도인이 받을 복입니다.

아브라함의 큰 나라는 우리의 천국이요,

아브라함의 큰 이름은 생명책에 기록된 우리의 이름이요,

아브라함의 가나안 땅은 우리의 천국 기업이요,

아브라함의 자손은 우리, 곧 복음의 아들들이요,

아브라함의 장수는 우리의 영생이요,

아브라함의 승리는 우리의 영원한 승리요,

아브라함의 한 씨는 우리의 주 예수 그리스도시요,

아브라함의 받은 의는 우리의 영원한 의요,

아브라함의 큰 상은 우리가 받을 큰 상이요,

아브라함의 큰 복은 바로 우리가 받을 모든 거대한 복입니다.

아브라함에게 주신 10대 허락은 당시 상황에서 가능한 일이라고 생각할 만한 요소가 전혀 없었습니다. 그러나 하나님을 절대 신앙하는 아브라함, 우리의 믿음의 조상인 아브라함은 그 허락을 모두 믿었습니다.

로마서 4:18-19 "아브라함이 바랄 수 없는 중에 바라고 믿었으니 이는 네 후손이 이 같으리라 하신 말씀대로 많은 민족의 조상이 되게 하려 하심을 인함이라 ¹⁹ 그가 백 세나 되어 자기 몸의 죽은 것 같음과 사라의 태의 죽은 것 같음을 알고도 믿음이 약하여지지 아니하고"

바울은 인간적으로 불가능한 상황 가운데서도 하나님을 믿는 아브라함의 믿음이 약해지지 않았다고 증언합니다. 여기서 '약하다'는 헬라어로 '아스데네오'(ἀσθενέω)입니다. 이 말의 본뜻은 '설 수 없을 정도로 힘이 없다'입니다. 즉, 아브라함이 마치 중한 병에 걸려 설 수조차 없는 것 같은 힘든 상황에서도 결코 실망하거나 좌절하지 않고 하나님을 굳건히 신뢰했다는 것입니다. 비록 아브라함의 육체는 죽은 것같이 무력할지라도, 그의 믿음은 결코 무력해지지 않았던 것입니다.

하나님께는 능치 못함이 없고 하나님께는 없는 것이 없으시며 하나님의 허락은 그것을 믿는 자에게 반드시 성취되고야 마는 것입니다(창 18:14, 욥 42:2, 렘 32:17, 27, 마 19:26, 눅 1:37). 마가복음 10:27

에서 "예수께서 저희를 보시며 가라사대 사람으로는 할 수 없으되 하나님으로는 그렇지 아니하니 하나님으로서는 다 하실 수 있느니라"라고 말씀하고 있습니다.

그러므로 우리는 우리의 소망이신 예수 그리스도만을 의지해야 합니다(시 71:5, 119:42, 렘 14:8, 17:7-8, 13-14, 딤전 1:1). 예수 그리스도는 우리의 "영광의 소망"(골 1:27)이십니다. 우리는 (통일)찬송가 340장 '구주 예수 의지함이'의 1절 가사를 잘 음미해 보아야 합니다. "구주 예수 의지함이 심히 기쁜 일일세 허락하심 받았으니 의심 아주 없도다"라고 찬양하고 있습니다. 하나님께서 우리에게 이렇게 상상할 수도 없는 엄청난 10대 허락을 주셨으니, 이제 의심 없이 믿는 자가 되어야 합니다. 아브라함에게 허락하신 10대 허락은 우리에게 허락하신 10대 허락이요, 주님께서 우리에게 허락하신 팔 복입니다. 아브라함이 받은 큰 복이 우리의 큰 복입니다.

하나님께서는 아브라함에게 10대 허락을 주심으로, 가나안을 중심으로 하나님 나라를 확장해 나가셨습니다. 그렇다면 구속사가 그 완성을 향하여 힘 있게 전진하는 이 시대에도, 우리에게 10대 허락을 주심으로 하나님 나라를 급격하게 확장해 나가실 것입니다. 오늘날 모든 하나님의 백성이 아브라함과 같은 믿음의 소유자가 되어서 10대 허락과 팔 복을 다 받아 누리시고, 어떤 핍박과 고난이 몰아쳐도 하나님의 말씀으로 사단과 싸워서 승리하는 가운데, 날마다 하나님 나라를 크게 확장해 나가기를 간절히 소망합니다.

The Ten Bestowals to Abraham
아브라함에게 주신 10대 허락

첫 번째 허락 큰 나라(큰 민족) / Great Nation / 창 12:1-5, 16:10, 17:5-8, 21-22, 18:18, 롬 4:16-18, 갈 3:14

허락의 내용과 의미		'큰 나라'의 축복은(창 12:2, 18:18, 롬 4:17) 단순히 외형적인 규모만을 뜻하는 것이 아니라, 질적인 위대함을 의미하기도 한다. 온 우주 만물을 다스리시는 하나님께서 거하시는 나라가 곧 세상에서 가장 '큰 나라'이다.
허락의 성취	**일차적 성취**	하나님께서는 이 허락을 성취하시기 위해 아브라함에게 이삭을, 이삭에게 야곱을 주셨고, 야곱에게 12아들을 주셔서 12지파가 형성되게 하셨으며(창 49:28), 애굽에서 큰 민족으로 번성케 하셨다(출 1:7, 12). 그리고 이 허락은 주신 지 약 천 년 만에 다윗과 솔로몬이 광활한 영토를 가진 큰 나라를 이룸으로 성취되었다.
	이차적 성취	예수 그리스도를 믿는 믿음만 가지면 누구든 혈통을 초월해 아브라함의 자손이 된다(갈 3:7, 29). 아브라함에게 주신 큰 나라의 축복은 수많은 그리스도인들을 통해서 영적인 의미에서 이루어졌다.
	궁극적 성취	'큰 나라'의 성취는 예수 그리스도를 통하여 하나님 나라가 이루어짐으로 성취된다(막 1:15, 눅 17:20-21). 초림 때 예수 그리스도를 통하여 성취된 하나님 나라는 이제 주님의 재림으로 실현되고 최후 완성을 이룰 것이다(마 13:43, 25:32-34, 계 21:1-2).
'팔 복'과의 관계		"심령이 가난한 자는 복이 있나니 천국이 저희 것임이요"(마 5:3) '심령이 가난'한 것은 '욕심'이 없는 것이다. 아브라함은 세상에 욕심을 두지 않고 '본토 친척 아비 집을 떠나'는 말씀에 즉시 순종하고 떠나 장막에 거하면서, 하나님의 경영하시고 지으실 터가 있는 성을 바라보며 나그네의 삶을 살았다(창 12:1-4, 히 11:8-10, 13). 심령이 가난한 자가 큰 나라, 천국을 허락받게 된다.

두 번째 허락 **큰 이름** / Great Name / 창 12:1-3, 17:4-6, 18:18, 느 9:7, 마 1:1, 갈 3:14		
허락의 내용과 의미		하나님께서는 그저 평범한 한 개인의 이름에 불과했던 아브라함에게 "네 이름을 창대케 하리니 너는 복의 근원이 될찌라"라고 '큰 이름'을 허락하셨다(창 12:2).
허락의 성취	**일차적 성취**	· **'열국의 아비'**(창 17:5): 아브라함의 이름이 '높은 아버지, 존귀한 아버지'라는 뜻의 '아브람'(אַבְרָם)이라는 옛 이름에서 '많은 사람의 고귀한 아버지, 열국의 아버지'라는 뜻의 '아브라함'(אַבְרָהָם)이라는 새 이름으로 바뀌었다.
		· **'하나님의 방백'**(창 23:6): 헷 족속은 아브라함을 '하나님의 방백'이라고 부르며 높였는데, '방백'은 히브리어 '나시'(נָשִׂיא)로, '왕, 통치자, 지도자'라는 뜻이다.
		· **'선지자'**(창 20:7): 하나님께서는 아비멜렉에게 아브라함의 아내를 돌려보내라 명령하시면서, 아브라함을 '선지자'(나비, נָבִיא)라고 말씀하셨다. '선지자'는 사람 스스로 부여하는 이름이 아니라, 하나님의 허락 가운데 주어져 기도의 중보자가 되는 큰 이름이다.
		· **'하나님의 종'**(창 26:24, 출 32:13, 시 105:5-6): '종'의 히브리어 '에베드'(עֶבֶד)는 '섬기다, 봉사하다'라는 뜻의 '아바드'(עָבַד)에서 파생된 명사로, 하나님을 위해 일하고 봉사하는 자라는 의미이다. 하나님의 소유 된 종의 직분은 가장 큰 직분이다.
		· **'하나님의 벗'**(대하 20:7, 사 41:8, 약 2:23): '벗'의 히브리어 어근 '아하브'(אָהֵב)는 단순한 친구가 아니라, 사랑하는 연인 사이를 의미한다. 하나님께서는 사랑하는 친구 아브라함에게 소돔성 멸망의 비밀을 가르쳐 주셨다(창 18:17-33, 참고시 25:14, 암 3:7, 요 15:15).
	이차적 성취	이 세상에서 모든 이름 위에 뛰어난 가장 큰 이름을 가지신 예수 그리스도께서 아브라함의 후손으로 오심으로 아브라함의 이름도 큰 이름이 되었다(마 1:1, 엡 1:21, 빌 2:9-11).

허락의 성취	궁극적 성취	아브라함의 이름은 종말적인 내용 속에 등장하여 더욱 큰 이름이 되고 있다(마 8:11, 눅 16:23). 세상에서 가장 큰 이름은 하나님의 이름이다. 하나님의 이름이 아브라함과 그 자손에게 주어짐으로 아브라함의 자손들도 세상에서 가장 큰 이름을 가지게 될 것이다(사 62:2, 계 14:1, 22:4).
'팔 복'과의 관계		"애통하는 자는 복이 있나니 저희가 위로를 받을 것임이요"(마 5:4) '위로'는 헬라어 '파라칼레오'($\pi\alpha\rho\alpha\kappa\alpha\lambda\acute{\epsilon}\omega$)로, '파라'($\pi\alpha\rho\acute{\alpha}$, 곁에)라는 단어와 '칼레오'($\kappa\alpha\lambda\acute{\epsilon}\omega$, 부르다)라는 단어가 합성된 것이다. '위로'는 곁에서 이름을 불러 주는 것이다. 하나님께서는 '본토, 친척, 아비 집'을 떠나 애통하는 아브라함에게 큰 이름을 허락하시어 위로하셨다(창 12:1-2). 아브라함이 애통하여 받은 큰 이름의 위로는 성도에게 세상에서 가장 큰 이름인 하나님의 이름이 주어질 것을 예표한다(사 62:2, 계 2:17, 3:5, 12, 14:1, 22:4).

세 번째 허락 큰 땅 / Great Land / 창 12:7, 13:14-17, 15:7, 18-21, 17:6-8, 26:3, 28:4, 13-15, 35:12, 50:24, 출 6:8, 신 6:18, 수 1:2-4, 15

허락의 내용과 의미		하나님께서는 아브라함에게 '큰 땅' 가나안 땅을 허락하셨다(창 15:18-21, 17:8, 민 34:2, 시 105:11). 가나안 땅은 아브라함 자손들이 대대에 살아가게 될 기업의 땅이자, 이 땅에 이루어질 하나님 나라의 교두보가 되었다.
허락의 성취	일치적 성취	아브라함은 평생 가나안 땅에 나그네로 우거하였지만, 막벨라 밭 굴을 은 400세겔을 주고 정식으로 매입함으로써 막벨라 밭 굴을 소유했다(창 23:16-20). 이후 아브라함, 이삭과 야곱까지 3대 족장이 그곳에 장사되었고, 막벨라 밭 굴은 이스라엘에게 가나안 정복의 교두보가 되었다(참고-렘 32:25, 43-44). 아브라함이 가나안에 들어와 처음 도착한 세겜은(창 12:1-7) 가나안 전체를 대표한다. 훗날 야곱은 그 땅을 은 100개로 구입하고 단을 쌓았으며(창 33:18-20), 가나안 정복을 마친 후 요셉의 뼈가 세겜에 장사되었다(수 24:32).

허락의 성취	이차적 성취	아브라함에게 주신 '큰 땅'의 허락은 여호수아를 통하여 이스라엘 백성이 가나안 땅을 정복함으로 실제로 성취되었다(수 24:29). 그 후 솔로몬왕 때 유브라데부터 애굽 지경까지 큰 영토를 이루며 '큰 땅'의 약속이 성취되었다(대하 9:26).
	궁극적 성취	가나안 땅은 천국의 그림자이다(신 8:9-10, 계 21:3-4). 아브라함에게 약속하신 '큰 땅'의 허락은 마침내 성도에게 천국을 기업으로 주심으로 완전히 성취될 것이다.
'팔 복'과의 관계		"온유한 자는 복이 있나니 저희가 땅을 기업으로 받을 것임이요"(마 5:5) '온유'는 헬라어 '프라우스'(πραύς)로, '겸손한, 길들여진'이라는 뜻이다. 아브라함은 하나님 앞에 겸손히 행하여(창 18:2, 27), '의인'으로 인정받아 '큰 땅'의 허락을 받았다(창 15:6, 시 37:29). 하나님께서는 겸손히 행하여 의인으로 인정받는 성도에게 가장 큰 땅 '천국'을 허락하신다.

네 번째 허락 큰 자손 / Great Descendants / 창 13:14-17, 15:2-5, 17:6-8, 20-22, 22:15-18, 출 1:7, 9, 12, 민 23:10, 왕상 3:8

허락의 내용과 의미		'큰 자손'에 대한 허락은 '땅의 티끌'(창 13:16), '바다의 모래'(창 22:17, 32:12), '하늘의 별'(창 15:5, 22:17, 26:4)이라는 표현으로 나타나고 있다. '하늘의 별'은 아브라함의 영적인 자손을 가리킨다고 해석한다면(단 12:3), '땅의 티끌', '바다의 모래'는 아브라함의 육적인 자손을 가리킨다고 해석할 수 있다(왕상 4:20, 대하 1:9).
허락의 성취	일치적 성취	'큰 자손'의 허락은 하나님의 약속으로 이삭이 태어나면서 성취되었다(창 21:1-5, 롬 9:6-9, 갈 4:23, 28). 이삭으로 시작된 아브라함의 자손은 야곱과 그의 12명의 아들로 번성하기 시작하였고, 마침내 애굽에서 중다한 자손들로 급성장하였다(출 1:7, 9, 12, 20, 민 23:10, 왕상 3:8).

허락의 성취	이차적 성취	구약시대에 이스라엘 민족이 형성되어 표면적으로 '큰 자손'의 허락이 성취되었다면, 신약시대에 성도들이 혈통을 초월하여 예수 그리스도를 믿음으로 아브라함의 영적인 자손이 되어 '큰 자손'의 허락이 성취되었다(롬 2:28-29, 갈 3:7, 29).
	궁극적 성취	'큰 자손'(자르아카, זַרְעֲךָ, 남성 단수)의 허락은 궁극적으로 예수 그리스도의 재림 때에 예수 그리스도를 믿는 영적인 아브라함의 자손들이 순식간에 많게 됨으로 완전히 성취될 것이다(사 11:9, 66:7-8, 렘 31:34, 합 2:14, 갈 3:16, 히 8:11, 요일 2:27).
'팔 복'과의 관계		"화평케 하는 자는 복이 있나니 저희가 하나님의 아들이라 일컬음을 받을 것임이요"(마 5:9) 아브라함은 가는 곳마다 단을 쌓고 예배를 드림으로 하나님과 자신 사이를 화평케 하였으며(창 12:7-8, 13:18), 조카 롯에게도 좋은 땅을 양보하며 그 사이를 화평케 하였다(창 13:9). 그 후 하나님께서는 '땅의 티끌 같은 큰 자손'을 허락하셨으며(창 13:14-16), 믿음으로 하나님의 아들 된 성도를 '아브라함의 자손'이라고 부르시는 큰 축복을 허락해 주셨다.

다섯 번째 허락 큰 장수 / A Good Old Age / 창 15:15, 25:7-8

| 허락의 내용과 의미 | | 하나님께서는 아브라함에게 "너는 장수하다가 평안히 조상에게로 돌아가 장사될 것이요"라고 말씀하시며 '큰 장수'를 허락하셨다(창 15:15). |
| 허락의 성취 | 일차적 성취 | 아브라함은 '큰 장수'의 허락을 받아서 175세까지 하나님께서 주신 수명을 만족스럽게 누렸다(창 25:7-8).
아브라함은 아들 이삭, 손자 야곱과 15년 동안 동시대에 살면서, '의와 공도를 행하게 하라'(창 18:19)는 하나님의 명령에 따라 하나님의 말씀을 가르쳤을 것이다. |

허락의 성취	이차적 성취	아브라함의 시대와 성육신하신 예수님의 시대는 약 2천 년의 시간 간격이 있지만, 아브라함은 예수님께서 이 땅에 오셔서 행하시는 모든 모습을 이미 보고 즐거워했다(요 8:56). 그는 육신적으로는 175세를 살고 죽었지만, 영적으로는 2천 년 이상의 시간을 뛰어넘어 신령한 장수의 축복을 받아 누렸고, '산 자'로 선포되었다(마 22:32, 막 12:26-27, 눅 20:37-38).
	궁극적 성취	아브라함은 성경의 종말에 대한 내용들 속에 계속 등장한다. 예수님께서 말씀하신 부자와 거지 나사로의 비유 가운데, 음부에 있는 부자는 멀리 아브라함과 그의 품에 들어가 있는 나사로를 보았으며, 아브라함을 향하여 '아버지 아브라함이여'라고 불렀다(눅 16:22-23, 26). 성도가 천국에 들어가는 것도 '아브라함과 이삭과 야곱과 함께 앉는' 것이다(마 8:11). 천국이야말로 참된 '큰 장수'의 허락이며, 주님의 재림 때에 살아서 주님을 맞이하고 신령한 몸으로 변화하여 천국에 들어가는 것이 궁극적인 '큰 장수'이다.
'팔 복'과의 관계		"긍휼히 여기는 자는 복이 있나니 　저희가 긍휼히 여김을 받을 것임이요"(마 5:7) 죽고 사는 것은 전적으로 하나님의 손에 달린 문제로, 하나님의 긍휼은 성도를 죽음의 위기 가운데에서 건지신다. 아브라함은 조카 롯을 구하기 위한 긍휼의 마음을 가지고 동방 4개국 동맹군을 쫓아가 파하였으며(창 14:13-16), 소돔성의 멸망을 막기 위해 중보기도하는 긍휼의 마음이 있었다(창 18:22-32).

여섯 번째 허락 큰 승리 / Great Victory / 창 12:3, 10-20, 15:1, 12-14, 18:18, 20:6-7, 22:15-19, 26:11, 시 105:8-15, 42-43

허락의 내용과 의미	아브라함에게 허락하신 '큰 승리'(창 12:3, 15:1)는 단순히 외적(육적)인 면에서의 승리만이 아니라, 내적(영적)인 승리를 포함한다. 아브라함은 본토 친척 아비 집을 결별하는 결단의 승리를 거두었

허락의 내용과 의미		으며(창 12:1-4), 롯에게 좋은 땅을 양보하는 양보의 승리(창 13:8-9), 멜기세덱의 영적인 축복과 소돔 왕의 물질적인 축복 사이에서 물질의 유혹에 대한 승리(창 14:22-23)와 이삭을 번제로 바치는 가장 어려운 순종의 승리를 거두었다(창 22:9-10, 히 11:17-19).
허락의 성취	일차적 성취	아브라함은, 가나안 5개국 연합군을 치고 소돔과 고모라를 약탈하고 돌아가던 동방 4개국 동맹군을 자신이 기른 가신 318명을 이끌고 추격하여 격파하였다. 그리고 조카 롯과 그 재물과 부녀와 인민을 찾아오는 승리를 거두었다(창 14:14-16). 또한 아비멜렉이 사라를 빼앗으려고 할 때, 하나님의 도우심으로 도리어 큰 부를 얻는 승리를 거두었다(창 20:17-18).
	이차적 성취	하나님이 아브라함의 후손에게 약속하신 대로, 이스라엘 백성은 출애굽 때 갈라진 홍해 사이 마른 땅을 건너갔고, 추격하던 애굽 군대는 홍해 가운데 수장되는 큰 승리를 거두었다(출 14:21-31, ^{참고-}창 15:14).
	궁극적 성취	아브라함에게 허락하신 '큰 승리'는 궁극적으로 성도의 최후 승리를 예표하고 있다(계 17:14, 19:11-21). 그 큰 승리는 예수님의 재림으로 완전히 성취될 것이다.
'팔 복'과의 관계		"의를 위하여 핍박을 받은 자는 복이 있나니 천국이 저희 것임이라 [11] 나를 인하여 너희를 욕하고 핍박하고 거짓으로 너희를 거스려 모든 악한 말을 할 때에는 너희에게 복이 있나니 [12] 기뻐하고 즐거워하라 하늘에서 너희의 상이 큼이라 너희 전에 있던 선지자들을 이같이 핍박하였느니라"(마 5:10-12) 여기 '의를 위하여 핍박을 받은 자'에게 약속하신 '상'은 헬라어 '미스도스'($\mu\iota\sigma\theta\acute{o}\varsigma$)로, 하나님께서 주시는 보상에 대해서도 사용된다. 아브라함은 영원한 하나님 나라와 그 상급을 바라보았으며 하나님께서 직접 아브라함에게 '큰 상급'이 되어 주셨다(히 11:10, ^{참고-}사 40:10, 62:11). 재림하시는 주님과 함께하는 자들은 반드시 큰 승리를 얻게 된다(계 17:14).

일곱 번째 허락 **메시아** / The Messiah / 창 12:1-5 특히 3절, 15:4-6, 18:17-19 특히 18절, 22:16-19 특히 18절		
허락의 내용과 의미		하나님께서 아브라함과 맺으신 7대 언약은 모두 예수 그리스도를 약속하고 있다(갈 3:16). 아브라함에게 약속하신 '자손'은 모두 단수형으로, 일차적으로는 이삭을 가리키지만 궁극적으로 예수 그리스도를 가리킨다(창 12:2-3, 7, 13:15-16, 15:5, 17:7-8, 19, 18:18, 22:17-18).
허락의 성취	일차적 성취	메시아의 허락은 예수 그리스도가 인성을 가지신 아브라함의 후손으로 태어나심으로 성취되었다(사 9:6, 마 1:1, 갈 3:16).
	이차적 성취	아브라함의 후손으로 메시아가 오신다는 허락은 예수 그리스도의 초림으로 이미 성취되었으며, 십자가에서 죽으시고 부활하심과 승천하심을 통하여 실제적으로 성취되었다(참고-창 22:17).
	궁극적 성취	예수 그리스도께서 재림하셔서 사단을 불과 유황 못에 던지심으로 완전히 성취될 것이다(눅 20:43, 행 2:35, 히 1:13, 10:13, 계 20:10).
'팔 복'과의 관계		"마음이 청결한 자는 복이 있나니 저희가 하나님을 볼 것임이요"　(마 5:8) 아브라함 이전 시대에는 말씀하심으로 역사하셨던(창 3:22, 7:1, 9:1) 하나님께서, 아브라함에게는 직접 볼 수 있도록 사람의 모습으로 현현하셨다(창 12:7, 17:1, 18:1, 행 7:2). 마음이 청결한 자만이 거룩하신 하나님을 만날 수 있다(출 3:6, 33:20, 시 24:3-4, 사 59:2). 아브라함은 마음이 청결했기에 하나님을 만난 것이다. 장차 재림하시는 주님을 만나기 위해서는 마음이 청결한 성도가 되어, 빛나고 깨끗한 세마포를 입어야 한다(계 19:7-8, 14).

여덟 번째 허락 **큰 의** / Great Justification / 창 15:6, 롬 4:3, 9, 18-25 특히 22절, 5:1	
허락의 내용과 의미	이 '큰 의'는 인간적인 관점에서 말하는 '의'가 아니라, 하나님의 관점에서 평가되는 '의'로 구분된다(신 32:4, 롬 9:14). 자손이 별과

허락의 내용과 의미		같이 많게 된다는 하나님의 말씀을 아브라함이 믿을 때, 하나님께서는 이것을 그의 '의'로 인정해 주셨다(창 15:5-6). 비록 아브라함은 가나안 땅에 들어온 뒤에도 여전히 실수를 범할 때가 있었지만, 하나님께서는 오직 은혜로 그를 '의인'이라고 인정해 주셨다(롬 4:3, 6-9).
허락의 성취	**일차적 성취**	아브라함이 의롭다 여기심을 받은 것은 84세의 일이다(창 15:5-6). 아브라함은 16년이 지나 100세가 다 되어서도 믿음이 약해지지 않고 더욱 견고해져서 허락의 성취를 확신하였는데, 하나님께서는 이것을 '의'로 여기셨다(롬 4:19-22). 아브라함 100세에 성취된 의는, 아브라함이 이삭을 바침으로써 하나님께서 인정하시는 의로 온전히 성취되었다(창 22:12, 약 2:21-24).
	이차적 성취	아브라함의 '의'는, 아브라함과 같은 믿음을 가진 성도의 '의'를 보여 준다(롬 4:23-25, 갈 3:9). 하나님께서는 아브라함을 의로 여기실 때, 장차 예수 그리스도를 믿음으로 구원 받을 모든 영적 아브라함의 후손들까지도 내다보시고 의로 여겨 주셨다.
	궁극적 성취	마지막 때 어린양의 혼인 잔치에서 그의 아내가 입어야 할 세마포는 '성도들의 옳은 행실'인데(계 19:7-8), 여기서 '옳은 행실'의 헬라어 '디카이오마'(δικαίωμα)는 '의, 공의'라는 뜻이다. 이 의는 십자가의 보혈로 주어지는 의이다(계 3:18, 7:13-14).
'팔 복'과의 관계		"의에 주리고 목마른 자는 복이 있나니 저희가 배부를 것임이요" (마 5:6)
		아브라함은 갈대아 우르를 떠나 이삭을 번제로 바치고 자손들에게 신앙을 전수하기까지, 일평생 '의'에 주리고 목마른 삶을 살았다. 하나님께서는 아브라함이 영적으로 항상 배부르게 하셨고(히 11:9-10), 풍부한 소유를 통해 육적으로도 배부르게 하셨다(창 12:5, 13:2, 6, 24:1, 35). 오늘날 성도도 의에 주리고 목마른 삶을 살 때, 하나님께서 영육 간에 배부르게 채워 주신다(마 6:33, 빌 4:19).

아홉 번째 허락 **큰 상급** / Great Reward / 창 15:1, 롬 4:3, 9, 18-25 특히 22절, 5:1	

허락의 내용과 의미		아브라함이 동방 4개국 연합군과 싸워 승리하고 롯을 구해 온 후, 하나님께서는 횃불 언약을 체결하시기 위해 아브라함을 부르시며 '나는 너의 방패요 너의 지극히 큰 상급'이라는 놀라운 허락을 하셨다(창 15:1). 이는 4개국 동맹군의 보복을 두려워하는 아브라함에게 하나님께서 방패가 되셔서 지켜 주신다는 말씀이며(신 33:29, 삼하 22:3, 시 33:20, 144:2), 최상급의 큰 상급으로 보상해 주시겠다는 약속이다(시 118:6-9).
허락의 성취	일차적 성취	하나님께서는 100세의 아브라함에게 아들을 낳는 상급을 주셨다(창 21:1-2, 5). 바로 일 년 전에 사라를 그랄 왕 아비멜렉에게 빼앗길 위기가 있었지만, 하나님께서 꿈이라는 비상수단을 통해 아브라함의 방패가 되어 주셨다(창 20:1-18).
	이차적 성취	아브라함은 모든 믿는 자의 조상이 되었으며(롬 4:11-12, 16, 18), 아브라함의 후손으로 예수 그리스도가 오신 것은 아브라함이 받은 가장 큰 상급이다(갈 3:16). 예수는 세상 최고의 '큰 상급'이시다.
	궁극적 성취	하나님께서는 성도에게 '큰 상급'을 주시는 분이시다(히 11:6, 계 2:10, 22:12). 아브라함이 받은 큰 상급은 마지막 때 아브라함과 같은 믿음을 가진 영적 아브라함의 자손들이 받을 큰 상급이다.
'팔 복'과의 관계		"의를 위하여 핍박을 받은 자는 복이 있나니 천국이 저희 것임이라 11 나를 인하여 너희를 욕하고 핍박하고 거짓으로 너희를 거스려 모든 악한 말을 할 때에는 너희에게 복이 있나니 12 기뻐하고 즐거워하라 하늘에서 너희의 상이 큼이라 너희 전에 있던 선지자들을 이같이 핍박하였느니라"(마 5:10-12) 세상에서 가장 큰 상급은 '천국'을 허락받는 것이다. 하나님 나라를 위하여 핍박을 받은 자들은 하나님께서 반드시 큰 상급을 허락하신다(마 5:11-12, 히 10:32-35, 11:24-26). 하나님께 나아가는

자는 반드시 하나님이 계신 것과 그가 상 주시는 이심을 믿어야
한다(히 11:6).

열 번째 허락 큰 복 / Incredible Blessing / 창 22:16-17

허락의 내용과 의미		아브라함이 이삭을 번제로 드리라는 큰 시험에 순종한 후, 하나님께서 '큰 복'을 허락하셨다(창 22:16-18). '큰 복을 주고'라는 표현은 '복 주다'라는 뜻의 히브리어 '바라크'(בָּרַךְ)가 두 번 반복되어, 반드시 복을 주시겠다는 강력한 하나님의 의지와 그 복이 상상할 수 없이 크고 놀라움을 의미한다.
허락의 성취	일치적 성취	아브라함에게 주신 '큰 복'에는 지금까지 아브라함에게 허락하신 모든 복이 다 들어 있다. 특별히 아브라함은 '큰 복'을 받아 근심이 없는 부요(잠 10:22)를 누렸다(창 24:1, 35). 아브라함의 자손 이삭, 야곱 모두가 큰 부자가 되었다(창 26:12-14, 31:1).
	이치적 성취	이스라엘 민족도 출애굽 할 때 애굽 사람들의 은금 패물을 받아 큰 재물을 가지고 나왔다(창 15:14, 출 3:21-22, 11:2-3, 12:35-36, 시 105:37). '큰 복'은 후대까지 전수되는 거대한 복이다.
	궁극적 성취	아브라함에게 약속하신 '큰 복'은 앞으로 다가올 아브라함의 영적 자손이 된 성도들이 받을 '큰 복'을 가리킨다(사 60:5, 11, 61:6). 이는 이 땅에서의 복으로 그치지 않고, 궁극적으로 천국에서 받는 유업으로 온전하게 성취될 것이다(갈 3:29, 4:7, 벧전 1:4).
'팔 복'과의 관계		'큰 복'은 예수님의 팔 복 전체(마 5:1-12)를 하나로 묶어 표현한 것으로, 아브라함에게 허락하신 복들과 연결된 팔 복은 '큰 복'으로 요약할 수 있다. 아브라함에게 허락하신 10대 허락은 오늘날 우리에게 허락하신 10대 허락이요, 우리에게 허락하신 팔 복이다.

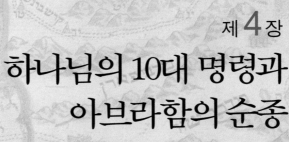

제 **4** 장
하나님의 10대 명령과
아브라함의 순종

God's Ten Commands
and Abraham's Obedience

하나님의 10대 명령과
아브라함의 순종
GOD'S TEN COMMANDS AND ABRAHAM'S OBEDIENCE

믿음의 조상 아브라함의 신앙 노정에서 가장 귀한 것이 있다면 '순종'입니다. 아브라함의 신앙의 강점은 순종이었습니다. 아브라함의 일생은 행동하는 믿음, 즉 순종하는 신앙이었고, 그의 모든 순종은 하나님의 말씀을 믿는 믿음에서 나온 것이었습니다. 하나님의 부르심으로부터 시작하여(행 7:2-3), 모리아산 정상 도달까지(창 22장) 그리고 그의 전 일생이 마칠 때까지, 아브라함의 생애는 오직 '약속 성취'를 위한 '온전한 순종'에 이르는 신앙의 연단 과정이었습니다.

아브라함은 "네 고향과 친척을 떠나 내가 네게 보일 땅으로 가라"라는 명령(행 7:3)이나 "너는 너의 본토 친척 아비 집을 떠나 내가 네게 지시할 땅으로 가라"라는 명령(창 12:1) 앞에, 말씀을 좇아 순종하며 나갔습니다(창 12:4). 히브리서 11:8에서는 그의 순종을 인상 깊게 설명하고 있습니다.

히브리서 11:8 "믿음으로 아브라함은 부르심을 받았을 때에 순종하여 장래 기업으로 받을 땅에 나갈쌔 갈 바를 알지 못하고 나갔으며"

갈 바를 알지 못하면서도 순종하여 나간 것을 볼 때, 아브라함은 몸의 출발보다 '순종하는 마음'이 앞선 것이었습니다. 말씀하시면 언제든지 순종할 준비가 되어 있었던 것입니다.

하나님께서는 아브라함 99세에 그에게 나타나셔서, "나는 전능한 하나님이라 너는 내 앞에서 행하여 완전하라"라고 말씀하셨습니다(창 17:1). 여기 '완전하라'에서 '완전'은 히브리어 '타밈'(תָּמִים)으로, 창세기 6:9에서 노아를 가리킬 때 사용되었습니다. 그러므로 이것은 어떤 행위의 완전무결함을 의미하지 않습니다. 이것은 한 가지 일에 변함없이 전심전력하여 '온전히 순종'하는 것을 가리킵니다. 노아는 당시에 하나님의 말씀에 온전히 순종하는 자였고, 그것은 훗날 방주를 완성함으로 증명이 되었습니다(창 6:22, 7:5). 히브리서 11:7에서 "믿음으로 노아는 아직 보지 못하는 일에 경고하심을 받아 경외함으로 방주를 예비하여 그 집을 구원하였으니 이로 말미암아 세상을 정죄하고 믿음을 좇는 의의 후사가 되었느니라"라고 말씀하고 있습니다. '완전한 사람'은 자신의 연약함과 부족함에도 불구하고, 세상적인 방법을 동원하지 않고 오직 믿음으로 하나님만 바라보고 동행하면서, 하나님과 함께 호흡하고 함께 교제하면서 한 걸음 한 걸음 나아갑니다(시 119:1). 아브라함은 99세에 하나님께서 나타나셔서 당시 생소하기만 했던 할례를 명하실 때 "하나님이 자기에게 말씀하신 대로 이날에"(창 17:23) 할례를 행하였습니다. 표준새번역에서는 히브리어 원문대로 '이날'을 '바로 그날'이라고 번역하고 있습니다. 아브라함은 할례를 명하신 '바로 그날에' 자신과 이스마엘과 온 집안 사람들에게 할례를 행했습니다. 하나님의 말씀 앞에 아브라함은 결코 지체함이 없었습니다.

아브라함의 순종은 '독자 이삭을 바치라'는 명령 앞에서 그 절정을 이룹니다(창 22:1-2). 아브라함은 말씀에 순종하는 일이 방해 받을까 하여 명령을 받은 다음날 아침 일찍 일어나, 누구와도 의논하지 않고 바로 출발하였습니다. 또한 아브라함은 함께 출발했던 종들조차 모리아 산 아래에 남겨 두고, 산의 정상까지 아들 이삭과 단둘이 올라갔습니다(창 22:3-6). 그는 하나님의 높으신 명령 앞에 치밀하게 준비하며 높은 수준으로 순종하였습니다. 참으로 모리아산에서 보여 준 아브라함의 순종은 목숨과 맞바꾸는 절대적인 순종이었습니다. 이렇게 아브라함은 순종으로 시작하여 순종으로 끝을 보았던 위대한 신앙의 인물이었습니다.

또한 아브라함은 순종하는 신앙을 아들 이삭에게 유산으로 전수하였습니다. 아브라함이 모리아의 한 산에서 이삭을 결박하여 제물로 바치려는 순간에, 이삭은 아무런 저항 없이 묵묵히 순종하였습니다. 창세기 22:9-10을 볼 때 "하나님이 그에게 지시하신 곳에 이른지라 이에 아브라함이 그곳에 단을 쌓고 나무를 벌여 놓고 그 아들 이삭을 결박하여 단 나무 위에 놓고 10 손을 내밀어 칼을 잡고 그 아들을 잡으려 하더니"라고 말씀하고 있습니다. 이삭은 혈기왕성한 젊은이로서 얼마든지 아버지 아브라함에게 저항할 수 있었지만, 그는 아버지 아브라함처럼 자신도 그대로 순종하였던 것입니다.

하나님께서는 아브라함에게 약속하신 그대로 그의 아들 이삭에게도 약속하셨습니다. 창세기 26:3에서 "이 모든 땅을 너와 네 자손에게 주리라"(창 12:7, 13:15, 15:18), 4절에서도 "이 모든 땅을 네 자손에게 주리니 네 자손을 인하여 천하 만민이 복을 받으리라"라고 말씀하고 있습니다(창 22:18). 이때 하나님께서는 이삭과 언약하는 이유를, 아브라함이 말씀에 잘 순종했기 때문이라고 밝히셨습니다. 창세기 26:5에서 "이는 아브라함이 내 말을 순종하고 내 명령과 내

계명과 내 율례와 내 법도를 지켰음이니라"라고 말씀하고 있습니다. 하나님께서는 아브라함의 순종을 높이 평가하시고, 이삭에게도 그와 같은 순종을 요구하셨습니다. 이 말씀을 들은 이삭은 아버지 아브라함의 순종을 본받아 하나님의 말씀에 순종하였습니다. 이삭은 극심한 흉년에도 애굽으로 내려가지 않고 그랄에 거하였으며(창 26:6), 그 땅에서 농사하여 백 배나 수확하였습니다(창 26:12). 아브라함의 순종은 아들 이삭에게 실로 온전하게 전수되었습니다. 그리하여 이삭은 '순종의 사람'으로 평가 받을 정도로 존경받는 신앙의 인물이 되었던 것입니다.

사울은 하나님의 은혜로 이스라엘의 초대 왕이 되었습니다(삼상 10:1, 24, 15:17). 그러나 사울은 하나님의 말씀에 불순종하였습니다. 첫 번째 불순종은 블레셋과의 전쟁 가운데 행해졌습니다. 사울은 제사장이 아닌데도 하나님의 말씀을 거역하고, 자기가 제사를 주관하여 번제를 드렸습니다(삼상 13:5-10). 사무엘은 사울에게 "왕이 망령되이 행하였도다 왕이 왕의 하나님 여호와께서 왕에게 명하신 명령을 지키지 아니하였도다 그리하였더면 여호와께서 이스라엘 위에 왕의 나라를 영영히 세우셨을 것이어늘 ¹⁴ 지금은 왕의 나라가 길지 못할 것이라 여호와께서 왕에게 명하신 바를 왕이 지키지 아니하였으므로 여호와께서 그 마음에 맞는 사람을 구하여 그 백성의 지도자를 삼으셨느니라"라고 선포하였습니다(삼상 13:13-14). 두 번째 불순종은 아말렉과의 전쟁에서 나타났습니다. 하나님께서는 사울에게 "아말렉을 쳐서 그들의 모든 소유를 남기지 말고 진멸하되 남녀와 소아와 젖 먹는 아이와 우양과 약대와 나귀를 죽이라"라고 명령하셨습니다(삼상 15:3). 그러나 사울은 하나님의 말씀을 무시하고 아말렉 왕 아각을 살려 두었고, "양과 소의 가장 좋은 것 또는 기름진 것과 어린양과 모든 좋은 것"을 남기고, 가치 없고 낮은 것만 진멸했습니다(삼상 15:8-9). 하나님의 명령에 온전히 순종하지 않았던 것입니다. 사울이 범죄한 것에 대하여 하나님께 계시를 받은 사무엘 선지자는 사울을 엄중히 책망하였습니다. 그러나 사울은 전혀 회개하지 않고 변명하기에만 급급했습니다(삼상 15:13, 15, 21).[27]

이에 사무엘 선지자는 "이는 거역하는 것은 사술의 죄와 같고 완고한 것은 사신 우상에게 절하는 죄와 같음이라 왕이 여호와의 말씀을 버렸으므로 여호와께서도 왕을 버려 왕이 되지 못하게 하셨나이다"라고 선언하였습니다(삼상 15:23). 하나님께서는 부분적인 순종이 아니라 온전한 순종을 원하십니다.

예수님께서 이 땅에 계셨을 때 보여 주신 순종은 영원토록 전 인류의 모범이 되기에 충분합니다. 예수님께서는 아버지의 명령이 영생인 줄 알고 한 마디 한 마디를 무겁게 순종하여 받드셨습니다(요 12:50). 그 순종은 차라리 복종이었으며, 그 복종은 십자가에 죽기까지였습니다. 빌립보서 2:8에서 "사람의 모양으로 나타나셨으매 자기를 낮추시고 죽기까지 복종하셨으니 곧 십자가에 죽으심이라"라고 말씀하고 있습니다. 아담의 불순종은 죄로 나타났지만, 예수님의 순종은 의로 나타났습니다(롬 5:19). 오늘 우리는 누구나 예수 그리스도의 절대 순종을 배워서 예수님 안에 들어가, 항상 '예'가 되는 삶을 살아야 할 것입니다(고후 1:20).

지금부터 하나님께서 아브라함에게 주신 10대 명령을 성령의 도

우심을 의지하면서 하나하나 상고하도록 하겠습니다. 우리는 하나 님의 명령에 대하여 아브라함이 어떻게 순종했는지를 살펴보는 가 운데, 우리 자신도 하나님 나라를 확장하며, 보다 완전한 신앙생활 에 진력해야 할 것입니다. 하나님 나라 건설의 가장 중요한 토대는 '온전한 순종'입니다.

그렇다면 아브라함의 온전한 순종의 결과는 무엇이었습니까? 바 로 모든 약속의 성취였습니다. 우리는 아브라함처럼 하나님의 허락 을 믿지 아니하고는 하나님의 명령을 실행할 수 없습니다. 하나님 의 허락을 받고 그 허락을 믿은 후에 하나님의 명령을 순종할 수 있 습니다. 신앙이 내용이라면, 생활은 그것의 열매입니다. 하나님께서 주신 허락을 진심으로 믿는다면, 하나님의 명령에 순종하는 생활의 열매가 반드시 나타나야 합니다(요 15:1-11).

이제 하나님께서 아브라함에게 하신 10대 명령의 이해와 내용, 그리고 그 종말적 의미에 대하여 자세히 살펴보도록 하겠습니다.

첫 번째 명령 | THE FIRST COMMAND

떠나라(떠나가라)
GO FORTH (DEPART) / לֵךְ

(창 12:1, 수 24:2-3, 느 9:7, 행 7:2-4)

사도행전 7:3 "가라사대 네 고향과 친척을 떠나 내가 네게 보일 땅으로 가라 하시니"

창세기 12:1 "여호와께서 아브람에게 이르시되 너는 너의 본토 친척 아비 집을 떠나 내가 네게 지시할 땅으로 가라"

하나님께서는 아브라함에게 '떠나라'는 명령을 하셨습니다. 갈대아 우르에서는 "네 고향과 친척을 떠나라"라고 명령하셨고(행 7:3), 하란에서는 "너의 본토, 친척, 아비 집을 떠나라"라고 명령하셨습니다(창 12:1). '떠나라'는 명령은 하나님께서 아브라함에게 가나안에 들어오기 전에 하신 첫 번째 명령입니다.

아브라함을 택정하셔서 부르신 목적은 그를 개인적으로 불러 구원하시는 데 있지 않고, 그를 믿음의 조상으로 세워 인류 구속의 새로운 출발점을 삼으시기 위한 것이었습니다. 하나님께서는 새로운 하나님 백성의 계보를 일으켜 세우심으로, 하나님 나라의 발판을 만드시려고 섭리하셨던 것입니다. 아브라함이 모든 것을 버리고 떠나는 것은 결코 쉬운 일이 아니었을 것입니다. 그가 떠날 수 있었던 것은 오직 하나님만을 지극히 신뢰했기 때문입니다.

1. 명령의 이해

Understanding the Command

하나님께서는 아브라함이 갈대아 우르에 살고 있을 때 '고향과 친척'을 떠나라고 명령하셨습니다(행 7:2-3). 이때는 '아비 집'을 떠나라는 명령은 하지 않으셨습니다. 왜냐하면 아브라함이 아버지 데라와 함께 갈대아 우르를 떠나기 원하셨던 것입니다. 그래서 아브라함이 갈대아 우르를 떠날 때 데라도 같이 떠났습니다(창 11:31). 아브라함과 데라는 갈대아 우르를 떠나서 바로 가나안으로 가지 않고 하란이라는 중간 지점에 머물렀습니다. 창세기 11:31에서 "데라가 그 아들 아브람과 하란의 아들 그 손자 롯과 그 자부 아브람의 아내 사래를 데리고 갈대아 우르에서 떠나 가나안 땅으로 가고자 하더니 하란에 이르러 거기 거하였으며"라고 말씀하고 있습니다.

하나님께서 원하셨던 최종 목적지는 가나안이기에, 하나님께서는 아브라함 75세에 하란에서 "너의 본토 친척 아비 집을 떠나 내가 네게 지시할 땅으로 가라"라고 명령하셨습니다(창 12:1). 여기서 하나님께서는 '본토'라는 넓은 영역에서, '친척'이라는 중간 영역으로, 마지막으로 '아비 집'이라는 가장 작은 영역으로 아브라함이 떠나야 할 곳을 점점 구체적으로 말씀하셨습니다.

사람이라면 누구나 이 세상에서 안전한 생활을 보장해 주는 '본토', '친척', '아비 집'의 테두리 안에서 벗어나지 않으려고 안간힘을 쓸 것입니다. 더욱이 이 세 가지는 당시 사람들의 삶을 지탱해 주는 근본적인 토대들이었습니다. 특히 떠나야 하는 범위가 큰 것에서 작은 것으로 점점 좁혀질수록 그것에 대한 집착과 애착은 더욱 강하기 마련입니다. 이런 상황에서 아브라함에게 주어진 '떠나라'는 명령은 참으로 지키기 어려운 명령이었을 것입니다. 하나님께서 아브라함에게 하신 '떠나라'는 두 차례의 명령은, 이 동네에서 저 동네로 이사 가는 정도이거나, 살기 좋은 나라로 이민 가는 정도가 아니었습니다. 내가 태어나서 자란 고향 산천을 등지고, 공동체와의 깊은 유대 관계도 정리하고, 나아가 나를 낳고 키워 주신 부모까지도 모두 정리해야만 하는 것이었습니다. 그것들은 이제까지 아브라함의 삶의 전부였습니다. 그런데 갑자기 이 모든 것을 송두리째 끊어 버리고 떠나라고 하시니, 아브라함에게는 가슴을 찢는 아픔이 밀려왔을 것입니다. 참으로 일사각오의 결단과 희생이 없이는 순종할 수 없는 명령이었던 것입니다.

2. 명령의 내용
Content of the Command

(1) 아브라함이 떠나야 되는 이유(수 24:2-3, 14-15, 빌 3:20-21)

원래 아브라함은 조상들과 함께 갈대아 우르에서 살고 있었습니다(창 11:31, 수 24:2-3, 행 7:2). 그렇다면 하나님이 아브라함을 갈대아 우르에서 불러내신 이유는 무엇입니까?

① 악한 고향에서 빠져나오게 하시기 위해서입니다(참고-계 18:4).

아브라함의 아비 데라는 갈대아 우르에서 우상을 숭배하였습니다(수 24:2-3, 14-15). 미드라쉬에 의하면, 데라는 우상을 만들어 생계를 유지하던 사람이었습니다. 아브라함이 데라와 함께 살던 갈대아 우르는 우상숭배의 중심지로서 악한 땅이었습니다. 그래서 하나님께서는 그 악한 고향을 떠나라고 하신 것입니다.

여호수아 24:2 "여호수아가 모든 백성에게 이르되 이스라엘 하나님 여호와의 말씀에 옛적에 너희 조상들 곧 아브라함의 아비, 나홀의 아비 데라가 강 저편에 거하여 다른 신들을 섬겼으나"

② 가나안 땅으로 가게 하시기 위해서입니다(히 11:8).

하나님께서는 아브라함을 갈대아 우르라는 우상의 땅에서 불러 내신 다음에 궁극적으로 가나안으로 인도하시려는 계획을 가지고 계셨습니다. 하나님께서는 가나안을 가리켜 "내가 네게 보일 땅"(행 7:3), "내가 네게 지시할 땅"(창 12:1)이라고 말씀하셨습니다. 하나님께서는 아브라함과 그의 자손들을 성별시키셔서 장차 가나안 땅에 인도하신 후에, 그곳에서 하나님께서 친히 다스리시는 하나님 나라를 세우시려는 원대한 목적을 가지고 계셨기 때문에 아브라함을 부르신 것입니다.

③ 메시아가 오시는 길을 마련하시기 위해서입니다(마 1:1).

하나님께서는 구속사의 경륜 가운데 메시아를 이 땅에 보내실 때 '여자의 후손'으로 보내신다고 약속하셨습니다(창 3:15). 이 약속을 성취시키기 위해서는 분명 누군가의 후손으로 메시아가 오셔야 하는데, 하나님께서는 그것을 담당할 만한 '믿음의 사람'을 찾으셨던 것입니다. 하나님께서는 아브라함의 후손으로 메시아가 오실 것을 계획하시고(창 22:17, 마 1:1), 그것을 이루시기 위한 첫 발판으로 아브라함을 우상의 땅에서 불러내셨던 것입니다. 갈라디아서 3:16에서 "이 약속들은 아브라함과 그 자손에게 말씀하신 것인데 여럿을 가리켜 그 자손들이라 하지 아니하시고 오직 하나를 가리켜 네 자손이라 하셨으니 곧 그리스도라"라고 말씀하고 있습니다.

(2) '내가 지시할 땅으로 가라'

창세기 12:1을 볼 때, "내가 네게 지시할 땅으로 가라"라고 명령하고 있습니다. 그렇다면 '내가 지시할 땅으로 가라'는 것은 어떤 의미입니까?

히브리서 11:8에서는 "믿음으로 아브라함은 부르심을 받았을 때에 순종하여 장래 기업으로 받을 땅에 나갈새 갈 바를 알지 못하고 나갔으며"라고 말씀하고 있습니다. 아브라함은 하나님의 '떠나라' 하신 명령을 받을 때 갈 바를 알지 못하고 순종하며 나갔습니다. 아브라함은 떠날 때, 확실한 주소나 번지수가 있는 토지대장 증명서를 받지도 않았습니다. 보여 주신 땅이 아니라 '보여 주실 땅'으로 나아가는 막막하고 정처 없는 나그넷길이었습니다. 동쪽으로 갈지 서쪽으로 갈지, 길이 멀지 가까울지도 모르고, 험한 길인지 쉬운 길인지 전혀 알지 못한 채, 그 말씀만 순종하여 미래를 하나님께 맡기고 따라갔던 것입니다.

이러한 아브라함의 모습을 창세기 12:4에서는 "여호와의 말씀을 좇아 갔다"라고 증거하고 있습니다. 이것은 아브라함이 그 무엇보다 하나님의 말씀을 최고로 여겼다는 것을 의미합니다. 아브라함은 피곤할 때에도 하나님의 말씀만을 의지하고, 위험할 때에도 여호와 이름만을 부르면서 계속 전진하였던 것입니다(사 40:31, 고후 5:7). 그래서 존 칼빈은 말하기를, '신앙이란 눈을 감고 귀를 기울이는 것'이라고 했습니다.

그러므로 '내가 지시할 땅으로 가라'는 명령에는 '매일매일 신앙을 위하여 지시를 받으라'는 뜻이 담겨 있는 것입니다. 그렇다면 왜 매일매일 지시를 받고 떠나는 생활을 해야 합니까?

① 사람이 계획할지라도 그 걸음을 인도하시는 분은 하나님이시기 때문입니다.

잠언 16:9에서 "사람이 마음으로 자기의 길을 계획할지라도 그 걸음을 인도하는 자는 여호와시니라"라고 말씀하고 있고, 예레미야 10:23에서 "여호와여 내가 알거니와 인생의 길이 자기에게 있지 아니하니 걸음을 지도함이 걷는 자에게 있지 아니하니이다"라고 말씀하고 있습니다. 잠언 20:24에서 "사람의 걸음은 여호와께로서 말미암나니 사람이 어찌 자기의 길을 알 수 있으랴"라고 말씀하고 있습니다.

하나님께서 아브라함에게 '내가 지시할 땅으로 가라'고 말씀하신 것은, 앞으로 닥치는 모든 일을 하나님만을 의지하면서 맡기라는 뜻입니다. 모든 것을 맡기면 하나님이 인도하시고 이루어 주십니다. 잠언 3:5-6에서 "너는 마음을 다하여 여호와를 의뢰하고 네 명철을 의지하지 말라 6 너는 범사에 그를 인정하라 그리하면 네 길을 지도하시리라"라고 말씀하고 있습니다.

성도는 모든 길을 하나님께 맡기고(시 37:5), 모든 행사를 하나님께 맡기며(잠 16:3), 모든 짐을 하나님께 맡기고(시 55:22, 마 11:28), 모든 염려를 하나님께 맡겨야 합니다(벧전 5:7). 잠언 19:21에서는 "사람의 마음에는 많은 계획이 있어도 오직 여호와의 뜻이 완전히 서리라"라고 말씀하고 있습니다(욥 10:13, 23:13, 27:11, 참고-시 33:10-11, 사 48:10-11, 찬송가 (통일)363장 /(새)337장).

② 하나님의 인도하심은 점차적이기 때문입니다.

전지전능하신 하나님께서는 나의 인생, 나의 계획과 목적을 한 걸음, 한 걸음 인도하시지, 한꺼번에 인도하시지 않습니다. 이것은 인생을 향한 사랑의 법칙입니다. 산 정상은 단숨에 도달할 수 있는 곳이 아닙니다. 한 발자국씩 내딛다 보면 마침내 정상이 보이는 것입니다. 하나님께서도 우리가 전폭적으로 믿고 신뢰하고 의지하는 분량만큼 우리를 인도하십니다. 하나님께서 이스라엘 백성을 가나안으로 인도하실 때, 가나안 족속을 한꺼번에 쫓아내지 않으셨습니다. 출애굽기 23:30에서 "네가 번성하여 그 땅을 기업으로 얻을 때까지 내가 그들을 네 앞에서 조금씩 쫓아내리라"라고 말씀하고 있습니다(신 7:22). 하나님께서는 가나안 땅을 한꺼번에 주시지 않고 점차적으로 주셨던 것입니다.

빌리 그래함 목사님과 함께 사역했던 분 가운데 한국인 여성 '킴 웍스'라는 맹인이 있습니다. 킴 웍스는 한국전쟁 때 실명하여 고아원에서 자랐는데, 어떤 미군 중사의 도움으로 미국에서 공부를 마치고 훌륭한 성악가가 되었습니다. 맹인 성악가가 된 그녀는 예수를 믿고 하나님의 은혜를 체험한 뒤, 빌리 그래함 목사님과 함께 집회를 할 때마다 다음과 같은 내용을 간증하였습니다.

'사람들이 장님인 나를 인도할 때, 저 100m 전방에 뭐가 있다고 말하지 않습니다. 단지, 앞에 물이 있으니 건너뛰라고 말하거나 층계가 있으니 발을 올려놓으라고 말합니다. 나를 인도하시는 분을 내가 믿고 한 걸음씩 걸음을 옮기기만 하면, 나를 인도하시는 분이 성실하기에 나는 내가 가고자 하는 목적지에 꼭 도착합니다.'

우리도 나를 점차적으로 인도하시는 성실하시고 신실하신 하나님(사 25:1, 슥 8:8)만을 믿고 의지하면서 우리의 미래를 맡기고 가다 보면 분명히 소원의 항구에 도착하게 될 것입니다(시 107:30).

③ 이 땅의 모든 인생은 나그네 인생이기 때문입니다.

아브라함이 '네 고향과 친척을 떠나 내가 네게 보일 땅으로 가라'는 말씀과 '본토, 친척, 아비 집을 떠나 내가 네게 지시할 땅으로 가라'는 말씀을 좇아 떠난 이래로, 그의 삶은 '나온바 본향을 생각지 않고 더 나은 본향을 사모하며' 사는 참된 나그네 인생이었습니다(히 11:13-16).

하란에서 가나안 땅까지 가려면 유브라데강을 건너야만 했습니다. 그리고 남쪽으로 향하여 수리아와 다메섹을 지나고, 헤르몬산의 남단을 지나서 가나안 땅으로 들어갔습니다. 그런데 그가 말씀을 좇아 도착한 가나안 땅 역시 우상의 땅이요, 또 흉년을 만난 척박한 땅이었습니다.

아브라함은 가나안에서 생활의 고통을 겪어야 했습니다. 살길이 막막했습니다. 그곳에는 '발붙일 만큼의 유업'도 없었습니다(행 7:5). 그러나 아브라함은 하나님의 인도하심을 따라, 비록 살기 힘들지라도 낙심하지 않고 원망하지 않고 오직 믿음으로 참고 견디고 기다리면서, 나그네의 심정으로 하루 하루 신앙의 노정, 그 항해를 멈추지 않았던 것입니다.

아브라함은 나그네의 곤고한 생활 중에도 부귀와 영화를 탐하지 않았고, 하나님의 뜻과 상관없는 인간적인 수단으로 부자가 되는 것을 거부하였습니다.

아브라함은 애굽으로 내려갔을 때, 바로에게 후대를 받아 양과 소와 노비와 암수 나귀와 약대를 얻었습니다(창 12:16). 아브라함은 그렇게 부자가 되었으나, 소유가 많아서 조카 롯과 동거할 수 없게 되자(창 13:6) 땅을 선택하는 우선권을 조카 롯에게 양보했습니다(창 13:8-11).

또한 동방 4개국 동맹군에게 사로잡혀 간 조카 롯을 구하기 위해 318명의 군사를 이끌고 가서 빼앗긴 재물과 롯을 되찾았습니다(창 14:14-16). 승리하고 돌아오는 아브라함을 마중 나온 소돔 왕은, 되찾아 온 모든 물품을 아브라함에게 취하라고 했습니다(창 14:21). 이에 대한 아브라함의 유명한 대답을 우리는 반드시 기억해야 합니다.

창세기 14:22-23에서 "아브람이 소돔 왕에게 이르되 천지의 주재시요 지극히 높으신 하나님 여호와께 내가 손을 들어 맹세하노니 23 네 말이 내가 아브람으로 치부케 하였다 할까 하여 네게 속한 것은 무론 한 실이나 신들메라도 내가 취하지 아니하리라"라고 말씀하고 있습니다. 이것을 공동번역에서는 "아브람은 '내가 하늘과 땅을 만드셨고 지극히 높으신 하나님 여호와께 손을 들어 맹세하오' 하면서 대답하였다. '아브람이 내 덕에 부자가 되었다고 할 속셈이오? 나는 실오라기 하나, 실끈 한 가닥도 당신의 것은 차지하지 않겠소'"라고 번역하고 있습니다.

이 얼마나 깨끗한 마음의 거절입니까? 롯이 소돔과 고모라의 부귀가 그리워 따라간 사람이라면, 아브라함은 저절로 굴러 들어온 것마저 거절한 사람입니다. 아브라함은 나그네 생활을 하면서 하나님께서 필요에 따라 채워 주시는 것 그 이상으로 불필요한 욕심을 부리지 않았던 것입니다. 나그네 인생의 가장 중요한 덕목은 '욕심을 버리는 것'입니다. 사람의 욕심은 음부처럼 넓어서 끝이 없을 정도입니다(합 2:5). 야고보서 1:15에서 "욕심이 잉태한즉 죄를 낳고 죄가 장성한즉 사망을 낳느니라"라고 말씀하고 있습니다. 욕심이 많은 사람은 결코 말씀을 따라갈 수 없습니다. 마가복음 4:19에서 "욕심이 들어와 말씀을 막아 결실치 못하게 되는 자요"라고 말씀하고 있습니다. 아브라함이 욕심을 버리고 나그네 인생을 살았듯이, 우리의 인생도 욕심을 버리며 천성을 향하여 나그네 인생을 살아갈 때, 하나님께서 구속사를 완성하는 도구로 끝까지 붙잡아 주시는 복을 받게 됩니다.

3. 명령의 종말적 의미
Eschatological Meaning of the Command

원래 아브라함이 살던 땅은 갈대아 우르입니다. 그런데 아브라함은 갈대아 우르에서 하나님의 제1차 부르심을 받고 가나안으로 떠나서 중간에 하란이라는 장소에 머무르게 되었습니다(창 11:31). 이렇게 아브라함이 하란에 머무는 동안 그의 나이 75세가 되었을 때(창 12:4), 하나님께서는 다시 아브라함에게 나타나셔서 "너의 본토 친척 아비 집을 떠나"라고 명령하셨습니다(창 12:1).

그렇다면 아브라함이 떠나야 할 세 가지 장소에 담긴 의미는 무엇입니까?

(1) 본토를 떠나라

여기 본토는 '하란'을 뜻합니다. 아브라함은 가나안을 향해 갈대아 우르에서 떠났으나 중간 장소인 하란에 머물렀습니다. 하란은 갈대아 우르에서 직선거리로 약 909km 떨어진 메소보다미아 북부의 상업 도시로, 물질적으로 부족함이 없는 풍요로운 곳이었습니다. 하란은 길리기아와 앗수르, 아나톨리아와 바벨론을 잇는 중요한 통상로의 교차점에 위치하여 교역의 중계 도시로 번영하였습니다(참고-겔 27:23-24). 이 지역에는 바벨탑 건축 사건으로 신앙의 자유를 찾아 유브라데강을 건너 이주한 경건한 선조들이 거주하고 있었습니다. 하지만 물질적인 풍요 때문에 갈대아 우르와 같이 월신(月

神)인 신(Sin)을 숭배한 본거지로도 유명했습니다.

하란은 부요한 세상의 상징이요, 가나안은 하나님 나라의 상징이라고 할 수 있습니다. 아브라함이 하나님의 부르심을 받고 갈대아 우르를 떠나 가나안으로 향하는 것은, 우리가 예수님을 믿고 세상을 떠나 하나님 나라를 향하여 가는 것과 마찬가지입니다. 여기 하란은 우리가 하나님 나라에 가기 위해서 거쳐야 하는 '길목에 있는 도시'인 셈입니다. 오늘날 많은 사람들이 하란 같은 곳에 살면서 그곳을 가나안으로 착각하고 있습니다. '하란'(חָרָן)의 뜻은 '황폐한, 메마른'이라는 뜻입니다. 하란에 계속 머무르는 인생은 결국 황폐하고 메마른 인생이 되고야 마는 것입니다.

그러므로 우리는 가나안 땅에 도착할 때까지 예수님만 바라보면서, 중간에 부유한 도시 하란에 안주하려는 유혹을 이겨 내야만 합니다.

(2) 친척을 떠나라

'친척'은 히브리어 '몰레데트'(מוֹלֶדֶת)로, '한 조상으로부터 태어난 자'라는 문자적 뜻을 가지고 있습니다. 고대 사회는 부족 사회이므로 안전을 위해서 친족의 중요성이 오늘날보다 훨씬 컸습니다. 그러므로 친척을 떠나는 것은 자기를 보호하는 울타리를 떠나는 아주 위험한 행동이었던 것입니다. 이것은 당시로서는 도저히 순종하기 어려운 큰 희생을 요구하는 명령이었습니다. 아브라함은 갈대아 우르를 떠나 하란으로 올 때 아버지 데라와 부인 사라와 조카 롯과 함께 왔습니다(창 11:31). 그리고 하란에서 가나안으로 떠날 때는 아버지 데라를 남기고 사라와 롯과 함께 떠났습니다(창 11:32, 12:5). 이제 하란에는 아버지 데라만 남게 된 것입니다. 그런데 하나님께서 '친척'을 떠나라고 말씀하신 것은, 데라 외에도 분명 하란에 아브라함의 친척들이 살고 있었다는 증거가 됩니다.

아브라함은 유브라데강을 건너 하란에 거주했던 많은 친척들과 교류하며 홍수 전후의 구속사와 바벨탑 사건 당시의 구속사에 대하여 배웠을 것입니다. 이제 배움의 시간이 지나면, 하나님 나라의 건설을 위하여 새로운 장소, 예비하신 장소로 떠나야 하는 것입니다.

(3) 아비 '데라'를 떠나라

아브라함의 아버지 데라는 경건한 셈의 후손이었는데도 당시 갈대아 우르에서 우상을 숭배하였습니다(수 24:2-3, 14-15). 데라는 갈대아 우르를 떠나 하란에 머무른 다음에 최종 목적지인 가나안으로 가려고 하지 않았습니다. 창세기 11:32에서 "데라는 이백 오 세를 향수하고 하란에서 죽었더라"라고 말씀하고 있습니다. 아브라함이 하란을 떠날 때는 75세이고(창 12:4), 이때 데라의 나이는 145세입니다(창 11:26). 그런데 데라가 205세에 하란에서 죽었기 때문에(창 11:32), 아브라함이 하란을 떠날 때 분명히 데라는 살아 있었습니다. 아브라함이 하란을 떠난 후, 데라는 60년 동안 혼자 하란에서 살다가 죽었습니다. 그런데 사도행전 7:4에는 선뜻 이해가 가지 않는 내용이 기록되어 있습니다. "아브라함이 갈대아 사람의 땅을 떠나 하란에 거하다가 그 아비가 죽으매 하나님이 그를 거기서 너희 시방 거하는 이 땅으로 옮기셨느니라"라고 말씀하고 있습니다.

그렇다면 왜 사도행전 7:4에서는 "그 아비가 죽으매"라는 표현을 사용하고 있습니까? 여기 '죽으매'의 헬라어 '아포드네스코'(ἀποθνήσκω)는 일반적인 '죽음'을 가리키는 단어이지만 상징적, 영적 의미로도 쓰입니다. 사도 바울은 이 단어를 육체적 죽음뿐 아니라 "나는 날마다 죽노라"(고전 15:31)라는 말과 같이 영적인 죽음, 혹은 내면의 죄악과 속성을 죽이는 뜻으로도 사용하고 있습니다.

그렇다면 영적으로 데라가 죽었다는 것은 무슨 뜻입니까? 그것은 아브라함의 마음에서 데라에 대한 정(情)이 그림자도 보이지 않을 만큼 완전히 분리되었음을 의미합니다(눅 14:26). 아브라함은 75세(데라 145세)에 부친에 대한 정을 끊고 하란을 떠났고, 그로부터 60년 후에 데라는 205세로 하란에서 죽었던 것입니다(창 11:32). 아브라함은 데라와 분리되는 모든 아픔을 이기고, 오직 믿음으로 말씀을 좇아 갔습니다(창 12:4).

그러므로 "아비 데라가 죽은 후에야 하란을 떠났다"(행 7:4)라는 표현의 핵심은, 아브라함이 하나님의 말씀만 믿고 순종하여 떠날 때, 신앙적으로 아비 데라의 그늘에서 완전히 '독립했음'을 말씀하는 것입니다. 즉 '데라가 죽은 후에 떠났다' 함은, 아브라함의 '마음' 속에서 데라가 더 이상 아무런 영향력을 행사하지 못하게 된 영적인 완전 분리의 상황을 말씀하는 것입니다. 이런 의미에서 사도 바울은 '정(情)과 욕심을 십자가에 못 박아야 한다'고 선포했습니다(갈 5:24).

이 말씀은 각 시대의 성도에게도 해당되는 말씀입니다. 성도에게 어떤 형태로든 신앙의 발목을 붙잡는 각자의 아비가 있기 마련입니다. 이 아비는 진짜 아버지일 수도 있고, 남편이나 아내, 혹은 자식, 또는 물질, 명예, 권력일 수도 있습니다. 그러므로 아비 집을 떠나라는 것은 세상 전통과 풍속, 습관, 인간적으로 의지하고 살던 모든 것을 떠나라는 뜻입니다(엡 2:2-3). 아비로부터의 독립이 온전한 순종의 첫걸음인 셈입니다.

마태복음 10:37을 볼 때, 예수님께서는 "아비나 어미를 나보다 더 사랑하는 자는 내게 합당치 아니하고 아들이나 딸을 나보다 더 사랑하는 자도 내게 합당치 아니하고"라고 말씀하셨습니다. 주님보다 아비(혹은 아내, 남편, 자식, 물질, 권력…)를 의지하는 사람들은 아직도 하란에서 지체하고 있는 사람들입니다. '데라'는 히브리어 '테라흐'(תֶּרַח)로, '지체하다, 연기하다'라는 뜻을 가지고 있습니다. 오늘날 하나님의 말씀을 받고도 각자 저마다의 '죄악된 아비'를 품에 꼭 안고 있는 사람들이 많이 있습니다. 이것은 위선적인 신앙생활이요, 일종의 우상숭배와 마찬가지입니다.

하나님께서는 오늘날 우리에게도, 예수 믿은 이후로는 '죄악된 관습에 젖어 있던 과거의 모든 인연과 거기서 살던 옛 삶을 완전히 청산하라'고 명령하고 계십니다. 에베소서 4:22-24에서 "너희는 유혹의 욕심을 따라 썩어져 가는 구습을 좇는 옛사람을 벗어 버리고 23 오직 심령으로 새롭게 되어 24 하나님을 따라 의와 진리의 거룩함으로 지으심을 받은 새사람을 입으라"라고 말씀하고 있습니다. 만일 우리가 아직도 떠나야 할 것을 온전히 떠나지 않고 있다면 마치 배가 닻을 내려놓고 노를 열심히 젓는 것과 같아서, 아무리 힘을 써도 앞으로 전진할 수 없습니다. 나름대로 잘 믿는다고 자부할지라도 거기에는 아무런 축복이 있을 수 없고, 하는 일마다 불통일 수밖에 없는 것입니다.

아직까지도 하나님 나라를 향하여 달려가는 나의 발걸음을 지체하게 만들고, 붙들어 매고, 연기시키는 여러 가지 모양의 옛 본토와 옛 친척과 아비 데라가 남아 있다면, 하루 빨리 떠남으로 진정한 성도로서 하나님 나라를 전진시키는 삶을 살아가시기를 바랍니다.

동서남북을 바라보라
LOOK NORTHWARD, SOUTHWARD, EASTWARD AND
WESTWARD / רְאֵה צָפֹנָה וָנֶגְבָּה וָקֵדְמָה וָיָמָּה

일어나 종과 횡으로 행하여 보라
ARISE, WALK IN THE LAND THROUGH ITS LENGTH AND ITS
WIDTH / קוּם הִתְהַלֵּךְ בָּאָרֶץ לְאָרְכָּהּ וּלְרָחְבָּהּ

(창 13:14-18)

창세기 13:14-18 "롯이 아브람을 떠난 후에 여호와께서 아브람에게 이르시되 너는 눈을 들어 너 있는 곳에서 동서남북을 바라보라 ¹⁵ 보이는 땅을 내가 너와 네 자손에게 주리니 영원히 이르리라 ¹⁶ 내가 네 자손으로 땅의 티끌 같게 하리니 사람이 땅의 티끌을 능히 셀 수 있을찐대 네 자손도 세리라 ¹⁷ 너는 일어나 그 땅을 종과 횡으로 행하여 보라 내가 그 것을 네게 주리라 ¹⁸ 이에 아브람이 장막을 옮겨 헤브론에 있는 마므레 상수리 수풀에 이르러 거하며 거기서 여호와를 위하여 단을 쌓았더라"

10대 명령 가운데 두 번째 명령은 롯이 아브라함을 떠난 후에 하나님께서 주신 명령입니다. 롯은 아브라함의 조카로서, 아브라함이 갈대아 우르를 떠나 낯선 이방 가나안 땅으로 이주하여 정착하기까지, 가장 힘들고 어려운 시기에 줄곧 함께해 온 유일한 피붙이였습니다. 늘 곁에서 의지가 되었던 조카가 곁을 떠났을 때, 아브라함은 마음이 허전하고 왠지 모를 쓸쓸함과 고독에 잠겼을 것입니다.

롯의 아버지 하란은 롯의 할아버지 데라보다 먼저 갈대아 우르에서 죽었습니다(창 11:27-28). 아브라함은 홀로된 롯을 책임지고 보살피면서 함께 데리고 다녔습니다. 사실상, 조카로서가 아니라 아들처럼 극진히 보살피고 사랑했을 것입니다.

그러나 롯은 이런 아브라함의 깊은 마음은 아랑곳하지 않고, '그간 삼촌의 그늘 밑에서 받은 은혜를 결코 잊지 않겠다'는 인사 한 마디 없이, 기름진 땅에 눈이 멀어 뒤도 보지 않고 떠나고 말았습니다. 이렇게 떠나가는 롯을 보면서 아브라함은 얼마나 심한 허탈감과 고독 속에 잠겼을까 넉넉히 상상이 됩니다.

롯이 기름진 좋은 땅을 택하고 아브라함을 떠나간 후, 메마른 땅 앞에 고개를 떨구고 쓸쓸히 주저앉아 있는 아브라함에게 하나님께서는 이렇게 명령하셨습니다.

'**눈을 들어 동서남북을 바라보라**'(창 13:14)
'**일어나 종과 횡으로 행하여 보라**'(창 13:17)

그렇다면 이 명령에 담긴 뜻이 무엇입니까?

1. 명령의 이해
Understanding the Command

아브라함은 가나안에서 기근을 만나 살길을 찾아 애굽으로 내려간 적이 있었습니다(창 12:10). 거기서 하마터면 아내를 빼앗길 뻔하였으나 하나님의 특별한 보호로 아내를 도로 찾았을 뿐만 아니라, 오히려 양과 소와 노비와 암수 나귀와 약대까지 많은 재산을 얻어 가지고 나왔습니다(창 12:16, 20). 살길이 막막했던 아브라함에 대하여 창세기 13:1-2에서는 "아브람이 애굽에서 나올새 … 육축과 은금이 풍부하였더라"라고 말씀하고 있습니다. 하나님께서 아브라함에게 크신 긍휼을 베푸사 기근 중에 얼마나 엄청난 물질을 주셨는가를 보여 주는 장면입니다.

그 후 물질이 점점 늘어나서 풍성해지고 아브라함과 롯의 소유가 너무 많아 동거할 수 없었습니다(창 13:6). 게다가 아브라함과 롯의 가축을 책임지고 있던 목자들 사이에서 다툼이 일어났습니다. 특히 가나안 사람과 브리스 사람도 그 땅에 거하였기 때문에(창 13:7), 그들이 아브라함과 롯 사이에 불화가 있다는 소문을 들으면 아브라함의 땅을 빼앗으려 달려들 것이 분명했던 상황이었습니다.

이 일로 아브라함은 조카 롯을 떠나보내는 현명한 결단을 하게 됩니다. 사랑하는 조카 롯에게 먼저 선택권을 주어, "나를 떠나라 네가 좌하면 나는 우하고 네가 우하면 나는 좌하리라"(창 13:9)라고 하였습니다. 참으로 아브라함은 언제나 관대하였습니다. 그것은 하나님의 성실하심을 믿는 믿음에 그 바탕을 둔 것이었습니다. 행여나 그에게 보장된 것들을 롯에게 모두 빼앗기지나 않을까 하는 두려움이라고는 조금도 찾아볼 수 없었습니다. 아브라함의 제안을 듣고 롯은 땅에 물이 넉넉한 요단 온 들을 택하고 아브라함을 떠났습니다(창 13:10-11). 이때 아브라함에게는 여러 가지 아픔들이 교차했을 것입니다.

첫째, 아브라함에게는 이별의 아픔이 있었습니다.

갈대아 우르에서 떠난 이래 하란을 거쳐서 가나안에 올 때까지 롯은 아브라함과 동행하였습니다(창 11:31, 12:5). 정든 고향 땅을 뒤로하고, 정처 없는 나그넷길, 낯선 이방 땅에서 롯과 모든 어려움을 함께 했고, 또 하나님 앞에 함께 예배드리던 그 힘으로 아브라함은 어떤 고난도 헤치면서 살아왔습니다. 그런데 이제 서로 가축이 많아져서 동거할 수 없게 되어 떠나야만 하는 이별의 아픔이 찾아온 것입니다. 그나마 이방 땅에서 유일한 혈육이었던 롯과 헤어져야 하는 아브라함에게는 가슴이 찢어지는 이별의 아픔이 있었을 것입니다.

둘째, 아브라함에게는 서운함의 아픔이 있었습니다.

지금까지 아브라함은 고아와 같은 롯을 잘 이끌고 보살펴 주었습니다. 롯이 부자가 된 것은 순전히 아브라함의 보살핌 때문이었습니다. 그런데 롯은 땅을 선택하는 우선권을 어른인 아브라함에게 양보하지 않고 자기가 먼저 선택하고 훌쩍 떠나 버렸습니다. 이런 롯을 생각할 때, 아브라함에게 서운한 마음도 있었을 것입니다.

이러한 상태에 있는 아브라함에게 하나님께서는 "너는 눈을 들어 너 있는 곳에서 동서남북을 바라보라"라는 명령을 내리신 것입니다(창 13:14).

여기 '네 눈을 들어라'라는 말씀은 강압적인 명령이 아니라 부드러운 권유에 가까운 명령입니다. 히브리어 원문에는 '바라건대'라는 뜻을 가진 '나'(נָא)가 들어 있습니다. 하나님께서는, 지금까지 같이 살면서 아들처럼 소중하게 여겼던 조카 롯을 떠나보내서 슬프고 착잡한 마음에 잠겨 있던 아브라함에게 아주 부드러운 명령으로 그의 마음을 어루만져 주셨던 것입니다. '네 눈을 들어라' 하신 부드러운 명령은, 이제 더 이상 땅의 것, 지나간 과거의 것에 연연하지 말라는 말씀입니다. 이제는 하늘을 쳐다보고, 하나님만을 의지하라는 말씀인 것입니다(골 3:1-4).

이것은 사도 바울이 "형제들아 나는 아직 내가 잡은 줄로 여기지 아니하고 오직 한 일 즉 뒤에 있는 것은 잊어버리고 앞에 있는 것을 잡으려고 ¹⁴ 푯대를 향하여 그리스도 예수 안에서 하나님이 위에서 부르신 부름의 상을 위하여 좇아가노라"(빌 3:13-14)라고 한 말씀을 생각하게 합니다.

또한 하나님께서는 아브라함에게 '바라보라'라고 권면하셨습니다(창 13:14). 이 단어는 히브리어 '라아'(רָאָה)로, 이것은 어떤 목적을 가지고 주의 깊게 바라보는 것을 가리킵니다. 사람의 눈은 보이는 것밖에 보지 못합니다. 그러나 우리가 하나님의 눈으로 볼 때, 육적인 눈으로 보는 것 이상의 세계를 볼 수 있습니다. 우리는 믿음의 눈으로 땅보다 하늘을 바라보아야 하고, 현재보다는 미래를 바라보아야 합니다.

시편 121:1-2에서 "내가 산을 향하여 눈을 들리라 나의 도움이 어디서 올꼬 ² 나의 도움이 천지를 지으신 여호와에게서로다"라고 말씀하고 있습니다. 오늘 우리도 아브라함과 같이 하나님의 언약을 성취하고 하나님 나라를 완성하기 위하여 달려가는 구속사의 노정에서, 마지막 남은 인정마저 모두 끊어야 하는 아픔들이 있을지라도, 이제부터는 유일한 도움 되시는 하나님만을 바라보고, 위로부터 주시는 새 힘을 공급 받으시기를 바랍니다(사 40:31).

2. 명령의 내용
Content of the Command

(1) 하나님께서 약속하신 땅을 보라
롯이 먼저 땅을 바라보았습니다. 롯이 바라본 땅은 육의 눈으로 보기에 좋은 땅이었습니다. 창세기 13:10에서 "이에 롯이 눈을 들어 요단 들을 바라본즉 소알까지 온 땅에 물이 넉넉하니 여호와께서 소돔과 고모라를 멸하시기 전이었는 고로 여호와의 동산 같고 애굽 땅과 같았더라"라고 말씀하고 있습니다. 롯이 바라본 땅은 하나님 앞에 큰 죄인들이 살고 있는 땅으로, 얼마 있으면 하나님의 심판을 받아 완전히 멸망 받을 땅이었습니다. 창세기 13:13에서 "소돔 사람은 악하여 여호와 앞에 큰 죄인이었더라"라고, 당시 소돔 사람들의 심각한 타락 상태를 정확하게 기록하고 있습니다. 공동번역에서는 "소돔 사람들은 여호와께 못할 짓만 하는 아주 못된 사람들이었다"라고 번역하고 있습니다. 그러나 롯은 그런 죄악을 심각하게 받아들이지 않고, 눈에 보이는 것에 현혹되어 소돔 땅으로 갔던 것입니다.

이제 하나님께서는 아브라함에게 "눈을 들어 … 동서남북을 바라보라"라고 명령하십니다(창 13:14). 이곳은 하나님이 이미 아브라함에게 약속하신 땅입니다. 아브라함이 하란을 떠나서 가나안 땅에 들어왔을 때, 하나님께서는 아브라함에게 가나안 땅을 그의 자손에게 주시겠다고 약속하셨습니다(창 12:7). 아브라함은, 롯이 소돔을 택하여 떠난 후에 하나님께서 약속하신 가나안 땅에 거하였습니다. 창세기 13:12에서 "아브람은 가나안 땅에 거하였고 롯은 평지 성읍들에 머무르며 그 장막을 옮겨 소돔까지 이르렀더라"라고 말씀하고 있습니다. 그러므로 하나님께서 아브라함에게 바라보라고 지시하신 땅은 가나안 땅, 하나님이 약속하신 땅이었습니다.

하나님께서는 아브라함에게 다시 한 번 가나안 땅을 주시겠다고 약속하셨습니다. 창세기 13:15-16에서 "보이는 땅을 내가 너와 네 자손에게 주리니 영원히 이르리라 16 내가 네 자손으로 땅의 티끌 같게 하리니 사람이 땅의 티끌을 능히 셀 수 있을찐대 네 자손도 세리라"라고 말씀하고 있습니다. 창세기 13:15을 현대인의성경에서는 "보이는 땅을 너와 네 후손에게 '영원히' 주겠다"라고 번역하고 있습니다. 영원히 주시겠다고 약속하신 가나안 땅은 단순히 보이는 땅만 이야기하는 것이 아니라, 궁극적으로 '영원한 천국'을 상징하는 것입니다.

하나님께서는 마음이 착잡했던 아브라함에게 눈을 들어 영원한 땅을 올려다보라고 명령하셨습니다. 이것은 물질적인 땅만 보지 말고, 시선을 높여 영원한 하늘나라를 바라보며 살라시는 뜻이었습니다. 어떤 상황, 어떤 처지에서도 하나님의 약속에 확실한 소망을 두고 살라고 하시는 명령이었습니다. 이제 아브라함은 보이는 가나안 땅뿐만 아니라 더 나아가 영원한 천국을 바라보았던 것입니다.

히브리서 11:10 "이는 하나님의 경영하시고 지으실 터가 있는 성을 바랐음이니라"

히브리서 11:16 "저희가 이제는 더 나은 본향을 사모하니 곧 하늘에 있는 것이라 그러므로 하나님이 저희 하나님이라 일컬음 받으심을 부끄러워 아니하시고 저희를 위하여 한 성을 예비하셨느니라"

그렇다면 우리도 이 땅의 삶이 고달프고 힘들수록 눈을 들어 위엣 것을 찾으면서 해결책을 찾고, 하나님께서 약속하신 땅을 바라보아야 합니다(골 3:1). 하나님께서 우리에게 약속하신 땅이 무엇입니까? 그것은 바로 영원한 하나님 나라입니다. 오늘도 영의 눈을 들어 영원한 천국을 바라보시기를 소망합니다.

(2) 약속을 믿고 전진하며 나아가라

하나님께서는 아브라함에게 "보이는 땅을 내가 너와 네 자손에게" 주겠다고 약속하시고, 이어서 "내가 네 자손으로 땅의 티끌 같게" 많아지도록 해 주겠다고 약속하셨습니다(창 13:15-16). 하나님께서는 이 약속 후에 "너는 일어나 그 땅을 종과 횡으로 행하여 보라 내가 그것을 네게 주리라"라고 말씀하셨습니다(창 13:17). 여기서 하나님께서는 두 가지 명령을 하셨습니다.

① 일어나라

창세기 13:17의 '일어나'는 히브리어 동사 '쿰'(קוּם)의 명령형입니다. 이것은 아픔과 낙심과 좌절의 자리를 박차고, 하나님의 약속을 바라보며 힘차게 일어나라는 말씀입니다.

첫째, '일어남'은 '새로운 출발'을 의미합니다.

겟세마네 동산에서 로마 군병들이 예수님을 잡으려 할 때, 예수님께서는 슬픔을 인하여 잠들어 있던(눅 22:45) 제자들을 깨우시며 "일어나라 함께 가자"(마 26:46)라고 말씀하셨습니다. 이 말씀에는 '이제부터 깨어 있는 삶을 살아라, 이제부터 나와 함께 고난의 길을 가자' 하시는, 새로운 출발을 촉구하시는 주님의 메시지가 담겨 있습니다.

갈멜산에서 크게 승리를 거둔 하나님의 사람 엘리야는, 왕후 이세벨이 자기를 죽이려고 한다는 말을 듣고 브엘세바 광야로 들어가 한 로뎀나무 아래 앉아 죽기를 구하다가, 아예 누워 잠들어 버렸습니다. 이때 천사가 나타나 어루만지면서 "일어나서 먹으라"라고 말하였습니다(왕상 19:1-5). 엘리야가 본즉 머리맡에 숯불에 구운 떡과 한 병 물이 있어서 그것을 먹고 마시고 다시 누웠습니다. 그랬더니 여호와의 사자가 또다시 와서 어루만지면서 "일어나서 먹으라"라고 말하였습니다(왕상 19:6-7). 여기 '일어나라'는 말씀은 호렙산을 향하여 새로운 출발을 하라고 하시는 하나님의 메시지였습니다. 열왕기상 19:8에서 "이에 일어나 먹고 마시고 그 식물의 힘을 의지하여 사십 주 사십 야를 행하여 하나님의 산 호렙에 이르니라"라고 말씀하고 있습니다.

둘째, '일어남'은 '담대한 전진'을 의미합니다.

미디안 군대 135,000명이 쳐들어왔을 때, 이들과 싸울 사람은 겨우 기드온과 300명뿐이었습니다. 기드온에게는 과연 이런 중과부적(衆寡不敵)의 전쟁에서 승리할 수 있을까 하는 두려움이 있었습니다(삿 7:10). 이때 하나님께서는 기드온으로 하여금 부하 부라를 데리고 적진에 들어가게 하셨습니다. 기드온은 적진에서 한 사람이 꾼 꿈 이야기를 들었습니다. 사사기 7:13을 볼 때, "내가 한 꿈을 꾸었는데 꿈에 보리떡 한 덩어리가 미디안 진으로 굴러 들어와서 한 장막에 이르러 그것을 쳐서 무너뜨려 엎드러뜨리니 곧 쓰러지더라"라고 말하였습니다. 이 말을 들은 적병은 "이는 다른 것이 아니라 이스라엘 사람 요아스의 아들 기드온의 칼날이라 하나님이 미디안과 그 모든 군대를 그의 손에 붙이셨느니라"라고 해석하였습니다(삿 7:14). 이 꿈과 해몽을 듣고 기드온은 소망이 생겼고 힘이 났습니다. 그래서 하나님께 경배하고 이스라엘 진중으로 돌아와서 "일어나라"라고 외쳤습니다.

사사기 7:15 "기드온이 그 꿈과 해몽하는 말을 듣고 경배하고 이스라엘 진중에 돌아와서 이르되 일어나라 여호와께서 미디안 군대를 너희

손에 붙이셨느니라 하고"

　이것은 모든 두려움을 떨쳐 버리고 담대하게 전진하여 싸우라는 적극적인 명령인 것입니다(참고-렘 6:4-5). 오늘날도 믿음의 선한 싸움을 하는 성도들은, 온갖 슬픔과 낙심과 염려, 두려움의 자리에서 '일어나라'는 하나님의 명령 앞에 담대함을 가지고 힘차게 일어나 전진해야 합니다. 마지막 때 성도의 구속이 가까울 때, 성도는 일어나서 머리를 들어야 합니다(눅 21:28).

셋째, '일어남'은 '빛을 발함'을 의미합니다.

　누워 있거나 앉아 있으면 빛을 발할 수 없지만, 일어나면 빛을 발할 수 있습니다. 일어남은 우리를 감싸고 있는 어둠과 불신, 불가능의 장벽을 깨치고 나오는 것입니다. 에베소서 5:14에서 "잠자는 자여 깨어서 죽은 자들 가운데서 일어나라"라고 말씀하고 있습니다. 영적으로 잠들어 죽은 자였지만, 예수 그리스도의 생명의 빛을 받아 깨어서 일어날 때 산 자가 되는 것입니다(사 26:19). 골로새서 2:13에서 "범죄와 육체의 무할례로 죽었던 너희를 하나님이 그와 함께 살리시고"라고 말씀하고 있으며, 에베소서 2:1에서 "너희의 허물과 죄로 죽었던 너희를 살리셨도다"라고 말씀하고 있습니다.

　예수 그리스도의 빛을 받아 일어난 우리는 이제 그 빛을 온 세상에 전하여야 합니다. 이사야 60:1에서 "일어나라 빛을 발하라 이는 네 빛이 이르렀고 여호와의 영광이 네 위에 임하였음이니라"라고 말씀하고 있습니다(사 58:10).

② 행하라

하나님께서는 아브라함에게, 일어난 다음에 '걸으라'고 명령하셨습니다. 창세기 13:17의 '행하여 보라'라는 단어는 히브리어 동사 '할라크'(הָלַךְ)의 히트파엘(재귀) 명령형입니다. 이것은 '네 스스로 반드시 걸으라'는 강력한 말씀입니다.

여기서 우리가 주목할 것은 '종과 횡'으로 걷는 것입니다. 종과 횡은 하나님께서 눈을 들어 바라보게 하신 땅에 십자가를 만드는 행위입니다(참고- 요 8:56). 십자가는 가로축 하나와 세로축 하나가 합해서 된 것으로, 하나와 하나가 결합하여 둘이 된 것이 아니라 넷이 되었기에 배가의 축복을 뜻합니다. 이 십자가의 네 방향은 동서남북 사방을 가리키며 사통팔달(四通八達) 형통의 축복, 사방으로 연결되는 교제의 축복, 분열이 아니라 화합과 결합의 축복, 점점 더 강하여지는 증가의 축복, 마이너스(-)가 아니라 플러스(+)의 축복을 상징하고 있습니다.

따라서 이것은 하나님께서 약속하신 땅을 걸어다니면서 하나님의 약속이 이루어진다는 확신을 가지라는 말씀입니다. 그렇다면 하나님의 약속을 이루는 사람은 어떤 사람입니까?

첫째, 하나님의 약속이 반드시 이루어진다는 사실을 믿고
지금 서 있는 자리에서 만족하지 않고 한 걸음씩
전진하는 사람입니다.

창세기 13:17을 공동번역에서는 "어서 이 땅을 두루 돌아보아라. 내가 이 땅을 너에게 주리라"라고 번역하고 있습니다. 이것은 지금 눈에 보이는 것만으로 만족하지 말고 두루두루 다니라는 말씀입니다. '두루 돌아보아라'라는 말씀에는 '구석구석 빠짐없이 살피라,

이곳저곳을 다녀 보아라, 장애물이 있을지라도 뚫고 통과하여라'라는 다양한 의미들이 함축되어 있는 것입니다.

하나님께서는 모세에게 하셨던 말씀을 통하여, 여호수아에게도 '네가 밟는 땅을 네게 주리라'고 약속하셨습니다(신 11:24, 수 1:3, 14:9). 여호수아 1:2-4에서 "내 종 모세가 죽었으니 이제 너는 이 모든 백성으로 더불어 일어나 이 요단을 건너 내가 그들 곧 이스라엘 자손에게 주는 땅으로 가라 ³ 내가 모세에게 말한 바와 같이 무릇 너희 발바닥으로 밟는 곳을 내가 다 너희에게 주었노니 ⁴ 곧 광야와 이 레바논에서부터 큰 하수 유브라데에 이르는 헷 족속의 온 땅과 또 해 지는 편 대해까지 너희 지경이 되리라"라고 말씀하고 있습니다. 하나님께서는 계산하고 고민하고 생각만 하면서 가만히 있는 사람보다, 하나님의 약속을 믿고 순종하며 앞으로 담대히 전진하는 사람을 통하여 그 일을 이루어 가십니다.

둘째, **단을 쌓고 예배를 드리는 사람입니다.**

아브라함은 '동서남북을 바라보라'는 명령과, 이어서 '종과 횡으로 행하여 보라'는 명령을 받은 다음에 무엇을 하였습니까? 단을 쌓고 하나님께 감사하는 예배를 드렸습니다.

창세기 13:18에서 "이에 아브람이 장막을 옮겨 헤브론에 있는 마므레 상수리 수풀에 이르러 거하며 거기서 여호와를 위하여 단을 쌓았더라"라고 말씀하고 있습니다. 여기 '헤브론'(חֶבְרוֹן)은 '친교, 동맹'이라는 뜻입니다. 과연 아브라함은 롯과 헤어진 후에 예배를 드림으로 하나님과 친교, 하나님과 동맹을 맺어, 전보다 더욱 하나님과 친밀해졌던 것입니다.

시편 50:5에서 "이르시되 나의 성도를 내 앞에 모으라 곧 제사로 나와 언약한 자니라 하시도다"라고 말씀하고 있습니다. 예배드리는 사람은 하나님이 허락하신 언약을 행하는 사람입니다. 예배 없이는 하나님과 교통할 수도 없고, 하나님의 도우심을 받을 수도 없습니다. 그러므로 '하나님의 약속'을 바라보는 자는 끝날까지 예배드리는 일을 소홀히 해서는 안 됩니다. 오늘도 성도는 영원한 땅, 천국을 소망 가운데 바라보면서 항상 예배드리는 사람이 되어야 합니다.

3. 명령의 종말적 의미
Eschatological Meaning of the Command

성도의 삶은 이 땅을 바라보는 삶이 아니라 영원한 하늘 천국을 바라보는 삶입니다. 우리가 천국을 바라볼 때 천국은 우리의 소유가 될 것입니다. 사람은 무엇을 보느냐가 굉장히 중요합니다. 롯은 눈을 들어 요단 들을 바라보았고, 아브라함은 눈을 들어 동서남북을 바라보았습니다.

> **창세기 13:10** "이에 롯이 눈을 들어 요단 들을 바라본즉 소알까지 온 땅에 물이 넉넉하니 여호와께서 소돔과 고모라를 멸하시기 전이었는 고로 여호와의 동산 같고 애굽 땅과 같았더라"

> **창세기 13:14** "롯이 아브람을 떠난 후에 여호와께서 아브람에게 이르시되 너는 눈을 들어 너 있는 곳에서 동서남북을 바라보라"

롯은 이 땅의 영광을 바라보았고, 아브라함은 하나님께서 지시하신 영광을 바라보았습니다. 베드로는 롯이 의로웠다고 기록하고 있습니다(벧후 2:7-8). 그러나 롯은 아무리 의로웠을지라도 하늘의 영광을 바라보지 않고 땅의 영광을 바라보았습니다. 오늘날 우리는 땅의 영광을 바라보는 성도입니까? 아니면, 하늘의 영광을 바라보는 성도입니까? 이 땅의 에덴을 바라보는 성도입니까? 아니면, 하늘의 에덴을 바라보는 성도입니까?

롯이 택한 요단 평지는 비옥한 땅이었지만 그곳에는 하나님께 예배드리는 제단이 없었습니다(창 13:11-13). 아브라함이 간 헤브론은 험한 산지였으나(수 14:12-13, 15:48-60), 그곳에는 하나님께 예배드리는 제단이 있었습니다(창 13:18). 아브라함은 헤브론의 험한 산지에서 하나님께 단을 쌓고 예배를 드리며 하나님과 교통하고 친밀하게 교제하였습니다(시 25:14). 마지막 때도 풍요롭지만 제단이 없는 교회가 있는가 하면, 힘들고 험하지만 하나님과 교통하는 제단이 있는 교회가 있을 것입니다. 이사야 선지자는 말일에 만방이 몰려드는 여호와의 산, 야곱의 하나님의 전에 대하여 예언하였습니다. 이사야 2:2-3에서 "말일에 여호와의 전의 산이 모든 산꼭대기에 굳게 설 것이요 모든 작은 산 위에 뛰어나리니 만방이 그리로 모여들 것이라 3 많은 백성이 가며 이르기를 오라 우리가 여호와의 산에 오르며 야곱의 하나님의 전에 이르자 그가 그 도로 우리에게 가르치실 것이라 우리가 그 길로 행하리라 하리니 이는 율법이 시온에서부터 나올 것이요 여호와의 말씀이 예루살렘에서부터 나올 것임이니라"라고 말씀하고 있습니다.

롯은 아브라함을 떠난 후에, 아브라함에게 다시 돌아올 수 있는 뜻밖의 기회를 갖게 되었습니다. 창세기 14장을 보면, 당시에 엘람 왕 그돌라오멜과 인근의 세 왕들이 동맹하여 소돔과 고모라를 공격해 들어와 모든 재물과 양식을 빼앗아 갔는데, 롯도 사로잡혀 포로가 되었습니다(창 14:12). 이때 아브라함이 조카 롯을 구하기 위해서 집에서 기르고 연습한 군사 318명을 거느리고 쫓아가서 롯을 구하고, 빼앗겼던 모든 재물과 부녀들까지 다 찾아왔습니다(창 14:14-16). 이때 롯은 아예 소돔을 떠나 아브라함에게 돌아왔어야 했으나 다시 화려한 소돔성의 자기 집으로 돌아갔습니다. 결국 소돔성이 불바다가 되어 사라질 때에야 천사의 손에 이끌려 겨우 나오게 되었습니다(창 19:16). 그는 불 심판의 대상이었으나 아브라함의 애절한 중보 기도 덕분에, 하나님께서 '아브라함을 생각하사' 주신 부끄러운 구원을 얻게 되었습니다(창 19:29).

주님께서 다시 오시는 재림의 때는 롯의 때와 같습니다. 누가복음 17:28에서 "또 롯의 때와 같으리니"라고 말씀하고 있습니다. 세상 끝이 가까울수록 롯과 같은 성도들이 많아질 것입니다. 우리는 구원의 반열에 선 이후, 롯과 같이 또는 바울의 동역자였던 데마와 같이 세상을 사랑하여(딤후 4:10) 신앙을 배신하는 일이 있어서는 안 될 것입니다. 비록 잘못 갔더라도, 여러 가지 징계로 회개의 기회가 주어질 때 놓치지 말고 곧 돌이켜야 합니다.

제물을 드리라

BRING ME SACRIFICES / קְחָה גְּזָרִים

(창 15:8-9)

창세기 15:8-9 "그가 가로되 주 여호와여 내가 이 땅으로 업을 삼을 줄을 무엇으로 알리이까 ⁹ 여호와께서 그에게 이르시되 나를 위하여 삼 년 된 암소와 삼 년 된 암염소와 삼 년 된 숫양과 산비둘기와 집비둘기 새끼를 취할지니라"

아브라함은 갈대아 우르에서 출발하여(창 11:31, 행 7:2-3) 하란에 도착하였습니다. 그리고 하란을 떠나서 가나안 땅으로 들어왔습니다(창 12:4-5). 아브라함은 가나안의 기근, 애굽에서의 수치와 수욕, 롯과의 분가 등 온갖 풍상을 다 겪었습니다(창 12-13장). 그 후에 그 돌라오멜과 그 동맹군과의 전쟁에서 승리하여 롯을 구하고, 멜기세덱의 축복을 받았습니다(창 14장). 그리고 자손과 땅에 대한 약속을 받고 하나님과 횃불 언약을 체결하게 됩니다(창 15장).

횃불 언약이 체결되기 전에, 아브라함은 자기 군사에게 패한 네 나라 동맹군이 혹시 다시 쳐들어올지 모른다는 두려움에 사로잡혀 있었습니다. 그때 하나님께서 아브라함에게 찾아오셔서 "두려워 말라 나는 너의 방패"(창 15:1)라는 확실한 위로의 말씀을 주셨습니다. 이어 하늘의 별을 보여 주시며 다시 한 번 언약에 대한 확신을 심어 주셨습니다(창 15:5). 그리고 '이 땅을 네게 주어 업을 삼게 하려고 갈대아 우르에서 너를 인도하여' 냈다고 하시면서, 아브라함에게 처음 주신 언약과 사명을 기억하게 하셨습니다(창 15:7). 이 선포 후에 하나님께서는 아브라함에게 제물을 바치라는 명령을 하십니다.

1. 명령의 이해
Understanding the Command

창세기 15:7을 볼 때, 하나님께서는 "나는 이 땅을 네게 주어 업을 삼게 하려고 너를 갈대아 우르에서 이끌어 낸 여호와로라"라고 말씀을 선포하셨습니다. 이때 아브라함은 뜻밖에도 "주 여호와여 내가 이 땅으로 업을 삼을 줄을 무엇으로 알리이까?"라고 언약의 증표를 요구하였습니다(창 15:8). 이 요구 앞에 하나님께서 아브라함에게 주신 명령이 '제물을 드리라'는 것이었습니다. 창세기 15:9에서 "여호와께서 그에게 이르시되 나를 위하여 삼 년 된 암소와 삼 년 된 암염소와 삼 년 된 숫양과 산비둘기와 집비둘기 새끼를 취할지니라"라고 말씀하고 있습니다. 여기 '취할지니라'는 히브리어 '라카흐'(לָקַח)의 명령형입니다. 하나님께서는 '제물을 드리라' (가지고 오라)고 명령하셨던 것입니다.

아브라함이 하나님께 언약의 증표를 요구한 것은 명백한 불신이었습니다. 이제까지 주어진 약속들에 관하여 단 한 번도 의문을 제기하지 않고 아멘으로 일관했던 그가, 이제 와서 하나님께서 직접 하시는 말씀을 듣고도 증표를 요구하였던 것입니다. 이에 하나님께서 '제물을 드리라'(가지고 오라)고 명령하셨습니다. 그렇다면 하나님께서는 왜 갑자기 제물을 준비하도록 하셨습니까? 제물은 죄를 대속하기 위한 것이니 죄가 없다면 제물이 필요 없습니다(레 4:3, 민 6:11, 요일 2:2). 우리는 이것을 통해서 아브라함이 분명 죄를 범하였음을 알 수 있습니다. 하나님께서는 아브라함에게 제물을 요구하심으로 그에게 있던 불신을 드러내시고 해결하려 하셨던 것입니다(참고-히 9:13, 22).

2. 명령의 내용
Content of the Command

(1) 3년 된 제물을 요구하신 이유

창세기 15:9에서 "여호와께서 그에게 이르시되 나를 위하여 삼 년 된 암소와 삼 년 된 암염소와 삼 년 된 숫양과 산비둘기와 집비둘기 새끼를 취할지니라"라고 말씀하고 있습니다. 하나님께서 직접 여러 종류의 제물을 명하셨는데, 그것은 3년 된 암소, 3년 된 암염소, 3년 된 숫양 등이었습니다. 특별히 하나님께서는 '3년 된'을 세 번이나 강조하셨습니다. 그 이유가 무엇입니까?

짐승이 태어난 지 3년이 되었다는 것은 다시 새끼를 가질 수 있는 성숙하고 완전한 한 개체가 되었다는 것을 의미합니다. 하나님께서는 아브라함에게 충분히 성숙되고 아름다운 것들, 가장 귀한 것들로 준비케 하신 것입니다. 또한 숫자 '3'은 하늘의 완전수를 나타냅니다. 우리가 믿는 하나님도 삼위일체의 하나님이십니다. 그러므로 '3년'은 그 숫자의 상징적인 의미에 근거하여 희생 제물의 완전함을 나타냅니다.[28]

또한 이 제물은 아브라함 자신을 상징한다고도 할 수 있습니다 (롬 12:1). 그러므로 하나님께서는 희생 제물의 완전함같이 아브라함 자신이 완전한 자가 되어야 한다는 뜻으로 3년 된 제물을 드리라고 명령하신 것입니다.

나아가 이 제물은, 장차 이 땅에 오셔서 3년 동안 공생애를 통하여 구속사를 온전히 이루시고 십자가에서 제물이 되실 예수 그리스도를 상징한다고도 할 수 있습니다(요 19:30). 예수님께서는 성육신 하시어 33년을 사셨는데, 그 중에 사생애가 30년이요 공생애가 3년이었던 것입니다(눅 3:23).

(2) 제물을 쪼개라고 하신 이유

창세기 15:10에서 "아브람이 그 모든 것을 취하여 그 중간을 쪼개고 그 쪼갠 것을 마주 대하여 놓고 그 새는 쪼개지 아니하였으며"라고 말씀하고 있습니다. 아브라함은 제물로 드리는 짐승들의 중간을 쪼개었고, 그 중에 새(bird)는 쪼개지 않았습니다. 이것은 율법의 제물 드리는 방법과 일치합니다. 레위기의 율법에 따르면, 짐승들을 제물로 드릴 때 그 중간을 쪼개고 각을 떠서 드렸으나, 새를 제물로 드릴 때는 중간을 쪼개지 않았습니다. 레위기 5:7-8에서 "만일 힘이 어린양에 미치지 못하거든 그 범과를 속하기 위하여 산비둘기 둘이나 집비둘기 새끼 둘을 여호와께로 가져가되 하나는 속죄 제물을 삼고 하나는 번제물을 삼아 8 제사장에게로 가져갈 것이요 제사장은 그 속죄 제물을 먼저 드리되 그 머리를 목에서 비틀어 끊고 몸은 아주 쪼개지 말며"라고 말씀하고 있습니다.

제물의 중간을 쪼개는 것은 하나님과 아브라함 사이에 언약을 체결하는 의식입니다. 이것은 만약 언약의 당사자들이 언약을 지키지 못할 때는 짐승들이 쪼개지듯이 자기 자신들이 쪼갬을 당하게 된다는 서약인 것입니다(렘 34:18-21).

창세기 15:17에서 "타는 횃불이 쪼갠 고기 사이로 지나더라"라고 말씀하고 있습니다. 여기 타는 횃불은 하나님의 임재를 상징하는 것입니다(출 13:21, 19:18, 신 4:11-12, 15, 36, 5:23-24, 사 10:17, 31:9, 62:1). 그러므로 쪼갠 고기 사이로 하나님께서 지나가신 것은, 아브라함의 불신에 대하여 하나님 스스로 언약의 신실성을 확증해 주신 사건입니다.

3. 명령의 종말적 의미
Eschatological Meaning of the Command

로마서 12:1에서 사도 바울은 "너희 몸을 하나님이 기뻐하시는 거룩한 산 제사로 드리라 이는 너희의 드릴 영적 예배니라"라고 말씀하고 있습니다. 이것은, 신약적 제사는 짐승으로 드리는 제사가 아니라, 우리 자신이 온전히 십자가에 못 박혀 산 제물로 드려지는 인격적인 예배라는 것을 가르쳐 줍니다(엡 5:2, 빌 2:17, 4:18, 딤후 4:6).

(1) 육신의 소욕이 죽는 예배

십자가에서 예수님과 함께 죽은 사람은 모든 육적인 속성이 죽게 됩니다. 갈라디아서 5:24에서 "그리스도 예수의 사람들은 육체와 함께 그 정과 욕심을 십자가에 못 박았느니라"라고 말씀하고 있습니다. 갈라디아서 2:20에서도 "내가 그리스도와 함께 십자가에 못 박혔나니 그런즉 이제는 내가 산 것이 아니요 오직 내 안에 그리스도께서 사신 것이라 이제 내가 육체 가운데 사는 것은 나를 사랑하사 나를 위하여 자기 몸을 버리신 하나님의 아들을 믿는 믿음 안에서 사는 것이라"라고 말씀하고 있습니다. 사도 바울은 "형제들아 내가 그리스도 예수 우리 주 안에서 가진 바 너희에게 대한 나의 자랑을 두고 단언하노니 나는 날마다 죽노라"라고 고백하였습니다(고전 15:31).

육의 속성이 죽은 사람은 그 태도까지도 변하게 됩니다. 십자가에서 죽은 몸으로 예배를 드리는 자는 다음과 같은 태도를 가집니다.

① 주님을 위하여 종이 되는 태도(역설적으로 지도자 되는 길)

② 주님을 위하여 내려가는 태도(역설적으로 올라가는 길)

③ 주님을 위하여 남들에게 주는 태도(역설적으로 복 받는 길)

④ 주님을 위하여 가난해지는 태도(역설적으로 부해지는 길)

⑤ 주님을 위하여 어리석어지는 태도(역설적으로 지혜로운 길)

⑥ 주님을 위하여 죽는 태도(역설적으로 사는 길)

이러한 태도를 가지고 살아갈 때, 성도는 행위와 외모까지도 경건해집니다. 에베소서 5:3에서 "음행과 온갖 더러운 것과 탐욕은 너희 중에서 그 이름이라도 부르지 말라 이는 성도의 마땅한 바니라"라고 말씀하고 있으며, 데살로니가전서 5:22에서 "악은 모든 모양이라도 버리라"라고 말씀하고 있습니다.

(2) 인간의 마음이 죽는 예배

하나님께서는 상하고 통회하는 심령으로 드리는 제사를 기뻐하십니다(시 34:18, 51:17, 55:2, 147:3, 사 57:15). 이것은 겸손하게 뉘우치고 회개하는 마음으로 드리는 예배이며, 인간의 모든 정(情)과 욕심을 십자가에 못 박고 상한 심령으로 드리는 예배입니다. 갈라디아서 5:24에서 "그리스도 예수의 사람들은 육체와 함께 그 정과 욕심을 십자가에 못 박았느니라"라고 말씀하고 있습니다.

시편 51:17 "하나님의 구하시는 제사는 상한 심령이라 하나님이여 상하고 통회하는 마음을 주께서 멸시치 아니하시리이다"

시편 51:17, 공동번역 "하나님, 내 제물은 찢어진 마음뿐, 찢어지고 터진 마음을 당신께서 얕보지 아니하시니"

시편 51:17, 표준새번역 "하나님께서 원하시는 제물은 깨어진 마음입니다. 깨어지고 짓밟힌 심령을 하나님께서는 멸시하지 않으십니다."

시편 51:17, 현대인의성경 "하나님이 원하시는 제사는 상한 심령입니다. 주께서는 겸손하게 뉘우치며 회개하는 마음을 업신여기지 않을 것입니다."

주님은 제자들에게, 마지막 때 일어날 '휴거' 사건으로 어떤 사람은 데려감을 당하고 어떤 사람은 버려둠을 당할 것을 가르치셨습니다. 누가복음 17:34-35을 볼 때, "내가 너희에게 이르노니 그 밤에 두 남자가 한 자리에 누워 있으매 하나는 데려감을 당하고 하나는 버려둠을 당할 것이요 35 두 여자가 함께 매를 갈고 있으매 하나는 데려감을 당하고 하나는 버려둠을 당할 것이니라"라고 말씀하셨습니다.

제자들은 이 일이 어디에서 일어날지 너무나 궁금하여 "주여 어디오니이까"라고 물었습니다. 이때 주님께서는 "주검이 있는 곳에는 독수리가 모이느니라"라고 말씀하셨습니다(눅 17:37, 참고-사 46:11, 계 12:14). 여기 "주검이 있는 곳"이라는 표현은 영적으로 볼 때 제물이 되어야 할 것을 말씀한 것입니다. 사도 바울은 "나는 날마다 죽노라"라고 선언하였습니다(고전 15:31). 이것은 날마다 제물이 되어 주검이 된다는 뜻입니다. 종말이 가까올수록 날마다 믿음으로 죽는 자만이 재림하시는 주님을 온전히 맞이할 수 있을 것입니다.

내 앞에서 완전하라

BE BLAMELESS BEFORE ME / הִתְהַלֵּךְ לְפָנַי וֶהְיֵה תָמִים

(창 17:1)

창세기 17:1 "아브람의 구십구 세 때에 여호와께서 아브람에게 나타나서 그에게 이르시되 나는 전능한 하나님이라 너는 내 앞에서 행하여 완전하라"

창세기 17:1, 공동번역 "나는 전능한 신이다. 너는 내 앞을 떠나지 말고 흠 없이 살아라"

하나님께서는 아브라함 84세에 횃불 언약을 체결하시고 약 15년 동안 아브라함에게 나타나지 않으셨습니다. 하나님께서는 그 기간 동안에 하갈에게는 나타나셨지만(창 16:7-14), 정작 아브라함에게는 나타나지 않으셨습니다. 그런데 이제 약 15년 만에 99세 된 아브라함에게 나타나신 하나님께서는 "나는 전능한 하나님이라 너는 내 앞에서 행하여 완전하라"라고 명령하신 것입니다.

1. 명령의 이해
Understanding the Command

그렇다면 15년 만에 나타나신 하나님께서 아브라함에게 "너는 내 앞에서 행하여 완전하라"라고 명령하신 이유는 무엇입니까? 그것은, 아브라함이 하나님의 약속을 온전히 믿고 기다려야 함에도 불구하고 중간에 하갈을 취하여 이스마엘을 낳는 죄를 저질렀기 때문입니다.

오늘날 중동의 여러 가지 분쟁의 원인 제공자가 누구입니까? 바로 아브라함입니다. 지금까지도 이스라엘과 아랍 여러 나라들 사이에 분쟁이 계속되고 있습니다. 알고 보면, 이 전쟁은 바로 아브라함 집안 싸움의 연장인 것입니다. 아랍의 여러 나라들은 하갈의 소생 이스마엘의 후손이요, 이스라엘은 사라의 소생 이삭의 후손이기 때문입니다. 만약 아브라함이 하갈을 취하여 이스마엘을 낳는 실수를 저지르지 않았다면, 오늘날 중동의 분쟁과 같은 비극은 일어나지 않았을 것입니다.

하나님께서 나타나지 않으신 약 15년 동안에 아브라함의 마음은 너무나 괴로웠을 것입니다. 그런데 이제 아브라함 99세가 되자 드디어 하나님께서 아브라함에게 나타나셨습니다. 그리고 "나는 전능한 하나님이라 너는 내 앞에서 행하여 완전하라"라고 명령하셨습니다. 이것은 아브라함에게 회개를 촉구하시는 명령이요, 이제 '하나님과 다시 영적인 관계를 회복하라' 하시는 하나님의 사랑과 은혜의 기회였던 것입니다.

2. 명령의 내용
Content of the Command

(1) 완전하라

창세기 17:1의 '완전'이라는 단어는 히브리어 '타밈'(תָּמִים)으로,

'완전한, 정상적인'이라는 뜻을 가지고 있습니다. 그러나 여기서 '완전하라'는 말씀은, 행위의 완전무결함이나 율법적으로 완벽함을 의미하지 않습니다. 인간은 결코 하나님과 같이 존재론적으로 온전할 수 없습니다.

① 여기 완전이란 '한 가지 일에 변함없이 전력을 다하는 것', 곧 하나님만 바라보고 집중하여 나아가는 것을 말씀합니다.

자기의 결함과 부족을 느끼면서 온전을 향해 끝없이 달리는 진실한 노력을 말합니다. 나아가 그 방법조차, 인간의 어떤 행위를 통하여 도달하려고 하지 말고 '오직 믿음'으로 힘쓰라는 것입니다.

우리는 하나님의 약속을 받고서도 기다리지 못하고, 중간에 이 방법 저 방법 동원하면서 인간적인 생각으로 요동할 때가 얼마나 많이 있습니까? 그러나 시편 기자는 '요동치 말고 잠잠히 기다리라'고 말씀하면서 완전으로 나아가는 지혜를 노래하고 있습니다(시 62:1-6). '잠잠히 바라봄'은 하나님만을 바라보면서 흔들림이나 요동이 없는 확고한 태도를 가리킵니다. 이것은 오직 성령을 좇아 행할 때만 가능합니다(갈 5:16). 사도 바울이 "푯대를 향하여 그리스도 예수 안에서 하나님이 위에서 부르신 부름의 상을 위하여 좇아가노라"(빌 3:14)라고 고백한 것은 하나님만 바라보겠다는 확고부동한 믿음의 표현입니다.

② 잘못 믿었던 세월을 뜨겁게 회개하고, 앞으로는 끝까지 변하지 말고 일편단심으로 믿으라는 말씀입니다.

이제는 어두웠던 영적 침체의 옷을 벗고, 외적 환경이나 형편에 좌우되지 말라는 말씀입니다. 이제는 여러 가지 유혹에 넘어가거나 중도에 포기하지 말라는 말씀입니다. 처음에 세운 뜻을 이루기 위해 그 마음을 끝까지 밀고 나아가는 초지일관(初志一貫)의 믿음을 요구하신 말씀입니다(참고-히 3:14).

③ 전능하신 하나님을 끝까지 믿고 나아가면 약속하신 언약의 결말을 볼 수 있다는 말씀입니다.

이제부터는 언약이 성취되는 결말을 바라보고 나아가라는 말씀입니다. 예수님께서는 여우 같은 헤롯이 자신을 죽이려 한다는 소식을 들으시고도, '오늘과 내일, 모레는 갈 길을 가야 하리니, 제삼일에는 완전하여지리라!'(눅 13:31-33)고 말씀하셨습니다. 예수님께서는 '부활 승리'라는 결말을 미리 보셨으므로, 오늘과 내일, 모레까지 이어지는 말할 수 없는 십자가 고난의 길도 감당하실 수 있었던 것입니다. 욥의 인내가 그토록 빛나고 위대한 것도 역시, 그가 '주께서 주신 결말'을 보았기 때문입니다(약 5:11).

전능하신 하나님께서 일의 시작과 진행과 마침이 되시므로, 전능하신 하나님만 믿고 의지하며 나아가면 반드시 언약의 온전한 결말을 보게 될 것입니다(마 5:48, 빌 1:6).

아브라함이 99세가 될 때까지 그의 신앙생활에는 불완전함이 없지 않았습니다. 식량 문제로 애굽에 내려갔다가 어려움을 당하였고(창 12:10-20), 후손의 생산 문제로 잠시 하나님의 말씀을 저버리고 사래의 말을 들어 실패하였습니다(창 16:1-16). 또한 이미 13세가 된 첩의 아들 이스마엘을 약속의 자식으로 여기려 했습니다. 그래서 "이스마엘이나 하나님 앞에 살기를 원하나이다"라고 하였습니다(창 17:18). 이것은 아브라함이 13년 동안 그의 첫 소생인 이스마엘을 붙들고 얼마나 사랑을 쏟았는지를 보여 줍니다.

하나님께서는 이렇게 과실을 거듭 범했던 아브라함에게 완전하라고 명령하셨습니다(마 19:21, 고전 2:6, 빌 3:15, 골 1:28, 4:12, 약 1:4, 3:2).

그렇다면 아브라함에게는 무엇이 부족하였습니까?

첫째, **믿음이 부족하였습니다**(고후 13:5, 살전 3:10).

아브라함이 하나님의 말씀을 온전히 믿고 기다렸다면 하갈을 취하지 않았을 것입니다. 그러나 아브라함에게 아직 하나님의 약속을 믿는 믿음이 부족했기에 하갈을 취하게 된 것입니다.

둘째, **사랑이 부족하였습니다**
(마 5:46-48, 요 13:1, 14:15, 15:9-13, 요일 4:16-18).

아브라함에게 하나님을 향한 뜨거운 사랑이 식지 않고 온전했다면, 그는 끝까지 기다렸을 것입니다. 그러나 아브라함에게는 아직 하나님을 향한 뜨거운 사랑이 부족했습니다.

자신의 부족함을 깨닫지 못하는 사람은 완전으로 나아갈 수 없습니다. 하나님께서는 라오디게아 교회를 향하여 "네가 말하기를 나는 부자라 부요하여 부족한 것이 없다 하나 네 곤고한 것과 가련한 것과 가난한 것과 눈먼 것과 벌거벗은 것을 알지 못하도다"라고 책망하셨습니다(계 3:17).

사람이 완전해지고 모든 부족을 채우는 것은 사람의 힘으로는 도저히 할 수 없습니다. 하나님께서 해 주셔야만 가능한 것입니다. 마태복음 19:26에서 "사람으로는 할 수 없으되 하나님으로서는 다 할 수 있느니라"라고 말씀하고 있으며, 누가복음 18:27에서 "가라사대 무릇 사람의 할 수 없는 것을 하나님께서는 하실 수 있느니라"라고 말씀하고 있습니다.

(2) 내 앞에서 행하여

창세기 17:1에서 "나는 전능한 하나님이라 너는 내 앞에서 행하여 완전하라"라고 명령하고 있습니다. 여기서 하나님이 요구하시는 완전은 '하나님 앞에서 행하는 것'임을 알 수 있습니다.

그렇다면 "내 앞에서 행하여"라는 말씀은 무슨 뜻입니까? 이것은 전능하신 하나님을 신앙하고, 그 하나님과 동행한다면 가능하다는 것을 뜻합니다. 영어 성경에서는 "walk before my face"로 번역되어, '내 얼굴 앞에서 걸으라'는 뜻입니다. 히브리어 해석은 그 의미를 더 명확하게 알려 줍니다. "내 앞에서 행하여"는 '히트할레크 레파나이'(הִתְהַלֵּךְ לְפָנַי)로, '내 얼굴 앞에서 스스로 걸어가라'는 뜻입니다. 그러므로 하나님 앞에서 행하는 것의 핵심은 '하나님과의 동행'입니다.

종교개혁자들은 '코람 데오'(*Coram Deo*, 하나님 앞에서)의 신앙으로 살았습니다. 우리가 날마다 '하나님 앞에서' 살지 못하면, 마지막 때 '내가 너를 도무지 알지 못한다'(마 7:23)는 준엄한 심판의 말씀을 듣게 될 것입니다. 믿는 성도들은 하나님의 보이지 않는 눈이 사람들의 보이는 눈보다도 더 강하다는 것을 알아야 합니다. '빈방에 들어갈지라도 사람이 있는 방에 들어가듯 하라'는 옛말을 명심해야 합니다. 베드로전서 4:11에서도 "누가 말하려면 하나님의 말씀을 하는 것같이 하고 누가 봉사하려면 하나님의 공급하시는 힘으로 하는 것같이 하라"라고 말씀하고 있습니다.

선악과를 따먹은 후에 아담은 '여호와의 낯'을 피하여 숨었고(창 3:8), 요나 역시 사명을 등지고 다시스로 갈 때 '여호와의 낯'을 피하여 갔습니다(욘 1:3). 그러나 인간은 그 누구도 온 땅을 두루 살피시는 하나님의 일곱 눈(대하 16:9, 슥 4:10, 계 4:5, 5:6)을 피할 수는 없습니다.

시편 139:7-8에서는 "내가 주의 신을 떠나 어디로 가며 주의 앞에서 어디로 피하리이까 8 내가 하늘에 올라갈찌라도 거기 계시며 음부에 내 자리를 펼찌라도 거기 계시니이다"라고 말씀하고 있습니다. 우리는 항상 스스로 하나님의 얼굴 앞에서 걸어감으로 죄의 유혹을 이기고, 우리 자신을 부끄러울 것이 없는 일꾼으로 인정된 자로 하나님 앞에 드리기를 힘써야 합니다(딤후 2:15).

'하나님의 사랑을 받은 자'(여디디야)라는 별명(삼하 12:25)을 가진 솔로몬은 이방의 많은 여인들과 연애하여 그 나이 늙을 때에 다른 신들을 좇았습니다(왕상 11:1-3, 느 13:26). 그 이유가 무엇입니까? 솔로몬이 "하나님 여호와 앞에 온전"히 살지 못하였기 때문이며(왕상 11:4), "여호와의 눈앞"에서 악을 행하였기 때문입니다(왕상 11:6). 그 결과로 솔로몬 사후에 나라는 남쪽 유다와 북쪽 이스라엘로 분열되고 말았습니다(왕상 11:9-13).

그렇다면 우리의 신앙생활 속에서 하나님 앞에서 사는 생활은 구체적으로 어떻게 나타나야 합니까?

첫째, 경건한 생활로 나타납니다.

일제의 신사참배 강요에 항거하다가 순교하신 주기철 목사님은 '경건은 하나님 앞에서 조심하며 사는 것이며, 방자스럽게 함부로 말하지 않는 것이며(딤후 2:16, 유 1:15), 하나님 앞에서 자랑하지 않는 것'이라는 내용의 설교를 하였습니다. 우리의 일거수일투족을 불꽃 같은 눈으로 감찰하시고 심판하실 하나님 앞에서 행할 때, 우리의 모든 생각과 말과 행동이 경건해질 수밖에 없는 것입니다.

둘째, 정직한 생활로 나타납니다.

갈라디아서 1:20에서 "보라 내가 너희에게 쓰는 것은 하나님 앞에서 거짓말이 아니로라"라고 말씀하고 있습니다. 여기서 '하나님 앞에서' 사는 삶은, 바로 '거짓이 없는 정직한 삶'을 말씀합니다. 정직(正直)한 삶은 '바르고 곧게' 사는 것입니다. 세상에서는 정직하게 사는 것이 뒤처지고 늦는 것처럼 느껴질 때가 있습니다. 곧은 길로만 가는 사람은 쉽게 '따돌림'을 당하기도 합니다.

그러나 정직하게 사는 길이 빠른 것입니다(사 26:7). 왜냐하면 정직한 길은 바르고 곧은 길이기 때문입니다. 비뚤어지고 굴곡진 길보다는 바르고 곧은 길이 훨씬 빠른 '첩경'(지름길)입니다. 잠언 4:11에서도 "내가 지혜로운 길로 네게 가르쳤으며 정직한 첩경으로 너를 인도하였은즉"이라고 말씀하고 있습니다.

정직하게 행하는 자는 앞길이 환하게 열리지만, 거짓으로 가득한 자는 속임수를 쓰고 잔꾀를 부리다가 결국 패망하게 됩니다. 잠언 11:3에서 "정직한 자의 성실은 자기를 인도하거니와 사특한 자의 패역은 자기를 망케 하느니라"라고 말씀하고 있습니다. 거짓을 일삼는 자는 마귀의 자식이요, 모든 의의 원수요, 주의 바른 길을 굽게 하기를 그치지 아니하는 자입니다(요 8:44, 행 13:10).

그렇다면 우리가 어떻게 살 때 바르고 곧게 살 수 있습니까? 그것은 하나님의 말씀을 따라 살 때 가능합니다. 왜냐하면 하나님의 말씀만이 가장 바르고 가장 곧기 때문입니다. 하나님의 말씀은 인생들을 바르게 합니다(딤후 3:16). 여호와의 교훈은 정직하며(시 19:8), 여호와의 도는 정직하며(호 14:9), 여호와의 말씀은 정직하며 그 행사는 다 진실하시기 때문입니다(시 33:4).

셋째, **요동치 않는 생활로 나타납니다.**

시편 16:8에서 "내가 여호와를 항상 내 앞에 모심이여 그가 내 우편에 계시므로 내가 요동치 아니하리로다"라고 말씀하고 있습니다. 여기 '요동하다'라는 단어는 히브리어 '모트'(מוֹט)로, '흔들리다, 탈선하다'라는 뜻입니다. 하나님 앞에서 사는 사람은 어떤 상황에서도 흔들리지 않으며, 하나님의 말씀의 길에서 탈선하지 않는 것입니다.

성경에서는 하나님 앞에서 행하며 요동치 않은 사람들을 소개하고 있습니다. 애굽의 히브리 산파들은 히브리 여인들이 해산할 때 사내아이를 죽이라는 애굽 왕의 명령에도 불구하고 결코 흔들리지 않고 히브리 남자아이들을 살렸습니다(출 1:15-17). 모세의 부모는 애굽 왕을 무서워 아니하고 흔들리지 않는 믿음으로 아들을 석 달 동안 숨겨 키웠습니다(출 2:1-2, 행 7:18-20, 히 11:23). 다니엘은 왕의 조서에 어인이 찍힌 줄 알고도 결코 흔들리지 않고, 평상시 하던 대로 하나님께 무릎을 꿇고 감사 기도를 드렸습니다(단 6:10).

3. 명령의 종말적 의미
Eschatological Meaning of the Command

'완전하라'는 명령을 한마디로 말씀하면 '거룩하라'입니다. 하나님께서는 하갈을 취하여 이스마엘을 낳은 아브라함에게 이제 거룩한 삶을 요구하셨던 것입니다. 거룩은 하나님의 뜻이요, 거룩은 하나님의 백성을 선택하신 목적입니다(레 11:44-45).

데살로니가전서 4:3에서 "하나님의 뜻은 이것이니 너희의 거룩함이라 곧 음란을 버리고"라고 말씀하고 있습니다. 우리는 마지막 때 주님의 재림을 기다리는 소망 가운데 사는 자들입니다. 이 소망을 가진 자들은 거룩한 삶을 살아야 합니다. 요한일서 3:3에서 "주를 향하여 이 소망을 가진 자마다 그의 깨끗하심과 같이 자기를 깨끗하게 하느니라"라고 말씀하고 있습니다.

우리가 만약에 거룩함을 좇지 않는다면 아무도 재림하시는 주님을 만날 수 없을 것입니다. 히브리서 12:14에서 "모든 사람으로 더불어 화평함과 거룩함을 좇으라 이것이 없이는 아무도 주를 보지 못하리라"라고 말씀하고 있습니다. 종말에 거룩과 관련된 원리가 있는데, '거룩한 자는 그대로 거룩하게 되지만, 더러운 자들은 그대로 더럽게 된다'는 것입니다. 요한계시록 22:11에서 "불의를 하는 자는 그대로 불의를 하고 더러운 자는 그대로 더럽고 의로운 자는 그대로 의를 행하고 거룩한 자는 그대로 거룩되게 하라"라고 말씀하고 있습니다. 거룩은 단시간에 이루어지는 것이 아닙니다. 거룩을 추구하는 자들은 더욱 거룩해지고, 더러움을 추구하는 자들은 더욱 더러워집니다.

돼지들은 목욕을 시켜 주고 주위를 깨끗하게 해 주어도 헛일이 됩니다. 돼지는 시궁창에 뒹구는 것을 더 좋아하기 때문입니다. 양 같은 사람은 깨끗한 것을 좋아해서 더러운 곳에 끌어다 놓아도 들어가지 않으나, 돼지 같은 사람은 더러운 것을 좋아해서 깨끗한 곳에 끌어다 놓아도 들어가지 않고 계속 시궁창 생활을 고집합니다.

참으로 성도가 죄악된 땅에 살면서 지속적으로 '거룩'을 지켜 나가는 것이 결코 쉬운 일이 아닙니다. 성도가 거룩해지기 위해서는 거룩한 것을 접촉해야 합니다. 거룩한 것을 보고, 만지고, 거룩한 말을 듣고, 거룩한 장소에 있으면 저절로 거룩해지는 것입니다. 레위기 6:18에서 "이를(소제물을) 만지는 자마다 거룩하리라"라고 말씀하고 있으며, 출애굽기 29:37에서 "무릇 단에 접촉하는 것이 거룩하리라"라고 말씀하고 있습니다.

그러나 반대로, 부정한 것을 접촉하면 거룩을 상실하고 더러워집니다. 레위기 22:5-6에서 "무릇 사람을 부정하게 하는 벌레에 접촉된 자나 무슨 부정이든지 사람을 더럽힐 만한 자에게 접촉된 자 곧 이런 것에 접촉된 자는 저녁까지 부정하니 몸을 물로 씻지 아니하면 성물을 먹지 못할지며"라고 말씀하고 있습니다. 학개 2:13에서도 "시체를 만져서 부정하여진 자가 만일 그것들 중에 하나를 만지면 그것이 부정하겠느냐 제사장들이 대답하여 가로되 부정하겠느니라"라고 말씀하고 있습니다.

재림하시는 주님은 죄와 상관없이 주님을 바라보는 자들에게 오십니다(히 9:28). 그러므로 재림하시는 주님을 만나려면 우리가 예수 그리스도의 십자가 피로 모든 죄악된 삶을 청산하고 하나님 앞에 완전해야 될 것입니다(요일 3:2-3). 성도가 거룩을 위해서 날마다 접촉해야 할 것은 오직 말씀과 기도뿐입니다(딤전 4:5).

개명(改名)하라
Your Name Shall Be Changed / קָרֵאת שְׁמֶךָ

(창 17:5, 15)

창세기 17:5 "이제 후로는 네 이름을 아브람이라 하지 아니하고 아브라함이라 하리니 이는 내가 너로 열국의 아비가 되게 함이니라"
창세기 17:15 "하나님이 또 아브라함에게 이르시되 네 아내 사래는 이름을 사래라 하지 말고 그 이름을 사라라 하라"

하나님께서는 아브라함 84세에 횃불 언약을 체결하신 후 아브라함에게 침묵하시며 나타나지 않으시다가, 아브라함 99세에 비로소 나타나셨습니다. 그 사이에 아브라함은 하나님의 약속을 온전히 믿지 못하고 하갈을 취하여 86세에 이스마엘을 낳았습니다(창 16:16). 하나님께서는 아브라함 99세에 다시 나타나셔서 "너는 내 앞에서 행하여 완전하라"라고 명령하셨습니다. 이 하나님의 나타나심과 명령 앞에 아브라함은 엎드릴 수밖에 없었습니다(창 17:3). 이것은 아브라함이 자신의 잘못에 대하여 회개하는 행위였습니다.

이어서 하나님께서는 아브라함의 이름을 바꾸어 주셨습니다. 창세기 17:5에서 "이제 후로는 네 이름을 아브람이라 하지 아니하고 아브라함이라 하리니 이는 내가 너로 열국의 아비가 되게 함이니라"라고 말씀하시면서 개명(改名)을 명령하셨습니다.

1. 명령의 이해

Understanding the Command

이름을 바꾸는 것은 삶의 대전환을 의미합니다. 실제로 야곱은 이스라엘(창 32:28)로, 시몬은 베드로(마 16:18, 요 1:42)로 이름이 바뀌면서, 그들의 생애는 대전환기를 맞이하게 됩니다. 이스라엘의 멸망을 선고하기 위한 호세아의 두 자녀 '로루하마'(לֹא רֻחָמָה, 긍휼히 여기지 않겠다)와 '로암미'(לֹא עַמִּי, 내 백성이 아니다)의 이름은, 이스라엘의 구원이 선포되면서 '루하마'(רֻחָמָה, 긍휼히 여긴다)와 '암미'(עַמִּי, 내 백성이다)로 바뀌었습니다(호 1:6-10, 2:1, 23). 이처럼 성경에서 이름은 그 소유자의 인격, 본질, 속성, 영예 등을 나타내기 때문에, '개명'(改名)은 신생(新生)을 의미하는 것이자 새 사명이 부여된 새로운 삶의 약속을 뜻합니다(벧후 1:1). 그러므로 하나님께서는 '개명하라' 하시는 명령으로 아브라함에게 새로운 삶의 대전환을 요구하신 것입니다.

아브라함이 하란에 있을 때 하나님께서는 "내가 너로 큰 민족을 이루고"라고 약속하셨습니다(창 12:2). 이 약속대로 아브라함은 큰 민족의 조상이 되어야 했습니다. 그런데 아브라함은 99세가 되도록 자신을 한 집안의 가장이라는 틀 안에 가두어 두고 있었던 것입니다. 이제 하나님께서는 그 틀을 깨시고, 아브라함에게 '열국의 아버지'가 되는 비전을 심어 주셨습니다. 이제는 아브라함 자신이 '열국의 아버지'라는 의식을 가지고 열국의 아버지가 될 것을 믿고 살아가라는 말씀입니다.

2. 명령의 내용
Content of the Command

(1) 아브라함의 개명

① 옛 이름과 새 이름

아브라함의 옛 이름은 '아브람'이었고, 새 이름은 '아브라함'이 되었습니다. 창세기 17:5에서 "이제 후로는 네 이름을 아브람이라 하지 아니하고 아브라함이라 하리니 이는 내가 너로 열국의 아비가 되게 함이니라"라고 말씀하고 있습니다.

히브리어 '아브람'(אַבְרָם)은 '존귀한 아버지'이고, 이것은 사적인 이름입니다. 그러나 히브리어 '아브라함'(אַבְרָהָם)은 '열국의 아버지'이고, 이것은 공적(公的)인 이름입니다.

② 새 이름의 의미

이제 아브라함은 한 집안의 아버지가 아니라 '열국의 아버지'가 되었습니다. 그러므로 이제부터는 '열국의 아버지'라는 거대한 비전 속에 살아야 하는 것입니다.

중요한 사실은, 아브라함이 스스로 이름을 바꾼 것이 아니라 하나님께서 바꾸어 주셨다는 것입니다. 이것은 아브라함이 자기 뜻을 버리고 이름을 바꾸어 주신 하나님께 예속되어 완전히 복종하며 살아야 함을 뜻합니다. 이제는 집안의 아버지가 아니라 시대를 초월하여 하나님 백성의 믿음의 조상(아버지)이라는 대(大)사명을 가지고 살아야 함을 의미합니다.

그러므로 '개명'은 단순히 축복의 개념이 아니라, 천지보다 크고 높은 대사명을 위한 준비인 것입니다. 아브라함은 이제 하나님의 명령대로만 살아야 하는 사명자의 삶을 공식적으로 출발하게 된 것입니다(참고-요 12:50).

③ 명령의 성취

하나님께서는 개명에 대한 명령을 하신 후에, 창세기 17:6을 볼 때 "내가 너로 심히 번성케 하리니 나라들이 네게로 좇아 일어나며 열왕이 네게로 좇아 나리라"라고 말씀하셨습니다.

> **창세기 17:6, 표준새번역** "내가 너를 크게 번성하게 하겠다. 너에게서 여러 민족이 나오고, 너에게서 왕들도 나올 것이다."

하나님께서 아브라함에게 하신 명령은 역사적으로 성취되었습니다.

첫째, 아브라함의 혈통적 자손들을 통하여 성취되었습니다.

아브라함의 혈통으로 이스마엘 족속이 나왔는데(창 25:12-16), 이 후손들이 오늘날의 아랍 사람들이 되었습니다. 또한 아브라함의 혈통으로 에서가 태어났고, 에서의 후손들이 에돔 족속이 되었습니다(창 36:9-14). 그리고 아브라함의 후처인 그두라를 통하여 여섯 아들이 태어나서 그두라 자손을 형성하였습니다(창 25:1-4). 아브라함의 언약의 씨인 이삭의 후손들이 오늘날 유대 민족인 이스라엘을 형성하였습니다.

아브라함이 '열국의 아버지'가 되는 개명의 명령은 이렇게 아브라함의 혈통을 통하여 여러 민족들이 형성됨으로써 실제 역사 속에서 성취되었습니다.

둘째, 아브라함의 수많은 영적 자손들을 통하여 성취되었습니다.

신약시대에 사도 바울은 표면적 유대인이 유대인이 아니고 이면적 유대인이 유대인임을 선포하였습니다(롬 2:28-29). 이것은 이제 하나님께서는 구속의 중점을, 혈통적인 유대인들을 넘어서 영적인 유대인들에게 확장하셨음을 의미합니다.

영적인 유대인들이 누구입니까? 바로 예수 그리스도를 믿는 성도들입니다. 이들은 민족과 혈통을 초월하여 영적으로 다같이 아브라함의 자손들이 되는 것입니다. 오늘날 예수님을 믿는 사람들이 얼마나 많습니까? 이 영적 자손들을 통하여 아브라함이 '열국의 아버지'가 된다는 말씀이 성취되었습니다.

> **갈라디아서 3:7** "그런즉 믿음으로 말미암은 자들은 아브라함의 아들인 줄 알지어다"
> **갈라디아서 3:29** "너희가 그리스도께 속한 자면 곧 아브라함의 자손이요 약속대로 유업을 이을 자니라"

(2) 사라의 개명
① 옛 이름과 새 이름

사라의 옛 이름은 '사래'이고, 새 이름은 '사라'입니다. 창세기 17:15을 볼 때, "하나님이 또 아브라함에게 이르시되 네 아내 사래는 이름을 사래라 하지 말고 그 이름을 사라라 하라"라고 명령하셨습니다. 히브리어 '사래'(שָׂרַי)는 '여주인, 나의 공주'라는 뜻이고, 히브리어 '사라'(שָׂרָה)는 '열국의 어미'라는 뜻입니다.

② 새 이름의 의미

지금까지 '사래'는 한 가정의 여주인 노릇을 하면서 죄를 짓기도 하였습니다. 그녀는 하나님의 약속을 믿지 못하고 자신의 여종인 하갈을 아브라함에게 주어 이스마엘을 잉태하게 한 장본인이었습니다(창 16:2-3). 그녀는 아브라함이 죄를 짓게 만든 조성자(助成者)였습니다. 그 후 하갈이 잉태하자, 사라는 임신한 하갈을 학대하여 하갈이 도망가게 만들었습니다(창 16:6).

그러나 하나님께서는 사래의 이름을 바꿔 주셔서, 이제 사래가 과거의 모든 죄를 회개하고 '열국의 어머니'로서 큰 비전을 갖도록 만드셨던 것입니다.

③ 명령의 성취

하나님께서는 '사래'라는 옛 이름을 '사라'라는 새 이름으로 바꾸라고 명령하신 후에, "내가 그에게 복을 주어 그로 네게 아들을 낳아 주게 하며 내가 그에게 복을 주어 그로 열국의 어미가 되게 하리니 민족의 열왕이 그에게서 나리라"라고 말씀하셨습니다(창 17:16). 이 말씀은 실제 역사 속에서 성취되었습니다.

첫째, 이스라엘 민족을 통하여 성취되었습니다.

사라가 아브라함을 통하여 낳은 아들은 이삭입니다. 이삭은 야곱을 낳고, 야곱의 열두 아들이 이스라엘 열두 지파가 되었습니다(창 49:28). 이스라엘 열두 지파는 애굽에 있으면서 200만 명이 넘는 거대한 민족으로 성장했고(출 1:7, 9, 12), 출애굽 하여 가나안에 정착한 후에 마침내 사울이 초대 왕으로 즉위하였습니다(삼상 11:14-15). 이스라엘의 왕정 시대가 펼쳐졌습니다. 사울왕 후에 다윗왕과 솔로몬왕을 거쳐, 그 후 유다 지파의 왕들이 남 유다의 왕들이 되었습니다. 그리하여 창세기 17:16의 "민족의 열왕이 그에게서 나리라"라는 말씀이 성취가 되었습니다.

둘째, **영적 자손들을 통하여 성취되었습니다.**

예수님을 믿는 사람들이 영적으로 아브라함의 자손들이기 때문에(갈 3:7, 29), 사라도 영적으로 이들의 어머니가 되는 것입니다. 이런 의미에서 사도 바울은 갈라디아 교회에게 보내는 편지에서 "형제들아 너희는 이삭과 같이 약속의 자녀라"라고 말씀하고 있습니다(갈 4:28). 성도들이 이삭과 같은 자녀라면, 사라가 예수 그리스도를 믿는 모든 성도들의 영적인 어머니로서 '열국의 어머니'가 되는 것입니다.

갈라디아서 4:26 "오직 위에 있는 예루살렘은 자유자니 곧 우리 어머니라"

갈라디아서 4:31 "그런즉 형제들아 우리는 계집종의 자녀가 아니요 자유하는 여자의 자녀니라"

3. 명령의 종말적 의미
Eschatological Meaning of the Command

아브라함의 이름을 바꾸어 주신 하나님께서는 마지막 때에도 성도들의 이름을 바꾸어 주실 것입니다. 그것이 바로 '새 이름'입니다. 일찍이 이사야 선지자는 말세에 성도들이 새 이름을 얻게 될 것을 예언하였습니다(사 26:8, 56:5, 60:14, 62:2, 65:15).

요한계시록 2:17에서 "귀 있는 자는 성령이 교회들에게 하시는 말씀을 들을지어다 이기는 그에게는 내가 감추었던 만나를 주고 또 흰 돌을 줄 터인데 그 돌 위에 새 이름을 기록한 것이 있나니 받는 자밖에는 그 이름을 알 사람이 없느니라"라고 말씀하고 있고, 요한계시록 3:12에서도 "이기는 자는 내 하나님 성전에 기둥이 되게 하리니 그가 결코 다시 나가지 아니하리라 내가 하나님의 이름과 하나님의 성 곧 하늘에서 내 하나님께로부터 내려오는 새 예루살렘의 이름과 나의 새 이름을 그이 위에 기록하리라"라고 말씀하고 있습니다.

여기 '새 이름'은 '예수님의 새 이름'입니다. 그래서 요한계시록 3:12에서 "나의 새 이름"이라고 말씀하고 있습니다. 요한계시록 14:1을 볼 때, 시온산에 선 144,000의 이마에 어린양의 이름과 그 아버지의 이름을 쓴 것이 있습니다. 요한계시록 7:3-4, 22:3-4을 보아도 하나님의 종들인 144,000의 이마에는 어린양의 이름이 있습니다. 그 이마에 어린양의 이름과 아버지의 이름이 있는 하나님의 종들이 자신을 이기고, 죄악을 이기고, 세상을 이기는 자가 되어 마침내 약속하신 '예수님의 새 이름'을 받게 됩니다(계 2:17, 3:12). 이러한 종들은 철저하게 주인의 소유가 되어서 주인의 명령에 복종하는 자들로, 마침내 새 예루살렘 성에 입성하는 주인공들이 될 것입니다.

내 언약을 지키고,
네 후손도 대대로 지키라

KEEP MY COVENANT, YOU AND YOUR DESCENDANTS
THROUGHOUT THEIR GENERATIONS

וְאַתָּה אֶת־בְּרִיתִי תִשְׁמֹר אַתָּה וְזַרְעֲךָ אַחֲרֶיךָ לְדֹרֹתָם

(창 17:7-9)

창세기 17:9 "하나님이 또 아브라함에게 이르시되 그런즉 너는 내 언약을 지키고 네 후손도 대대로 지키라"

아브라함이 본토, 친척, 아비 집을 온전히 떠나 하나님의 말씀을 좇아 갔을 때(창 12:1-4), 하나님께서는 아브라함과 더 크고 놀라운 언약들을 맺으셨습니다. 성경을 아무리 봐도 하나님께서 아브라함처럼 많은 언약을 맺어 주신 사람은 볼 수 없습니다. 하나님께서는 아브라함과 일곱 번에 걸쳐서 언약을 맺으셨습니다.

① **첫 번째 언약**(창 12:1-3) - 부르심과 첫 약속

② **두 번째 언약**(창 12:7) - 1차 가나안 땅 약속

③ **세 번째 언약**(창 13:14-18) - 가나안 땅과 자손의 약속

④ **네 번째 언약**(창 15:1-21) - 횃불 언약

⑤ **다섯 번째 언약**(창 17:1-22) - 언약의 확증과 계승, 할례 언약

⑥ **여섯 번째 언약**(창 18:10) - 이삭 탄생의 재약속

⑦ **일곱 번째 언약**(창 22:1-18) - 이삭을 제물로 드린 후에 주신
언약의 최종 확증

아브라함에게 개명(改名)의 명령을 내리신 후에, 하나님께서는 "너는 내 언약을 지키고 네 후손도 대대로 지키라"라고 명령하십니다(창 17:9). 이 언약은 아브라함의 생애 가운데 네 번째 언약 이래, 15년이라는 길고 긴 불신의 공백기를 지나 다섯 번째 주신 언약입니다.

창세기 17장의 언약의 특징은, 이제까지의 다른 언약들과는 달리, '언약'이라는 단어를 집중적으로 사용하고 있다는 것입니다. '내 언약'(2, 4, 7, 9, 10, 13, 14, 19, 21절), '영원한 언약'(7, 13, 19절), '나와 너희 사이의 언약'(11절)이라고 말씀하셨으며, 히브리어 원문에는 언약을 체결하신다는 표현도 세 번이나 나타납니다(2절 – '언약을 주다: נָתַן בְּרִית, 나탄 베리트; 7, 19절 – '언약을 세우다': קוּם בְּרִית, 쿰 베리트). 이것은 아브라함의 마음속에 잊혀져 가는 언약, 포기하고 있는 언약을 새롭게 일깨우고 세워서 갱신하실 필요가 있었기 때문이었습니다.

1. 명령의 이해
Understanding the Command

아브라함 99세에 나타나신 여호와는 아브라함에게 "내 앞에서 행하여 완전하라"라는 명령(창 17:1)과 함께, "이제 후로는 네 이름을 아브람이라 하지 아니하고 아브라함이라 하리니"(창 17:5)라는 명령을 내리셨습니다. 이 명령 후에, 이제 "너는 내 언약을 지키고 네 후손도 대대로 지키라"라고 말씀하시며 언약 준수를 명령하셨습니다(창 17:9).

아브라함은 하갈을 취하여 86세에 이스마엘을 낳았습니다(창

16:16). 아브라함이 "이스마엘이나 하나님 앞에 살기를 원하나이다"(창 17:18)라고 한 것을 볼 때, 아브라함은 86세에서 99세까지 13년 동안 하나님께서 주신 언약에 대해 불신하며 이스마엘에게만 집중하고 있었던 것입니다. 하갈이 낳아 준 이스마엘은 어느새 13세의 소년으로 성장했고, 아브라함은 사라를 통해 아들을 낳는 희망을 잃어버리고, 언약의 자식을 포기하고 있었던 것입니다.

이제 하나님께서는 그 모든 불신을 깨뜨리시고, 전능하신 하나님이 역사하시면 99세인 아브라함에게 약속하신 아들이 생길 것을 말씀하셨습니다. 인간들이 다 불가능하다고 생각하며 언약을 잊어버리고 포기하고 있을 때, 하나님께서는 홀로 그 언약을 잊지 않으셨고, 때가 차매 그것을 이루시고자 자신을 '전능하신 하나님'으로 계시하셨습니다(창 17:1).

'전능하신 하나님'은 '알파와 오메가'이신 하나님(계 22:13), 곧 시작도 하시고 끝맺음도 하시는 하나님, 출발도 시키시고 결론도 내리시는 하나님이십니다. 요한계시록 1:8에서 "주 하나님이 가라사대 나는 알파와 오메가라 이제도 있고 전에도 있었고 장차 올 자요 전능한 자라 하시더라"라고 말씀하고 있습니다.

한마디로, 일을 시작하시면 반드시 끝장을 보시고야 만다는 것입니다. 그분의 입에서 나간 말씀들은 반드시 열매를 맺고야 맙니다. 이사야 55:11에서 "내 입에서 나가는 말도 헛되이 내게로 돌아오지 아니하고 나의 뜻을 이루며 나의 명하여 보낸 일에 형통하리라"라고 말씀하고 있습니다.

그러나 타락한 죄의 속성을 가진 인간들의 모습은 어떻습니까? 처음 시작과 출발은 사명감에 불타고, 금방 순교라도 할 듯이 거창

합니다. 그러나 시간이 어느 정도 경과하고 나면, 슬쩍 인간의 수단과 방법을 끌어다가 타협하고, 일의 결국을 보지 못한 채 중단해 버리거나 엉뚱한 방향으로 마치는 경우가 허다합니다. 하나님 앞에 진정한 사명자라면 '시작과 끝'이 동일해야 하며, 일을 시작했으면 반드시 끝을 내야 합니다. 그러나 이것은 인간으로서는 불가능하며, 오직 구속사의 알파와 오메가 되시는 '전능하신 하나님'께서 역사하실 때만 가능합니다(렘 33:2).

2. 명령의 내용
Content of the Command

(1) 지켜야 하는 이유

창세기 17:9에서 "그런즉 너는 내 언약을 지키고 네 후손도 대대로 지키라"라고 말씀하고 있습니다. 그렇다면 왜 언약을 지켜야 합니까? 창세기 17:9의 '그런즉'의 히브리어 접속사 '베'(וְ)는 창세기 17:7-8과 9절을 연결해 주고 있습니다. 창세기 17:7-8의 축복을 받기 위해서는 언약을 지켜야 한다는 말씀입니다.

창세기 17:7-8에서 "내가 내 언약을 나와 너와 네 대대 후손의 사이에 세워서 영원한 언약을 삼고 너와 네 후손의 하나님이 되리라 8내가 너와 네 후손에게 너의 우거하는 이 땅 곧 가나안 일경으로 주어 영원한 기업이 되게 하고 나는 그들의 하나님이 되리라"라고 말씀하고 있습니다. 그러므로 언약을 지켜야 하는 이유는, 하나님께서 아브라함과 그 후손의 하나님이 되시고 가나안 땅을 영원한 기업으로 주시기 때문입니다. 여기서도 '후손'과 '땅'이 강조되고 있습니다. 하나님 나라의 토대가 되는 '후손'과 '땅'에 대한 약속을 이루기 위해서는 반드시 언약을 지켜야 한다는 것입니다.

먼저, '후손'에 대한 약속이 너무도 중요한 이유는 아브라함의 후손으로 세상을 구원하실 메시아가 오시기 때문입니다(마 1:1, 갈 3:16). 아브라함부터 시작된 믿음의 선로(線路)를 통해 구원자 예수님께서 오십니다. 그리고 아브라함의 자손들이 아브라함과 같은 믿음을 가지고 언약을 지킬 때, 그 선로가 마침내 장차 재림하시는 주님 앞까지 도달하는 것입니다.

아브라함은 사라의 태의 죽은 것 같음을 알고도 믿음이 약해지지 않고, 믿음에 견고하여져서 하나님께서 약속하신 것을 능히 이루실 것을 확신했습니다(롬 4:18-21). 아브라함뿐 아니라 사라도 약속하신 이를 미쁘신 줄 알아 잉태하는 힘을 얻었습니다(히 11:11).

성경은 약속에 신실하신 하나님을 '미쁘신 분'이라고 찬양하고 있습니다(히 10:23). 사람은 다 거짓되고 미쁨이 없을지라도 주는 일향 미쁘시며, 그분만이 참되십니다(행 13:34, 롬 3:3-4, 고전 1:9, 10:13, 고후 1:18, 살전 5:24, 살후 3:3, 딤후 2:13, 히 10:23, 벧전 4:19, 요일 1:9).

다음으로, 가나안 '땅'을 주신다는 약속이 너무도 중요한 이유는, 영원한 천국을 바라보게 하기 때문입니다. 가나안 땅이 비록 약속의 땅이라 할지라도 결국에는 임시적으로 머무를 곳에 불과합니다. 우리가 반드시 도착해야 할 영원한 땅은 천국입니다. 그러므로 영원한 땅 천국에 도달할 때까지, 하나님의 백성은 언약을 지켜야 합니다.

결국 아브라함과 그의 영적 후손들은 대대로, 재림하시는 주님을 맞이하여 신령한 가나안 천국을 소유할 때까지 변함없이 언약을 지켜야 합니다(창 17:9).

(2) 지켜야 할 것

하나님의 백성은 '언약'을 지켜야 합니다. 하나님께서는 언약을 '내 언약'(창 17:2, 4, 7, 9, 10, 13, 14, 19, 21), '영원한 언약'(창 17:7, 13, 19), '나와 너희 사이의 언약'(창 17:11)으로 말씀하셨습니다.

그렇다면 이 언약은 구체적으로 무엇을 가리킵니까?

첫째, **할례를 행하는 것입니다.**

하나님께서는 '내 언약'을 지키라고 명령하신 후에, "너희 중 남자는 다 할례를 받으라 이것이 나와 너희와 너희 후손 사이에 지킬 내 언약이니라"라고 말씀하셨습니다(창 17:9-14). 그러므로 '내 언약'은 일차적으로 할례를 받는 것입니다. 할례를 받아야 영원한 언약이 되고, 할례를 받지 않으면 영원한 언약이 되지 않습니다.

창세기 17:13에서 "너희 집에서 난 자든지 너희 돈으로 산 자든지 할례를 받아야 하리니 이에 내 언약이 너희 살에 있어 영원한 언약이 되려니와"라고 말씀하고 있습니다. 골로새서 2:11-12에서 "또 그 안에서 너희가 손으로 하지 아니한 할례를 받았으니 곧 육적 몸을 벗는 것이요 그리스도의 할례니라 12 너희가 세례로 그리스도와 함께 장사한 바 되고 또 죽은 자들 가운데서 그를 일으키신 하나님의 역사를 믿음으로 말미암아 그 안에서 함께 일으키심을 받았느니라"라고 말씀하고 있습니다. 구약시대에 행한 할례의 신약적 의미는 세례입니다. 우리가 세례를 받을 때 우리는 영원한 언약 백성이 되고, 언약을 지키는 백성이 되는 것입니다.

둘째, **하나님의 모든 말씀대로 행하는 것입니다.**

창세기 17:9의 '지키고'는 히브리어 '샤마르'(שָׁמַר)의 미완료형으로, '울타리를 치다'라는 단어에서 유래했습니다. 하나님께서는 아담과 하와를 에덴동산에 두시고 그들에게 에덴을 지키라고 말씀하셨습니다(창 2:15). 이것은, 하나님의 언약을 파괴하려는 어떤 외부의 공격과 유혹이 있을 것이니 그것을 물리치라고 미리 경고하신 말씀이었습니다(잠 4:23).

아브라함에게 하신 '지키라'는 명령은 단순히 외적인 할례를 행하는 것만을 의미하는 것이 아니고, 더 나아가 하나님의 말씀대로 행하는 순종을 의미합니다. 아담은 에덴동산을 지키라는 하나님의 말씀에 순종하지 못하여 에덴에서 쫓겨났습니다(창 2:15, 3:23).

언약(言約)은 하나님의 말씀이 나옴으로 이루어집니다. 만약 하나님의 말씀이 나오지 않는다면 언약은 절대로 이루어질 수 없습니다. 성경은 언약의 책입니다. 그래서 성경을 구약(舊約, 옛 언약)과 신약(新約, 새 언약)이라고 부르는 것입니다. 아브라함과 그의 후손들이 하나님의 말씀대로 행하면 언약을 지키는 백성이 되지만, 하나님의 말씀대로 행하지 않으면 언약을 지키는 백성이 되지 못합니다.

출애굽기 19:5에서는 "세계가 다 내게 속하였나니 너희가 내 말을 잘 듣고 내 언약을 지키면 너희는 열국 중에서 내 소유가 되겠고"라고 말씀하고 있습니다. 여기서 '하나님의 말씀을 잘 듣는 것'과 '내 언약을 지키는 것'이 같은 뜻으로 사용되고 있습니다. 신명기 28:1-14에 나오는 모든 복도, 하나님의 말씀을 지키는 자에게 주어집니다. 신명기 28:1-2에서 "네가 네 하나님 여호와의 말씀을 삼가 듣고 내가 오늘날 네게 명하는 그 모든 명령을 지켜 행하면 네 하나님 여호와께서 너를 세계 모든 민족 위에 뛰어나게 하실 것이라 ² 네가 네 하나님 여호와의 말씀을 순종하면 이 모든 복이 네게 임하며 네게 미치리니"라고 말씀하고 있습니다.

　이런 의미에서, 하나님께서는 "너는 내 앞에서 행하여 완전하라"라고 말씀하신 것입니다(창 17:1). 오직 하나님의 말씀대로 순종하며 행하는 자들만이 하나님의 언약을 지키는 자들이며, 마침내 영원한 하나님 나라의 주인공들이 되는 것입니다.

(3) 지키는 기간

　창세기 17:9에서 '대대로' 지키라고 말씀하고 있습니다. 이것은 언약의 내용과 준수가 지속적으로 계승되어야 함을 의미합니다. 여기 '대대로'라는 말은 히브리어 '레도로탐'(לְדֹרֹתָם)으로, '대'(代)를 뜻하는 히브리어 '도르'(דּוֹר)의 복수형입니다. 이것은 한 세대에서 다른 세대로 계속 이어지는 것으로서, 결국 '영원히'라는 의미입니다.

　시편 89:1에서 "내가 여호와의 인자하심을 영원히 노래하며 주의 성실하심을 내 입으로 대대에 알게 하리이다"라고 말씀하고 있는데, 여기의 '대대에' 역시 '영원히'라는 뜻으로 사용되고 있습니다. 또한 창세기 17:9-10에서 '대대로'가 "지킬 영원한 규례"라는 표현과 같이 사용되는 것도, '대대로'에 '영원히'라는 의미가 들어 있음을 나타냅니다(레 17:7, 23:14, 21, 31, 41, 24:3).

　결국 아브라함에게 약속하신 모든 약속들은 믿음의 대가 끊어지지 않고 계승이 될 때 이루어지는 약속임을 나타내는 것입니다. 그것은 아브라함을 택하신 궁극적인 목적이기도 합니다(창 18:19). 그 내용은 여덟 번째 명령에서 좀 더 자세히 다루기로 하겠습니다.

3. 명령의 종말적 의미
Eschatological Meaning of the Command

아브라함에게 약속하신 모든 축복들은 아브라함과 그 후손들이 언약을 지킬 때 이루어집니다. 예수님께서 승천하실 때 마지막으로 분부하신 말씀은 '말씀을 지키라'는 것이었습니다. 마태복음 28:20에서 "내가 너희에게 분부한 모든 것을 가르쳐 지키게 하라 볼지어다 내가 세상 끝날까지 너희와 항상 함께 있으리라 하시니라"라고 말씀하고 있습니다. 예수님께서는 말씀을 지키는 자에게 끝날까지 함께하십니다.

마지막 때 하나님의 말씀을 지키는 자에게(창 17:9), 아브라함에게 약속하신 '영원한 기업'(창 17:8)의 축복이 주어집니다. '영원한 기업'은 장차 예수 그리스도의 재림으로 말미암아 완성될 신령한 가나안 천국을 말합니다. 요한복음 14:23을 볼 때, 예수님께서는 "내 말을 지키리니 내 아버지께서 저를 사랑하실 것이요 우리가 저에게 와서 거처를 저와 함께하리라"라고 말씀하셨습니다. 여기의 '거처'는 영원한 기업인 천국을 의미합니다(요 14:2-3).

그렇다면 하나님의 백성은 어떻게 하나님의 말씀을 지킬 수 있습니까? 사도 바울은 "사랑은 율법의 완성이니라"(롬 13:10)라고 말씀하였습니다. 비록 내게 부족한 점이 많다 할지라도 하나님을 사랑하면, 모든 것이 합력하여 선을 이루도록 하나님께서 은혜를 베풀어 주십니다(롬 8:28). 그러므로 우리가 할 일은 예수님을 뜨겁게 사랑하는 일입니다. 그 사랑의 은혜가 강권적으로 하나님의 말씀을 지키도록 역사해 주십니다(고후 5:14).

예수님을 뜨겁게 사랑하는 자는 하나님의 말씀을 온전히 지킬 수 있습니다. 예수님께서도 요한복음 14:15을 볼 때 "너희가 나를 사랑하면 나의 계명을 지키리라"라고 말씀하셨습니다. 이어서 요 한복음 14:23-24에서도 "사람이 나를 사랑하면 내 말을 지키리니 … 24 나를 사랑하지 아니하는 자는 내 말을 지키지 아니하나니"라 고 말씀하셨습니다(요일 2:3-6).

요한계시록의 처음(계 1:3)과 마지막 부분(계 22:7)에서 주님의 재 림이 가까울수록, 예언의 말씀을 읽는 자와 듣는 자와 그 가운데 기 록한 것을 지키는 자가 복이 있다고 강조하고 있습니다. 이렇게 복 된 삶을 살아가는 자들은, 주님께서 재림하실 때 분명 썩을 몸이 썩 지 아니할 몸으로 홀연히 변화하는 영광스러운 일(고전 15:51-54)과, 우리의 낮은 몸이 주님의 영광의 몸같이 변화하는 일(빌 3:21, 살전 4:16-17)의 주인공들이 될 것입니다. 이런 의미에서 예수님께서는 "진실로 진실로 너희에게 이르노니 사람이 내 말을 지키면 죽음을 영원히 보지 아니하리라"라고 선언하셨습니다(요 8:51).

야고보서에서는, 말씀을 듣기만 하고 행함이 없다면 그것은 '죽 은 믿음'(약 2:17, 26), '자신을 속이는 믿음'이라고 말씀하고 있습니 다(약 1:22-24). '말씀을 지키는 믿음'이라야 온전하고 참된 믿음인 것입니다(약 2:20, 22). 아브라함에게 하셨던 '언약을 지키라'는 이 명령은, 오늘날 영적 아브라함의 자손인 우리 각자에게 다시 쟁쟁 하게 울리고 있습니다.

'언약을 지키고 네 후손도 대대로 지키라'는 명령 앞에 우리가 구체적으로 할 수 있는 일은, 하나님의 말씀을 우리 마음속에 늘 잊 지 않고 간직하는 일(출 13:9, 신 11:18), 그리고 후손들에게 대대로 이 언약을 전수하여 지킬 수 있도록 가르치는 일입니다(창 18:19, ^{참고-}시 78:6-7, 사 59:21, 욜 1:3).

아브라함은 그 언약을 마음에 간직하지 못한 결과로, 아브라함 86세에 이스마엘이 태어난 다음부터 아브라함 99세에 하나님께서 나타나시기까지 13년간 세월을 허송할 수밖에 없었습니다. 만약 아브라함이 언약을 깊이 신뢰하며 잊지 않고 지켰더라면 13년의 세월 허송은 없었을 것입니다. 그러나 하나님의 긍휼하심과 주권적인 은혜로, 아브라함은 그 잃어버린 세월에도 불구하고, 하나님의 정하신 때에 이르러 언약을 이루는 주인공이 되었습니다.

우리가 오늘날까지 믿노라 하면서도 알게 모르게 하나님의 말씀을 믿지 못하고 불신으로 잃어버린 세월, 잃어버린 물질, 잃어버린 건강이 얼마나 많았습니까? 말씀 중심에서 벗어나고도 나름대로는 잘 믿는 줄 착각하고 자기 자신에게 속았던 세월이 얼마나 많았습니까?

오늘 '내 언약을 지키라'는 명령은 딱딱하고 어렵고 무서운 명령이기 전에, 바로 그 잃어버린 세월 속에 빛 바랜 언약, 그 말씀을 기억하고 찾아오게 하시려는 하나님의 주권적인 은혜의 음성, 용서와 자비의 음성입니다.

그러므로 그 무궁한 은혜에 보답하는 양으로, 우리의 믿음이 어디에서 떨어졌는지를 생각하고 회개하며 주님을 향한 처음 사랑, 처음 언약의 자리를 모두 회복해야 합니다(계 2:5). 그리고 남은 생애에 그 말씀을 지켜 나가는 데 혼신의 힘을 다함으로 이기는 자가 되어, 하나님의 낙원에 있는 생명나무의 과실을 먹는 복된 자가 다 되시기를 소망합니다(계 2:7).

다 할례를 받으라

ALL SHALL BE CIRCUMCISED / הִמּוֹל לָכֶם כָּל־זָכָר

(창 17:10-14)

창세기 17:10-14 "너희 중 남자는 다 할례를 받으라 이것이 나와 너희와 너희 후손 사이에 지킬 내 언약이니라 ¹¹ 너희는 양피를 베어라 이것이 나와 너희 사이의 언약의 표징이니라 ¹² 대대로 남자는 집에서 난 자나 혹 너희 자손이 아니요 이방 사람에게서 돈으로 산 자를 무론하고 난 지 팔 일 만에 할례를 받을 것이라 ¹³ 너희 집에서 난 자든지 너희 돈으로 산 자든지 할례를 받아야 하리니 이에 내 언약이 너희 살에 있어 영원한 언약이 되려니와 ¹⁴ 할례를 받지 아니한 남자 곧 그 양피를 베지 아니한 자는 백성 중에서 끊어지리니 그가 내 언약을 배반하였음이니라"

'할례를 행하다'의 히브리어 '물'(מוּל)은, '짧게 자르다, 둥글게 자르다'라는 뜻을 가지고 있습니다. 이것은 남자아이가 태어난 후 팔 일 만에 차돌로 남자의 양피를 베어 내는 의식을 가리킵니다.

이 할례 의식은 원래 아브라함 이전부터 중동 지역에 널리 퍼진 성년 의식이었습니다. 그러나 하나님께서는 이 의식의 의미를 새롭게 하셔서 아브라함과 그 후손 사이의 '언약의 표징'으로 삼으신 것입니다(창 17:11). 하나님께서는 아브라함뿐 아니라 그 집안의 모든 남자가 할례를 받도록 하셨으며, 심지어는 이방인과 종들까지도 할례를 받도록 하셨습니다(창 17:12-13). 아브라함은 이 명령을 내리신

'그날에' 즉시 순종하여 99세인 자기를 포함하여, 집안의 모든 남자가 할례를 받았으며, 당시 13세인 이스마엘도 할례를 받았습니다 (창 17:23-25).

1. 명령의 이해
Understanding the Command

하나님께서는 언약을 지키라고 말씀하시고 그 언약의 대표적인 규례로 할례를 행하라고 명령하셨습니다. 왜 하나님께서는 아브라함에게 할례를 행하라고 명령하셨을까요? 그 이유는, 할례가 '언약의 표징'이라는 사실에서 찾을 수 있습니다(창 17:11). 하나님께서 아브라함에게 할례를 명하신 것은 아브라함이 그동안 언약에 합당하게 살지 못했기 때문입니다. 아브라함은 하나님의 언약을 온전히 믿지 못하고 잊어버린 채 살아왔습니다. 이제 하나님께서는 언약을 잊지 않고 기억할 수 있는 '기념의 표'를 아브라함의 몸에 남기시기를 원하셨습니다. 그래서 창세기 17:13 하반절에서는 "내 언약이 너희 살에 있어 영원한 언약'이 될 것이라고 말씀하셨습니다.

아브라함은 언약의 아들을 주시겠다는 하나님의 말씀을 믿지 못하고, 하갈을 취하여 86세에 이스마엘을 낳는 불신의 행동을 하였습니다. 그 후에 침묵하셨던 하나님께서는 아브라함 99세에 나타나셔서 "너는 내 앞에서 행하여 완전하라"라고 명령하셨습니다(창 17:1). 그러나 아브라함이 하나님의 명령대로 살기 위해서는 결단이 필요했습니다. 하나님께서는 그 결단의 의식이자 '영원한 언약'의 증표로 할례를 명하셨습니다.

할례를 행할 때 차돌로 남자의 양피를 베어서 피를 흘리는 것은 지금까지의 불신과 사망의 피를 뽑아낸다는 상징적 의미를 가집니다. 하나님께서 할례를 통해 아브라함으로 하여금 과거에 하나님의 언약을 불신했던 자신의 삶을 회개하고 청산하기를 원하셨습니다.

특별히 '팔 일 만에' 할례를 행하라고 하셨는데, 성경에서 '8'이라는 숫자는 새 창조의 의미를 가집니다. 먼 훗날 예수님은 십자가에서 죽으시고 피를 흘리신 다음에 안식 후 첫날(제8일, 주일) 새벽 미명에 부활하셨습니다(마 28:1-10, 막 16:2-11, 눅 24:1-12, 요 20:1-8). 할례는 하나님께서 아브라함에게 과거의 모든 불신의 죄를 단절시키시고, 구속사의 주역으로서 거룩한 하나님의 백성답게 살도록 준비시키시는 절차였습니다.

2. 명령의 내용
Content of the Command

(1) 할례의 의미
① 믿음으로 된 의(義)를 인치는 의식

아브라함은 그 믿음을 의로 여기심 받았습니다. 창세기 15:6에서 "아브람이 여호와를 믿으니 여호와께서 이를 그의 의로 여기시고"라고 말씀하고 있습니다(롬 4:3, 9). 그런데 아브라함은 할례를 받음으로 말미암아 무할례 시에 믿음으로 된 의를 인침 받게 됩니다. 로마서 4:11에서 "저가 할례의 표를 받은 것은 무할례 시에 믿음으로 된 의를 인친 것이니 이는 무할례자로서 믿는 모든 자의 조상이 되어 저희로 의로 여기심을 얻게 하려 하심이라"라고 말씀하고 있습니다.

② 하나님의 백성과 이방을 구별하는 의식

하나님께서는 아브라함에게 "너희 중 남자는 다 할례를 받으라"라고 명령하셨습니다(창 17:10). 여기 "너희 중"은 '너희에게 속한'이라는 뜻입니다. '너희'는 하나님 나라의 구성원인 하나님의 백성입니다. 그러므로 할례를 받음으로써 하나님의 백성으로 인정받는 것이며, 하나님께서 모든 생명의 주인이 되심을 고백하고, 내 자신의 몸과 내 후손의 생명을 하나님께만 바치겠다는 온전한 헌신을 고백하는 것입니다.

창세기 17:14에서 "할례를 받지 아니한 남자 곧 그 양피를 베지 아니한 자는 백성 중에서 끊어지리니 그가 내 언약을 배반하였음이니라"라고 말씀하고 있습니다. 할례를 받은 백성은 하나님의 백성이 되지만, 할례를 받지 않은 백성은 하나님의 백성이 되지 못합니다(참고-창 34:14-17, 출 12:43-48).

(2) 할례의 종류

성경에는 여러 가지 종류의 할례가 등장합니다. 만물의 할례, 마음의 할례, 귀의 할례, 입술의 할례 등이 있습니다.

① 만물의 할례

하나님께서는 우주 만물과 천지를 지으시고, 사람에게 그것을 다스리며 정복하는 권세를 주셨습니다(창 1:28). 그러나 인간의 타락으로 말미암아 만물도 저주를 받아 탄식하는 상황이 되고 말았습니다. 창세기 3:17에서 "땅은 너로 인하여 저주를 받고"라고 말씀하고 있습니다. 로마서 8:22에서도 "피조물이 다 이제까지 함께 탄식하며 함께 고통하는 것을 우리가 아나니"라고 말씀하고 있습니다.

만물들은 저주 가운데 탄식하면서 이제 하나님의 아들들이 나타나기를 고대하고 있습니다. 왜냐하면 타락한 하나님의 아들들이 회복되어야 만물도 회복되고 그 탄식이 그치게 되기 때문입니다. 로마서 8:19-21에서 "피조물의 고대하는 바는 하나님의 아들들의 나타나는 것이니 20 피조물이 허무한 데 굴복하는 것은 자기 뜻이 아니요 오직 굴복케 하시는 이로 말미암음이라 21 그 바라는 것은 피조물도 썩어짐의 종노릇한 데서 해방되어 하나님의 자녀들의 영광의 자유에 이르는 것이니라"라고 말씀하고 있습니다.

역사적으로 볼 때도, 이스라엘 백성이 가나안 땅에 들어가서 '그 땅의 과실을 3년 동안은 먹지 말라'고 하셨습니다. 왜냐하면 그 과실들은 우상숭배의 땅에서 할례 받지 못한 과실이기 때문입니다. 3년이 지나 4년째 과실은 먼저 하나님께 드리고, 5년째 소산부터 먹을 수 있었습니다. 레위기 19:23-25에서 "너희가 그 땅에 들어가 각종 과목을 심거든 그 열매는 아직 할례 받지 못한 것으로 여기되 곧 삼 년 동안 너희는 그것을 할례 받지 못한 것으로 여겨 먹지 말 것이요 24 제 사년에는 그 모든 과실이 거룩하니 여호와께 드려 찬송할 것이며 25 제 오년에는 그 열매를 먹을찌니 그리하면 너희에게 그 소산이 풍성하리라 나는 너희 하나님 여호와니라"라고 말씀하고 있습니다.

그러므로 주님의 재림으로 인간들이 타락에서 완전히 회복될 때 만물도 완전히 회복됩니다. 요한계시록 21:5의 말씀처럼 만물이 완전히 새롭게 갱신되는 것입니다.

② 마음의 할례

하나님께서는 아브라함에게 육신의 할례를 명하시고, 훗날 마음의 할례에 대해서도 말씀하셨습니다. 그것은 세월이 흐르면서 이스라엘 백성이 할례의 본뜻을 깨닫지 못하고 변질시켜, 육신의 할례만 행하면 선민으로서 구원이 보장되는 줄로 착각하면서 신앙생활을 했기 때문입니다.

신명기 10:16에서 "그러므로 너희는 마음에 할례를 행하고 다시는 목을 곧게 하지 말라"라고 말씀하고 있습니다. 예레미야 4:4에서도 "유다인과 예루살렘 거민들아 너희는 스스로 할례를 행하여 너희 마음 가죽을 베고 나 여호와께 속하라 그렇지 아니하면 너희 행악을 인하여 나의 분노가 불같이 발하여 사르리니 그것을 끌 자가 없으리라"라고 말씀하고 있습니다.

예레미야 9:25-26을 볼 때, 하나님께서는 날이 이르면 할례 받은 자와 받지 못한 자를 다 벌하신다고 하시면서, 열방은 할례를 받지 못하였으며 이스라엘은 육신의 할례는 받았어도 마음의 할례는 받지 못하였다고 말씀하셨습니다(겔 44:7-9).

하나님께서 아브라함에게 육신의 할례를 명하신 것은, 과거의 죄를 회개하고 이제 마음이 새롭게 변화되어 하나님의 말씀에 온전히 순종하는 사람이 되도록 만들기 위함이었습니다. 그러나 이스라엘 백성은 할례를 행함으로 하나님의 백성이 되었다는 선민의식에 사로잡혀, 오히려 교만하여져서 마음이 하나님을 떠나버렸습니다. 그러므로 이제 마음의 할례를 통하여 마음 가죽을 베고, 만물보다 거짓되고 심히 부패한 마음 속의 죄악을 비우고(렘 4:4, 17:9) 겸손과 사랑으로 충만해짐으로 하나님을 사랑하는 백성이 되어야 합니다. 신명기 30:6에서도 "네 하나님 여호와께서 네 마음과 네 자손의 마음에 할례를 베푸사 너로 마음을 다하며 성품을 다하여 네 하나님 여호와를 사랑하게 하사 너로 생명을 얻게 하실 것이며"라고 말씀하고 있습니다.

③ 귀의 할례

마음에 할례를 받기 위해서는 귀의 할례를 받아야 합니다. 왜냐하면 귀는 하나님의 말씀을 듣는 몸의 첫 기관이기 때문입니다. 그러므로 귀의 할례를 받지 못하면 하나님의 말씀을 듣지 못합니다. 예레미야 6:10에서 "보라 그 귀가 할례를 받지 못하였으므로 듣지 못하는도다"라고 말씀하고 있으며, 사도행전 7:51에서도 "목이 곧고 마음과 귀에 할례를 받지 못한 사람들아 너희가 항상 성령을 거스려 너희 조상과 같이 너희도 하는도다"라고 말씀하고 있습니다.

할례 받지 못한 귀는 하나님의 말씀 듣는 것을 거절하는 귀요, 할례 받은 귀는 하나님의 말씀을 경청하는 귀입니다. 예수님께서는 말씀을 전하신 후 "귀 있는 자는 들을찌어다"라고 자주 말씀하셨습니다(마 11:15, 13:9, 43, 막 4:9, 23). 예수님의 말씀을 들을 수 있는 귀가 바로 할례 받은 귀입니다. 마지막 때도 귀의 할례를 받아야 성령이 교회들에게 하시는 말씀을 듣고 하나님의 종말의 말씀을 깨달을 수 있습니다. 요한계시록 2장과 3장 역시, 소아시아의 일곱 교회를 향하여 "귀 있는 자는 성령이 교회들에게 하시는 말씀을 들을찌어다"라고 말씀하고 있습니다(계 2:7, 11, 17, 29, 3:6, 13, 22).

④ 입술의 할례

이사야 6:5-7에서 비록 '할례'라는 단어는 없지만, 내용상 '입술의 할례'를 언급하고 있습니다. 이사야는 높은 보좌에 앉으신 하나님, 그 옷자락이 성전에 가득한 거룩한 영광의 모습을 보았습니다. 그리고 "거룩하다 거룩하다"하는 찬송 소리를 듣고 자기도 모르게 고백하기를, "나는 입술이 부정한 사람이요 입술이 부정한 백성 중"에 있다고 고백하였습니다. 그때 스랍의 하나가 핀 숯을 입에 대면서 "보라 이것이 네 입에 닿았으니 네 악이 제하여졌고 네 죄가 사하여졌느니라"라고 말씀하였는데, 이것은 의미상 입술의 할례와 관련이 있습니다.

욥은 오랜 시간 쓰라린 재난과 극심한 환난 속에서도 그 입술로 범죄치 않았습니다(욥 2:10). 욥의 세 친구들과의 많은 변론이 끝나고 마지막에 하나님께서 등장하셨을 때, 욥은 가장 먼저 자기 손으로 그 입술을 가렸습니다. 욥기 40:4에서 "나는 미천하오니 무엇이라 주께 대답하리이까 손으로 내 입을 가릴 뿐이로소이다"라고 말씀하고 있습니다. 경건한 욥의 입술도 가려졌다면, 욥의 경건을 흉내 내기도 어려운 우리들의 입술은 하나님 앞에 천 번 만 번 가려져야 할 것입니다.

할례를 받지 못한 입술은 어떤 입술입니까?

첫째, 아첨하는 입술입니다.

시편 12:2에서 "저희가 이웃에게 각기 거짓을 말함이여 아첨하는 입술과 두 마음으로 말하는도다"라고 말씀하고 있습니다. 이것을 공동번역에서는 "입만 열면 남 속이는 말이요, 입술을 재게 놀려 간사한 말을 하고 속 다르고 겉 다른 엉큼한 생각뿐입니다"라고 번역하고 있습니다. 시편 12:2의 '아첨하는'은 히브리어 '헬카'(חֶלְקָה)로, '매끄러운'이란 뜻입니다. 상대방의 마음에 들려고 비위를 맞추면서 알랑거리는 것입니다. 하나님께서는 이러한 아첨하는 입술과 자랑하는 혀를 끊어 버리십니다(시 12:3).

둘째, 궤사한 말을 하는 입술입니다.

시편 34:13에서 "네 혀를 악에서 금하며 네 입술을 궤사한 말에서 금할지어다"라고 말씀하고 있습니다. 여기 '궤사한'은 히브리어 '미르마'(מִרְמָה)로, '속임, 사기'라는 뜻입니다. 성도의 입술에서는 남을 속이는 말이 나오지 말아야 하며, 남을 속이는 말을 듣지도 말아야 합니다. 잠언 17:4에서 "악을 행하는 자는 궤사한 입술을 잘 듣고 거짓말을 하는 자는 악한 혀에 귀를 기울이느니라"라고 말씀하고 있습니다.

입술이 할례 받지 못하면 혀가 죄를 짓습니다. 혀는 우리 몸의 일부이지만 불과 같아서, 온 몸을 더럽히고 우리 생애의 수레바퀴에 불을 질러서 망하게 만듭니다(약 3:6). 그래서 야고보서 3:8에서 "혀는 능히 길들일 사람이 없나니 쉬지 아니하는 악이요 죽이는 독이 가득한 것이라"라고 말씀하고 있습니다. 아무리 경건한 사람이라 할지라도 입술을 통해 말을 잘못하면 순식간에 그 경건이 무너집니다(약 1:26).

그러나 할례 받은 입술이 될 때, 오직 하나님께 감사하고 찬송하는 '입술의 열매'를 맺게 됩니다(사 57:19, 히 13:15). 할례 받은 혀는 종일토록 오직 지극히 높으신 하나님께 대한 무한한 찬양만을 올리며, 주님의 아름다운 덕만을 선전합니다(시 35:28, 51:14-15, 71:8, 22-24, 벧전 2:9).

잠언 기자는 '죽고 사는 것이 혀의 권세에 달려 있다'고 하였습니다(잠 18:21). 마태복음 12:36-37에서 "내가 너희에게 이르노니 사람이 무슨 무익한 말을 하든지 심판 날에 이에 대하여 심문을 받으리니 37 네 말로 의롭다 함을 받고 네 말로 정죄함을 받으리라"라고 말씀하고 있습니다. 야고보서 3:2에서는 "우리가 다 실수가 많으니 만일 말에 실수가 없는 자면 곧 온전한 사람이라 능히 온 몸도 굴레 씌우리라"라고 말씀하고 있습니다. 입술에 신령한 할례를 받아 혀를 금하며 말을 아끼고(잠 17:27) 악한 말을 그칠 때, 이 땅에서도 좋은 날이 늘 지속되며(벧전 3:10-11) 장차 다가올 종말의 환난에서도 보전될 것입니다(잠 21:23).

3. 명령의 종말적 의미
Eschatological Meaning of the Command

(1) 할례의 신약적 의미

할례는 신약시대의 세례의 예표입니다. 할례가 무할례 시에 믿음으로 된 의를 인친 것처럼, 세례도 성령의 역사로 예수 그리스도를 믿는 믿음을 인치는 것입니다(고후 1:22, 엡 1:13, 4:30). 골로새서 2:11에서 "너희가 손으로 하지 아니한 할례를 받았으니 곧 육적 몸을 벗는 것이요 그리스도의 할례니라"라고 말씀하고 있습니다. 그리스도의 할례는, 과거 옛사람이 그리스도와 함께 장사됨으로 그리스도와 연합하여 새사람으로 다시 사는 것입니다(골 2:12-13).

초대교회에는 손할례당(損割禮黨)(빌 3:2-3)이 있었는데, 이들은 할례의 근본정신을 망각하고 외형적 준행만으로 구원 받았다고 주장하는 자들이었습니다. 이들로 인하여 초대교회에서는 할례에 대한 논쟁이 그치지 않았습니다.

사도 베드로가 고넬료의 집을 방문하고 예루살렘으로 돌아왔을 때, 베드로를 비난하는 자들이 있었습니다. "네가 무할례자의 집에 들어가 함께 먹었다"(행 11:3)라는 것이었습니다. 심지어 어떤 사

람들은 "너희가 모세의 법대로 할례를 받지 아니하면 능히 구원을
얻지 못하리라"(행 15:1)라고 주장할 정도였습니다. 특히 사도 바울
이 피땀을 흘려 말씀을 증거하면서 세운 교회들마다 찾아가서 할례
를 받아야 한다고 주장하는 거짓된 자들이 있었습니다. 이에 대하
여 사도 바울은, 그들이 십자가로 인한 핍박을 피하고 육체의 자랑
을 위해 할례 받는 것이라고 논박했습니다(갈 6:12-15). 그리고 "너희
가 만일 할례를 받으면 그리스도께서 너희에게 아무 유익이 없으리
라"라고 선포했습니다(갈 5:2). 골로새서 3:10-11을 볼 때, '오직 예
수 그리스도 안에서 새사람을 입은 자에게는 할례당이나 무할례당
이나 분별이 있을 수 없다'고 했습니다.

그러므로 중요한 것은, 예수 그리스도의 할례로 새로 지으심을
받았느냐 하는 것입니다. 예수 그리스도의 할례는 성령의 역사로
예수 그리스도를 믿음으로 받는 세례인 것입니다. 사도 바울은 "하
나님의 성령으로 봉사하며 그리스도 예수로 자랑하고 육체를 신뢰
하지 아니하는 우리가 곧 할례당이라"라고 말씀하였습니다(빌 3:3).
갈라디아서 5:6에서는 "그리스도 예수 안에서는 할례나 무할례가
효력이 없되 사랑으로써 역사하는 믿음뿐이니라"라고 말씀하고 있
습니다. 또 갈라디아서 6:14-15에서는 "내게는 우리 주 예수 그리
스도의 십자가 외에 결코 자랑할 것이 없으니"라고 하면서 "할례
나 무할례가 아무것도 아니로되 오직 새로 지으심을 받은 자뿐이니
라"라고 말씀하고 있습니다.

(2) 할례의 종말적 의미

하나님께서는 아브라함에게 할례를 명령하시면서 이 언약이 '영
원한 언약'이 될 것이라고 말씀하셨습니다. 창세기 17:13에서 "너희

집에서 난 자든지 너희 돈으로 산 자든지 할례를 받아야 하리니 이에 내 언약이 너희 살에 있어 영원한 언약이 되려니와"라고 말씀하고 있습니다. 그러므로 할례는 종말적인 의미를 가집니다.

할례의 종말적 의미는 하나님의 인으로 나타납니다. 할례는 "무할례 시에 믿음으로 된 의를 인친 것"(롬 4:11)입니다. 여기 '인'(印)은 헬라어 '스프라기스'(σφραγίς)로, '도장'이란 뜻입니다. 요한계시록에는 하나님의 인(印)이 나옵니다. 마지막 때에 하나님께서는 큰 환난을 앞두고 하나님의 인치심을 통하여 그 환난을 이길 수 있도록 성도를 준비시켜 주시는 역사를 하십니다. 아브라함에게 약속하신 할례의 언약은 하나님의 인치심을 통하여 완전히 성취될 것입니다.

요한계시록 7:2-3을 볼 때, 해 돋는 데로부터 다른 천사가 하나님의 인을 가지고 와서 "하나님의 종들의 이마에 인치기까지 땅이나 바다나 나무나 해하지 말라"라고 선포합니다. 이어 4절에서 하나님의 인치심을 받은 자들의 수가 144,000이라고 말씀하고 있습니다.

요한계시록 9장을 보면 다섯째 나팔 재앙 시에 황충이 나타나는데, 사람들을 다섯 달 동안 괴롭게 합니다(계 9:1-5). 그런데 이때 하나님의 인 맞은 사람들은 해치지 못하게 합니다. 요한계시록 9:4에서 "저희에게 이르시되 땅의 풀이나 푸른 것이나 각종 수목은 해하지 말고 오직 이마에 하나님의 인 맞지 아니한 사람들만 해하라 하시더라"라고 말씀하고 있습니다. 종말의 성도는 하나님의 인치심을 받아 마지막 환난 가운데 보호를 받으며, 어린양과 함께 시온산에 서게 될 것입니다(계 14:1-5).

여덟 번째 명령 | THE EIGHTH COMMAND

의와 공도를 행하게 하라

COMMAND THEM TO DO RIGHTEOUSNESS AND JUSTICE

לַעֲשׂוֹת צְדָקָה וּמִשְׁפָּט

(창 18:17-19)

창세기 18:17-19 "여호와께서 가라사대 나의 하려는 것을 아브라함에게 숨기겠느냐 ¹⁸ 아브라함은 강대한 나라가 되고 천하 만민은 그를 인하여 복을 받게 될 것이 아니냐 ¹⁹ 내가 그로 그 자식과 권속에게 명하여 여호와의 도를 지켜 의와 공도를 행하게 하려고 그를 택하였나니 이는 나 여호와가 아브라함에게 대하여 말한 일을 이루려 함이니라"

창세기 18:17-19, 표준새번역 "그때에 주님께서 말씀하셨다. 내가 앞으로 하려고 하는 일을, 어찌 아브라함에게 숨기랴? ¹⁸ 아브라함은 반드시 크고 강한 나라를 이룰 것이며, 땅 위에 있는 나라마다, 그로 말미암아 복을 받게 될 것이다. ¹⁹ 내가 아브라함을 선택한 것은, 그가 자식들과 자손을 잘 가르쳐서, 나에게 순종하게 하고, 옳고 바른 일을 하도록 가르치라는 뜻에서 한 것이다. 그의 자손이 아브라함에게 배운 대로 하면, 나는 아브라함에게 약속한 대로 다 이루어 주겠다."

하나님께서는 아브라함이 할례를 행한 후에 다시 나타나셔서, 아브라함에게 아들을 주시겠다고 재차 약속하셨습니다(창 18:10). 이어 하나님께서는 아브라함에게 소돔성 멸망의 비밀을 알려 주시기 전에 먼저 "자식과 권속에게 명하여 여호와의 도를 지켜 의와 공도를 행하게" 하라고 명령하셨습니다(창 18:17-21).

1. 명령의 이해
Understanding the Command

하나님께서는 아브라함에게 여러 가지 축복을 허락하셨습니다. 그 모든 축복을 종합해 주신 말씀이 창세기 18:18의 "아브라함은 강대한 나라가 되고 천하 만민은 그를 인하여 복을 받게 될 것이 아니냐"라는 말씀입니다. 이를 표준새번역에서는 "아브라함은 반드시 크고 강한 나라를 이룰 것이며, 땅 위에 있는 나라마다, 그로 말미암아 복을 받게 될 것이다"라고 번역하였습니다.

이러한 축복이 아브라함과 그 후손에게 성취되는 전제 조건이 무엇입니까? 그것은 신앙의 전수가 이루어지는 것이며, 이것을 위해서는 하나님의 말씀을 가르쳐서, 자손들이 의와 공도를 행하는 백성이 되어야 하는 것입니다. 그래서 창세기 18:19에서 "내가 그로 그 자식과 권속에게 명하여 여호와의 도를 지켜 의와 공도를 행하게 하려고 그를 택하였나니 이는 나 여호와가 아브라함에게 대하여 말한 일을 이루려 함이니라"라고 말씀하고 있습니다. 이것을 표준새번역에서는 "내가 아브라함을 선택한 것은, 그가 자식들과 자손들을 잘 가르쳐서, 나에게 순종하게 하고, 옳고 바른 일을 하도록 가르치라는 뜻에서 한 것이다. 그의 자손이 아브라함에게 배운 대로 하면, 나는 아브라함에게 약속한 대로 다 이루어 주겠다"라고 번역하고 있습니다.

이것은 영원한 축복의 대를 잇기 위하여, 자녀에 대한 끊임없는 신앙 교육이 중요하다는 것을 알려 주신 것입니다.

2. 명령의 내용
Content of the Command

하나님께서는 후손들에게 무엇을 가르치라고 아브라함에게 명령하셨습니까? 아브라함이 그 자식과 권속에게 명하여 가르쳐야 할 세 가지는 '여호와의 도'와 '의'와 '공도'입니다. 세 가지의 의미는 다음과 같습니다.

(1) 여호와의 도(道) – 데레크(דֶּרֶךְ)

여호와의 도는 하나님께서 아브라함과 맺은 언약을 가리키지만, 그러나 더 나아가 하나님께서 가르쳐 주신 모든 말씀(율례와 법도)을 가리킵니다. '도'의 히브리어 '데레크'(דֶּרֶךְ)는 '길'이라는 뜻으로, 말씀은 인생이 마땅히 행하여야 하는 길인 것입니다. 잠언 22:6에서 "마땅히 행할 길(דֶּרֶךְ)을 아이에게 가르치라 그리하면 늙어도 그것을 떠나지 아니하리라"라고 말씀하고 있습니다. 말씀의 길을 따라갈 때 어떤 축복이 주어질까요?

① 말씀의 길을 가면 하나님께서 인정하십니다.

하나님의 말씀을 따라가는 사람의 길은 의인의 길이요, 하나님의 말씀을 따라가지 않는 사람의 길은 악인의 길입니다. 시편 1:1-2에서는 복 있는 사람은 하나님의 말씀을 즐거워하여 주야로 묵상하는 사람이라고 말씀하고 있습니다. 시편 1:6을 볼 때, 하나님의 말씀을 따라가는 길은 의인의 길이고, 의인의 길은 하나님께서 인정하시지만 악인의 길은 망합니다(참고-잠 14:11-12). 노아 시대 사람들은 하나님의 말씀의 길을 거부했기 때문에 하나님의 심판을 받았습니다(창 7:23). 마태복음 24:38-39에서 "홍수 전에 노아가 방주에 들어가던

날까지 사람들이 먹고 마시고 장가 들고 시집 가고 있으면서 ³⁹ 홍수가 나서 저희를 다 멸하기까지 깨닫지 못하였으니 인자의 임함도 이와 같으리라"라고 말씀하고 있습니다.

② 말씀의 길을 가면 형통합니다.

말씀에 순종하는 길을 가면 모든 일이 형통하지만, 말씀에 불순종하는 길을 가면 모든 일이 불통하게 됩니다. 열왕기상 2:3에서 "네 하나님 여호와의 명을 지켜 그 길로 행하여 그 법률과 계명과 율례와 증거를 모세의 율법에 기록된 대로 지키라 그리하면 네가 무릇 무엇을 하든지 어디로 가든지 형통할찌라"라고 말씀하고 있습니다. 여호수아 1:8에서도 "이 율법책을 네 입에서 떠나지 말게 하며 주야로 그것을 묵상하여 그 가운데 기록한 대로 다 지켜 행하라 그리하면 네 길이 평탄하게 될 것이라 네가 형통하리라"라고 말씀하고 있습니다.

③ 말씀의 길을 가면 모든 복이 임합니다.

신명기 28장에서는, 말씀의 길을 가면 모든 복이 임하지만 말씀의 길을 가지 아니하면 모든 저주가 임한다고 말씀하고 있습니다. 신명기 28:12-14에서 "여호와께서 너를 위하여 하늘의 아름다운 보고를 열으사 네 땅에 때를 따라 비를 내리시고 네 손으로 하는 모든 일에 복을 주시리니 네가 많은 민족에게 꾸어 줄찌라도 너는 꾸지 아니할 것이요 ¹³ 여호와께서 너로 머리가 되고 꼬리가 되지 않게 하시며 위에만 있고 아래에 있지 않게 하시리니 오직 너는 내가 오늘날 네게 명하는 네 하나님 여호와의 명령을 듣고 지켜 행하며 ¹⁴ 내가 오늘날 너희에게 명하는 그 말씀을 떠나 좌로나 우로나 치우치지 아니하고 다른 신을 따라 섬기지 아니하면 이와 같으리라"라고 말씀하고 있습니다. 하나님의 말씀을 삼가 듣고 그 모든 명령을 지켜 행하면, 세계 모든 민족 위에 뛰어나게 되는 복을 받습니다(신 28:1).

그러나 하나님의 말씀의 길을 가지 않으면 삶에 저주가 임합니다. 신명기 28:15-16에서 "네가 만일 네 하나님 여호와의 말씀을 순종하지 아니하여 내가 오늘날 네게 명하는 그 모든 명령과 규례를 지켜 행하지 아니하면 이 모든 저주가 네게 임하고 네게 미칠 것이니 16 네가 성읍에서도 저주를 받으며 들에서도 저주를 받을 것이요"라고 말씀하고 있습니다.

(2) 의(義) - 체다카(צְדָקָה)

히브리어 '체다카'는 '의로움(義), 정의'라는 뜻을 가지고 있습니다. '체다카'의 실현에 대하여 살펴보면, 먼저 윤리적 '체다카'가 있습니다. 이것은 인간 상호 간의 행위와 관련하여 개인의 이기심을 버리고 공동체의 평화와 번영을 위해 노력할 때 실현됩니다. 다음으로 법률적 '체다카'는, 빈부귀천과 상관없이 법률 안에서 판결이 모든 자에게 동등하게 적용될 때 실현됩니다. 또한 언약적 '체다카'가 있는데, 이것은 하나님의 백성이 하나님과 맺은 언약을 신실하게 지킬 때 이루어집니다. 아브라함에게 명령하신 의는 언약적 '체다카'입니다.

그렇다면 언약적 관점에서 '의'는 무엇입니까?

① 정직하게 사는 것입니다.

예레미야 9:24에서 "자랑하는 자는 이것으로 자랑할찌니 곧 명철하여 나를 아는 것과 나 여호와는 인애와 공평과 정직을 땅에 행하는 자인 줄 깨닫는 것이라 나는 이 일을 기뻐하노라 여호와의 말이니라"라고 말씀하고 있는데, 여기 '정직'은 히브리어로 '체다카'(צְדָקָה)입니다.

정직은 '바를 정(正), 곧을 직'(直)으로, 바르고 곧게 사는 것을 말합니다. 사람이 바르고 곧게 사는 것은 하나님의 말씀을 따라 살 때 가능합니다. 디모데후서 3:16에서 "모든 성경은 하나님의 감동으로 된 것으로 교훈과 책망과 바르게 함과 의로 교육하기에 유익하니"라고 말씀하고 있습니다. 시편 19:8에서 "여호와의 교훈은 정직하여 마음을 기쁘게 하고 여호와의 계명은 순결하여 눈을 밝게 하도다"라고 말씀하고 있습니다. 호세아 14:9에서도 "여호와의 도는 정직하니 의인이라야 그 도에 행하리라 그러나 죄인은 그 도에 거쳐 넘어지리라"라고 말씀하고 있습니다. 그러므로 여호와의 도를 지킬 때 정직하게 살 수 있으며, '체다카'를 행할 수 있는 것입니다.

② 하나님의 약속을 믿고 사는 것입니다.

창세기 15:6에서 "아브람이 여호와를 믿으니 여호와께서 이를 그의 의로 여기시고"라고 말씀하고 있습니다. 이때가 아브라함 나이 84세경입니다. 하나님께서 아브라함 75세에 큰 민족을 이루어 주시겠다고 약속하셨지만 10년 동안 아들이 없었습니다. 그런데 다시 하나님께서 뭇별을 보여 주시며 "네 자손이 이와 같으리라"라고 말씀하실 때 아브라함이 믿었습니다. 그리고 그것이 '의'(체다카)가 되었습니다(창 15:5-6).

이처럼 '의'는 인간적으로 볼 때 도저히 불가능해 보이는 상황에서 하나님의 약속을 믿는 것입니다. 하나님께서는 노아에게 홍수로 세상을 심판할 것이니 방주를 지으라고 명령하셨습니다(창 6:13-17). 인간적으로 볼 때 도저히 홍수가 날 것 같지도 않았고, 세상이 끝날 것 같지도 않았습니다. 그러나 노아는 하나님의 명령을 다 지켰습니다. 하나님의 약속에만 목숨을 걸고, 하나님의 말씀을 중심으로 살았습니다. 창세기 6:22에서 "노아가 그와 같이 하되 하나님이 자기에게 명하신 대로 다 준행하였더라"라고 말씀하고 있습니다(창 7:5). 이어서 하나님께서는 이런 노아에게서 의로움을 보았다고 인정해 주셨습니다. 창세기 7:1에서 "여호와께서 노아에게 이르시되 너와 네 온 집은 방주로 들어가라 네가 이 세대에 내 앞에서 의로움을 내가 보았음이니라"라고 말씀하고 있습니다. 여기 '의로움'이 바로 히브리어 '체다카'입니다.

인자의 임함은 노아 때와 같습니다(마 24:37-39). 오늘날 우리도 아브라함과 노아와 같이, 인간적으로 볼 때 도저히 이루어질 것 같지 않은 불가능한 상황에서도 하나님의 약속만 믿고 그것을 이루기 위하여 순종한다면, 우리를 의롭다(체다카) 인정해 주실 것입니다.

(3) 공도(公道) – 미쉬파트(מִשְׁפָּט)

'공도'는 히브리어로 '미쉬파트'(מִשְׁפָּט)입니다. 이것은 '재판, 판단(시 103:6), 공평(잠 16:11, 렘 9:24)'이라는 뜻입니다. 그런데 이 단어는 '공의로운 판단'으로 하나님께서 불쌍한 사람들을 구해 주실 때 사용되었습니다. '미쉬파트'는 공의로운 하나님의 자비와 사랑을 의미합니다.

신명기 10:18에서 "고아와 과부를 위하여 신원하시며 나그네를 사랑하사 그에게 식물과 의복을 주시나니"라고 말씀하고 있는데, 여기 '신원'(伸寃)에 히브리어 '미쉬파트'가 사용되었습니다. 이사야

40:27에서 "야곱아 네가 어찌하여 말하며 이스라엘아 네가 어찌하여 이르기를 내 사정은 여호와께 숨겨졌으며 원통한 것은 내 하나님에게서 수리하심을 받지 못한다 하느냐"라고 말씀하고 있는데, 여기 '원통한 것'에 히브리어 '미쉬파트'가 사용되었습니다.

이것은 억울한 자의 원한을 풀어 주시는 공평하신 하나님의 모성(母性)을 나타냅니다. 다윗은 두 발을 모두 절뚝거렸던(삼하 9:13) 사울의 손자, 요나단의 아들인 므비보셋에게 은총을 베풀어서 항상 자기 상에서 먹게 하고, 사울의 땅을 그에게 다 주었습니다. 이처럼 다윗은 백성을 다스릴 때 언제나 '미쉬파트'를 행하였습니다(삼하 8:15).

공도가 바로 서면 질서가 바르게 확립되며 정의로운 나라가 됩니다. 약자가 억울한 일을 당하여 눈물짓는 일이 없고, 강자의 소리가 아무리 커도 사욕(私慾)대로 되지 않는 것입니다. 그래서 성경은 의를 '산'(山)으로 표현하고, 공도를 '바다'로 표현합니다. 시편 36:6에서 "주의 의(체다카)는 하나님의 산들과 같고 주의 판단(미쉬파트)은 큰 바다와 일반이라 여호와여 주는 사람과 짐승을 보호하시나이다"라고 말씀하고 있습니다.

산은 높고 날카로우며, 험하고 거칩니다. 그러나 바다는 넓기가 한이 없습니다. 해 질 녘에 노을이 비치는 잔잔한 바다는 평화롭고 포근합니다. 집안의 아버지가 산의 역할을 한다면, 어머니는 바다의 역할을 합니다. 아버지가 자식을 야단친다면, 어머니는 그 자식을 품어 주는 것입니다. 그러므로 하나님께서 기뻐하시고 원하시는 믿음의 사람은 공의로우면서도, 남을 품어 주고 안아 줄 수 있는 사랑과 자비를 함께 가진 사람입니다. 우리는 가정에서 먼저 "의와 공도"를 실천함으로 신앙 전수가 이루어지도록 해야 합니다.

3. 명령의 종말적 의미
Eschatological Meaning of the Command

하나님께서 아브라함을 택하신 목적은 경건한 백성을 세우시려는 것이었습니다. 하나님께서는 아브라함이 후손들에게 여호와의 도를 가르쳐서 의와 공도를 행하게 하여 경건한 백성을 만들기를 원하셨습니다. 그리고 마침내 그들을 통하여 메시아가 오시고 역사하심으로 만민 구원의 약속을 이루기를 원하셨습니다(창 18:19).

창세기 18:19을 현대인의성경에서는, "내가 아브라함을 택한 것은 그가 자기 자녀들과 후손들을 잘 인도하여 의롭고 선한 일을 하게 하며 경건하게 살도록 하기 위해서이다 그렇게 함으로써 나 여호와는 아브라함에게 한 모든 약속을 이행할 것이다"라고 번역하고 있습니다.

하나님께서 아브라함에게 주신 언약의 말씀이 성취되려면 자식과 가족들에게 그 말씀을 가르쳐 경건한 자손을 만드는 것이 필수입니다. 아브라함은 언약 성취를 위한 통로로, '자손들의 신앙 교육'이라는 중대한 과업을 받은 것입니다. 그러므로 창세기 18:18-19은 신앙 교육의 대(大)헌장이라고 할 수 있습니다.

아브라함은 이 말씀대로 하나님의 언약을 자손에게 전달하고 가르치는 일을 게을리하지 않았으며 그 믿음은 이삭과 야곱과 요셉에 이르기까지 대대로 전수되었습니다. 오늘날 우리에게도 아브라함에게 약속하신 언약이 이루어지려면 의와 공도의 근본인 말씀을 가르치는 신앙의 전수가 중단 없이 이어져야 합니다.

그러나 안타깝게도, 이스라엘의 역사를 보면, 처음 몇 세대를 제외하고는 세월이 흐를수록 언약의 계승과 신앙 교육이 제대로 이루어지지 않았고, 그때마다 그들은 다른 나라의 군사력이나 물질을 의지하고 우상을 숭배하였습니다. 결국 북쪽 이스라엘은 주전 722년에 앗수르에 의해, 남쪽 유다는 주전 586년에 바벨론에 의해 멸망을 당하고 말았습니다.

그 결과로, 메시아가 때가 차서(갈 4:4) 자기 땅에 오셨지만 자기 백성인 이스라엘이 영접하지 않았고(요 1:11), 성전에서 기도하던 소수의 경건한 자(시므온, 안나)들만이 예수님을 영접하였습니다(눅 2:25-28). 이스라엘 백성은 그렇게 메시아를 학수고대했지만, 때가 되어 언약하신 대로 오신 메시아를 십자가에 못 박아 죽이고 말았습니다(고전 2:8-9).

의와 공도는 하나님 보좌의 기초요(시 89:14, 97:2), 예수 그리스도의 성품입니다. 예수님께서는 공평(미쉬파트)과 정의(체다카)를 행하시는 분이십니다. 예레미야 23:5에서는 메시아가 다윗의 한 의로운 가지로 오실 것을 예언하면서 "그가 왕이 되어 지혜롭게 행사하며 세상에서 공평(미쉬파트)과 정의(체다카)를 행할 것이며"라고 말씀하고 있습니다(렘 33:15). 이사야 9:6-7에서도 메시아가 평강의 왕으로 오실 것을 예언하면서 "다윗의 위에 앉아서 그 나라를 굳게 세우고 지금 이후 영원토록 공평과 정의로 그것을 보존하실 것이라"라고 말씀하고 있습니다. 그러므로 우리가 의와 공도를 행하는 것은 바로 예수 그리스도의 성품대로 사는 것이며, 예수 그리스도를 닮아 가는 생활입니다.

빌립보서 2:5에서 "너희 안에 이 마음을 품으라 곧 그리스도 예수의 마음이니"라고 말씀하고 있으며, 에베소서 4:15에서 "오직 사랑 안에서 참된 것을 하여 범사에 그에게까지 자랄지라 그는 머리니 곧 그리스도라"라고 말씀하고 있습니다. 하나님의 교회는 의와

공도가 넘치는 곳입니다(사 33:5, 미 6:8). 성도는 의와 공도 속에서
살아야 합니다. 재림하시는 주님 역시 의와 공도의 주인으로 오십
니다. 의와 공도 속에서 사는 성도는 재림하시는 주님 앞에 담대히
설 수 있을 것입니다.

여종(첩)과 그 아들(이스마엘)을 내어 쫓으라

DRIVE OUT THIS MAID (CONCUBINE) AND HER SON (ISHMAEL)

גָּרֵשׁ הָאָמָה הַזֹּאת וְאֶת־בְּנָהּ

(창 21:10)

창세기 21:10 "그가 아브라함에게 이르되 이 여종과 그 아들을 내어 쫓으라 이 종의 아들은 내 아들 이삭과 함께 기업을 얻지 못하리라 하매"

하나님께서 아브라함에게 아들을 주시겠다는 언약은, 약속하신 때가 이르러 성취되었습니다. 하나님께서는 약속하신 말씀대로 사라 90세, 아브라함 100세에 이삭이라는 아들을 주셨습니다(창 17:17, 21:5). 창세기 21:1-2에서 "여호와께서 그 말씀대로 사라를 권고하셨고 여호와께서 그 말씀대로 사라에게 행하셨으므로 ² 사라가 잉태하고 하나님의 말씀하신 기한에 미쳐 늙은 아브라함에게 아들을 낳으니"라고 말씀하고 있습니다.

사라는 이삭을 낳고 너무 좋아서 웃었습니다. 이 웃음은 하나님의 놀라운 기적 앞에 너무나 감사하고 행복해 하는 웃음이었습니다. 창세기 21:5-6에서 "아브라함이 그 아들 이삭을 낳을 때에 백세라 ⁶ 사라가 가로되 하나님이 나로 웃게 하시니 듣는 자가 다 나와 함께 웃으리로다"라고 말씀하고 있습니다.

그러나 이삭이 젖을 떼고 나서, 하갈의 소생인 이스마엘이 이삭을 희롱하였습니다(창 21:8-9). 이것을 본 사라는 아브라함에게 "이 여종과 그 아들을 내어 쫓으라"라고 요구하였습니다.

이 일 때문에 아브라함은 근심하였으나(창 21:11), 하나님께서는 "네 아이나 네 여종을 위하여 근심치 말고 사라가 네게 이른 말을 다 들으라"라고 명령하셨습니다(창 21:12). "여종과 그 아들을 내어 쫓으라"라는 명령은 아내 사라의 요구일 뿐만 아니라, 하나님의 명령이 되었던 것입니다.

1. 명령의 이해
Understanding the Command

(1) 희롱의 의미

하갈의 소생 이스마엘이 이삭을 희롱한 때는 이삭의 나이가 젖을 뗄 때이므로 적어도 세 살 이상이고, 이스마엘은 17세가 넘는 나이였습니다. 왜냐하면 아브라함이 86세에 이스마엘을 낳았고(창 16:16), 100세에 이삭을 낳았기 때문입니다(창 21:5).

17세의 이스마엘이 겨우 세 살 된 이삭을 희롱했다는 것은 무슨 뜻입니까? 창세기 21:9의 '희롱하는지라'는 히브리어 '차하크'(צחק)로, '놀리다, 조롱하다, 비웃다'라는 뜻입니다. 이 동사는 여기서 '피엘(강조) 분사형'으로 사용되고 있습니다. 이것은 아주 심하게 모욕적으로 놀리고 조롱하는 것뿐 아니라 폭력을 수반하는 행위까지도 가리킵니다. 보디발의 아내가 남편에게 요셉을 거짓으로 고발할 때 "주인이 히브리 사람을 우리에게 데려다가 우리를 희롱하게 하도다"(창 39:14, 17)라고 하였는데, 여기서 '희롱하다'의 뜻으로 쓰인 '차하크'는, 같은 구절에 나오는 '겁탈'이란 단어와 동의어로 쓰였습니다. 따라서 이스마엘이 이삭을 희롱했다는 것은 말로

만 조롱하고 모욕한 것이 아니라, 강제로 사람을 겁탈하듯 육체적 힘을 사용하여 이삭을 괴롭히며 그것을 보고 즐거워하는 모욕적인 행동을 의미합니다. 이제까지 큰 부잣집의 상속자로서 온 집안의 큰 관심과 사랑을 독차지했던 이스마엘이 갑자기 그것들을 빼앗기자 이삭을 희롱하였습니다. 이스마엘은 하나님의 약속과 상관없는 육신의 자식으로서, 하나님의 약속의 자식을 핍박하며 자기가 장자 노릇을 하려고 했던 것입니다.

(2) 아브라함 근심의 의미

사라는 이스마엘이 이삭을 희롱하는 것을 보면서 아브라함에게 "이 여종과 그 아들을 내어 쫓으라"라고 요구하였습니다(창 21:10). 그런데 아브라함은 이스마엘을 위하여 그 일이 깊이 근심이 되었습니다(창 21:11). 이것을 공동번역에서는 "이 말을 듣고 아브라함은 마음이 몹시 괴로웠다. 이스마엘도 자기 혈육이었기 때문이다"라고 번역하고 있습니다. 우리말성경에서는 "아브라함은 그 아들도 자기 아들이기 때문에 무척 괴로웠습니다"라고 번역하고 있습니다.

아브라함은 왜 이렇게 근심하였습니까? 아브라함에게는 '이스마엘도 내 아들'이라는 부정(父情)이 있었기 때문입니다. 자신의 불신앙적인 과오로 인하여 하갈을 통해 이스마엘을 낳았지만, 이스마엘이 자신의 첫아들이었기 때문에 큰 근심이 되었던 것입니다.

그러나 하나님의 약속을 성취하는 자가 되기 위해서는 육신적인 부정(父情)을 끊어야 합니다. 왜냐하면 육신의 자녀가 약속의 자녀와 함께 하나님의 유업을 얻을 수 없기 때문입니다. 하나님께서는 계집종과 그 아들을 내어 쫓으라는 명령을 통하여, 아브라함의 인간적인 부정(父情)마저 모두 끊어 버릴 것을 강력하게 지시하셨던 것입니다.

2. 명령의 내용
Content of the Command

하나님께서는 아브라함에게 "여종과 그 아들을 내어 쫓으라"라고 명령하셨습니다(창 21:10).

(1) 왜 내어 쫓아야 합니까?

첫째, 육신의 자식과 약속의 자식이 같이 하나님의 유업을 받을 수 없기 때문입니다.

집안의 장자로서 하나님의 유업을 이을 자는 오직 한 사람입니다. 창세기 21:12을 볼 때, 하나님께서는 "이삭에게서 나는 자라야 네 씨라 칭할 것임이니라"라고 선언하셨습니다.

로마서 9:7-8에서는 "또한 아브라함의 씨가 다 그 자녀가 아니라 오직 이삭으로부터 난 자라야 네 씨라 칭하리라 하셨으니 8 곧 육신의 자녀가 하나님의 자녀가 아니라 오직 약속의 자녀가 씨로 여기심을 받느니라"라고 말씀하고 있습니다. 갈라디아서 4:30에서도 "그러나 성경이 무엇을 말하느뇨 계집종과 그 아들을 내어 쫓으라 계집종의 아들이 자유하는 여자의 아들로 더불어 유업을 얻지 못하리라 하였느니라"라고 말씀하고 있습니다.

둘째, 쫓아내지 않으면 계속 분쟁이 일어나, 더 큰 근심이 계속될 것이기 때문입니다.

아브라함은 '여종과 그 아들을 내어 쫓으라'는 사라의 요구로 이스마엘을 위하여 그 일이 깊이 근심이 되었습니다(창 21:10-11). 그러나 아브라함이 하갈과 이스마엘을 쫓아내지 않았다면, 그는 이삭과 이스마엘, 사라와 하갈 사이에서 계속 근심했을 것입니다.

오늘 우리에게도 육신의 생각과 영의 생각이 같이 공존한다면, 우리는 늘 근심 속에서 살아갈 수밖에 없습니다. 그러나 육신의 생각을 다 버리고 영의 생각으로 충만하여 살아갈 때 평안함이 임합니다. 로마서 8:5-6에서 "육신을 좇는 자는 육신의 일을, 영을 좇는 자는 영의 일을 생각하나니 [6] 육신의 생각은 사망이요 영의 생각은 생명과 평안이니라"라고 말씀하고 있습니다.

(2) 무엇을 내어 쫓아야 합니까?

여종과 그 아들을 내어 쫓아야 합니다. '여종'이 죄의 원인이라면, '그 아들'은 죄의 열매입니다. 죄의 원인만 제거하고 죄의 열매를 제거하지 않으면 근심에서 벗어날 수 없으며, 죄의 열매만 제거하고 죄의 원인을 제거하지 않으면 죄를 계속 지을 수밖에 없습니다. 그러므로 여종과 그 아들을 동시에 내어 쫓아야 합니다.

여종과 이스마엘을 내쫓기 전까지 아브라함의 가정에 절대 평화가 없듯이, 우리 마음속에도 하나님의 법 대신에 죄의 법이 남아 있다면 절대로 평화가 없습니다. 로마서 7:19-21을 볼 때, 사도 바울은 "내가 원하는바 선은 하지 아니하고 도리어 원치 아니하는바 악은 행하는도다 [20] 만일 내가 원치 아니하는 그것을 하면 이를 행하는 자가 내가 아니요 내 속에 거하는 죄니라 [21] 그러므로 내가 한 법을 깨달았노니 곧 선을 행하기 원하는 나에게 악이 함께 있는 것이로다"라고 고백하였습니다. 갈라디아서 5:17에서도 "육체의 소욕은 성령을 거스리고 성령의 소욕은 육체를 거스리나니 이 둘이 서로 대적함으로 너희의 원하는 것을 하지 못하게 하려 함이니라"라고 하였습니다.

그렇다면 이러한 현상의 근본 원인이 무엇입니까? 사도 바울 속에 죄의 법이 있었기 때문입니다. 로마서 7:22-23에서 "내 속사람으로는 하나님의 법을 즐거워하되 23 내 지체 속에서 한 다른 법이 내 마음의 법과 싸워 내 지체 속에 있는 죄의 법 아래로 나를 사로잡아 오는 것을 보는도다"라고 말씀하고 있습니다. 죄의 법이 있는 한, 성도는 원하는 선을 행치 아니하고 원치 않는 악을 행하게 되는 것입니다(참고-갈 5:16-18).

이러한 끊임없는 갈등을 경험한 사도 바울은 "오호라 나는 곤고한 사람이로다 이 사망의 몸에서 누가 나를 건져 내랴"라고 외쳤습니다(롬 7:24). 이것이 바로 끊임없는 영적 근심인 것입니다. 그런데 이것은 사람의 힘으로는 해결할 수 없으며, 오직 그리스도 예수 안에 있는 생명의 성령의 법으로만 해결할 수 있습니다. 그래서 로마서 8:2에서 "이는 그리스도 예수 안에 있는 생명의 성령의 법이 죄와 사망의 법에서 너를 해방하였음이라"라고 선언하고 있습니다. 갈라디아서 5:16에서도 "너희는 성령을 좇아 행하라 그리하면 육체의 욕심을 이루지 아니하리라", 또한 18절에서 "너희가 만일 성령의 인도하시는 바가 되면 율법 아래 있지 아니하리라"라고 말씀하고 있습니다. 오늘날 우리는 성령의 법으로 죄의 법을 이기고, 오직 성령의 인도하심대로 살아야 합니다

3. 명령의 종말적 의미
Eschatological Meaning of the Command

(1) 두 여자는 두 언약

사도 바울은 사라와 하갈, 두 여자를 두 언약으로 비유했습니다. 갈라디아서 4:22-24에서 "기록된 바 아브라함이 두 아들이 있으니

하나는 계집종에게서 하나는 자유하는 여자에게서 났다 하였으나 ²³ 계집종에게서는 육체를 따라 났고 자유하는 여자에게서는 약속으로 말미암았느니라 ²⁴ 이것은 비유니 이 여자들은 두 언약이라" 라고 말씀하고 있습니다.

사라를 통하여 아들을 낳은 것은 하나님의 언약에 근거한 것이요, 하갈을 통하여 아들을 낳은 것은 언약과 상관없는 육체에 근거한 것입니다.

(2) 두 아들은 두 교회

사도 바울은 예수 그리스도를 믿는 성도들을 '약속의 자녀, 성령을 따라 난 자'라고 불렀습니다. 이들을 가리켜 갈라디아서 4:28에서는 "약속의 자녀", 29절에서는 "성령을 따라 난 자", 30절에서는 "자유하는 여자의 아들", 31절에서는 "자유하는 여자의 자녀"라고 말씀하고 있습니다.

그리고 율법을 붙잡고 있는 자들을 갈라디아서 4:29에서 "육체를 따라 난 자", 30절에서 "계집종의 아들", 31절에서 "계집종의 자녀"라고 말씀하고 있습니다.

그러므로 두 아들은 두 교회를 예표합니다. 이삭은 하나님의 약속을 붙잡는 교회를 나타내고, 이스마엘은 육체를 붙잡는 교회를 나타냅니다. 이삭은 영에 속한 교회를 나타내고, 이스마엘은 육에 속한 교회를 나타냅니다. 이삭은 예수 그리스도를 믿음으로 구원받는 교회를 나타내고, 이스마엘은 율법의 행위로 거짓 구원을 받는 교회를 나타냅니다.

(3) 핍박과 내어 쫓음

이스마엘은 이삭을 희롱했습니다(창 21:9). 이 역사적 사건에 대하여, 갈라디아서 4:29에서 "그러나 그때에 육체를 따라 난 자가 성령을 따라 난 자를 핍박한 것 같이 이제도 그러하도다"라고 말씀하고 있습니다. '이제도 그러하도다'라는 것은, 사도 바울 당시에도 육체를 따라 난 거짓 교회가 성령을 따라 난 참교회를 핍박했음을 가리킵니다. 여기 '핍박한 것같이'라는 단어는 헬라어 동사 '디오코'(διώκω)의 직설법 미완료형으로, 이러한 핍박이 일회적인 사건이 아니라 앞으로도 계속될 것을 의미합니다.

그러므로 세상 마지막 때에도 육체를 따라 난 거짓 교회들이 성령을 따라 난 참교회를 핍박하게 될 것입니다. 요한계시록 12:13에서 "용이 자기가 땅으로 내어 쫓긴 것을 보고 남자를 낳은 여자를 핍박하는지라"라고 말씀하고 있습니다. 여기 용은 큰 용이요 붉은 용으로, "옛 뱀 곧 마귀라고도 하고 사단이라고도 하는 온 천하를 꾀는 자"입니다(계 12:9). 또한 '남자를 낳은 여자'는 과거에 이삭을 낳은 사라처럼 하나님의 약속을 붙잡는 참교회를 가리킵니다. 종말에 붉은 용 사단은 참교회를 핍박할 것입니다.

그러나 과거에 하갈과 이스마엘이 내어 쫓김을 당했듯이, 말세에도 거짓 교회와 거짓 성도들은 반드시 멸망을 당하게 될 것입니다. 종말에 거짓 교회는 큰 음녀, 큰 성 바벨론(계 17:4-5, 18)에 속하여 마침내 멸망을 받고야 말 것입니다. 요한계시록 18:2에서 "힘센 음성으로 외쳐 가로되 무너졌도다 무너졌도다 큰 성 바벨론이여 귀신의 처소와 각종 더러운 영의 모이는 곳과 각종 더럽고 가증한 새의 모이는 곳이 되었도다"라고 선포하고 있습니다.

네 사랑하는 독자 이삭을 번제로 드리라

OFFER YOUR SON ISAAC, WHOM YOU LOVE, AS A BURNT
OFFERING / וְהַעֲלֵהוּ אֶת־יְחִידְךָ אֲשֶׁר־אָהַבְתָּ אֶת־יִצְחָק שָׁם לְעֹלָה

(창 22:1-2)

창세기 22:1-2 "그 일 후에 하나님이 아브라함을 시험하시려고 그를 부르시되 아브라함아 하시니 그가 가로되 내가 여기 있나이다 2 여호와께서 가라사대 네 아들 네 사랑하는 독자 이삭을 데리고 모리아 땅으로 가서 내가 네게 지시하는 한 산 거기서 그를 번제로 드리라"

하나님께서 아브라함에게 마지막으로 내리신 최대 명령은 "네 아들 네 사랑하는 독자 이삭을 데리고 모리아 땅으로 가서 내가 네게 지시하는 한 산 거기서 그를 번제로 드리라"라는 것이었습니다.

이 명령은 "그 일 후에"라는 단어로 시작됩니다(창 22:1). "그 일 후에"는 히브리어 원문을 보면 '바예히 아하르 하데바림 하엘레'(וַיְהִי אַחַר הַדְּבָרִים הָאֵלֶּה)로, '그 일들 후에'라는 뜻입니다. '일'이 단수가 아니라 복수입니다. "그 일 후에"는 가깝게는, 아브라함이 브엘세바에 에셀나무를 심고 거기서 영생하시는 하나님의 이름을 부른 후입니다(창 21:33-34). 그러나 멀리는, 아브라함이 이삭이라는 약속의 자식을 낳은 후입니다. 그러므로 창세기 22장의 명령은, 창세기 21장에서 아브라함이 하나님의 약속대로 이삭을 낳고 세월이 흘러서 아비멜렉과 언약을 체결하고 영생하시는 하나님의 이름을 부른 다음에 일어난 일입니다. 아브라함이 부르심을 받고 여러 가지 시련과 연단을 겪고, 그의 소원이 마침내 성취된 후입니다. 그러므로 창세기 22:1의 '바예히 아하르 하데바림 하엘레'라는 표현은 구속사의 새로운 전환점을 가리키며, 중요한 사건이 일어날 것을 보여 줍니다. '이삭을 번제로 드리라'는 명령은 구속사에서 중대한 사건이었습니다.

1. 명령의 이해
Understanding the Command

하나님께서는 이스마엘을 내어 쫓으라고 하셨을 뿐 아니라, 이삭을 번제로 바치라고 명령하셨습니다. 하나님께서는 아브라함이 육신의 자식 이스마엘에게 가졌던 애착뿐만 아니라 약속의 자식 이삭에게 가진 애착까지도 끊으라고 명령하셨습니다. 당시에 이삭은 아브라함이 가지고 있었던 유일한 마지막 애착이었습니다.

하나님께서 우리에게 주시는 마지막 시험은, 육적인 욕심뿐만 아니라 영적인 욕심까지도 끊는 것입니다. 우리는 때로, 영적인 큰 부흥을 꿈꾸며 그것을 '내가' 이루려고 하는 영적인 욕심에 사로잡혀 살아갈 때가 있습니다. 그러나 하나님께서는 그것까지도 다 내려놓고 오직 하나님의 뜻에 맡기고, 하나님의 주권적인 때와 시기, 그리고 그분의 인도하심에 따를 것을 요구하십니다.

그러므로 하나님이 아브라함에게 이삭을 요구하신 것은 시험이었습니다. 창세기 22:1에서 "그 일 후에 하나님이 아브라함을 시험하시려고 그를 부르시되"라고 말씀하고 있습니다. 이는 목숨과 맞바꾸는 순종의 결단을 요구하는 시험이요, 자기 전(全) 존재의 밑동을 송두리째 뒤흔드는 시험이었습니다. 이 시험은 아브라함에게 더 온전한 믿음, 더 완전히 하나님께 맡기는 믿음을 주시려는 축복이었던 것입니다. 이 시험을 통과할 때, 지금까지 아브라함에게 허락하셨던 모든 허락과 명령들이 성취되는 것입니다. 이 시험을 통과할 때, 아브라함은 자신의 마지막 애착까지도 다 버리고 하나님을 '경외하는 사람'으로 최후 인정을 받게 됩니다.

2. 명령의 내용
Content of the Command

하나님께서 아브라함에게 이삭을 데리고 모리아 땅으로 가서, 지시하시는 한 산에서 이삭을 바치라고 명령하셨습니다. 하나님께서는 아브라함에게 이삭을 바치되, 번제로 바치라고 명령하셨습니다. 번제는 제물을 각을 뜬 후에 불에 태워서 바치는 제사로, 자기 아들을 이러한 번제로 바치는 것은 상상할 수 없는 일이었습니다. 그렇다면 아브라함은 어떻게 하나님의 명령에 순종할 수 있었습니까?

(1) 말씀 앞에 머뭇거림 없는 결단과 순종의 신앙이 있었기 때문입니다.

우리는 아브라함의 몇 가지 모습에서 결단하는 순종의 신앙을 찾아볼 수 있습니다.

① "아침에 일찍이 일어나"(창 22:3)

창세기 22:3에서 "아브라함이 아침에 일찍이 일어나"라고 말씀하고 있습니다. 이 표현은 아브라함이 하나님의 말씀 앞에 지체하지 않고 즉시 '신속한 순종'을 했음을 보여 줍니다. 시편 119:60의 "주의 계명을 지키기에 신속히 하고 지체치 아니하였나이다"라는 말씀과 같습니다(왕상 18:21).

하나님의 명령 앞에 아브라함은 아들을 죽이느냐 살리느냐 하는 '결단'을 해야 했습니다. 참다운 신앙의 소유자는 하나님이 어렵게 주셨던 선물일지라도, 명령하시면 주저 없이 믿음으로 반환할 줄 알아야 합니다.

욥기 13:15을 볼 때, 욥은 "그가 나를 죽이시리니 내가 소망이 없노라"라고 고백하였습니다. 그런데 이 문장에 나오는 '로'(אל)를 부정어가 아니라 전치사로 번역하면, 뜻이 조금 달라집니다. 우리말성경에서는 "그분이 나를 죽이신다 해도 나는 그분을 신뢰할 것이네"라고, 바른성경에서는 "주께서 나를 죽이실지라도 나는 그분을 소망하니"라고 번역하고 있습니다. 한글 개역성경 난하주에서도 "그가 나를 죽이실찌라도 나는 그를 의뢰하리니"로 번역하고 있으며, 영어성경 NASB에서도 "Though He slay me, I will hope in Him."(그가 나를 죽일지라도, 나는 그분을 소망하리)으로 번역하고 있습니다. 이것은 아무런 조건이 없는 절대 신앙, 절대 감사를 보여 줍니다.

다니엘의 세 친구 사드락과 메삭과 아벳느고도 당시 세계 최대의 강대국 바벨론의 느부갓네살왕 앞에서 "그리 아니하실지라도"(단 3:18)라고, 결과에 상관 없이 하나님께 순종하겠다는 결단을 했습니다.

예수님께서도 겟세마네 동산에서 '나의 원대로 마옵시고, 아버지의 원대로 하옵소서'(마 26:39, 막 14:36, 눅 22:42)라고, 자기 의지와 자기 뜻을 털끝만큼도 남김없이 모두 포기하고 아버지의 뜻만을 구하겠다고 결단하셨습니다.

② "그 아들 이삭을 결박하여 단 나무 위에 놓고 손을 내밀어 칼을 잡고 그 아들을 잡으려 하더니"(창 22:9下-10)

이 모습 역시 아브라함의 신앙의 결단을 보여 줍니다. 모리아 한 산을 향해 출발할 때 아내와 의논하지 않은 아브라함은, 아들 이삭을 결박할 때도 이삭과 의논하지 않았습니다. 하나님의 명령을 받으면 사람들과 의논하면서 그것을 변경하지 말고 즉시 순종해야 합니다. 오직 하나님과 영적 교통을 하며 그의 인도하심에 적극적으로 의지하면서, 전심전력을 기울여 그 뜻을 이루어 나가도록 힘써야 합니다. 예수님도 아버지의 명령이라면 곧 영생으로 믿고 움직이셨습니다(요 12:50). 지체하면 지체한 만큼 손해요, 세월을 허송하게 됩니다(전 5:4).

(2) 삼일 길을 끝까지 걷는 신앙이 있었기 때문입니다.

창세기 22:3-4에서 "하나님의 자기에게 지시하시는 곳으로 가더니 4제삼일에 아브라함이 눈을 들어 그곳을 멀리 바라본지라"라고 말씀하고 있습니다. 여기에 나오는 삼 일 동안 어떤 일이 있었는지에 대해서 성경은 침묵합니다. 아브라함도, 아들 이삭도, 사환들도, 하나님도 무슨 말씀을 했는지 아무 기록이 없습니다. 이 삼 일은 아들을 죽여야만 하는 마음의 고통으로 짓눌린 시간이었을 것입니다. 그러나 아브라함은 사랑하는 아들과 삼일 길을 걸어가면서도 말씀에 순종해야겠다는 그 마음에는 흔들림이 없었습니다. 그것은 아브라함이 하나님의 말씀을 굳게 붙들고 그 말씀을 새김질하며, 하나님과 교통하면서, 하나님의 인도하심과 주장하심을 받으면서 갔기 때문입니다.

삼 일은 인간적인 모든 고뇌와 번민을 없애는 기간이었습니다.

아브라함이 삼 일을 걸을 때, 순간 순간 인간적인 생각이 떠오를 때도 있었을 것입니다. '아무리 하나님의 명령이지만 어떻게 아들을 죽일 수 있을까?', '약속의 아들이 죽으면 어떻게 큰 민족이 될 수 있을까?', '혹시 내가 잘못된 영을 받은 것은 아닐까?', '내가 이삭을 죽임으로 하나님의 언약을 파괴하는 것은 아닐까?' 이러한 많은 고뇌와 번민들이 스쳐 지나갔을 것입니다. 그러나 아브라함은 마침내 이 모든 인간적인 생각들을 이기고 삼일 길을 통과할 수 있었습니다.

성경에는 많은 삼일 길이 나옵니다(창 31:22, 40:13, 19, 출 5:3, 10:22, 19:10-11, 수 1:11, 욘 1:17, 3:2-3). 우리에게도 이러한 숨막히는 고통의 삼일 길들이 많이 있습니다. 우리는 이 삼일 길을 견디다 못해 쓰러질 때가 많이 있습니다. 신앙이 온전해지려면, 아브라함이 모리아를 오르던 심정으로 '삼 일의 승리'가 있어야 합니다. 예수님께서도 십자가에 죽으시고 삼 일 만에 부활하시므로 삼 일을 승리하셨습니다. 그러므로 우리도 이 예수님을 온전히 의지하면, 삼일 길의 시험들을 능히 이길 수 있을 것입니다.

(3) 약속에 신실하신 하나님을 굳게 믿는 신앙이 있었기 때문입니다.

아브라함은 하나님의 능력을 작게 축소하거나 제한하지 않고, 하나님의 약속을 의심하지 않고 그대로 믿었습니다. 그 아들은 본래 바랄 수 없는 중에 하나님의 약속을 바라고 믿음으로 얻은 아들이었습니다(롬 4:18). 본래 자기 몸이 죽은 것 같아 전혀 소망이 없는 절망 중에 있을 때 주신 아들이었습니다(롬 4:19). 아브라함은 이삭을 하나님의 약속대로 얻었기에, 이삭을 바치는 순종에 있어서도 오직 약속에 신실하신 하나님만을 굳게 믿고 나갔던 것입니다.

모리아산에 도착한 아브라함은 하나님의 말씀을 순종하기 위해 얼마나 치밀했는지, 삼 일간 데리고 온 사환들에게 "너희는 나귀와 함께 여기서 기다리라"라고 지시하였습니다(창 22:5). 아브라함은 이삭을 번제로 드리는 일에 방해될지도 모를 사환들을 아래에 남겨두었던 것입니다. 그리고 아브라함이 이삭과 단둘이 모리아 정상을 향하여 갈 때, 이삭에게는 번제 나무를 지우고 자신은 불과 칼을 손에 들었습니다(창 22:6).

올라가는 도중에, 이삭은 아버지 아브라함에게 "불과 나무는 있거니와 번제할 어린양은 어디 있나이까?"(창 22:7)라고 질문하였습니다. 삼일 길을 무사히 걸어온 아브라함에게 깜짝 놀랄 만한 질문이었습니다. 그러나 아브라함은 담대하게 "아들아 번제할 어린양은 하나님이 자기를 위하여 친히 준비하시리라"라고 대답하였습니다(창 22:8). 이삭의 질문은 아들이 아버지의 가슴에 비수를 꽂는 것과 같은, 인류사에 있어 가장 고통스러운 질문이었으며, 아버지 아브라함의 답변은 가장 현명하고 확신에 찬 믿음의 답변이었습니다.

얼핏 보면 이 말은 너무나 무책임하게 들릴지 모르지만, 믿음으로 볼 때, 그 속에는 인간의 모든 조건을 뛰어넘어 약속을 지키시는 하나님의 신실하심에 대한 확신이 깃들어 있습니다. 그것은 오직 하나님과 친밀함이 있는 자에게서만 찾을 수 있는 깊은 신앙의 경지였던 것입니다(시 25:14). 아브라함은 하나님의 벗으로서 하나님과의 친밀함이 있었기에(대하 20:7, 사 41:8, 약 2:23), 약속에 신실하신 하나님을 온전히 믿고 순종할 수 있었던 것입니다.

(4) 죽은 자를 살리시는 하나님의 권능을 확신하는 신앙이 있었기 때문입니다.

아브라함은 사환들에게 "내가 아이와 함께 저기 가서 경배하고 너희에게로 돌아오리라"라고 선언하였습니다(창 22:5). 이 문장의 히브리어 원문을 보면 '돌아오리라'라는 동사가 '1인칭 복수형'으로서 '우리가 돌아오리라'라는 뜻입니다. 아브라함은 반드시 이삭과 같이 돌아올 것을 믿었던 것입니다.

아브라함은 설사 이삭이 죽는다고 할지라도 하나님께서 다시 살리실 것을 굳게 믿었습니다. 아브라함은 죽은 자도 살리시는 하나님의 권능을 확신하였는데, 그 확신은 하나님의 언약에 근거한 것이었습니다. 아브라함은 어떤 상황에서도 "네 자손이라 칭할 자는 이삭으로 말미암으리라"라고 하신 말씀을 온전히 믿었던 것입니다.

히브리서 11:18-19 "저에게 이미 말씀하시기를 네 자손이라 칭할 자는 이삭으로 말미암으리라 하셨으니 ¹⁹저가 하나님이 능히 죽은 자 가운데서 다시 살리실 줄로 생각한지라 비유컨대 죽은 자 가운데서 도로 받은 것이니라"

로마서 4:21에서 "약속하신 그것을 또한 능히 이루실 줄을 확신하였으니"라고 말씀하고 있습니다. '확신하다'의 헬라어인 '플레로포레오'(πληροφορέω)의 기본적인 뜻은 '완전히 채우다' 또는 '가득히 간직하다'입니다. 이것은 아브라함이 하나님께서 약속하신 것을 확실히 이루실 것을 확신하는 믿음으로 가득히 채워져 있었음을 말씀합니다. 바로 아브라함의 순종은 온전한 순종, 하나님께서 만족하시는 절대 순종이었습니다. 그러므로 '모리아산'은 '절대 순종의 산'이 되었던 것입니다.

3. 명령의 종말적 의미
Eschatological Meaning of the Command

아브라함은 하나님께서 하늘의 뭇별을 보여 주시고 '네 자손이 이와 같이 많으리라' 하실 때, 그렇게 말씀하시는 하나님을 믿었습니다. 그리고 하나님께서는 이것을 의로 여겨 주셨습니다(창 15:5-6).

그러나 이것은 믿음의 시작에 불과하였습니다. 아브라함이 가장 애착을 가지고 최후까지 놓지 않으려고 했던 이삭을 아낌없이 바칠 때, 하나님께서는 아브라함을 향하여 "이제야 네가 하나님을 경외하는 줄을 아노라"라고 인정해 주셨습니다(창 22:12).

로마서 1:17의 "믿음으로 믿음에 이르게 하나니"라는 말씀처럼, 우리의 믿음은 처음 믿음에서 점점 자라서 마침내 하나님을 경외하는 장성한 믿음으로 성장해야 합니다.

에베소서 4:13-15에서 "우리가 다 하나님의 아들을 믿는 것과 아는 일에 하나가 되어 온전한 사람을 이루어 그리스도의 장성한 분량이 충만한 데까지 이르리니 ¹⁴ 이는 우리가 이제부터 어린아이가 되지 아니하여 사람의 궤술과 간사한 유혹에 빠져 모든 교훈의 풍조에 밀려 요동치 않게 하려 함이라 ¹⁵ 오직 사랑 안에서 참된 것을 하여 범사에 그에게까지 자랄찌라 그는 머리니 곧 그리스도라"라고 말씀하고 있습니다.

히브리서에서는 그리스도 안에서 어린아이와 그리스도 안에서 장성한 자의 두 가지 차원을 구분하고 있습니다. 그리스도 안에서 어린아이는 젖을 먹는 자요, 그리스도 안에서 장성한 자는 단단한 식물을 먹는 자입니다. 장성한 자들은 연단을 받아 선악을 분별하고 승리하는 자들입니다. 히브리서 5:13-14에서 "대저 젖을 먹는 자마다 어린아이니 의의 말씀을 경험하지 못한 자요 ¹⁴ 단단한 식물은 장성한 자의 것이니 저희는 지각을 사용하므로 연단을 받아 선악을 분변하는 자들이니라"라고 말씀하고 있습니다. 아담은 에덴동산에서 '선악을 알게 하는 나무의 실과'를 분별하는 장성한 신앙에 이르지 못하여 결국 타락하고 말았습니다.

성도는 그리스도 안에서 어린아이가 아니라 신령한 자로 성장해야 합니다. 고린도전서 3:1-2에서 "형제들아 내가 신령한 자들을 대함과 같이 너희에게 말할 수 없어서 육신에 속한 자 곧 그리스도 안에서 어린아이들을 대함과 같이 하노라 ² 내가 너희를 젖으로 먹이고 밥으로 아니하였노니 이는 너희가 감당치 못하였음이거니와 지금도 못하리라"라고 말씀하고 있습니다. 히브리서 6:1-2에서도 "그러므로 우리가 그리스도 도의 초보를 버리고 죽은 행실을 회개함과 하나님께 대한 신앙과 ² 세례들과 안수와 죽은 자의 부활과 영원한 심판에 관한 교훈의 터를 다시 닦지 말고 완전한 데 나아갈찌니라"라고 말씀하고 있습니다.

마지막 때는 하나님을 경외하는 큰 믿음을 가져야 큰 환난을 통과할 수 있습니다. 마태복음 24:19에서 "그날에는 아이 밴 자들과 젖 먹이는 자들에게 화가 있으리로다"라고 말씀하고 있습니다. 이것은 종말에 대한 경고로서(마 24:3), 장성한 신앙을 촉구하는 말씀입니다. 종말에 성도가 먹어야 할 단단한 식물은 "감추었던 만나"(계 2:17), "펴 놓인 작은 책"(계 10:2), "애가와 애곡과 재앙의 말"(겔 2:10)을 생각나게 합니다.

그렇다면 영적으로 장성한 자는 어떤 자들입니까?

첫째, 자기 것이 하나도 없습니다.

모든 것이 주님의 것이라는 신앙을 가진 자는 무엇이든지 아낌없이 주님께 드릴 수 있습니다. 하나님께서 아브라함에게 이삭을 주셨지만, 이삭도 아브라함의 것이 아니라 하나님의 것입니다. 하나님께서는 아브라함이 이삭을 아낌없이 바치는 것을 높이 평가하셨습니다. 창세기 22:12에서 "네가 네 아들 네 독자라도 내게 아끼지 아니하였으니", 16절에서 "네가 이같이 행하여 네 아들 네 독자를 아끼지 아니하였은즉"이라고 말씀하셨습니다. 여기 '아끼지 않았다'는 것은 모두 내놓았음을 뜻합니다. 아브라함은 시간, 물질, 자기 생명, 심지어 독자 이삭까지도 아끼지 않고 하나님께 드렸습니다. 왜냐하면 이 땅에서 그가 가진 소유는 아무것도 없고 오직 하나님 한 분뿐이었기 때문입니다(욥 1:21, 고전 8:6, 11:12, 고후 6:10, 골 1:16, 히 2:10).

오늘 우리도 이 세상의 모든 것이 하나님의 것임을 고백하여야 합니다. 우리가 이 세상을 떠날 때는 아무것도 가지고 가지 못합니다. 디모데전서 6:7에서 "우리가 세상에 아무것도 가지고 온 것이 없으매 또한 아무것도 가지고 가지 못하리니"라고 말씀하고 있으며, 전도서 5:15에서 "저가 모태에서 벌거벗고 나왔은즉 그 나온 대로 돌아가고 수고하여 얻은 것을 아무것도 손에 가지고 가지 못하리니"라고 말씀하고 있습니다. 종말의 성도는 누구나 "이는 만물이 주에게서 나오고 주로 말미암고 주에게로 돌아감이라 영광이 그에게 세세에 있으리로다 아멘"(롬 11:36)이라고 고백해야 할 것입니다.

둘째, **어디로 인도하시든지 따라가야 합니다.**

아브라함은 하나님께서 이삭을 번제로 바치라는 인도하심에 끝까지 따라갔습니다. 그 인도하심은 인간의 생각으로 도저히 납득이 되지 않는 것이요, 세상의 도덕법으로는 용인될 수 없는 것이요, 하나님의 약속으로 볼 때도 모순되는 것처럼 보였습니다. 그러나 하나님께서는 항상 우리를 바른 길로 인도하시는 분입니다. 아브라함의 종 엘리에셀은 "나의 주인 아브라함의 하나님 여호와께서 나를 바른 길로 인도하사"라고 고백하였습니다(창 24:48).

그러므로 우리는 하나님께서 우리를 어디로 인도하시든지 절대 순종하며 따라가야 합니다. 마지막 때 시온산에 재림하시는 주님과 함께 서는 자들은 어린양이 어디로 인도하든지 따라가는 자들입니다. 요한계시록 14:1에서 "어린양이 시온산에 섰고 그와 함께 십사만 사천이 섰는데"라고 하였는데, 4절에서 "이 사람들은 어린양이 어디로 인도하든지 따라가는 자며"라고 말씀하고 있습니다. 시온산에 서기를 소망하는 성도들에게 가장 필요한 자세는 절대 순종입니다.

아브라함의 파란만장한 신앙 여정은, 오늘날 성도가 모리아의 정상에 서서 "이제야 네가 하나님을 경외하는 줄을 아노라"(창 22:12)라고 인정을 받을 때까지 어떤 신앙 여정을 걸어야 하는지를 가르쳐 주고 있습니다.

아브라함에게 주신 하나님의 처음 명령은 "떠나라"라는 명령입니다(창 12:1, 행 7:3). 믿음의 시작은 세상을 떠남으로 시작됩니다.

두 번째로, 하나님께서는 아브라함에게 "눈을 들어 동서남북을 바라보라"라고 명령하셨습니다(창 13:14). 세상을 떠난 자는 이제 더 이상 세상을 바라보지 말고, 눈을 들어 영원한 천국을 소망 가운데 바라보면서 살아야 합니다.

세 번째로, 하나님께서는 아브라함에게 '제물을 드리라'고 명령하셨습니다(창 15:9). 이것은 가나안을 주신다는 약속에 대한 증표를 아브라함이 요청하였기 때문에 나온 것입니다. 오늘 우리도 때로는 하나님의 약속을 믿지 못하고 증표를 요청합니다. 그러나 하나님께서는 오히려 우리가 제물이 되어 완전히 죽는 것을 요구하십니다(갈 2:20, 5:24).

네 번째로, 하나님께서는 아브라함에게 "내 앞에서 행하여 완전하라"라고 명령하셨습니다(창 17:1). 하나님 앞에 완전한 제물이 되지 못한 아브라함은, 하나님의 약속을 믿지 못하고 하갈을 취하여 이스마엘을 낳았습니다. 이후 13년 동안 침묵하신 하나님께서는, 아브라함에게 이제는 하나님 앞에서 살 것을 요구하셨습니다. 하나님 앞에서 사는 자만이 완전해질 수 있습니다.

다섯 번째로, 하나님께서는 아브라함에게 '개명하라'고 명령하셨습니다(창 17:5, 15). 이름을 바꾸는 것은 새로운 비전의 시작을 뜻합니다. 과거의 죄를 회개하고 하나님 앞에 살 때, 하나님께서는 이름을 바꾸어 주시고 새로운 비전을 주시는 것입니다. 성도는 과거의 죄를 철저히 회개하고 하나님 앞에 살면서, 이제는 내 가정이라는 울타리에서 벗어나 세계를 품는 큰 비전을 가지고 나아가야 합니다.

여섯 번째로, 하나님께서는 아브라함에게 "내 언약을 지키고, 네 후손도 대대로 지키라"라고 명령하셨습니다(창 17:9). 아브라함에게 주신 큰 비전은 언약을 지킴으로 성취됩니다. 그리고 그것이 후대에 전수됨으로 성취됩니다. 성도는 세계 선교의 큰 비전을 가지고 하나님의 말씀을 철저히 지키며(계 1:3, 22:7) 그것을 후손들에게 확실하게 물려주어야 합니다.

일곱 번째로, 하나님께서는 아브라함에게 "할례를 받으라"라고 명령하셨습니다(창 17:14). 할례는 거룩한 성별의 표시입니다. 언약을 지키는 자는 분명 세상 사람들과 구별된 표가 있어야 합니다. 이것은 오늘날 세례요, 마지막 때 하나님께서 주시는 인침의 역사입니다(계 7:2-4, 9:4, 14:1). 성도는 하나님의 인침을 받아 완전히 말씀으로 무장하여, 어떤 환난 가운데서도 살아남을 수 있는 준비를 해야 합니다.

여덟 번째로, 하나님께서는 아브라함에게 그 자식과 권속이 '의와 공도를 행하게 하라'고 명령하셨습니다(창 18:19). 의와 공도는 하나님의 보좌의 기초입니다. 의와 공도를 행하는 자가 하나님의 보좌의 기초가 될 수 있습니다(시 89:14, 97:2). 의가 하나님의 부성(父性)이라면, 공도는 하나님의 모성(母性)입니다. 하나님의 말씀을 지키는 자는 하나님의 성품이 생활 속에서 그대로 나타나야 하는 것입니다.

아홉 번째로, 하나님께서는 아브라함에게 "여종(첩)과 그 아들(이스마엘)을 내어 쫓으라"라고 명령하셨습니다(창 21:10). 이들은 죄악의 근원과 열매입니다. 죄악의 근원과 열매를 모두 제거해야만 다시 똑같은 불신의 행동을 하지 않게 됩니다. 성도는 오랫동안 붙잡고 있었던 모든 육신의 소욕들을 완전히 제거해야 참된 성령의 사람이 될 수 있습니다(갈 5:16-17).

열 번째로, 하나님께서는 아브라함에게 "그(이삭)를 번제로 드리라"라고 명령하셨습니다(창 22:2). 이삭은 아브라함이 마지막까지 놓지 않고 있었던 애착이었습니다. 이삭은 아브라함이 가장 아끼던 것으로, 자기 목숨과도 바꿀 수 없는 것이었습니다. 그러나 하나님을 경외하는 믿음으로 인정받기 위해서는 이삭까지도 바쳐야 합니다. 성도는 하나님께 인정받는 장성한 믿음의 소유자가 되기 위해서 자신이 가장 아끼던 것까지도 아낌없이 주님께 내어놓아야 합니다.

하나님의 10대 명령에 절대적으로 순종하는 자들을 통하여 하나님 나라는 완성되어 가며, 하나님의 구속 경륜은 날마다 아름다운 구속사의 열매들을 맺으며 성취되어 갈 것입니다.

The Ten Commands to Abraham
아브라함에게 주신 10대 명령

첫 번째 명령 "떠나라(떠나가라)" / **"Go forth"** / 창 12:1, 행 7:2-3 **아브라함 75세(주전 2091년), 하란** ⋯▸ **"믿음의 시작은 세상을 떠남으로 시작된다"**	

명령의 이해	하나님께서는 갈대아 우르와 하란에서 아브라함에게 '떠나라'고 말씀하셨다. 갈대아 우르에서는 '고향과 친척'을 떠나라고 하셨지만(행 7:2-3), 하란에서는 '본토 친척 아비 집'을 떠나라(창 12:1)고 '아비 집'을 추가하여 말씀하셨다.
명령의 내용	하나님께서는 우상숭배가 자행되는 고향(수 24:2, 15)에서 아브라함을 불러내시고(계 18:4) 하란을 거쳐 가나안으로 향하게 하셨다. 특별히 창세기 12:1의 '내가 네게 지시할 땅'으로 가는 길은 확실한 주소나 위치 없이 막막하고 정처없는 나그넷길이었다(히 11:8). 창세기 12:4의 '아브라함이 여호와의 말씀을 좇아 갔다'는 말씀은 아브라함이 매일매일 하나님의 말씀대로 지시를 받아야 함을 의미한다(잠 3:5-6, 16:9, 20:24, 렘 10:23-24).
명령의 종말적 의미	하나님께서는 하란에서 아브라함에게 '본토, 친척, 아비 집'을 떠나라고 하셨다(창 12:1). 먼저, '본토'는 '하란'으로 부요한 세상의 상징이며, 가나안은 하나님 나라의 상징이다. 이는 가나안 땅에 도착하기까지 부유한 도시 하란에 머무르는 유혹을 이겨야 할 것을 의미한다. 특별히 하란의 '친척'을 떠나라 하신 것은 하란에도 아브라함의 친척들이 살았음을 뜻한다. 아마도 이들은 바벨탑 건축 운동 때 에벨을 따라 이동한 신앙의 선조들이었을 것이다. '아비'를 떠나라는 것은, 당시 하란에서 지체하는 145세의 아버지 데라를 떠나라는 말씀이다(창 11:26, 12:4). 사도행전 7:4의 '그 아비가 죽으매'라는 말씀에서는, '죽으매'를 영적인 의미로 사용하여(아포드네스코, ἀποθνήσκω), 아브라함이 아버지 데라에 대한 정을 완전히 끊었음을 강조하고 있다.

두 번째 명령 **"동서남북을 바라보라, 일어나 종과 횡으로 행하여 보라"** / "Look Northward, Southward, Eastward, and Westward · Arise, walk in the land through its length and its width" / 창 13:14-18
아브라함 83세(주전 2083년), 헤브론 근방
⋯▸ "세상을 떠난 자는 더 이상 세상을 바라보지 말고 눈을 들어 영원한 천국을 바라보며 살아야 한다"

명령의 이해	아브라함과 롯의 소유가 점점 많아지므로 더 이상 동거할 수 없게 되었다. 아브라함은 갈대아 우르에서 떠나서 가나안까지 동행한 유일한 혈육 롯에게 땅을 선택하는 우선권을 양보했지만, 롯은 아브라함을 생각하지 않고 좋은 땅을 먼저 선택하여 훌쩍 떠나 버렸다. 이러한 이별의 아픔과 서운함의 아픔 속에서 하나님께서는 '눈을 들어 동서남북을 바라보라, 일어나 종과 횡으로 행하여 보라'고 아브라함에게 명령하셨다.
명령의 내용	롯은 육신의 눈으로 보기에 좋은 땅을 바라보았지만(창 13:10, 13), 아브라함은 하나님께서 약속하신 동서남북을 바라보았다(창 13:14-16). 이것은 물질적인 땅이 아니라 영원한 하늘나라를 바라보라는 말씀이다(히 11:10, 16). 또한 '일어나 종과 횡으로 행하여 보라'는 말씀은, 슬픔과 낙심의 자리를 박차고 일어나 약속하신 땅을 걸어 다니면서 하나님의 약속을 행하라는 말씀이다(참고-수 1:3, 사 60:1).
명령의 종말적 의미	롯은 이 땅의 영광을 바라보았고, 아브라함은 하나님께서 지시하신 영광을 바라보았다. 롯이 선택한 요단 평지는 비옥한 땅이었지만 하나님께 예배드리는 제단이 없었던 반면에(창 13:11-13), 아브라함이 간 헤브론은 험한 산지였지만(수 14:12-13, 15:48-60) 하나님께 예배드리는 제단이 있었다(창 13:18). 마지막 때에도 롯과 같이 풍요롭지만 제단이 없는 교회가 있는가 하면, 아브라함과 같이 힘들고 험한 노정을 걸어가지만 제단이 있는 교회가 있을 것이다(사 2:2-3, 눅 17:28).

세 번째 명령 "제물을 드리라" / "Bring Me sacrifices" / 창 15:8-9
아브라함 84세(주전 2082년), 헤브론
···▶ "하나님의 약속을 믿고 내가 제물이 되어 완전히 죽어야 산다"

명령의 이해	아브라함이 동방 4개국 동맹군과 싸우고 승리하여 롯을 구한 후(창 14장), 하나님께서 아브라함에게 찾아오셔서 횃불 언약을 체결하셨다(창 15장). 아브라함이 언약의 증표를 요구하자(창 15:8), 하나님께서는 제물을 바치라고 명령하셨다(창 15:9).
명령의 내용	이전까지 주어진 약속에 의심없이 순종했던 아브라함이 언약의 증표를 요구한 것은 명백한 불신이었다. 제물은 죄를 대속하기 위한 것으로, 하나님께서는 아브라함의 불신을 드러내시고, 그 불신을 해결하시기 위해 제물을 요구하셨다(참고-레 4:3, 민 6:10-11, 히 9:13, 22). 하나님께서는 제물로 '삼 년' 된 암소와 암염소, 숫양 등을 준비하도록 명령하셨다. '3년'은 짐승이 완전한 개체가 되어 다시 새끼를 가질 수 있는 기간을 의미한다. 또한 '3'은 하늘의 완전수이자 예수 그리스도의 공생애 역사를 상징하는 수이기도 하다(눅 3:23). 제물의 중간을 쪼갠 것은 언약의 당사자들이 언약을 지키지 못할 때에는 짐승과 같이 쪼개지겠다는 서약이다(렘 34:18-21). 하나님의 임재를 상징하는 타는 횃불(출 13:21, 19:18, 신 4:11-12, 15, 36, 5:23-24, 사 10:17, 31:9, 62:1)이 쪼갠 고기 사이로 지나간 것은, 아브라함의 불신에 대해 하나님께서 일방적이고 주권적으로 언약의 신실성을 확증하신 것이다.
명령의 종말적 의미	신약 성도가 드려야 할 예배는, 짐승으로 제물을 드리는 제사가 아니라, 우리 자신이 온전히 십자가에 못 박혀 산 제물이 되어 드리는 인격적인 예배이다(롬 12:1, 엡 5:2, 빌 2:17, 4:17-18, 딤후 4:6). 이는 육신의 소욕을 죽이고(갈 2:20, 5:24), 상한 심령으로 드리는(시 34:18, 51:17, 147:3, 사 57:15, 66:2) 예배이다. 자신을 죽여 신령한 주검이 되는 자만이 재림하시는 주님을 맞이할 수 있다(눅 17:37, 참고-고전 15:31).

네 번째 명령 "내 앞에서 완전하라" / "Be blameless before Me" / 창 17:1
아브라함 99세(주전 2067년), 헤브론
⋯ "하나님 앞에 살아가는 자만이 완전해 질 수 있다"

명령의 이해	하나님께서는 횃불 언약을 체결하신 후 약 15년 만에 아브라함에게 나타나셔서, "너는 내 앞에서 행하여 완전하라"라고 명령하셨다(창 17:1). 이는 아브라함이 하나님의 약속을 온전히 믿고 기다리지 못하고 중간에 하갈을 취해 이스마엘을 낳는 죄를 범했기 때문이었다. 따라서 이 명령은 아브라함에게 회개를 촉구하는 명령이자, 영적인 관계를 회복하라는 사랑이요 기회였다.
명령의 내용	'완전하라'는 명령은 행위나 율법적 완전성을 이야기하는 것이 아니라, 자기 결함과 부족을 느끼며 믿음으로 온전을 향하여 전력투구하는 노력을 의미한다. 또한 어두웠던 영적 침체의 옷을 벗고 처음 세운 뜻을 이루기 위해 달려가는 초지일관의 자세를 요구하는 것이다. 특별히 '내 앞에서 행하여'라는 말씀은 전능하신 하나님 앞에서 하나님만을 신앙하며 동행한다면, '완전하라'는 명령의 이행이 가능하다는 것을 분명하게 가르쳐 주신다(시 16:8, 19:8, 33:4, 잠 4:11, 호 14:9, 딤후 3:16).
명령의 종말적 의미	'완전'은 곧 '거룩'이다. 하갈을 취하여 이스마엘을 낳은 아브라함에게 '완전하라'고 하신 것은, 이제 거룩한 삶을 요구하신 것이다. 오늘날 성도가 말씀과 기도로 거룩함을 좇지 않는다면 아무도 재림하시는 주님을 맞이할 수 없다(딤전 4:5, 히 9:28, 12:14).

다섯 번째 명령 "개명하라" / "Your name shall be changed" / 창 17:5, 15
아브라함 99세(주전 2067년), 헤브론
⋯ "과거의 죄를 회개하고 새로운 비전 가운데 살아야 한다"

명령의 이해	'내 앞에서 완전하라'고 명령하신 하나님께서는, 이어서 '아브람'이라는 이름을 '아브라함'으로 바꾸라고 명령하셨다(창 17:5). 이름은 그 소유자의 인격, 본질, 속성, 영예 등을 나타내기 때문에, '개명'은 신생(新生)이자 새 생활, 새 사명이 부여된 새로운 삶의 약속을 뜻한다(벧후 1:1).

명령의 내용	새 이름 '아브라함'은 한 집안의 아버지가 아니라 '열국의 아버지'라는 큰 뜻을 가지고 있다. '아브라함'이라는 새 이름은 그 의미대로, 아브라함의 혈통적인 자손들이 번성함으로 성취되었고, 신약 때 예수 그리스도를 믿는 성도들이 영적인 자손이 됨으로써 성취되었다(갈 3:7, 29).
명령의 종말적 의미	아브라함의 이름을 바꾸어 주신 하나님께서는 마지막 때에도 성도들에게 '새 이름'을 주실 것이다(사 26:8, 56:5, 60:14, 62:2, 65:15, 계 2:17). 이 새 이름은 예수님의 새 이름이요(계 3:12), 어린양의 종들의 이마에 새겨지는 이름이다(계 7:3-4, 22:3-4).

여섯 번째 명령 "내 언약을 지키고, 네 후손도 대대로 지키라"
"Keep My covenant, you and your descendants throughout their generations" / 창 17:9
아브라함 99세(주전 2067년), 헤브론
···▶ "하나님의 언약은, 말씀을 후대에 전수함으로 지켜지고 성취된다"

명령의 이해	전능하신 하나님께서는 아브라함에게 개명의 명령에 이어 "내 언약을 지키고 네 후손도 대대로 지키라"라고 명령하셨다(창 17:9).
명령의 내용	창세기 17:9의 '그런즉'은, 9절과 그 앞 단락을 연결하여 창세기 17:7-8의 복을 받기 위해서는 언약을 지켜야 한다는 것을 의미한다. 즉, 하나님 나라의 토대가 되는 '후손'과 '땅'에 대한 약속을 이루기 위해서는 반드시 언약을 지켜야 한다는 것이다. 이 언약은 구체적으로 할례를 행하는 것과(창 17:10-14) 하나님의 말씀대로 지켜 행하는 것이다(창 17:9). 언약을 '대대로' 지키라는 것은 믿음의 대가 끊어지지 않고 계승됨으로 영원토록 언약이 지켜져야 함을 의미한다(창 17:7, 레 23:14, 21, 31, 41, 24:3).
명령의 종말적 의미	마지막 때에도 하나님의 말씀을 지키는 자에게는 아브라함에게 약속하신 영원한 기업의 축복이 있다(창 17:8-9, 요 14:2-3, 23). 이 영원한 기업의 축복은, 주님께서 재림하실 때 썩을 몸이 썩지 아니할 영광의 몸으로 변화하는 일로 성취될 것이다(요 8:51, 고전 15:51-54, 빌 3:21). 대대로 하나님의 말씀을 지키게 하기 위해서 우리는 후손들에게 말씀을 가르쳐야 한다.

일곱 번째 명령 "다 할례를 받으라" / "All shall be circumcised" / 창 17:10-14
아브라함 99세(주전 2067년), 헤브론
····▸ "언약 백성은 세상과 구별된 표가 있어야 한다"

명령의 이해	하나님께서는 언약의 대표적인 규례로 할례를 명령하셨다. 할례는 아브라함 이전부터 중동 지역에 널리 퍼져 있는 성년 의식이었지만, 하나님께서는 그 의미를 새롭게 하셔서 아브라함과 그 후손 사이의 '언약의 표징'으로 삼으셨다. 그동안 언약을 온전히 믿지 못하고 잊어버린 채 살아왔던 아브라함에게, 할례는 언약을 잊지 않고 기억하게 하는 '기념의 표'가 된 것이다(창 17:11, 13). 8일 만에 행하는 할례는, 사망과 불신의 피를 뽑아낸다는 상징적인 의미와 새 창조의 의미를 가진다(참고-마 28:1-16, 막 15:2-11, 눅 24:1-22, 요 20:1-8). 할례는 아브라함에게 과거의 모든 불신의 죄를 단절시키고 구속사의 주역으로서 살도록 준비시키는 절차였다.
명령의 내용	할례는 무할례 시에 믿음으로 된 의를 인침 받는 것이자(창 15:6, 롬 4:11), 하나님의 백성과 이방을 구별하는 의식이다(창 17:10, 14). 할례는 육적인 할례뿐 아니라, 만물의 할례(레 19:23-25, 롬 8:19-21, 계 21:5), 마음의 할례(레 26:41, 신 10:16, 렘 4:4, 9:25-26, 겔 44:7, 9, 행 7:51, 롬 2:29), 귀의 할례(렘 6:10, 행 7:51, 참고-마 11:15, 13:9, 43, 막 4:9, 23, 계 2:7, 11, 17, 29, 3:6, 13, 22), 입술의 할례(욥 40:4, 참고-사 6:5-7) 등이 있다.
명령의 종말적 의미	할례는 신약시대의 세례의 예표로서 할례가 무할례 시에 믿음으로 된 의를 인친 것처럼, 세례도 성령의 역사로 예수 그리스도를 믿는 믿음을 인치는 것이다(엡 1:13, 4:30, 고후 1:22, 골 2:11). 할례가 '영원한 언약'이라는 말씀은(창 17:13) 할례에 종말적인 의미를 부여한다. 그 의미는 하나님의 인으로 나타나는데, 마지막 때 하나님께서는 큰 환난을 앞두고 하나님의 종들의 이마에 인치심을 통하여 준비시켜 주시는 역사를 하신다(계 7:2-3). 아브라함에게 약속하신 할례의 언약은 하나님의 인치심을 통해 완전히 성취될 것이다.

여덟 번째 명령 **"의와 공도를 행하게 하라"** / **"Command them to do righteousness and justice"** / 창 18:17-19
아브라함 99세(주전 2067년), 헤브론

···➤ "의와 공도는 하나님의 보좌의 기초로서, 의와 공도를 행하며 하나님의 성품을 나타내는 삶을 살아야 한다"

명령의 이해	하나님께서 아브라함에게 허락하신 축복의 종합적인 말씀은 '아브라함은 강대한 나라가 되고 천하 만민은 그를 인하여 복을 받게 될 것'이라는 말씀이다(창 18:18). 이러한 축복이 성취되는 전제 조건은 '자녀에게 여호와의 도를 지켜 의와 공도를 행하게 하는 것', 곧 신앙의 전수이다(창 18:19). 자녀에게 신앙을 전수하는 것은 하나님의 명령이자 언약 성취의 방법인 것이다.
명령의 내용	하나님께서는 아브라함의 후손들에게 ① '여호와의 도'와 ② '의', 그리고 ③ '공도', 세 가지를 가르치라고 명령하셨다(창 18:19). ① '도'는 히브리어 '데레크'(דֶּרֶךְ)로, 하나님이 가르쳐 주신 모든 말씀대로 행하는 길을 가리키며(시 1:2, 6, 잠 14:12, 22:6), ② '의'는 히브리어 '체다카'(צְדָקָה)로, 하나님의 언약을 신실하게 믿고 지킬 때 이루어지는 언약적 '의'를 가리킨다. ③ '공도'(מִשְׁפָּט)는 '재판, 판단'(시 103:6), '공평'(잠 16:11, 렘 9:24)이라는 뜻이며, 공의로운 하나님의 자비와 사랑을 의미한다(신 10:18).
명령의 종말적 의미	하나님께서 아브라함에게 주신 언약의 말씀이 성취되려면, 자식과 가족들에게 말씀을 가르쳐 경건한 백성을 만드는 것이 필수였다. 그리고 그들을 통해서 메시아가 오심으로 만민 구원의 약속을 이루시기를 원하셨다. 따라서 창세기 18:18-19의 '여호와의 도를 지켜 의와 공도를 행하게 하라'는 명령은 언약 성취의 통로이자, 신앙 교육의 대(大)헌장인 것이다. 오늘날 우리에게도 아브라함에게 약속하신 언약이 이루어지기 위해서는, 자녀들에게 말씀을 지켜 의와 공도를 행하게 하는 신앙 전수가 중단 없이 이루어져야 한다. '의와 공도'를 전수하는 가정은 '의와 공도'의 주인공이신 다시 오시는 주님을 맞이할 것이다.

아홉 번째 명령	**"여종(첩)과 그 아들 (이스마엘)을 내어 쫓으라"** **"Drive out this maid (Concubine) and her son (Ishmael)"** / 창 21:10 **아브라함 103세(주전 2063년), 브엘세바** ···➔ "죄의 근원과 열매를 함께 제거해야만 참 성령의 사람이 될 수 있다"

명령의 이해	약속의 아들 이삭이 약 세 살이 되어 잔치를 열었을 때, 열일곱 살이었던 이스마엘은 이삭을 희롱하였다(창 21:9). 이스마엘은 하나님의 약속과 상관 없는 육신의 자식으로, 하나님의 약속의 자식을 핍박하며 자신이 장자 노릇을 하려고 했던 것이다. 이에 사라는 아브라함에게 '이 여종과 그 아들을 내어 쫓으라'고 요구했고(창 21:10) 아브라함은 육신적인 부정(父情)으로 근심하였다. 그러나 하나님께서는 아브라함에게 사라의 말대로 계집종과 그 아들을 내어 쫓으라 명령하시며 인간적인 부정(父情)까지 모두 끊어 버릴 것을 요구하셨다.
명령의 내용	여종과 그 아들을 내어 쫓아야 하는 이유는, 육신의 자식과 약속의 자식이 같이 하나님의 유업을 받을 수 없기 때문이다(창 21:12, 롬 9:7-8). 또한 쫓아내지 않으면 육신의 자식과 약속의 자식 사이에 계속 분쟁이 일어나, 더 큰 근심이 생길 것이기 때문이다. '여종'이 죄의 원인이라면, '그 아들'은 죄의 열매를 의미한다. 죄의 원인만 제거하고 열매를 제거하지 않으면 근심에서 벗어날 수 없으며, 죄의 열매만 제거하고 원인을 제거하지 않으면 죄를 끊어 버릴 수 없다(참고-롬 7:19-24, 8:5-6).
명령의 종말적 의미	사라를 통해 아들을 낳은 것은 하나님의 언약에 근거한 것으로, 이삭은 '약속의 자녀, 성령을 따라 난 자, 자유하는 여자의 아들'이다. 반면 하갈을 통해 아들을 낳은 것은 육체에 근거한 것으로, 이스마엘은 '육체를 따라 난 자, 계집종의 아들'이다(갈 4:22-31). 초대교회 때에도 여전히 육체를 따라 난 자들이 성령을 따라 난 자들을 핍박했으며, 세상 마지막 때에도 육체를 따라 난 거짓 교회들이 성령을 따라 난 참교회를 핍박하게 될 것이다(계 12:13). 그러나 하갈과 이스마엘이 내어 쫓김을 당했듯이, 말세에도 거짓 교회와 거짓 성도는 반드시 멸망을 당하게 될 것이다.

열 번째 명령 **"네 사랑하는 독자 이삭을 번제로 드리라"** / "Offer your son Isaac, whom you love, as a burnt offering" / 창 22:1-2
아브라함 125-136세(주전 2041-2030년), 브엘세바
···› "하나님께 인정받는 장성한 믿음의 소유자가 되기 위해서는 자신이 가장 아끼던 것까지도 아낌없이 드려야 한다"

명령의 이해	아브라함이 이스마엘을 내어 쫓은 뒤, 하나님께서는 이삭을 번제로 바치라고 명령하셨다. 하나님께서는 아브라함이 육신의 자식 이스마엘에게 가졌던 애착뿐만 아니라, 약속의 자식 이삭에게 가졌던 유일한 마지막 애착까지도 끊으라고 명령하신 것이다. 이 명령은 생명과 맞바꾸는 순종의 결단을 요구하는 시험이자, 자기 전 존재의 밑둥을 뒤흔드는 시험이었다(창 22:1). 그러나 이 시험을 통과할 때 비로소 아브라함에게 허락하셨던 모든 허락과 명령들이 성취되며, '하나님을 경외하는 자'로 최후 인정을 받게 되는 것이다.
명령의 내용	아브라함이 하나님의 명령에 순종할 수 있었던 것은 말씀 앞에 머뭇거리지 않고 신속히 순종하는 신앙의 결단이 있었기 때문이다(창 22:3, 9下-10, 시 119:60). 아브라함이 이삭과 함께 하나님이 지시하신 모리아 한 산으로 가는 삼일 길은, 인간적인 모든 고뇌와 번민을 없애고 오직 믿음으로 끝까지 순종하는 순간이었다(창 22:3-4). 아브라함은 독생자 이삭을 바치라 하시는 이해할 수 없는 시험 속에서도, 약속하신 말씀을 지키시는 하나님을 확신하고, 이삭을 번제로 드려도 '네 자손으로 칭할 자는 이삭으로 말미암으리라' 하신 말씀대로 하나님께서 이삭을 다시 살리실 것을 온전히 믿고 '절대 순종'했다(롬 4:21, 히 11:18-19).
명령의 종말적 의미	아브라함이 최후까지 놓지 않으려고 했던 이삭을 아낌없이 바칠 때, 하나님께서는 아브라함에게 '이제야 네가 하나님을 경외하는 줄 아노라'라고 인정해 주셨다(창 22:12). 아브라함은 처음 믿음에서 점점 자라서, 마침내 하나님을 경외하는 장성한 신앙으로 성장한 것이다(롬 1:17, 엡 4:13-15, 히 5:13-14). 마지막 때 성도는 하나님을 경외하는 큰 신앙을 가지고, 단단한 식물을 먹는 차원에 이르러야 큰 환난을 통과할 수 있다(마 24:19, 고전 3:1-2, 히 6:1-2, 계 2:10, 참고·계 2:17, 10:2).

결론

구속사의 완성을 향한 믿음

Faith toward the Consummation of
the History of Redemption

구속사의 완성을 향한 믿음
Faith toward the Consummation of the History of Redemption

아브라함의 100년 삶(75세부터 175세까지)은, 천국을 소망하는 모든 신앙인들이 어떻게 살아야 하는지를 보여 줍니다. 그러므로 아브라함의 100년 삶의 노정은 마치 천국의 지적도(地籍圖)와도 같습니다. 갈라디아서 3:8에서 하나님께서 이방을 구원하시기 위하여 먼저 아브라함에게 복음을 전하시고, 그 아브라함을 인하여 모든 이방이 복을 받게 하셨음을 말씀하고 있습니다. 로마서 4:23-24에서는 "저에게 의로 여기셨다 기록된 것은 아브라함만 위한 것이 아니요 24 의로 여기심을 받을 우리도 위함이니 곧 예수 우리 주를 죽은 자 가운데서 살리신 이를 믿는 자니라"라고 말씀하고 있습니다. 그러므로 우리는 아브라함이 걸어간 믿음의 경로를 깊이 살펴보고, 그 발자취를 따라가야 합니다.

누구든지 아브라함이 걸어갔던 신앙의 여정을 밝히 알고 가슴 깊이 기억하고 그 발자취를 따라 올바로 하나님을 사랑하고 믿고 순종할 때, 그 자리에서 예수 그리스도를 만나게 됩니다. 그리고 예수님과 함께 십자가에서 죽고 다시 사는 부활 신앙을 체험하게 될 것이며, 아브라함이 받은 축복이 그러한 성도의 축복이 될 것입니다.

갈라디아서 3:9 "그러므로 믿음으로 말미암은 자는 믿음이 있는 아브라함과 함께 복을 받느니라"

갈라디아서 3:14 "이는 그리스도 예수 안에서 아브라함의 복이 이방인에게 미치게 하고 또 우리로 하여금 믿음으로 말미암아 성령의 약속을 받게 하려 함이니라"

그러나 아브라함이 받은 축복은 하루아침에 이루어진 것이 아닙니다. 아브라함이 일평생 잘 믿은 것만은 아닙니다. 아브라함은 때로 실수를 저지르고, 때로 육신적 행동을 하기도 하였습니다. 그러나 아브라함은 결국에는 하나님을 경외하는 자로 인정을 받았습니다(창 22:12).

하나님께서는 각 시대마다 신령한 아브라함을 찾고 계십니다. 유대인들이 "우리 아버지는 아브라함"이라고 할 때, "너희가 아브라함의 자손이면 아브라함의 행사를 할 것"이라고 말씀하셨습니다(요 8:39). 오늘날 신령한 아브라함의 자손이 되기를 소원하는 성도는 "이제야 네가 나를 경외하는 줄 알겠다"라는 하늘의 음성을 들을 때까지, 아브라함의 행사를 따라 모리아의 한 산의 정상을 향하여 순례자의 길, 순종의 길, 인내의 길을 걸어가야 합니다.

1. 아브라함 인생의 세 시기
The Three Periods in Abraham's Life

아브라함의 인생은 크게 세 시기로 나눌 수 있습니다.
첫 번째 시기는 갈대아 우르와 하란에서 살았던 75년의 기간입니다.
두 번째 시기는 하란을 떠나서 이삭을 낳기까지 25년의 기간입니다.
세 번째 시기는 이삭을 낳고 나서 죽을 때까지 75년의 기간입니다.

(1) 첫 번째 시기(주전 2166-2091년, 75년)

이 기간에 아브라함은 갈대아 우르에서 살다가 하란으로 옮겨 살았습니다. 창세기 11:31에서 "데라가 그 아들 아브람과 하란의 아들 그 손자 롯과 그 자부 아브람의 아내 사래를 데리고 갈대아 우르에서 떠나 가나안 땅으로 가고자 하더니 하란에 이르러 거기 거하였으며"라고 말씀하고 있습니다.

첫 번째 시기에, 아브라함의 아버지 데라를 비롯하여 그 조상들은 우상을 숭배하였습니다. 아브라함은 비록 우상숭배를 하지 않았다고 할지라도 그 그늘에서 신앙의 온전한 독립을 이루지 못한 채 살고 있었습니다(수 24:2). 이 시기에 영광의 하나님이 아브라함에게 나타나셨습니다(행 7:2). 그 하나님은 "네 고향과 친척을 떠나 내가 네게 보일 땅으로 가라"라고 명령하셨으며(행 7:3), 이 명령을 따라 데라와 아브라함과 사라와 롯은 갈대아 우르를 떠난 것입니다(창 11:31).

아브라함이 갈대아 우르를 떠난 것은 하나님의 부르심이 있었기 때문입니다. 하나님의 부르심이 없이는 아무도 타락한 세상을 떠날 수 없습니다. 이사야 51:2에서 "너희 조상 아브라함과 너희를 생산한 사라를 생각하여 보라 아브라함이 혈혈단신으로 있을 때에 내가 부르고 그에게 복을 주어 창성케 하였느니라"라고 말씀하고 있습니다. 아브라함이 갈대아 우르에서 주권적인 부르심을 받았듯이, 성도는 하나님의 부르심을 받은 자들입니다.

로마서 8:30에서는 "또 미리 정하신 그들을 또한 부르시고"라고 말씀하고 있습니다. 하나님의 택정하심을 받는 사람들은 반드시 하나님의 부르심을 받게 되어 있습니다. 그러므로 아브라함도 하나님의 부르심을 받기 전에 먼저 주권적인 택정하심을 받은 것입니다. 마태복음 22:14의 "청함을 받은 자는 많되 택함을 입은 자는 적으니라"라는 말씀처럼, 당시 수많은 인생들 가운데 오직 아브라함만이 믿음의 조상으로 택함을 받은 것입니다. 아브라함이 하나님을 택한 것이 아니라 하나님께서 아브라함을 택하신 것입니다(요 15:16). 사도행전 13:48에서 "영생을 주시기로 작정된 자는 다 믿더라"라고 말씀하고 있습니다(요 6:40). 성도의 부르심에 대하여 에베소서 1:4-5에서도 "곧 창세 전에 그리스도 안에서 우리를 택하사 우리로 사랑 안에서 그 앞에 거룩하고 흠이 없게 하시려고 ⁵ 그 기쁘신 뜻대로 우리를 예정하사 예수 그리스도로 말미암아 자기의 아들들이 되게 하셨으니"라고 말씀하고 있습니다.

하나님께서는 그리스도 안에서 우리를 부르사 자기의 영원한 영광에 들어가게 하십니다(벧전 5:10). 그러므로 이제 우리는 아브라함처럼 우리를 택정하시고 부르신 하나님의 영광을 찬미하고(엡 1:6), 그의 기이한 빛에 들어가게 하신 자의 아름다운 덕을 선전해야 합니다(벧전 2:9).

(2) 두 번째 시기(주전 2091-2066년, 25년)

창세기 12:4에서 "이에 아브람이 여호와의 말씀을 좇아 갔고 롯도 그와 함께 갔으며 아브람이 하란을 떠날 때에 그 나이 칠십오 세였더라"라고 말씀하고 있습니다. 아브라함은 하란에 정착한 후에 신앙의 조상들을 만나서 신앙 교육을 받았을 것입니다. 아브라함의 최종 목적지는 가나안임에도 불구하고 그는 아버지 데라 때문에 가나안으로 가지 못하고 있었습니다(창 11:31-32). '데라'(תֶּרַח, 테라흐)는 '연기하다, 미루다, 지체하다'라는 뜻입니다.

마침내 하나님께서는 하란에 있는 아브라함에게 "너는 너의 본

토 친척 아비 집을 떠나 내가 네게 지시할 땅으로 가라"라고 말씀
하셨습니다(창 12:1). 이 말씀에 순종하여 데라와 이별하고 말씀을
좇아 하란을 떠날 때 아브라함이 75세였습니다. 그의 가나안에서의
삶은 75세부터 시작되었습니다. 그리고 100세에 이삭을 낳기까지
25년 동안, 아브라함은 가나안에서 나그네로서의 삶을 살았습니다
(창 12:1-21:7).

그는 가는 곳마다 단을 쌓으며 예배드리는 삶을 살았습니다. 하
나님께서는 아브라함 84세에 그를 의롭다고 해주셨습니다. 창세기
15:6에서 "아브람이 여호와를 믿으니 여호와께서 이를 그의 의로
여기시고"라고 말씀하고 있습니다.

우리가 의롭게 되는 것도 오직 믿음으로 말미암아 되는 것입니
다. 갈라디아서 2:16에서 "사람이 의롭게 되는 것은 율법의 행위에
서 난 것이 아니요 오직 예수 그리스도를 믿음으로 말미암는 줄 아
는 고로 우리도 그리스도 예수를 믿나니 이는 우리가 율법의 행위
에서 아니고 그리스도를 믿음으로서 의롭다 함을 얻으려 함이라 율
법의 행위로서는 의롭다 함을 얻을 육체가 없느니라"라고 말씀하
고 있습니다(롬 3:28, 30, 4:5, 5:1, 갈 3:11, 24).

아브라함은 하나님께 믿음으로 그 의를 인정받았지만, 여전히 자
신과 사라를 통하여 자식을 주신다는 하나님의 약속을 온전히 믿
지 못하고 중간에 하갈을 취하여 86세에 이스마엘을 낳는 큰 죄를
범했습니다(창 16:1-4, 16). 그러나 하나님께서는 아브라함 75세부터
100세까지 25년 동안 그의 믿음을 점점 온전케 만들어 가셨습니다.
하나님의 언약에 대한 확실한 믿음만이, 옛 생활을 청산하고 새로
운 생활로 나아가는 의인의 삶을 가능케 합니다.

(3) 세 번째 시기(주전 2066년-1991년, 75년)

아브라함은 100세에 드디어 하나님께서 약속하신 대로 이삭을 얻었습니다(창 21:5). 아브라함은 이삭을 낳은 후 75년을 더 살고 175세에 죽었습니다(창 25:7-8).

과거 첫 번째 시기인 75년의 대부분은 하나님을 제대로 알지 못하고 조상들의 우상숭배의 그늘 아래 살았던 삶이었습니다. 그러나 이삭을 낳은 후 세 번째 시기 75년의 대부분은 하나님을 경외하는 큰 믿음을 가지고 하나님께서 선물로 주신 은혜의 선물인 이삭과 함께, 날마다 하나님의 약속과 그 성취를 누리면서 살았던 삶이었습니다.

아브라함은 노년에 큰 복을 받아 누리며 살았습니다. 창세기 24:1에서 "아브라함이 나이 많아 늙었고 여호와께서 그의 범사에 복을 주셨더라"라고 말씀하고 있으며, 창세기 24:35을 볼 때 아브라함의 늙은 종이 "여호와께서 나의 주인에게 크게 복을 주어 창성케 하시되 우양과 은금과 노비와 약대와 나귀를 그에게 주셨고"라고 말씀하고 있습니다.

우리는 아브라함이 노년에 형통의 복을 받기 전에, 이삭을 번제로 바치라는 마지막 최후의 연단이 있었음을 기억해야 합니다. 아브라함은 이 모든 시험을 통과한 후에 비로소 하나님을 경외하는 믿음의 소유자로 인정을 받았습니다(창 22:12). 그리고 그때부터 '큰 복'의 약속을 받았던 것입니다(창 22:17).

창세기 22:12 "사자가 가라사대 그 아이에게 네 손을 대지 말라 아무 일도 그에게 하지 말라 네가 네 아들 네 독자라도 내게 아끼지 아니하였으니 내가 이제야 네가 하나님을 경외하는 줄을 아노라"

창세기 22:17 "내가 네게 큰 복을 주고 네 씨로 크게 성하여 하늘의 별과 같고 바닷가의 모래와 같게 하리니 네 씨가 그 대적의 문을 얻으리라"

우리가 하나님께서 인정하시는 최종적인 믿음에 도달하기 위해서는 반드시 아브라함처럼 택정함과 부르심을 받아 의롭다 하심을 받는 과정에서 연단과 고난을 거쳐야 합니다. 로마서 8:30에서 "또 미리 정하신 그들을 또한 부르시고 부르신 그들을 또한 의롭다 하시고 의롭다 하신 그들을 또한 영화롭게 하셨느니라"라고 말씀하고 있습니다. 하나님의 연단을 통과한 자들은 하나님의 영화롭게 하심에 참여할 수 있는 것입니다.

로마서 8:17에서는 "우리가 그와 함께 영광을 받기 위하여 고난도 함께 받아야 될 것이니라"라고 말씀하고 있으며, 베드로전서 5:10에서는 "모든 은혜의 하나님 곧 그리스도 안에서 너희를 부르사 자기의 영원한 영광에 들어가게 하신 이가 잠간 고난을 받은 너희를 친히 온전케 하시며 굳게 하시며 강하게 하시며 터를 견고케 하시리라"라고 말씀하고 있습니다.

2. 믿음에서 믿음으로
From Faith unto Faith

아브라함이 하나님께 받은 의는 그의 행위로 얻은 것이 아닙니다. 로마서 4:2에서 "만일 아브라함이 행위로써 의롭다 하심을 얻었으면 자랑할 것이 있으려니와 하나님 앞에서는 없느니라"라고 말씀하고 있습니다. 로마서 3:28에서도 "그러므로 사람이 의롭다 하심을 얻는 것은 율법의 행위에 있지 않고 믿음으로 되는 줄 우리가 인정하노라"라고 말씀하고 있습니다.

　　성경은 일관되게 아브라함의 의는 믿음으로 주어진 것이라고 말씀하고 있습니다. 창세기 15:6에서 아브라함 84세에 "아브람이 여호와를 믿으니 여호와께서 이를 그의 의로 여기시고"라고 말씀하고 있습니다(롬 4:9, 갈 3:6). 또한 로마서 4:19에서 "그가 백세나 되어"라고 말씀한 다음에 21-22절에서 "약속하신 그것을 또한 능히 이루실 줄을 확신하였으니 ²² 그러므로 이것을 저에게 의로 여기셨느니라"라고 말씀하고 있습니다. 그리고 아브라함이 모리아의 한 산에서 이삭을 바쳤을 때 야고보서 2:21-22에서 "우리 조상 아브라함이 그 아들 이삭을 제단에 드릴 때에 행함으로 의롭다 하심을 받은 것이 아니냐 ²² 네가 보거니와 믿음이 그의 행함과 함께 일하고 행함으로 믿음이 온전케 되었느니라"라고 말씀하고 있습니다.

　　이상과 같이 아브라함의 신앙 노정에 나타난 의(義)의 성취 과정을 살펴볼 때, 거기에 나타난 아브라함의 믿음은 구체적으로 다음과 같습니다.

첫째, 죽은 자를 살리시며 없는 것을 있게 하시는 하나님을 믿는 믿음이었습니다.

　　로마서 4:17에서 "그의 믿은 바 하나님은 죽은 자를 살리시며 없는 것을 있는 것같이 부르시는 이시니라"라고 말씀하고 있습니다. 또한 19절에서 "그가 백세나 되어 자기 몸의 죽은 것 같음과 사라의 태의 죽은 것 같음을 알고도"라고 말씀하고 있습니다. 그러나 헬라어 원어에는 '같음'이라는 단어가 없습니다. 아브라함은 남자로서 이미 생산 능력을 잃어버린 상태였습니다. 히브리서 11:12에서 "죽은 자와 방불한 한 사람"이라고 말씀하고 있습니다. 그러나 죽은 자를 살리시는 하나님께서는 죽은 자와 방불한 아브라함으로 말미암아 하늘의 허다한 별과 해변의 무수한 모래와 같이 많은 자손을 생육하고 번성하게 하셨습니다.

사라 역시 여자로서 이미 생산 능력을 잃어버린 상태였습니다. 히브리서 11:11에서 "믿음으로 사라 자신도 나이 늙어 단산하였으나 잉태하는 힘을 얻었으니 이는 약속하신 이를 미쁘신 줄 앎이라"라고 말씀하고 있습니다.

아브라함 집안에는 아들이 없었습니다. 그러나 하나님께서는 75세 아브라함에게 약속하신 후 25년 만에 아들이 있게 하셨습니다. 이것은 하나님께서 "없는 것을 있는 것같이 부르시는 이"이심을 보여 주신 것입니다(롬 4:17下). 없는 것을 있게 하시는 하나님은 창조의 하나님이십니다. 창조의 하나님은 무에서 유를 창조하시는 하나님이십니다(창 1:1, 시 33:6, 9). 오늘도 우리가 창조의 하나님을 바라볼 때, 반드시 하나님께서 창조해 주시는 은혜가 주어질 것입니다. 시편 121:1-2에서 "내가 산을 향하여 눈을 들리라 나의 도움이 어디서 올꼬 2 나의 도움이 천지를 지으신 여호와에게서로다"라고 말씀하고 있습니다.

나중에 아브라함이 모리아의 한 산에서 이삭을 바칠 수 있었던 것도, 죽은 자를 살리시는 하나님을 이미 체험하였기 때문입니다. 아브라함은 하나님께서 '네 자손이라고 칭할 자는 이삭으로 말미암으리라'라고 말씀하셨기 때문에(창 21:12, 히 11:18), 자기가 이삭을 번제로 드려도 '죽은 자를 살리시는 하나님'께서 이삭을 다시 살리실 줄로 믿었습니다. 히브리서 11:19에서 "저가 하나님이 능히 죽은 자 가운데서 다시 살리실 줄로 생각한지라 비유컨대 죽은 자 가운데서 도로 받은 것이니라"라고 말씀하고 있습니다. 실로 아브라함의 일생은 믿음에서 믿음으로 나아가는 삶이었습니다. 로마서 1:17

에서 "복음에는 하나님의 의가 나타나서 믿음으로 믿음에 이르게 하나니"라고 말씀하고 있습니다.

둘째, 견고해지는 믿음이었습니다.

로마서 4:20에서 "믿음이 없어 하나님의 약속을 의심치 않고 믿음에 견고하여져서 하나님께 영광을 돌리며"라고 말씀하고 있습니다. 여기 '견고하여져서'는 '강해지다, 증강하다'라는 뜻을 가진 헬라어 '엔뒤나모오'($\dot{\epsilon}\nu\delta\nu\nu\alpha\mu\acute{o}\omega$)의 수동태로, 하나님의 은혜로 아브라함의 믿음이 점점 강해졌음을 나타냅니다.

그렇다면 점점 강해지는 믿음은 어떤 믿음입니까?

먼저, 병들지 않는 믿음입니다.

로마서 4:19下에서 "믿음이 약하여지지 아니하고"라고 말씀하고 있습니다. 여기 '약하여지지'는 헬라어 '아스데네오'($\dot{\alpha}\sigma\theta\epsilon\nu\acute{\epsilon}\omega$)로, 본래는 '병이 들다'라는 뜻입니다. 그러므로 아브라함의 믿음은 병이 들지 않는 믿음이었습니다. 몸에 병이 들면 약해지듯이, 믿음에 병이 들면 약해지는 것입니다.

다음으로, 하나님의 약속을 의심치 않는 믿음입니다.

로마서 4:20에서 '의심치'는 헬라어 '디아크리노'($\delta\iota\alpha\kappa\rho\acute{\iota}\nu\omega$)의 수동태로, '마음에 다투다, 논쟁하다'라는 뜻입니다. 그러므로 아브라함은 하나님의 말씀을 의심하며 다투거나 논쟁하지 않았습니다. 의심하지 않는 믿음은 하나님과 다투지 않고 하나님의 말씀 그대로 이루어질 것을 믿는 믿음입니다.

마지막으로, 능히 이루실 것을 확신하는 믿음입니다.

로마서 4:21에서 "약속하신 그것을 또한 능히 이루실 줄을 확신하였으니"라고 말씀하고 있습니다. 여기 '확신하였으니'는 헬라어 '플레로포레오'(πληροφορέω)로, '가득 채우다, 성취하다'라는 뜻입니다. 그러므로 아브라함은 하나님께서 약속하신 것은 반드시 성취될 것이라는 확신으로 가득 차 있었던 것입니다.

여기 '약하여지지'나, '의심치'나, '확신하였으니'는 공통적으로 수동태입니다. 이것은 이 모든 것을 가능하게 하신 분이 사람이 아니라 하나님이심을 나타냅니다. 아브라함의 믿음이 약하여지지 않고, 의심치 않고, 확신하게 된 것은 아브라함 개인이 그렇게 했다기보다는, 결과적으로 하나님께서 그렇게 되도록 인도하셨던 것입니다. 결국 아브라함이 믿음에서 믿음으로 나아간 것도 전적으로 오직 하나님의 은혜였던 것입니다(고전 15:10). 그러므로 우리의 믿음이 견고해지는 것도 내 힘으로 되는 것이 아니라, 하나님께서 견고해지도록 해 주셔야 가능한 것입니다.

3. 허락하신 은혜로 주어지는 약속과 믿음
Promise and Faith by Grace Bestowed

아브라함의 모든 믿음의 근거는 하나님의 은혜입니다. 갈라디아서 3:18에서 "만일 그 유업이 율법에서 난 것이면 약속에서 난 것이 아니리라 그러나 하나님이 약속으로 말미암아 아브라함에게 은혜로 주신 것이라"라고 말씀하고 있습니다. 그러므로 아브라함이 믿었지만, 그 믿음은 자신에게서 나온 것이 아니라 하나님의 은혜로 주어진 것입니다. 여기서 "은혜로 주신 것이라"는 헬라어 '카리 조마이'(χαρίζομαι)로, '무료로 주다, 아무 이유 없이 허락하다'라는 뜻을 가지고 있습니다. 그러므로 아브라함의 믿음은 하나님께서 주권적으로 허락하신 은혜로 주어진 것입니다.

에베소서 2:8-9에서도 "너희가 그 은혜를 인하여 믿음으로 말미암아 구원을 얻었나니 이것이 너희에게서 난 것이 아니요 하나님의 선물이라 ⁹ 행위에서 난 것이 아니니 이는 누구든지 자랑치 못하게 함이니라"라고 말씀하고 있습니다. 은혜의 출처는 사람이 아니라 하나님이시며, 은혜는 하나님께서 허락하시는 선물인 것입니다. 그러므로 믿음도 하나님의 은혜에 근거한 것입니다.

그렇다면 하나님의 은혜는 어떻게 나타납니까?

첫째, **약속으로 나타납니다.**

갈라디아서 3:18 하반절에서 "하나님이 약속으로 말미암아 아브라함에게 은혜로 주신 것이라"라고 말씀하고 있습니다. 유업은 율법으로부터(에크 노모스, ἐκ νόμος) 나온 것이 아니라, 하나님의 약속으로 말미암아(디 에팡겔리아스, δι ἐπαγγελίας) 주어진 것입니다. 그리고 그 약속은 은혜 안에서 허락되었습니다. 하나님께서는 은혜로 아브라함에게 여러 가지 약속을 허락해 주신 것입니다.

로마서 4:16에서도 "그러므로 후사가 되는 이것이 은혜에 속하기 위하여 믿음으로 되나니 이는 그 약속을 그 모든 후손에게 굳게 하려 하심이라"라고 말씀하고 있습니다. 여기에서 후사가 되는 약속도 은혜에 속한 것임을 분명히 하고 있습니다. 표준새번역에서는 "이 약속을 은혜로 주셔서"라고 번역하고 있으며, 우리말성경에서는 "은혜로 이 약속을 보장해 주시기 위한 것"이라고 번역하고 있습니다.

그러므로 믿음보다 약속이 먼저이고, 약속보다 은혜의 허락이 먼저입니다. 이것을 철저하게 믿은 사도 바울은 "그러나 나의 나 된 것은 하나님의 은혜로 된 것이니 내게 주신 그의 은혜가 헛되지 아니하여 내가 모든 사도보다 더 많이 수고하였으나 내가 아니요 오직 나와 함께하신 하나님의 은혜로라"라고 고백하였던 것입니다 (고전 15:10).

둘째, **유업으로 나타납니다.**

갈라디아서 3:18 상반절에서 "만일 그 유업이 율법에서 난 것이면 약속에서 난 것이 아니리라"라고 말씀하고 있습니다. 하나님의 약속은 유업을 주시는 것입니다. 그리고 그 약속은 은혜로 허락해 주신 것입니다(갈 3:18下). 그러므로 하나님 은혜의 허락으로 유업이라는 실체가 나타나게 됩니다.

갈라디아서 3:18의 '유업'은 헬라어 '클레로노미아'(κληρονομία)로, '상속자, 후계자, 후사'라는 의미의 '클레로노모스'(κληρονόμος)에서 유래하였습니다. '클레로노미아'는 구약의 '나할라'(נַחֲלָה)에 해당하는 단어입니다. '나할라'는 이스라엘에게 분배된 가나안 땅을 가리킬 때 사용되었습니다. 민수기 34:2에서 "너는 이스라엘 자손에게 명하여 그들에게 이르라 너희가 가나안 땅에 들어가는 때에 그 땅은 너희의 기업(나할라)이 되리니 곧 가나안 사방 지경이라"라고 말씀하고 있으며, 신명기 4:38에서 "너보다 강대한 열국을 네 앞에서 쫓아내고 너를 그들의 땅으로 인도하여 들여서 그것을 네게 기업(나할라)으로 주려 하심이 오늘날과 같으니라"라고 말씀하고 있습니다.

그러므로 구약적 의미의 '나할라'와 신약적 의미의 '클레로노미아'는 궁극적으로 하나님 나라를 가리킵니다. 사도 바울은 '클레로노미아'를 하나님 나라의 유업으로 해석하였습니다. 에베소서 5:5에서는 '클레로노미아'를 "하나님 나라에서 기업을"이라고 표현했으며, 고린도전서 6:9, 갈라디아서 5:21에서는 '클레로노모스'의 동사형인 '클레로노메오'(κληρονομέω)를 사용하여 '하나님 나라를 유업으로 받다'라고 표현하였습니다. 이는 '클레로노미아'의 최종 성취가 하나님 나라의 완성으로 이루어진다는 것을 선포하고 있습니다.

아브라함은 하나님께서 주신 약속들을 믿었는데, 그 약속들은 하나님의 전적인 은혜로 주어진 것들이며, 그 은혜는 하나님께서 주권적으로 허락하신 것들입니다. 이사야 55:3에 '허락한 확실한 은혜'라는 표현이 나옵니다. 히브리어 원문을 볼 때 '허락한 확실한'에 해당하는 단어는 '아만'(אָמַן)의 수동분사형으로서, 한글 개역성경의 번역대로 '확고하게 허락된'이란 뜻을 함축적으로 담고 있습니다. 다윗 언약의 근거가 된 아브라함의 언약들은 하나님께서 허락하신 확실한 은혜인 것입니다. 또한 하나님께서 아브라함에게 하신 약속들은 유업으로 나타났는데, 그 유업들의 실체는 하나님 나라였던 것입니다. 결국 하나님께서 허락하심으로 나타나는 은혜와 약속과 믿음이라는 세 가지 요소는, 성도에게 하나님 나라를 유업으로 주는 구속사의 중대한 개념들이 되는 것입니다. 하나님께서는, 오늘날 성도들이 하나님 나라의 완성을 위한 도구로 쓰임 받기 위하여, 허락하신 은혜로 주어진 약속들을 온전히 믿고 나아가기를 간절히 원하십니다.

주전 2166년에 태어난 아브라함은 예수님보다 약 2,000년 전 사람입니다. 그런데 예수님께서는 "너희 조상 아브라함은 나의 때 볼 것을 즐거워하다가 보고 기뻐하였느니라"라고 말씀하셨습니다(요 8:56). 아브라함은 하나님께서 아브라함에게 하신 약속들이 궁극적으로 메시아에 대한 약속임을 확신하였고, 마침내 메시아가 이 땅에 오셔서 구속 사역을 하시는 것을 믿음으로 미리 보고 기뻐하였던 것입니다.

아브라함은 하나님의 약속이 이루어질 때까지 오래 참은 결과, 그 약속들을 실제로 받았습니다. 히브리서 6:14-15에서 "가라사대 내가 반드시 너를 복 주고 복 주며 너를 번성케 하고 번성케 하리라 하셨더니 15 저가 이같이 오래 참아 약속을 받았느니라"라고 말씀하고 있습니다. 여기 '오래 참아'는 헬라어 '마크로뒤메오'(μακροθυμέω)의 과거분사형으로, 아브라함이 계속 끈질기게 기다렸음을 나타냅니다. 아브라함은 하나님의 약속이 당장에 이루어지지 않아도 계속 끈질기게 기다렸습니다. 아브라함은 75세에 약속을 받고 이삭을 얻기까지 25년을 기다렸습니다. 그의 전 생애는 하나님의 약속들이 계속 성취되는 과정이었습니다.

아브라함이 예수님의 때를 보고 기뻐한 것처럼, 오늘날 우리도 예수님의 재림의 때 볼 것을 즐거워하면서 보고 기뻐해야 합니다. 간절한 소망과 기쁨으로 하나님의 약속이 완전히 성취될 때까지 끈질기게 기다려야 합니다. 비록 우리에게 부족한 점이 많지만, 하나님께서 허락하신 은혜의 약속들을 믿기만 하면, 반드시 그 성취를 목격하고야 말 것입니다.

하나님의 구속사는 아브라함을 부르심으로 다시 시작되었습니다. 아브라함에게 약속하신 모든 허락들은 예수 그리스도께서 아브라함의 자손으로 오심으로 성취되었습니다(마 1:1). 그러나 아직도 그 약속들은 성취되는 과정에 있습니다. 이제 그 약속들은 예수 그리스도의 재림으로 완성되고, 구속사의 대단원의 막이 내려질 것입니다.

아브라함으로 새롭게 시작된 구속사는 그 결말에도 아브라함으로 연결되고 있습니다. 아브라함은 마치 하나님의 전체 구속사의 통로와 같습니다. 예수님께서는 삭개오에게 구원을 선포하시며 "오늘 구원이 이 집에 이르렀으니 이 사람도 아브라함의 자손임이로다"라고 말씀하셨습니다(눅 19:9). 삭개오의 구원도 아브라함과 연결되었습니다. 구원 받은 거지 나사로도 아브라함의 품에 들어갔습니다(눅 16:22-23). 거지 나사로의 구원도 아브라함과 연결되었습니다. 마태복음 8:11에서 "동서로부터 많은 사람이 이르러 아브라함과 이삭과 야곱과 함께 천국에 앉으려니와"라고 말씀하고 있습니다. 동서로부터 오는 많은 사람들의 구원도 역시 아브라함과 연결되고 있습니다. 이 모두가 실로 놀라운 하나님의 구속사적 경륜이 아닐 수 없습니다. 그래서 갈라디아서 3:9에서 "그러므로 믿음으로 말미암은 자는 믿음이 있는 아브라함과 함께 복을 받느니라"라고 말씀하고 있습니다.

하나님께서는 하나님 나라의 완성을 위해서 오늘도 아브라함과 같은 믿음의 사람을 찾고 계십니다(요 8:39). 아브라함과 함께 복 받을 자들을 찾고 계십니다(갈 3:9). 누가 아브라함의 자손으로서 아브라함의 행사를 진정으로 하는 자인지 찾고 계십니다(요 8:39). 누가 하나님 나라의 참시민으로서 팔 복을 소유할 자인지 찾고 계십니다. 누가 믿음에서 믿음으로 이르는 자, 의로 인정받은 믿음에서 하나님을 경외하는 믿음으로 나아가는 자인지 찾고 계십니다. 누가 아브라함처럼, 비록 중간에 하나님의 약속을 믿지 못하는 불신의 행동도 있지만, 하나님의 은혜로 믿음이 견고해져서 그 약속을 믿고 마침내 자기의 가장 소중한 것까지 하나님께 드리는 자인지 찾고 계십니다. 누가 아브라함처럼 하나님의 주권적인 택하심과 부르심의 은혜로 의롭게 되어, 마침내 모든 고난과 역경을 이기고 영화롭게 되는 자인지 찾고 계십니다.

예수 그리스도만이 우리의 영광의 소망이며(골 1:27), 예수님의 재림으로 모든 구속사는 완성이 될 것입니다. 아브라함처럼 부르심을 받고 택하심을 받은 성도는, 주님께서 함께하심으로 마지막 영적 전쟁에서 반드시 승리하고 구속사 완성의 주역이 될 것입니다. 요한계시록 17:14에서 "저희가 어린양으로 더불어 싸우려니와 어린양은 만주의 주시요 만왕의 왕이시므로 저희를 이기실 터이요 또 그와 함께 있는 자들 곧 부르심을 입고 빼내심을 얻고 진실한 자들은 이기리로다"라고 말씀하고 있습니다.

오늘도 구속사와 하나님 나라의 완성을 위한 거룩한 영적인 통로로 쓰임 받기 위하여 우리의 가장 소중한 것들을 아낌없이 바침으로 하나님을 경외하는 자가 되시고, 끝까지 하나님의 약속을 참고 기다리는 가운데, 마침내 나사로처럼 오직 허락하신 은혜로 팔복을 누리며 아브라함의 품에 안기어 천국 시민으로 하나님 나라를 유업으로 받아 영생복락을 누리는 최후의 승리자들이 다 되시기를 간절히 소망합니다.

편집자 주(註)

아래 주(註)는 독자들의 편의를 위하여 편집 과정에서 추가한 것입니다.

1) 히브리어 원문을 보면 창세기 2:3과 2:4 사이에는 문단을 구분하는 '페투하'(ⴱ)가 들어가 있습니다. 이에 따라 창세기 1:1-2:3을 서언으로 분류할 수도 있는데, 그러면 창세기 2:4부터도 족보를 시작할 때 '톨도트'로 시작하게 됩니다. 이러한 견해를 따르면 10개의 족보가 모두 '톨도트'로 시작하는 셈입니다.

2) 천지의 창조에 '톨도트'(תוֹלְדֹת)를 사용하여 족보처럼 묘사한 것은, 사람이 자녀를 낳듯, 천지의 창조를 하나님께서 낳으신 행위로 설명하기 위한 것입니다. 이어지는 아담의 지으심과 에덴동산의 역사도 하나님의 창조 행위로 말미암았기에 '톨도트'로 설명하고 있습니다. 이처럼 창세기에서 '톨도트'는 하나님의 창조 행위뿐 아니라 사람의 출생과 삶의 내용을 전해 주는 중요한 관용구로 사용된 것입니다.

3) John H. Walton, *The NIV Application Commentary: Genesis* (Grand Rapids: Zondervan, 2001), 김일우·전광규 역, 「NIV 적용주석 창세기」(서울: 성서유니온선교회, 2007), 570-571., 송병헌, 「엑스포지멘터리 창세기」(서울: 국제제자훈련원, 2011), 241-242.

4) 에블라 왕국의 정확한 경계는 알 수 없지만, 알레포에서 발굴된 서판에 의하면 에블라 왕국의 공주 Zugalum이 하란을 다스리던 Ibbi-zikir와 결혼하면서, 하란이 에블라 왕국에 포함되었습니다. 이후 약 주전 1900년경 고대 도시 왕국 마리가 침공하여 하란을 빼앗기까지 하란은 에블라 왕국의 통치를 받았습니다. Alfonso Archi, "Jewels for the Ladies of Ebla," *Zeitschrift für Assyriologie 92* (2002): 166-170., Maria Giovanna Biga, "More on Relations Between Ebla and Harran at the Time of the Eblaite

Royal Archives (24th Century BC)," in S. Donmez Ed., *Veysel Donbaz'a Sunulan Yazilar DUB.SAR É.DUB.BA.A. Studies presented in honour of veysel Donbaz* (2010): 161.

5) 박윤식, 「창세기의 족보」(서울: 휘선, 2016), 250-251.

6) 창세기 12:9과 10절은 와우계속법-미완료형으로 연결되어 있습니다. 그런데 12:9과 10절 사이에는 '페투하'(ㅁ)가 들어가서 두 단락을 구분하고 있습니다. 이는 창세기 11:27-12:9까지 아브라함 이야기의 서론과 12:10-20까지 애굽에서의 아브라함 이야기를 구분함과 동시에, 두 이야기가 시간적으로 연결되어 있음을 보여 줍니다.

7) 호바의 정확한 위치는 알려져 있지 않지만, 현지의 전승에 따르면 다메섹(Damascus)에서 팔미흐(Palmyra)로 가는 도로 중간 80km 지점에 위치하고 있습니다. C. F. Keil and F. Delitzsch, *Biblical Commentary on the Old Testament, Vol 1*(Grand Rapids: Eerdmans, 1980), 206.

8) John Lightfoot, *The Whole Works of the Rev. John Lightfoot*, vol. 2, ed. John Rogers Pitman (London: J. F. Dove, 1822), 89.

9) 창세기 24장의 '늙은 종'은 이름이 나오지는 않지만, 2절의 '아브라함의 집 모든 소유를 맡은 늙은 종'이라는 표현을 볼 때, 이 종은 아브라함이 84세에 횃불 언약 체결시 자식처럼 신임했던 다메섹 사람 엘리에셀이었을 것입니다(창 15:2).

10) 나홀은 아브라함이 데라와 함께 갈대아 우르를 떠날 때 동행하지는 않았지만(창 11:27-31), 훗날 밧단 아람으로 이주한 것으로 보입니다(창 24:10, 15, 25:20).

11) John Peter Lange et al., *A Commentary on the Holy Scriptures: Genesis* (Bellingham: Logos Bible Software, 2008), 495., Victor H. Matthews, Mark W. Chavalas and John H. Walton, *The IVP Bible Background*

Commentary: Old Testament, electronic ed. (Downers Grove: InterVarsity Press, 2000), Ge 24:62.

12) 창세기 13:14이 접속사로 시작하여 이전 단락을 마치고 새 단락을 시작하고 있으며, 16, 18절이 와우계속법으로 연결되고 있는 것을 볼 때, 아브라함이 세 번째 언약을 체결한 곳은 벧엘과 아이 사이가 아니라 헤브론 근처로 보는 것이 자연스럽습니다.

13) 6세기 경 편찬된 바빌로니아 탈무드에서 랍비 여호수아는 이삭이 유월절에 태어났다고 주장하였습니다. Jacob Neusner, *The Babylonian Talmud: A Translation and Commentary,* Vol. 6b (Peabody: Hendrickson Publishers, 2011), 50–51.

14) Paul Joüon-T. Muraoka, *A Grammar of Biblical Hebrew* (Roma: Editrice Pontificio Istituto Biblico, 2005), 123de.

15) 박윤식, 「창세기의 족보」, 271.

16) 제자원 기획·편집, 「창세기 제12-25a장」, 옥스퍼드 원어성경 대전 시리즈 02」 (서울: 제자원, 2006), 523, 528.

17) Matthew Henry, *Matthew Henry's Commentary on the Whole Bible: Complete and Unabridged in One Volume* (Peabody: Hendrickson, 1994), 40.

18) 누가복음 2:37의 헬라어 원문에서는 "출가한 후 … 과부 된 지 84년이라"라는 구문에 기간을 표현하는 '…부터 …까지'라는 의미의 '아포 … 헤오스'(ἀπό … ἕως) 구문이 사용되었는데, 이 구문은 84년을 '안나가 과부로 지낸 기간'으로 해석하는 것이 더 자연스럽습니다. Howard I. Marshall, *Commentary On Luke,* The New International Greek Testament Commentary (Grand Rapids: Eerdmans, 1978), 123-124.

19) 박윤식, 「횃불 언약의 성취」(서울: 휘선, 2016), 34.

20) 박윤식, 「영원히 꺼지지 않는 언약의 등불」(서울: 휘선, 2017), 71, 89.

21) 박윤식, 「영원히 꺼지지 않는 언약의 등불」, 72.

22) 박윤식, 「영원히 꺼지지 않는 언약의 등불」, 73.

23) Matthew Henry, *Matthew Henry's Commentary on the Whole Bible: Complete and Unabridged in One Volume*, 54.

24) 박윤식, 「잊어버렸던 만남」(서울: 휘선, 2017), 111.

25) 조영엽, 「구원론」(서울: 기독교문서선교회, 2012), 89.

26) Gordon J. Wenham, *Genesis 16-60*: Word Biblical Commentary, Vol. 2 (Dallas: Word Books, 1994), 윤상문·황주철 역, 「WBC 성경주석: 창세기(下)」(서울: 솔로몬, 2001), 238.

27) 박윤식, 「영원히 꺼지지 않는 언약의 등불」, 309.

28) J. G. Murphy, *A Critical and Exegetical Commentary on The Book of Genesis* (Philadelphia: Smith, English & Co., 1866), 298., M. M. Kalisch, *Genesis* (London: Longman, Brown, Green, Longmans, and Roberts, 1858), 233-234.

주요단어

하나님의 구속사적 경륜으로 본

하나님 나라의 완성 10대 허락과 10대 명령

초   판   2017년 12월 17일
초판 6쇄   2022년 4월 17일

저 자   박윤식
발행인   이승현

펴낸곳   도서출판 휘선
주 소   08345 서울시 구로구 오류로 8라길 50
전 화   02-2684-6082
팩 스   02-2614-6082
이메일   Huisun@pyungkang.com

등 록   제 25100-2007-000041호
책 값   15,000원

Printed in Korea
ISBN 979-11-964006-2-0
ISBN 979-11-964006-3-7 (세트)

※ 낙장·파본은 교환해 드립니다.
 「이 도서의 국립중앙도서관 출판예정도서목록(CIP)은 서지정보유통지원시스템 홈페이지
 (http://seoji.nl.go.kr)와 국가자료공동목록시스템(http://www.nl.go.kr/kolisnet)에서
 이용하실 수 있습니다.
 (CIP제어번호: CIP2018018412)」

도서출판 **휘선**
휘선(暉宣)은 예수 그리스도의 복음의 참빛이 전 세계 속에 흩어져 있는 수많은 영혼들에게 널리 알
려지고 전파되기를 소원하는 이름입니다.